GERENCIAMENTO PROCESSUAL NO NOVO CPC

Mecanismos para gestão cooperativa da instrução

Coleção
Eduardo Espínola

Tatiana Machado Alves

GERENCIAMENTO PROCESSUAL NO NOVO CPC

Mecanismos para gestão cooperativa da instrução

2019

www.editorajuspodivm.com.br

www.editorajuspodivm.com.br

Rua Território Rio Branco, 87 – Pituba – CEP: 41830-530 – Salvador – Bahia
Tel: (71) 3045.9051
• Contato: https://www.editorajuspodivm.com.br/sac

Diagramação: Cendi Coelho *(cendicoelho@gmail.com)*

Capa: Ana Caquetti

G367 Gerenciamento processual no novo CPC / Tatiana Machado Alves – Salvador: Editora JusPodivm, 2019.
352 p. (Eduardo Espínola / Coordenação Fredie Didier Jr.)

Bibliografia.
ISBN 978-85-442-2864-7.

1. Direito Processual Civil. I. Didier Jr., Fredie. II. Alves, Tatiana Machado. III. Título.

CDD 341.46

AGRADECIMENTOS

Os agradecimentos de um trabalho que representou a conclusão de uma importante etapa em minha vida acadêmica somente poderiam iniciar-se pelos professores que foram essenciais para que eu chegasse a esse momento.

Assim, agradeço ao Prof. Humberto Dalla, que me acompanhou desde a graduação na Faculdade de Direito da UERJ e orientou este trabalho; ao Prof. Marco Antonio Rodrigues, pela inspiração na escolha do tema e pelos comentários feitos nas bancas de qualificação e de defesa da dissertação; aos Profs. Leonardo Schenk e Diogo Rezende, por terem participado, respectivamente, das bancas de qualificação e de defesa da dissertação, contribuindo com observações e críticas; e ao Prof. Antonio do Passo Cabral, pelas brilhantes aulas e pela leitura do trabalho após a defesa, tendo seus comentários sido incorporados nesta versão comercial.

Aos demais professores do Programa de Pós-Graduação em Direito (PPGD) da UERJ agradeço pelo espaço de aprendizado e troca de conhecimento que são abertos em suas aulas, permitindo que nós, mestrandos e doutorandos, possamos desenvolver nossas ideias.

Nessa linha, não poderia deixar de agradecer àqueles amigos que fiz durante o Mestrado – os debates dentro e fora das salas de aula certamente está traduzido em muitas páginas desse trabalho.

Agradeço, também, aos membros da comunidade acadêmica da Faculdade de Direito da Universidade de Maastricht, na Holanda, por terem me recepcionado tão bem como Pesquisadora Visitante em 2016. Agradeço, em especial, ao Prof. Remco van Rhee, por ter proporcionado a oportunidade da visita e prestado um valioso auxílio à minha pesquisa; ao Prof. Agustin Parise, pelas contribuições e indicações de bibliografia; e a Pablo Hurtado, pelos debates sobre o tema desta dissertação, ouvindo minhas dúvidas e dando valiosos conselhos. Espero um dia poder recebe-los no Rio de Janeiro com a mesma gentileza.

Um agradecimento especial é devido a todos que fazem parte do Licks Advogados, onde me apaixonei pelo processo na prática. Não obstante a lista de pessoas com as quais tive o prazer de conviver ao longo desses nove anos seja enorme, faço uma menção especial a Otto Licks, Liliane Roriz, Felipe Mesquita, Carlos Aboim, Tatiana Salles, LC Grazinoli e Vivian Coco, por terem, cada um a sua forma, contribuído para meu crescimento pessoal e profissional.

Agradeço ainda a Alice Palma, Danielle Bouças, Letícia Marinho, Stephanie Weiss, e Tássia Lemos, pela amizade que ajudou a superar esse desafio que foi o Mestrado.

Por fim, agradeço à minha família por ser a minha base de apoio todos os dias.

APRESENTAÇÃO

Este livro se constitui, a meu ver, em um importante ponto de reflexão sobre o Código de Processo Civil de 2015, mas com um toque de originalidade sobre outros que o antecederam, uma vez que busca mostrar que houve uma evolução, em relação ao sistema anterior, e que essa evolução tem por base principalmente um sistema de gerenciamento processual equilibrado, além de efetiva cooperação entre as partes, tudo isso com vistas a atingir a decisão final de mérito mais adequada possível.

Afinal, como o texto deixa claro, o gerenciamento processual comporta mecanismos e técnicas de gestão que devem ser exercidas prioritariamente pelo juiz, agora não mais de forma isolada, mas sim em cooperação com as partes, por meio das convenções processuais, que surgem no processo civil brasileiro como um importante mecanismo capaz de assegurar às partes a possibilidade de adaptação do procedimento às necessidades do caso concreto e, com isso, de conferir maior efetividade ao processo de resolução de conflitos.

Dessa forma, o livro se constitui também em um aprofundamento de aspectos ligados especificamente à produção de provas que têm por objetivo, em última análise, a melhora do cenário para o Judiciário brasileiro, tão assoberbado em suas funções gerais.

Acompanhei, ao longo dos últimos anos, o processo de concepção e de realização de seu conteúdo pela competente e dedicada autora, uma jovem, culta e brilhante advogada, de personalidade marcante e que traduz em tudo a mulher do século XXI: aquela que busca seus objetivos com determinação e que não se descuida de aprimorar-se ou de ampliar seus horizontes, os quais ela enxerga muito amplos, mas sempre ao alcance de suas mãos, bastando para isso que persista em sua meta de atingi-los.

Ao longo de minha longa carreira profissional, primeiro na advocacia pública, depois na magistratura federal (Tribunal Regional Federal da 2ª Região, no 1º e 2º graus) e, agora, na advocacia privada, tive a oportunidade de conviver com algumas mentes brilhantes. E mais uma delas é, sem dúvida, a da autora desta obra, como o leitor poderá constatar por si só.

Ao ler o livro, perceberá que se trata de um tema original, com uma escrita de leitura agradável, um conteúdo criativo, um método de pesquisa aprofundado (que incluiu etapa no exterior) e uma sistematização que desperta o interesse.

E esta é só a dissertação de Mestrado por ela apresentada ao Programa de Pós-Graduação em Direito (PPGD) da UERJ. Atualmente, já está em gestação sua tese de Doutorado, a ser defendida no mesmo Programa, encontrando-se ela na Alemanha para, uma vez mais, aprofundar suas pesquisas. Imagine só, caro leitor, o que vem por aí.

Este será, portanto, apenas o primeiro sucesso na carreira literária da autora, tenho certeza disso.

Rio de Janeiro, 06 de maio de 2019.

Liliane do Espírito Santo Roriz de Almeida
Advogada. Desembargadora Federal aposentada (TRF2).

PREFÁCIO

Há alguns anos, conheci Tatiana Machado Alves em uma atividade acadêmica da Faculdade de Direito da UERJ. Sua capacidade para os estudos de alto nível já saltava aos olhos, e ficaria clara para mim quando pude tê-la como aluna no Programa de Pós-graduação em Direito.

À época, Tatiana desenvolvia as pesquisas de sua dissertação de mestrado, muito bem avaliada e que ficou em segundo lugar no Prêmio Calmon de Passos, promovido pela ANNEP.

O livro que o leitor tem em mãos corresponde à versão comercial da dissertação, e aborda um tema de extrema importância para os sistemas judiciários no mundo contemporâneo: como gerenciar processos para atingir resultados ótimos, com economia de recursos materiais e humanos, e em tempo razoável.

Trata-se de uma necessidade mundial, diante da enorme quantidade de processos que se avolumam na justiça estatal ao redor do planeta, ao mesmo tempo em que diversos países são confrontados pela escassez financeira, o que os impede de realizar mais investimentos em políticas públicas voltadas à expansão da máquina judiciária.

Tatiana Alves mostra muito bem como as reivindicações por mais eficiência na administração da justiça tornaram-se um fenômeno global. O livro se baseia em farta literatura de direito brasileiro e estrangeiro, no que foi essencial a estadia de pesquisa da autora na Universidade de Maastricht, aos cuidados do Professor Remco van Rhee, um dos maiores especialistas em direito processual do mundo.

E neste cenário de busca pela otimização da atividade jurisdicional, uma das soluções tem sido flexibilizar o procedimento, tornando suas formalidades mais adaptáveis para resolver os conflitos de maneira eficiente, rápida e barata.

A atividade destinada a promover essa adaptação ficou conhecida como *case management*, a gestão do procedimento, a permitir mudança na ordem da produção das provas, flexibilização de prazos e outras formalidades, formulação de metas, elaboração de calendário para a prática de atos processuais, em suma, um conjunto de técnicas adequação casuística do procedimento.

Como se vê, é um tema que se situa entre o exercício da jurisdição e a atividade administrativa de gestão judiciária, uma combinação cada vez mais útil e necessária hoje em dia.

Mas a publicação do presente livro tem uma importância prática singular para o público brasileiro em virtude da edição do Código de Processo Civil de 2015, porque a nova legislação trouxe inúmeras técnicas de gestão procedimental.

Aprender como usá-las é crucial para os advogados: quem conseguir lidar com esses instrumentos no cotidiano profissional terá uma vantagem competitiva imensa sobre seus concorrentes ou adversários.

De outro lado, conhecê-las é também relevante para otimizar o exercício funcional de juízes, membros do MP e servidores públicos do Poder Judiciário. Quanto mais dominarem o *case management*, mais eficiente pode ser sua atuação e melhores resultados poderão ser obtidos.

Para cumprir essas finalidades, o livro traz um detalhado inventário dos instrumentos que o atual sistema processual proporciona, com especial foco na atividade de instrução probatória. Como gerir a prova é sem dúvida uma das questões mais relevantes do contencioso cível. O livro analisa a gestão de diversos meios de prova: as inspeções judiciais, a exibição de documentos, as provas testemunhal e pericial (com todo o avanço que o CPC/2015 trouxe na sua disciplina). Abordam-se também as delimitações das questões fáticas e jurídicas, as atividades de saneamento e organização do processo (inclusive feitas de forma consensual), passando pela distribuição do ônus da prova (que agora pode ser dinamizada) e as novas tendências em matéria de prova emprestada.

Embora tendo como pano de fundo os poderes instrutórios do juiz, Tatiana Alves lembra também que, se o *case management* nasceu como sendo uma atividade dos magistrados, passou a poder ser protagonizado também pelas partes, por meio de convenções processuais, técnica que o CPC/2015 encampou com muito vigor.

Enfim, o livro explora todas essas possibilidades e muitos outros aspectos do gerenciamento processual. Procura ainda trazer balizamento para o *case management*. Este é sem sombra de dúvida um relevante ponto para a discussão: quais os limites da atividade de gestão procedimental? O maior desafio para o desenvolvimento do tema na atualidade é como conciliar a eficiência na administração judiciária com outros direitos fundamentais dos litigantes. Afinal, garantir o acesso à justiça impõe custos inafastáveis, dos quais as sociedades democráticas não podem prescindir.

Por enfrentar todos esses temas de maneira corajosa e atual, o livro de Tatiana Machado Alves é leitura indispensável para os profissionais do direito.

Rio de Janeiro, abril de 2019.

Antonio do Passo Cabral
Professor de Direito Processual Civil da UERJ
Procurador da República

SUMÁRIO

LISTA DE ABREVIATURAS E SIGLAS

ADR	*Alternative Dispute Resolution*
BGB	*Bürgerliches Gesetzbuch*
BGH	*Bundesgerichtshof*
BVerfG	*Bundesverfassungsgericht*
CCR	*County Courts Rules*
CDC	Código de Defesa do Consumidor
CMC	*Case management conference*
CNJ	Conselho Nacional de Justiça
CF/88	Constituição da República Federativa do Brasil de 1988
CPC/1939	Código de Processo Civil de 1939
CPC/1973	Código de Processo Civil de 1973
CPC/2015	Código de Processo Civil de 2015
CPR	*Civil Procedure Rules*
ECHR	*European Convention on Human Rights*
GG	*Grundgesetz*
IRDR	Incidente de Resolução de Demandas Repetitivas
PD	*Practice Directions*
RSC	*Rules of the Supreme Court*
STJ	Superior Tribunal de Justiça
ZPO	*Zivilprozessordnung*

INTRODUÇÃO

Se existe uma certeza no campo do direito processual é que não há consenso universal sobre qual a melhor forma de desenhar o processo, quais devem ser as suas finalidades, e como os poderes, deveres, ônus e faculdades processuais devem ser repartidos entre os seus sujeitos.

Até hoje não se logrou propor um modelo perfeito, ideal de processo capaz de atender de forma equânime a todos os valores que um sistema de justiça civil pode realizar. Inevitavelmente cada sociedade deverá, em um dado momento histórico, diante das suas características e necessidades, realizar escolhas que implicarão a atribuição de uma importância maior a um ou outro valor que lhe seja mais caro naquele instante. Consequentemente, à medida que as demandas de uma sociedade mudam, também a organização das suas instituições sociais e jurídicas, e a estruturação do processo (incluindo a repartição de poderes entre os sujeitos processuais) passarão por transformações para se adequar aos novos moldes sociais.

Apesar destas constatações, tradicionalmente se identifica, na doutrina processualística civil, de um lado, autores que se inclinam para um modelo de processo civil de índole privatista, no qual as partes aparecem como as principais (por vezes únicas) responsáveis pelo controle formal e substancial do feito, e, de outro lado, autores que privilegiam uma abordagem mais publicista de processo, que atribui ao juiz poderes de direção processual em maior escala.

No direito contemporâneo, ao que parece, vem prevalecendo o discurso da moderação – ou, melhor dizendo, do equilíbrio. "Nem tanto ao mar, nem tanto à terra", diria o provérbio português. Nem tanto ao juiz, nem tanto às partes, diria a sua adaptação para o mundo jurídico. Se o processo não pode ficar somente nas mãos das partes, uma vez que estas nem sempre estariam interessadas em uma resolução célere e efetiva da disputa, tampouco o Estado-juiz é capaz de gerenciar sozinho um número crescente de processos. Ainda, a atribuição ao juiz de poderes hercúleos[1] poderia tornar o processo civil autoritário, atentando contra os valores fundamentais do Estado Democrático de Direito.

Este novo modelo de processo civil contemporâneo, que busca uma posição intermediária entre os extremismos do privatismo e do publicismo através da repartição equânime dos poderes processuais entre o juiz e as partes, vem sendo denominado pela doutrina de processo *cooperativo*.

Definir o que significa essa qualificação é, contudo, questão polêmica que está longe de ser pacificada. Afinal, a cooperação vale apenas para o juiz, ou as partes também têm o dever de cooperar? Admitindo-se a segunda hipótese, essa cooperação deve se dar somente na relação das partes para com o juiz, ou rege igualmente a relação delas entre si? Posições divergentes não faltam. Respostas contundentes (e satisfatórias) são, todavia, raras.

Não obstante, é fato inegável que as concepções acerca dos objetos de estudo do direito processual civil – o processo, a ação e a jurisdição – vêm mudando para se adaptar às expectativas e perspectivas dos novos tempos.

Neste contexto, o modelo cooperativo de processo civil possui uma gama infinita de aspectos e facetas que poderiam ser examinadas. Optamos por focar no aspecto do *gerenciamento processual* para tentar desvendar o significado deste instituto à luz deste novo paradigma cooperativo, sistematizando as formas como ele pode ser implementado para garantir a sua máxima efetividade.

Para cumprir este objetivo, dentro deste tema ainda amplo fizemos alguns recortes temáticos. Em primeiro lugar, optou-se por uma análise específica dos mecanismos de gerenciamento processual voltados para a produção de provas. Embora sejam abordados tangencialmente outros mecanismos de gestão usados ao longo do processo, o nosso objetivo principal é verificar como a fase instrutória pode ser melhor gerida para garantir (i) a completude do material probatório e, consequentemente,

---

1. Na classificação de François Ost dos modelos de juiz, o juiz Hércules é definido como um engenheiro social, que "*está presente en todos los frentes, decide e incluso aplica normas como lo hacía su predecesor* [o juiz Júpiter] *que se amparaba en la sombra del código; pero también lleva a cabo otros trabajos. En el precontencioso aconseja, orienta, previne; en el poscontencioso sigue la evolución del dossier, adapta sus decisiones al grado de circunstancias e necesidades, controla la aplicación de las penas.*" (*in* Júpiter, Hércules, Hermes: tres modelos de juez. **Revista sobre Enseñanza del Derecho**, año 4, n. 8, p. 101-130, 2007, p. 110).

uma melhor reconstrução dos fatos como pressuposto para uma decisão correta e justa; (ii) a proporcionalidade na alocação de recursos para produção das provas; e (iii) a escolha do meio e forma de produção da prova mais adequado para aquela disputa.

Em segundo lugar, a questão da integração dos poderes dos sujeitos processuais será analisada primordialmente pela ótica dos poderes do juiz, com foco na forma como eles interagem com as funções realizadas pelas partes.

O papel do juiz no processo civil é alvo de variadas concepções que transmudam no tempo e no espaço, e giram em torno do nível de protagonismo que deve ser a ele imputado no exercício da atividade jurisdicional. Entre o juiz passivo – um *umpire* que apenas observa a disputa entre as partes e ao final profere uma decisão – e o juiz ativo – que detém todo o controle sobre o feito – há uma infinidade de pontos nos quais um modelo de juiz adotado por um ordenamento pode ser localizado, ficando mais próximo de um ou de outro extremo.

Em terceiro lugar no recorte temático, não adentraremos nas particularidades porventura existentes no gerenciamento de processos coletivos, ou dos mecanismos de resolução de demandas repetitivas (como os recursos especiais e extraordinários repetitivos, e o incidente de resolução de demandas repetitivas, ambos do direito brasileiro). Tampouco investigaremos as questões particulares da atuação da Fazenda Pública em juízo nos processos individuais. Embora haja muitas questões interessantes a serem abordadas sobre as possibilidades e limites da sua atuação na gestão processual, isso ampliaria demasiadamente o escopo do trabalho.

Dentro desses limites traçados, buscamos analisar, portanto, como os poderes do juiz de gerenciamento da etapa probatória no processo civil individual podem ser exercidos de modo a garantir uma participação eficaz e eficiente das partes privadas.

O foco é o direito brasileiro. No Código de Processo Civil de 2015 (CPC/2015) – Lei nº 13.105, de 16 de março de 2015 – cooperação é a palavra-chave. Seja através da previsão de uma cláusula geral no artigo 6º, estabelecendo que "todos os sujeitos do processo devem cooperar entre si para que se obtenha, em tempo razoável, decisão de mérito justa e efetiva", seja nas previsões do Código que promovem uma interação cooperativa dos sujeitos processuais, mesmo *prima facie* não há dúvidas de que o modelo de processo civil adotado pelo legislador brasileiro foi o cooperativo.

Observadas essas limitações temáticas, o trabalho foi dividido em três capítulos. O primeiro capítulo fixa as bases principiológicas sobre as quais se assentará o estudo do gerenciamento processual. Partindo de uma exposição da (complexa) relação entre direito, processo e cultura – que revela como as instituições jurídicas (e seu movimento de reforma) inserem-se no tecido social –, analisamos os modelos tradicionais e alternativos de classificação do processo civil para, então, apresentar a nossa interpretação das linhas mestras da estrutura cooperativa de processo.

Nessa medida, observamos especificamente as diferenças existentes entre esses diversos modelos no que tange à repartição das funções processuais entre os sujeitos do processo, com foco, repise-se, na perspectiva do papel exercido pelo juiz.

O primeiro capítulo se encerra com a demonstração da adoção do modelo cooperativo de processo civil pelo CPC/2015, mediante a indicação dos dispositivos legais de caráter geral que evidenciam essa opção legislativa.

No segundo capítulo, voltamo-nos para o direito estrangeiro, com vistas a investigar a forma como outros países – especificamente a Alemanha e a Inglaterra[2] – incorporaram o gerenciamento processual (*Prozessleitung/case management*) e a cooperação em seus sistemas de justiça civil. A partir desse estudo, extraímos *balizadores* capazes de sintetizar as linhas gerais do gerenciamento processual, e que serviram de base para o estudo desse instituto no direito brasileiro.

Ao estudar o direito estrangeiro – segundo uma metodologia comparada ou não – com vistas a compreender melhor as raízes e formas de implementação de um instituto jurídico, conseguimos considerar as soluções adotadas em outros ordenamentos para um dado problema.[3] Todavia, é essencial que esse estudo seja feito de forma cautelosa, atentando nas particularidades de cada ordenamento jurídico que está sendo tomado por referência, de modo a evitar que seja importada uma "solução" que não se adequaria à realidade local.

Por esse motivo, na análise dos países escolhidos (Alemanha e Inglaterra), não nos limitamos a uma simples apresentação dos mecanismos

---

2. As razões de cunho metodológico que orientaram a escolha desses dois países são apresentadas no item 2.2.1.

3. VOGENAUER, Stefan. Sources of Law and Legal Method in Comparative Law. In: REIMANN, Mathias; ZIMMERMANN, Reinhard (Org.). **The Oxford handbook of comparative law**. New York: Oxford University Press, 2008, p. 869-897, p. 875.

de *Prozessleitung/case management* adotados, mas investigamos, ainda que de forma não-exaustiva, as linhas gerais do processo civil, da administração da justiça, e dos movimentos de reforma processual vivenciados por esses sistemas. Com isso, conseguimos identificar os pontos mínimos que definem o gerenciamento processual de forma ampla.

No terceiro e último capítulo chegamos ao que é o objetivo central do trabalho: a análise do gerenciamento processual no Brasil, com foco nos mecanismos de gestão da instrução probatória. Nesse capítulo, apresentamos algumas propostas para a evolução do gerenciamento processual que, conforme será demonstrado neste trabalho, é de suma importância para promover a efetividade do processo.

Capítulo 1

O NOVO PARADIGMA DO PROCESSO CIVIL COOPERATIVO

1.1 PREMISSA NECESSÁRIA: (A RELAÇÃO ENTRE) DIREITO, PROCESSO E CULTURA

Para compreender o movimento de reforma e evolução das instituições jurídicas, faz-se necessário investigar preliminarmente a questão da relação do direito com a sociedade e como ela influencia as iniciativas reformistas.

Como ponto de partida é possível definir, basicamente, dois posicionamentos extremos sobre tal questão: de um lado encontra-se a compreensão que tem o direito (e, por conseguinte, o processo) como um *espelho da sociedade*, sendo seus elementos definidos por aspectos não jurídicos; de outro, argumenta-se que o direito e suas instituições estão completamente isolados das demais instituições sociais, de modo que a sua evolução se opera internamente, por variáveis atinentes apenas à cultura jurídica.

Conforme ressaltado, esses são posicionamentos *extremos*, localizados em lados opostos de um espectro que conta com uma miríade de entendimentos intermediários. Para captar a essência desse debate doutrinário não é preciso, todavia, exaurir todos esses posicionamentos intermediários, uma vez que eles acabam sendo uma combinação em diferentes graus das duas posições supracitadas – do direito como espelho e do direito como instituição em si mesma. Estas funcionam, assim, como categorias amplas dentro das quais podem ser alocadas uma variedade de teorias com diferentes níveis de intensidade e que, eventualmente, interseccionam-se. Passemos, portanto, à análise dessas categorias.

Dentro da primeira visão, o direito material e os meios de resolução de disputas são entendidos como fenômenos socioculturais aptos a sofrer a influência de fatores históricos, sociais, econômicos, culturais, e ético-morais,[1] os quais transmudam no tempo e no espaço. O direito, para os partidários desse entendimento, é entendido como um "*espelho* seguro e fiel da realidade histórica neste ou naquele sucesso de tempo socialmente considerado"[2].

O uso da metáfora do espelho para definir a posição do direito diante da sociedade levou a doutrina a batizar essa corrente de "teoria do espelho"[3].

Essa concepção, da qual são partidários nomes como Chase[4], Klein[5], Cappelletti, Garth,[6] Montero Aroca[7], Barbosa Moreira[8], e Calamandrei[9],

---

1. FELSTINER, William L. F. Influences of social organization on dispute processing. **Law & Society Review**, n. 9, pp. 63-94, Fall 1974, p. 63.
2. MITIDIERO, Daniel. Processo e Cultura: Praxismo, Processualismo e Formalismo em Direito Processual Civil. **Revista de Direito Processual Civil**, Curitiba, v. 33, p. 484-510, 2004, p. 485, grifo nosso.
3. Ewald observa que seria mais preciso falar em "*teorias* do espelho", uma vez que não se trata de uma única teoria, mas de uma classe de teorias que variam tanto no seu complemento como na sua intensidade. Quanto ao complemento, cada jurista entende que o direito é o espelho de algum elemento diferente: da sociedade de modo geral, da cultura, da economia, da política, da geografia, etc. Não haveria, inclusive, limitação para que esses elementos fossem considerados cumulativamente: o direito pode ser considerado um espelho da sociedade *e* da cultura *e* da economia, etc. O complemento da frase "o direito é um espelho de" é dado por cada autor, o que já representa uma variação qualitativa entre as teorias. Além disso, as teorias também podem variar quanto à intensidade que é atribuída à relação entre o direito e esses elementos não jurídicos. Assim, enquanto que para alguns autores o direito será estritamente um reflexo da sociedade, para outros haverá apenas uma relação entre eles que não é determinante, mas importante para a compreensão do direito e das instituições jurídicas (*in* Comparative Jurisprudence (II): The Logic of Legal Transplants. **The American Journal of Comparative Law**, v. 43, pp. 489-510, 1995, pp. 492-495).
4. CHASE, Oscar. **Law, Culture, and Rituals**: disputing systems in cross-cultural context. New York: New York University Press, 2005.
5. Cf. ALVARO DE OLIVEIRA, Carlos Alberto. **Do formalismo no processo civil**: proposta de um formalismo-valorativo. 4. ed. São Paulo: Saraiva, 2010, p. 75.
6. CAPPELLETTI, Mauro; GARTH, Bryant G. Introduction – Policies, Trends and Ideas in Civil Procedure. In: ______ (Ed.). **International Encyclopedia of Comparative Law**: Civil Procedure. Tübingen: Mohr Siebeck, 1987, v. XVI, chapter 1, p. 14.
7. MONTERO AROCA, Juan. Prólogo. In: ______ (Coord.). **Proceso Civil e Ideología**: Un prefacio, una sentencia, dos cartas y quince ensayos. Valencia: Tirant lo Blanch, 2006, p. 15-28, p. 16.
8. BARBOSA MOREIRA, José Carlos. El neoprivatismo en el proceso civil. In: Ibid. p. 199-215, p. 201. O processualista brasileiro refuta, contudo, a posição extremada da teoria do espelho: "*Sin embargo, a la luz de la experiencia histórica, también debería ser obvio que constituye exageración de simplificación concebir esa relación a guisa de vínculo rígido, automático e inflexible (...)*".
9. Cf. CHASE, Oscar G. Some Observations on the Cultural Dimension in Civil Procedural Reform. **The American Journal of Comparative Law**, v. 45, p. 861-869, Fall 1997, p. 862.

e que remonta pelo menos a Montesquieu[10], assenta-se na premissa de que o direito, o processo e as instituições jurídicas de modo geral são *construções humanas*[11]; *ou seja, são produtos criativos de indivíduos que estão inseridos em uma sociedade determinada e, por conseguinte, são orientados em seu pensar e em seu agir por certos valores culturais. O processo, enquanto mecanismo de resolução de conflitos, não existe na natureza, mas é criado, estruturado pelo homem.*[12]

Chegamos, assim, à expressão-chave: valores culturais. Para seguir adiante, precisaremos responder à seguinte pergunta: o que é cultura?

Chase nota que a fluidez desse conceito, bem como sua amplitude e vagueza, torna a escolha de uma definição fixa e imutável, que abranja todos os matizes inerentes à noção de "cultura", uma tarefa difícil e controversa. Não obstante, o professor norte-americano reconhece a utilidade metodológica em adotar uma definição, o que faz ao delinear a cultura como uma "forma sintética de reconhecer pontos em comum em práticas, valores, símbolos e crenças de grupos de pessoas que formam uma espécie de coletividade". Chase ressalta, ainda, que esses pontos em comum "persistem ao longo do tempo, mas não são eternos, e são compartilhados por um grupo, mas não são unânimes".[13]

---

10. *"[The laws] should be adapted in such a manner to the people for whom they are framed that it should be a great chance if those of one nation suit another. They should be in relation to the nature and principle of each government: whether they form it, as may be said of politic laws; or whether they support it, as in the case of civil institutions. They should be in relation to the climate of each country, to the quality of its soil, to its situation and extent, to the principal occupation of the natives, whether husbandmen, huntsmen, or shepherds: they should have relation to the degree of liberty which the constitution will bear; to the religion of the inhabitants, to their inclinations, riches, numbers, commerce, manners, and customs. In fine, they have relations to each other, as also to their origin, to the intent of the legislator, and to the order of things on which they ought to be considered."* MONTESQUIEU, Baron de. **The Spirit of the Laws**. New York: Hafner, 1965, p. 6-7.
11. CHASE, Oscar G. Culture and Disputing. **Tulane Journal of International and Comparative Law**, v. 7, p. 81-87, Spring 1999, p. 83.
12. CHASE, Oscar G. Some observations on the cultural dimension in civil procedural reform. Op. cit. p. 866.
13. O texto em língua estrangeira é, respectivamente: "[...] *short-hand way of acknowledging commonalities in practices, values, symbols and beliefs of groups of people that form some sort of collectivity*" e "[...] *that persist over time but are hardly eternal and that are shared across a group but hardly unanimous*". CHASE, Oscar G. American "Exceptionalism" and Comparative Procedure. **The American Journal of Comparative Law**, v. 50, p. 277-296, Spring 2002, p. 277-278, tradução nossa.

No Brasil, Reale atribui à palavra "cultura" dois sentidos que se complementam. Sob o aspecto *subjetivo* ou *pessoal*, a cultura estaria relacionada ao indivíduo, representando "o acervo de conhecimentos e de convicções que consubstanciam as suas experiências e condicionam as suas atitudes, ou, mais amplamente, o seu comportamento como ser situado na sociedade e no mundo". Em sua outra face, de caráter *objetivo* ou *social*, a cultura corresponderia ao "acervo de bens materiais e espirituais acumulados pela espécie humana através do tempo, mediante um processo intencional ou não de realização de valores".[14] Poderíamos afirmar que essas acepções subjetiva e objetiva representam a cultura interiorizada (no indivíduo) e exteriorizada (no ambiente social).

Mitidiero, por seu turno, reconhece as mesmas acepções identificadas por Reale, mas adota as denominações de *cultura animi* e civilidade. A primeira, segundo Mitidiero, remete à noção de cultura da Antiguidade Grega, e está consubstanciada na "própria educação do indivíduo dentro das disciplinas superiores (por exemplo, a filosofia), o seu refinamento e o desenvolvimento das suas capacidades intelectuais e morais". Já quando fala em cultura como civilidade, está o autor a se referir a "uma ideia mais coletiva, social, transindividual, identificando-se com determinados estágios de evolução social (ou mesmo com o seu progressivo desenvolvimento)".[15]

Dessas definições, às quais poderíamos somar tantas outras,[16] extrai-se a noção comum de cultura como um conjunto de *valores* (em uma acepção ampla que engloba, além dos valores em sentido estrito, também práticas, símbolos, crenças, dentre outros elementos)[17] que são *compartilhados* por uma determinada sociedade localizada em *tempo e*

14. REALE, Miguel. **Paradigmas da cultura contemporânea**. 2. ed. rev. e aum. São Paulo: Saraiva, 2005, p. 2-3.

15. MITIDIERO, Daniel. **Colaboração no processo civil:** Pressupostos sociais, lógicos e éticos. 3. ed. rev., atual. e ampl. São Paulo: Revista dos Tribunais, 2015, p. 26-27.

16. Para citar apenas mais uma, escolhemos a definição de Gertz: "*The concept of culture I espouse* [...] *is essentially a semiotic one. Believing, with Max Weber, that man is an animal suspended in webs of significance he himself has spun, I take culture to be those webs, and the analysis of it to be therefore not an experimental science in search of law but an interpretative one in search of meaning.*" (*in* **The interpretation of cultures**: selected essays. New York: Basic Books, 1973, p. 5).

17. "*Culture includes propositions of belief that are both normative ('killing is wrong except when authorized by the state') and cognitive ('the earth is round'). Culture also includes the symbols that represent those mentalities for its people (the figure of Justice with her scales; a desktop globe).*" CHASE, Oscar. **Law, Culture, and Rituals**... Op. cit. p. 6.

espaço definidos – extensíveis, mas não eternos nem ilimitados. A cultura, por assim dizer, é uma síntese representativa de uma sociedade em um dado momento histórico.

Nessa dimensão, se o direito e o processo são criações humanas, e se o homem é um ser histórico e social, as instituições jurídicas acabarão sendo um reflexo do que a sociedade tem por mais caro.[18] Nas palavras de Mitidiero, "o direito é fruto da *cultura positiva*, isto é, da cultura encarnada em comportamentos sociais reconduzíveis aos valores que caracterizam determinado contexto histórico".[19]

Em oposição a esse entendimento, no outro lado do espectro, estão aqueles que afirmam, na linha de Watson, que o direito é essencialmente uma "instituição em si mesma", cujos rumos são determinados não pelas mudanças sociais e culturais pelas quais passa uma sociedade, mas sim pela própria cultura jurídica e pela vontade das elites jurídicas.

O pensamento de Watson – talvez a principal referência das correntes contrárias às "teorias do espelho" – varia ao longo de seus vários artigos e livros entre posicionamentos mais moderados e mais radicais.[20] Em sua posição moderada – encontrada com mais frequência em seu trabalho – Watson ressalta a complexidade da relação entre direito e sociedade que, para ele, não poderia ser reduzida a uma definição de "espelho". Reconhece que embora as normas e tradições jurídicas estejam separadas da sociedade, existe uma conexão entre elas[21] na medida em que as instituições jurídicas não existem sem instituições sociais correspondentes que justificam a sua criação em um primeiro momento.[22] Entretanto, Watson pontua que a partir do instante em que o direito e as instituições jurídicas adquirem autonomia e vida própria, o seu processo evolutivo não se dá por força de mudanças no plano social,[23] mas através da própria cultura e tradição jurídica.

---

18. Ibid. p. 2.
19. MITIDIERO, op. cit., nota 18, p. 28, grifo do autor.
20. Cf. EWALD, William. Comparative Jurisprudence (II): The Logic of Legal Transplants. Op. cit. p. 491-492.
21. WATSON, Alan. **The evolution of Western private law**. Expanded ed. Baltimore: The John Hopkins University Press, 2001, p. 199.
22. Ibid. p. 264.
23. "[...] *the standard – that is, the legal rule – now stands in the stead of all the societal factors once thought relevant.* Societal factors may change without a corresponding change in the standard. [...] *In any event, the very erection of a standard amounts to proof that societal values may not prevail in a particular case.*" Ibid. p. 197, grifo nosso.

Seguindo essa linha, o argumento apresentado é que são os operadores do direito que, do auge do seu conhecimento e experiência na área,[24] determinarão como o direito evoluirá, com pouca ou nenhuma atenção para a "questão cultural" local.[25]-[26] O principal mecanismo de alteração de um sistema jurídico seria, assim, a importação de institutos de outros ordenamentos.[27]

Não podemos refutar por completo a veracidade subjacente a esse ponto. É inegável que, em um mundo globalizado, o intercâmbio entre juristas de diferentes nações intensifica-se cada vez mais, facilitando o estudo de institutos de direito estrangeiro e estimulando a sua exportação/importação.[28]

---

24. Tamanaha observa que a lógica própria do conhecimento jurídico contribui para afastá-lo da realidade social e fortalecer o papel de destaque dos operadores do direito na sua interpretação, aplicação e evolução. Muitas vezes as soluções juridicamente corretas para um problema não encontram respaldo nos anseios da sociedade em geral: "*The various techniques applied to the interpretation of statutes (plain language, legislative intent, express mention/implied exclusion, internal consistency, adherence to precedent), for example, can lead to outcomes counterintuitive for lay people (including sometimes the legislators themselves), many of whom would think the obvious approach is simply to make the most sense of the statute under current circumstances. Another example is the existence of legal fictions, which are the product of the requirements of pleading and legal reasoning.* The more law becomes a specialized body of knowledge, the greater its potential to diverge in form and outcome from the understandings of the society to which it is attached." (*in* **A general jurisprudence of law and society**. New York: Oxford University Press, 2001, p. 73-74, grifo nosso).
25. "*In addition, in the Western tradition at least, law becomes the province of specialized groups who may loosely be termed lawyers.* [...] *Legal ideas and legal tradition result from the amalgam of law as involving standards having a distinct status, as human ingenuity, and as an elite making or finding the standards, all dependent on societal ends that may to some extent be not expressed, or forgotten or ignored. The elite of lawmakers or law finders may be emphasized. They become so involved with law as law that they often talk of it as if it existed for its own sake, and they cease to regard it – or at least to treat it – as existing for specific societal purposes.*" WATSON, op. cit., nota 24, p. 198.
26. Mitidiero informa que Alfredo Buzaid já afirmou que "o processo é uma instituição técnica", em uma representação do que era o pensamento dominante à época, marcado pela nota do processualismo científico, que pensava "o processo como fenômeno técnico, como algo em larga medida independente de fatores culturais." (*in* **Colaboração no processo civil**... Op. cit. p. 21-22).
27. WATSON, op. cit., nota 24, p. 193.
28. "*A third consideration is the possibility that law will be developed, not in connection with the society below, but rather through contacts among jurists as a transnational group. Lawyers, in other words, might have more in common with, and be more influenced by, lawyers and legal knowledge from other societies than by their own society.*" TAMANAHA, Brian. **A general jurisprudence of law and society**. Op. cit. p. 74.

Outro fato representativo desse fenômeno é o número crescente de projetos e tentativas de harmonização processual.[29]-[30]

Ademais, há que se reconhecer que, na prática, o movimento reformista do direito é de fato marcado por um protagonismo das elites jurídicas, as quais muitas vezes deixam de dar a atenção adequada para as questões culturais da sua realidade local em comparação com as do ordenamento de origem de um determinado novo instituto importado.[31]

Contudo, ainda que o transplante seja realizado sem uma preocupação com a compatibilidade do organismo receptor, isso não significa que o elemento transplantado estará imune a uma rejeição posterior; pelo contrário. A forma como os novos institutos serão recebidos será determinante para o seu sucesso, e isso será fortemente influenciado por fatores culturais intrínsecos àquela sociedade.

Assim, o demérito desse segundo posicionamento, em sua acepção mais radical,[32] é o desmerecimento do importante papel de influência

29. CHASE, Oscar G. American "Exceptionalism" and Comparative Procedure. Op. cit. p. 278-279. A título exemplificativo podemos citar as *Transnational Rules of Civil Procedure*; o *Judgments Project* (Conferência de Haia); o Código Modelo de Processos Coletivos para a Ibero-América; o Código Modelo de Processos Administrativos – Judicial e Extrajudicial – para Ibero-América. Podemos apontar, ainda, os tratados internacionais que preveem direitos e garantias processuais, como o Pacto de São José da Costa Rica.

30. Sobre o movimento de uniformização e harmonização do direito, Tamanaha opina que "*law is certainly not global and will not be global any time soon. However, there have been tangible developments that point in this direction.*" TAMANAHA, op. cit., nota 31, p. 122.

31. Para Jobim, esse é "um grande problema em que o Brasil tem sido campeão em não levar em conta, qual seja a importação de doutrinas de outras culturas para a nossa. [...] Não se tem realizado no Brasil esse devido filtro [relativo aos problemas enfrentados nas outras culturas, e a sua compatibilidade com nossos próprios problemas, para verificar a utilidade das soluções lá adotadas], sendo comum serem buscadas correntes jurídico-filosóficas e jurídico-sociológicas para nossa realidade, quando se tem uma sociedade diversa daquela para qual pensada a teoria." (*in* **Cultura, Escolas e Fases Metodológicas do Processo**. 3. ed. rev. atual. Porto Alegre: Livraria do Advogado, 2016, p. 39).

32. Vale lembrar que estamos tomando por referência para essa breve análise o posicionamento extremo, segundo o qual o direito estaria *completamente* isolado dos fatores socioculturais. Essa posição mais radical não é, contudo, a que costuma ser mais adotada por aqueles que se opõe às "teorias do espelho". Tamanaha, por exemplo, reconhece que "*the point is not the extreme one that social values are never reflected in the law; rather, it is the more modest reminder that legal indoctrination and the internal dictates of legal knowledge have a real influence that suggests that the mirror thesis should not be taken for granted*" (*in* op. cit., nota 31, p. 75). O que os partidários dessa corrente defendem, na prática e de modo geral, não é tanto uma rejeição completa das premissas das "teorias do espelho", senão uma cautela na sua adoção, de modo que não se ignore a importância de fatores intrínsecos ao direito no seu movimento de evolução e reforma.

que os valores culturais exercem na elaboração e no desenvolvimento de um sistema jurídico.[33] Mais ainda, é ignorar que a incorporação de determinados institutos, quando não atenta nas particularidades do sistema receptor, incluindo, aqui, as estruturas da sociedade e do Estado, pode gerar anomalias jurídicas e ser, eventualmente, rejeitada ou esvaziada.

A importação de um instituto jurídico – seja de direito material, seja de direito processual – originário de outro país deve ser feita com atenção não apenas para a sua finalidade jurídica estritamente considerada (ou seja, o papel que esse instituto cumpre naquele sistema), como também para o contexto sociocultural da origem e do destino. Muitas vezes um instituto que funciona muito bem em um país europeu não se encaixaria na realidade de um país latino-americano, em virtude das muitas diferenças culturais e estruturais existentes entre as sociedades.

O fato de isso não ser feito sempre na prática não anula a sua importância. Principalmente para os estudos doutrinários e para a determinação do sucesso e da viabilidade de manutenção de determinadas novidades, o enfrentamento da questão cultural é essencial.[34]

Ainda, há que se destacar que, ao menos indiretamente, os valores culturais da sociedade estarão sendo representados no processo de evolução das instituições jurídicas através dos profissionais do direito,[35] que não podem ser dissociados e isolados do contexto em que vivem.[36]

Nesse sentido, o próprio Watson afirma que "fatores sociais, econômicos e políticos afetam o desenvolvimento jurídicos apenas através da consciência [dos operadores do direito]. Essa consciência resulta do fato de os elaboradores das leis serem membros da sociedade e

---

33. CHASE, Oscar G. Some observations on the cultural dimension in civil procedural reform. Op. cit. p. 862-863.
34. Ibid. p. 863.
35. TAMANAHA, Brian. **A general jurisprudence of law and society**. Op. cit. p. 75.
36. *"In my view, any analysis that totally separates professional elites from the culture in which they are embedded is unrealistic. [...] There are two ways in which professionalized dispute-processes elite will interconnect with the society in which they opperate: in most cases, they will themselves be products of that culture, and will in general share its metaphysics and values. [...] Second, even if elite organizers of dispute-ways do not themselves actually believe in the validity of broadly held norms and beliefs, there is an incentive to create procedures that resonate effectively with those subject to them, as those are more likely to win acceptance."* CHASE, Oscar. **Law, Culture, and Rituals**... Op. cit. p. 10.

compartilharem seus valores e experiências".[37] Pontua, todavia, que os juristas são "membros com uma posição particular", razão pela qual a sua resposta a um problema jurídico, embora possa sofrer a influência de elementos externos, será "condicionada pela tradição jurídica, pelo seu aprendizado, especialidade, e conhecimento do direito, doméstico e estrangeiro".[38]

Vê-se que em sua posição mais moderada Watson não nega por completo o papel que a cultura da sociedade em geral exerce no movimento de evolução do direito, mas o restringe a uma influência *indireta*, que se opera por intermédio da classe jurídica,[39] sujeita à sua própria tradição cultural específica e técnica.[40]

Verificado, portanto, que a interconexão entre direito, processo e cultura (geral e jurídica) é uma realidade prática – ainda que haja divergências sobre a forma como ela age e o nível de influência que ela exerce – cumpre indagar as consequências que podem ser extraídas dessa constatação. Adiantamos que tais consequências são apuradas dentro de um contexto de *reforma* do sistema processual. Isso porque, em uma situação estacionária, na qual a cultura, o direito e o processo se mantêm imutáveis, saber em que medida e de que forma a influência entre esses elementos opera-se é de pouca relevância prática. Os efeitos reflexivos

37. O texto em língua estrangeira é: "*social, economic, and political factors impinge on legal development only through their consciousness. This consciousness results from the law-makers' being members of the society and sharing its value and experiences* [...]." WATSON, Alan. **The evolution of Western private law**. Op. cit. p. 263.

38. O texto em língua estrangeira é, respectivamente: "*members with a particular standing*" e "*conditioned by the legal tradition: by their learning, expertise, and knowledge of law, domestic and foreign.*" WATSON, Alan. **The evolution of Western private law**. Op. cit. p. 264, tradução nossa.

39. O papel intermediário dos operadores do direito como uma das forças motrizes do seu processo de reforma também é apontado por Tamanaha: "*Legal specialists are the medium through which societal input must pass in order to be manifested in the law. All mediums have an impact, and so too with legal specialists.*" (*in* Op. cit. p. 71).

40. A síntese do pensamento de Watson está bem representada no seguinte trecho: "*Legal changes comes about through the culture of the legal elite, the lawmakers, and it is above all determined by that culture. But law is not the culture of the legal elite alone and it is not the only culture of the legal elite. As to the first of these conclusions, law is also the cultural heritage of other lawyers and of society at large. But to effect change, other lawyers and other members of society have to operate on and through the legal elite, whereas the elite can initiate changes on its own. As to the second of these, the law-making elite also partakes of the general culture of society. (...) But what has to be stressed is, as we have seen, the very powerful role that the legal culture itself has on law making.*" (*in* op. cit., nota 41, p. 264-265).

entre eles serão produzidos de forma intensa apenas quando houver uma alteração no cenário jurídico ou no quadro cultural da sociedade.

Assim, a primeira consequência que se verifica é que, por melhor que sejam, as inovações processuais que se afastam muito dos valores compartilhados pelos indivíduos naquela jurisdição enfrentarão resistência na sua implementação.[41] Embasando essa assertiva está a observação de Jobim de que

> [...] não existe nada mais difícil que mudar a mentalidade cultural de uma determinada sociedade, de um determinado povo. [...] Niccòlo Machiavelli já relatou há séculos atrás que o príncipe poderia facilmente perder um país conquistado caso tentasse impingir a cultura de seu reino em outro.[42]

A segunda consequência identificada é que caso a inovação conflitante ainda assim seja implementada, não obstante as resistências e críticas a ela, provavelmente haverá uma redução da confiança da comunidade em geral na validade do sistema jurídico.[43] Um sistema que se estrutura sobre premissas rejeitadas pela cultura de uma sociedade, também será, ele próprio, eventualmente rejeitado. Uma construção de bases frágeis não consegue manter-se de pé por muito tempo.

A terceira consequência que se coloca é que, da mesma forma que os valores culturais são determinantes na estruturação do direito e do processo, a ponto de as instituições jurídicas poderem ser identificadas como produtos da cultura, *essas mesmas instituições jurídicas são cruciais para a construção e para o reforço da identidade cultural de uma sociedade.*[44]

Explica-se: quando o direito e, mais especificamente, o processo funcionam, e o fazem em consonância com os valores culturais basilares daquela sociedade, os próprios valores são legitimados como eficazes e legítimos. Se uma construção se mantém firme, a sociedade reconhece que seus alicerces são igualmente fortes.

---

41. CHASE, Oscar G. Some observations on the cultural dimension in civil procedural reform. Op. cit. p. 866.
42. JOBIM, Marco Félix. **Cultura, Escolas e Fases Metodológicas do Processo**... Op. cit. p. 38.
43. CHASE, Oscar G. Some observations on the cultural dimension in civil procedural reform. Op. cit. p. 866.
44. Loc. cit.

Dessa feita, conclui-se que a relação entre direito, processo e cultura é, na verdade, uma *via de mão dupla*: da mesma forma que a cultura estabelece parâmetros e limites para a evolução do direito e do processo, podendo servir de barreira impeditiva àquelas que não se compatibilizam com os valores culturais da sociedade, as mudanças implementadas terão um inegável impacto na vida social.[45]

1.2. AS FASES METODOLÓGICAS DO DIREITO PROCESSUAL

Seja por mudanças na estrutura e na cultura da sociedade, seja pelos transplantes legais promovidos pelas elites jurídicas de cada país, fato é que o direito se encontra em um constante processo de transformação. Essa constatação aplica-se não apenas às instituições e às normas jurídicas, mas também à própria *ciência do direito*, implicando mudanças na forma de pensa-lo, estuda-lo e sistematiza-lo.

No que tange ao direito processual, a doutrina sói identificar três *fases metodológicas* que correspondem a diferentes concepções sobre este ramo do direito e seus elementos nucleares (jurisdição, processo e ação): sincretismo, processualismo e instrumentalismo. Ainda, há quem diga que hoje vivenciamos uma *quarta fase metodológica*, sobre a qual algumas divergências quanto à sua nomenclatura foram identificadas. Dito isso, passamos agora à breve exposição de cada uma dessas fases.

1.2.1. Sincretismo

A primeira fase metodológica, também chamada de praxista ou imanentista, tem como marca principal a *ausência de autonomia do direito processual* em relação ao direito material. É dessa fase que vem a

45. Chase cita três exemplos para demonstrar como essa relação de mútua influência poderia ser verificada na prática: (i) a difundida ideia de que o povo japonês é harmônico e não-litigioso (quando, na verdade, o que ocorre é que no Japão há diversas barreiras institucionais que desestimulam o recurso aos Tribunais e estimulam os meios adequados de solução de controvérsia – mediação e conciliação, por exemplo); (ii) a ineficácia de uma reforma do processo civil norte-americano que o alinhasse ao modelo processual alemão, em virtude da incompatibilidade desse modelo com características da sociedade norte-americana (tais como a sua antipatia com a burocracia e com a ordem hierárquica); e (iii) o júri, que, embora enfrente críticas como mecanismo de descoberta da verdade no processo (tanto civil como criminal), exerce outras funções sociais de suma importância que justificam a sua manutenção apesar dos pesares. (*in* Ibid. 869-870).

imprecisa classificação daquele como "direito adjetivo", cuja existência somente se justificaria quando complementasse o direito substantivo.

No sincretismo, o direito processual era entendido como "mero apêndice do direito material",[46] o qual, quando lesado, adquiria "forças para obter em juízo a reparação da lesão sofrida".[47] Neste contexto, adotava-se a *teoria unitarista* para a conceituação do direito de ação, entendendo-se que "para cada direito corresponde[ria] uma ação que o assegura[va]" (artigo 75 do Código Civil de 1916) – uma precisa representação da íntima conexão vislumbrada entre a ação e o direito material nesta fase.

Em razão disso, ainda não havia, nesse momento, uma concepção do direito processual como um ramo autônomo da ciência jurídica, nem de uma relação jurídica processual estabelecida entre os sujeitos do processo e distinta da relação jurídica material. A pouca preocupação dogmática que existia nesta fase era voltada para as questões relacionadas à prática judiciária (i.e. à "forma de proceder em juízo"),[48] de forma que "a jurisdição era encarada como um sistema posto para a tutela dos direitos subjetivos particulares, a 'ação' era compreendida como um desdobramento do direito subjetivo e o processo como simples procedimento",[49] ou seja, como uma simples sucessão de atos.[50]

Alvaro de Oliveira, em opinião partilhada por Lamy e Rodrigues, identificava uma subfase dentro do sincretismo, denominada de *procedimentalismo*. Nessa subfase, segundo os referidos autores, já teriam sido desenvolvidos estudos, incipientes e embrionários, sobre institutos tipicamente processuais, ainda sem reconhecer autonomia ao direito processual.[51] Por este motivo, inclusive, a maioria da doutrina afirma que, ao invés de constituir uma fase autônoma, o procedimentalismo representaria um momento de transição para a fase seguinte.

---

46. MITIDIERO, Daniel. **Colaboração no processo civil**... Op. cit. p. 29.
47. ARAÚJO CINTRA, Antonio Carlos de; GRINOVER, Ada Pellegrini; DINAMARCO, Cândido Rangel. **Teoria Geral do Processo**. 26. ed. São Paulo: Ed. Malheiros, 2010, p. 48.
48. LAMY, Eduardo de Avelar; RODRIGUES, Horácio Wanderlei. **Curso de Processo Civil**: Teoria Geral do Processo. Florianópolis: Conceito, 2013, p. 34-35.
49. MITIDIERO, Daniel. **Colaboração no processo civil**... Op. cit. p. 31.
50. No sincretismo ainda não havia a noção de relação jurídica processual e tampouco se falava na necessidade de participação dos sujeitos processuais em contraditório como elemento essencial do processo. Cf. DINAMARCO, Cândido Rangel. **Instituições de direito processual civil**. 7. ed. rev. São Paulo: Malheiros, 2013, v. 1, p. 260.
51. ALVARO DE OLIVEIRA, Carlos Alberto. **Do formalismo no processo civil**... Op. cit. p. 18-19; LAMY; RODRIGUES, op. cit., nota 51, p. 55-56.

1.2.2. Processualismo

O processualismo (também designado por cientificismo, conceitualismo, ou autonomismo) tem como marco a clássica obra de Oskar von Bülow, "*Die Lehre von den Processeinreden und den Processvoraussetzungen*" (em português: "Teoria das exceções e dos pressupostos processuais"), publicada em 1868, na qual o jurista alemão logrou separar a relação jurídica processual da material ao sistematizar os pressupostos da sua formação, demonstrando, com isso, que essas relações jurídicas possuem existências independentes.[52]

Pavimentou, assim, o caminho para a ascensão do direito processual à categoria de verdadeira ciência, dotado de autonomia científica em relação ao direito material.[53] A nota marcante desse momento histórico foi a intensa produção doutrinária voltada para o desenvolvimento dos institutos conceituais de direito processual.[54]

Contudo, tamanha foi a preocupação dos juristas desse período com a construção de uma verdadeira ciência processual e com a extirpação de todos os vestígios de direito material com vista a assegurar a sua autonomia que o processo acabou sendo excessivamente isolado

52. ALVARO DE OLIVEIRA, loc. cit.
53. Neste contexto desenvolvem-se as *teorias dualistas* do direito de ação, que compreendem a ação como direito originário e autônomo em relação ao direito material. Dentro da teoria dualista encontram-se duas correntes: a *concretista*, que entende o direito de ação como o direito potestativo (do autor) a uma decisão que faça atuar a vontade concreta da lei em seu favor, e a *abstrata*, que concebe o direito de ação como o poder do sujeito de levar a sua pretensão ao Poder Judiciário e obter uma decisão, que pode ser favorável ou não. Para a corrente abstrata haverá exercício do direito de ação independentemente de qual for a manifestação do Judiciário sobre seu pleito. Há que mencionar, ainda, a teoria eclética de Liebman, que pode ser entendida como uma posição intermediária entre essas duas correntes na medida em que conceitua o direito de ação como o direito à obtenção de uma decisão de mérito – seja ela favorável ou desfavorável. Todavia, não haveria exercício do *direito de ação* propriamente dito quando a decisão fosse pela extinção do processo sem resolução do mérito; nesta hipótese falar-se-ia em um "direito cívico de acesso ao Poder Judiciário", que não deveria ser confundido com o direito de ação. Cf. SICA, Heitor Vitor Mendonça. **O direito de defesa no processo civil brasileiro**: um estudo sobre a posição do réu. São Paulo: Atlas, 2011, p. 9-15.
54. Nesse sentido, compendia Mitidiero que "o processo deixa de ser mero procedimento, convertendo-se na abstrata relação jurídica [...]. A jurisdição assume a condição de poder vocacionado já não mais à tutela dos direitos subjetivos, mas sim voltada à função de realizar o direito objetivo estatal e pacificar a sociedade. A ação deixa de ser compreendida como um apêndice do direito material, passando a representar um direito público subjetivo autônomo de ir a juízo e obter sentença". (*in* **Colaboração no processo civil**... Op. cit. p. 33-34.)

dos valores éticos-morais, da realidade social, e dos demais ramos do direito.[55] Tornou-se, por assim dizer, um corpo fechado dentro das suas próprias instituições.

1.2.3. Instrumentalismo

Partindo da constatação de que o processo não poderia alienar-se da realidade social na qual se encontra inserido, nem perder de vista as suas finalidades, teve início uma nova fase metodológica na história do direito processual: o instrumentalismo.

Sem abandonar os inegáveis avanços da fase anterior, na qual foram sedimentadas as bases teóricas para o desenvolvimento do processo enquanto ciência, o instrumentalismo almeja que o processualista pare de se voltar apenas para as questões intrínsecas ao processo e preste mais atenção aos seus escopos e à sua aplicação.[56] Mais ainda, espera que ele adote "uma visão crítica e mais ampla da utilidade do processo"[57] e dos seus institutos, direcionada para a sua constante evolução e para a promoção de reformas que visem dar mais efetividade na realização do direito material.[58] O processo é encarado não como um fim em si mesmo, mas como um "instrumento a serviço do direito material, atento às necessidades sociais e políticas de seu tempo",[59] residindo a sua importância nos resultados que ele é capaz de produzir.[60]

Entretanto, uma crítica que se faz ao instrumentalismo é que, ao adotar uma visão do processo como instrumento técnico da jurisdição,[61] voltado para o alcance de resultados práticos, esse movimento teria acabado por afastar o processo "de uma visão constitucional, na qual se imporia

---

55. Ibid. p. 34.
56. DINAMARCO, Cândido Rangel. **A instrumentalidade do processo**. 13. ed. São Paulo: Malheiros, 2008, p. 366.
57. WATANABE, Kazuo. **Da cognição no processo civil**. 4. ed. rev. e atual. São Paulo: Saraiva, 2012, p. 19.
58. Segundo Alvaro de Oliveira, sob o enfoque instrumentalista "o único valor destacado pelos processualistas, mesmo assim apenas a partir dos anos 1970 e do século XX, é o da efetividade" (*in* **Do formalismo no processo civil**... Op. cit. p. 21).
59. MITIDIERO, Daniel. **Colaboração no processo civil**... Op. cit. p. 34.
60. Na sistematização de Dinamarco, o processo cumpre três ordens de finalidades: sociais, politicos e jurídicos. DINAMARCO, op. cit., nota 60; Idem. **Instituições de direito processual civil**. Op. cit. p. 131-140.
61. MITIDIERO, Daniel. **Colaboração no processo civil**... Op. cit. p. 37.

a aplicação dinâmica dos princípios processuais constitucionais".[62] Ao sobrevalorizar a efetividade em dimensão una de entrega de resultados práticos, incorreu na desvalorização das demais garantias fundamentais que deveriam permear a estruturação do processo em equilíbrio dinâmico.[63]

Outra crítica que se apresenta diz respeito ao papel atribuído à atividade do juiz. Em sua obra paradigma dessa fase metodológica, "A instrumentalidade do processo", Dinamarco por um lado assevera que "a atividade declaratória do juiz constitui exercício de típica *função reveladora*",[64] de modo que "[o] comando concreto que [os tribunais] emitem constitui *mera revelação* do preexistente, sem nada acrescer ao mundo jurídico além da certeza";[65] e, por outro lado, concebe o juiz como um "canal de comunicação"[66] entre o que ele presume ser uma "ordem concreta e homogênea de valores"[67] da sociedade e os textos normativos.

Assim, sob a ótica instrumentalista, a atividade do juiz deveria ser reveladora da "vontade concreta da lei", mas tal como "iluminada" pelo juiz tomando por referência essa "ordem concreta de valores" da

62. NUNES, Dierle José Coelho. **Processo jurisdicional democrático**: uma análise crítica das reformas processuais. 1. ed. Curitiba: Juruá, 2012, p. 40.

63. Em oposição a essa visão demasiadamente pragmática do processo, Nunes advoga "a impossibilidade da construção de procedimentos tomando-se por base tão-somente a busca de seus resultados pragmáticos, mas, ganha importância uma estruturação que aplique as normas fundamentais processuais (modelo constitucional de processo) em perspectiva dinâmica e que procure a sua adaptação plena ao contexto de adequabilidade normativa de aplicação da tutela estatal". Nunes defende, nessa perspectiva, que o processo deveria ser construído de forma a conjugar três dimensões essenciais: (i) a obtenção de resultados pragmáticos (instrumentalidade técnica); (ii) a aplicação dinâmica das normas fundamentais processuais, e (iii) a promoção da efetividade normativa do ordenamento jurídico (*in* loc. cit.).

64. DINAMARCO, Cândido Rangel. **A instrumentalidade do processo**. Op. cit. p. 194, grifo nosso.

65. Ibid. p. 42, grifo nosso.

66. Ibid. p. 294.

67. NUNES, op. cit., nota 67, p. 142-144. Nunes pontua que não seria possível presumir a existência de uma ordem de valores una e homogênea em sociedades complexas e plurais como as contemporâneas. Lembramos, contudo, que, na linha de pensamento de Chase (item 1.1, *supra*), ainda que o conjunto de valores compartilhados por uma sociedade não seja unânime e homogêneo, isso não afasta a verificação de que ele compõe a face cultural dessa sociedade. Aplicando essa lógica ao ponto levantado por Nunes, poderíamos afirmar que, ainda que nem todos os membros de uma sociedade "plural" estejam de acordo com o mesmo grupamento de valores, isso não significa que não se possa falar em uma "ordem de valores" que é, a bem ou mal, identificada como representativa daquela sociedade, e que compõe a sua face cultural.

sociedade, cujo conteúdo caberia ao juiz sozinho captar. Isso porque, como afirma Nunes, o instrumentalismo coloca o juiz em uma posição solitária na interpretação e aplicação da norma, relegando às partes o papel de meras colaboradoras, cuja contribuição poderia ser aproveitada ou não pelo juiz.[68]

Com o advento da Constituição Federal de 1988 (CF/88) e do neoconstitucionalismo, muitas premissas nas quais se baseiam o instrumentalismo tiveram que ser revistas. Por uma parte superou-se a ideia de que a função do julgador seria meramente declaratória do que fora estabelecido pelo legislador, não havendo uma única "vontade concreta da lei" a ser revelada; por outra, a jurisdição cedeu espaço para o processo como centro do direito processual civil. Nas palavras de Mitidiero, "[n]ão se nega, evidentemente, o papel fundamental que se atribui à jurisdição no quadro do processo [...], [mas] reforça-se a condição das partes, igualmente fundamental, para o bom desenlace do processo".[69]

Essa mudança implicou, ainda, a "passagem da lógica apodítica à lógica dialética: do monólogo jurisdicional ao diálogo judiciário",[70] realizado em contraditório, animado pelo postulado democrático, de modo a assegurar a participação ampla de todos os sujeitos processuais.

Em uma quarta via, a relação entre o direito processual e o direito constitucional fortaleceu-se, passando a se revelar em quatro frentes: (i) na "tutela constitucional do processo", com a previsão no texto constitucional de normas fundamentais processuais; (ii) na "jurisdição constitucional"; (iii) na "incorporação no âmbito do direito processual civil da metodologia constitucional", com destaque para a técnica das normas-princípio, e (iv) na "teorização acerca da aplicabilidade imediata e da plena eficácia dos direitos fundamentais", abrangendo, obviamente, as garantias constitucionais processuais.[71]

---

68. A "argumentação das partes (...) somente seria importante num segundo momento, após o juiz sensível expressar e captar 'aquela' interpretação 'correta' da 'normatividade' extraída e produzida de acordo com a 'melhor leitura', por ele encontrada solitariamente, dos valores homogêneos de nossa sociedade (plural)." NUNES, Dierle José Coelho. **Processo jurisdicional democrático**... Op. cit. p. 144.
69. MITIDIERO, Daniel. **Colaboração no processo civil**... Op. cit. p. 46.
70. Ibid. p. 47.
71. MITIDIERO, Daniel. **Colaboração no processo civil**... Op. cit. p. 43-44.

Diante desse cenário de mudanças de paradigmas, alguns autores alegam o surgimento de uma *quarta fase metodológica* do direito processual, a ser analisada no item a seguir.

Há, contudo, quem defenda que ainda estamos vivenciando o instrumentalismo, todavia adaptado aos novos tempos. Nessa linha, Dinamarco afirma que a fase instrumentalista estaria em perfeita consonância com o neoconstitucionalismo na medida em que "[s]empre que dá efetividade a algum preceito contido em lei ordinária, indiretamente o processo está servindo à Constituição, na medida em que aquele é necessariamente irradiação de preceitos e princípios constitucionais".[72]

1.2.4. É possível falar em uma quarta fase metodológica? A proposta do formalismo-valorativo

A denominação "formalismo-valorativo"[73] é atribuída ao movimento de resgate da importância das formas no processo civil enquanto mecanismos de proteção do cidadão "contra o arbítrio e ilimitado exercício do poder estatal e até o interesse do próprio Estado na realização do seu direito objetivo",[74] condicionados, todavia, aos valores que embasam o Estado Democrático de Direito.

Alvaro de Oliveira advertia que o excesso de formalismo deveria ser evitado, pois "conduziria [...] à exaltação das prescrições formais como um fim em si mesmo, de modo manifestamente incompatível com as finalidades sociais do processo moderno".[75] Por essa razão, as formas do processo são justificadas "na medida de sua utilidade ou como fator de segurança, portanto apenas e enquanto ligada[s] a algum conteúdo, a algum *valor* considerado importante".[76]

---

72. DINAMARCO, Cândido Rangel. **A instrumentalidade do processo**. Op. cit. p. 194.
73. O formalismo-valorativo foi cunhado por Alvaro de Oliveira quando da elaboração de sua tese de doutoramento defendida na Universidade de São Paulo, e que deu origem ao livro "Do formalismo no processo civil: proposta de um formalismo-valorativo", atualmente em sua 4ª edição (2010).
74. ALVARO DE OLIVEIRA, Carlos Alberto. Poderes do juiz e visão cooperativa do processo. **Academia Brasileira de Direito Processual Civil**. Seção Artigos. Disponível em: <http://www.abdpc.org.br/abdpc/artigos/Carlos%20A%20A%20de%20Oliveira%20(8)%20-formatado.pdf>. Acesso em: 17 jan. 2016, p. 5. Alvaro de Oliveira apontava em específico os valores da justiça, da igualdade, da participação, da efetividade e da segurança como filtros para a compreensão das formas.
75. Loc. cit.
76. ALVARO DE OLIVEIRA, Carlos Alberto. **Do formalismo no processo civil**... Op. cit. p. 6, grifo do autor.

Com relação a este ponto, Cabral trata da distinção entre "forma-garantia" e "forma-função". A primeira se refere ao valor que as próprias formalidades legais têm para o processo e para o ordenamento, na medida em que conferem equilíbrio à relação processual, equacionando as funções e os poderes atribuídos aos sujeitos processuais de tal modo que todos tenham a possibilidade de atuar de forma ativa e exercer sua capacidade de influência na resolução do conflito.[77] Este é, inclusive, um dos grandes traços distintivos do formalismo-valorativo com relação ao instrumentalismo: o juiz não é mais um lobo solitário tentando desvendar *a* "vontade concreta da lei", mas uma peça dentro de um empreendimento cooperativo que conta com a participação ativa de *todos* os sujeitos processuais.[78]

Por sua vez, a segunda acepção – de "forma-função" – tem relação com o papel vetorial das formas de proporcionar a realização de outros valores importantes do ordenamento jurídico.[79] As formas, nessa perspectiva, têm a sua existência justificada quando servem para atender a um fim.

O formalismo-valorativo não rompeu totalmente com a noção de instrumentalidade do processo, mas atribuiu a ela um outro direcionamento, de natureza axiológica. Essa nova fase continua entendendo o processo, em certa medida, como um instrumento, cujo "fim último [...] já não é mais apenas a realização do direito material, mas a concretização da justiça material, segundo as peculiaridades do caso".[80]

Diante desse desenho dos contornos do formalismo-valorativo, é possível visualizar a razão pela qual há autores que não reconhecem a existência de uma quarta fase metodológica autônoma. Ainda que essa nova corrente tenha promovido uma releitura das finalidades que norteiam o processo e das próprias categorias processuais à luz das normas constitucionais, fato é que o processo continua sendo entendido (i) como um *instrumento* técnico (ii) que representa um meio para atingir uma *finalidade* – no caso, a promoção dos valores do ordenamento jurídico (notadamente aqueles encampados na Constituição Federal de 1988).[81]

---

77. CABRAL, Antonio do Passo. **Nulidades no processo moderno:** contraditório, proteção da confiança e validade *prima facie* dos atos processuais. 2. ed. Rio de Janeiro: Forense, 2010, p. 177-182.
78. ALVARO DE OLIVEIRA, op. cit., nota 82, p. 23; CABRAL, op. cit., nota 83, p. 179.
79. CABRAL, ibid., p. 182.
80. ALVARO DE OLIVEIRA, op. cit., nota 82, p. 23.
81. MITIDIERO, Daniel. **Colaboração no processo civil**... Op. cit. p. 51.

Tais elementos (ser um instrumento e ter uma finalidade) compõem o núcleo do instrumentalismo.

As principais diferenças residiriam, em primeiro lugar, na *finalidade* para a qual o processo é direcionado: enquanto que para o instrumentalismo o processo é um meio para alcançar resultados pragmáticos, orientados por certos fins sociais, políticos e jurídicos, o formalismo-valorativo entende o processo como um meio para promover valores, dentre os quais se insere a efetividade (na dimensão "resultados pragmáticos"). Ocorre que, conforme já afirmamos, não é difícil encaixar essa nova visão de processo no conceito de instrumentalismo mediante uma adaptação dos escopos preconizados por Dinamarco.

Em segundo lugar, aponta-se a já citada revalorização da participação ativa das partes no processo, e o resgate do procedimento e da importância das formas, que, sob o instrumentalismo, cederam espaço para o fortalecimento da figura do juiz.[82]

Este trabalho adota a posição de que estamos vivenciando, de fato, uma nova fase metodológica do direito processual. A razão para esse posicionamento é de fundo precisamente metodológico: não há dúvidas de que houve uma mudança na forma de conceber o direito processual, as categorias processuais e os papéis exercidos pelos sujeitos processuais (principalmente o juiz), desde a sistematização do instrumentalismo até a atualidade. Não é recomendável, assim, colocar dois períodos de características distintas (ainda que guardem pontos em comum) sob uma mesma categoria que pode ser maleabilizada para ser lida de diferentes formas, dependendo do marco teórico tomado por referência.

Cumpre apontar que alguns autores reconhecem, ainda, a existência da quarta fase metodológica, mas com outro nome: *neoprocessualismo*. A vantagem dessa terminologia, segundo Didier, é a sua "interessante função didática, pois remete rapidamente ao Neoconstitucionalismo", além de

> bem caracterizar um dos principais aspectos deste estágio metodológico dos estudos sobre o direito processual: a revisão das categorias processuais (cuja definição é a marca do processualismo do final do século XIX e meados do século XX), a partir de novas premissas teóricas, o que justifica o prefixo "neo".[83]

---

82. CABRAL, Antonio do Passo. **Nulidades no processo moderno**... Op. cit. p. 178-179.

83. DIDIER JR., Fredie. **Curso de direito processual civil**: introdução ao direito processual civil e processo de conhecimento. 15. ed. rev., ampl. e atual. Salvador: Juspodivm, 2013, v. 1,

Por sua vez, Mitidiero, que adotava o termo "formalismo-valorativo", vem-se referindo a essa quarta fase metodológica como "processo civil no Estado Constitucional", em virtude dos problemas que ele reconhece na adoção dos termos "neoprocessualismo" e "formalismo-valorativo".[84]

Em uma última nota, cumpre mencionar a existência de uma terceira corrente que fala em uma "teoria neoinstitucionalista do processo" para designar a quarta fase metodológica. Além da preocupação com a leitura constitucional do processo, "a fase neoinstitucionalista aponta ser o processo uma conquista da cidadania que a fundamenta por meio dos princípios e institutos, com o marco da teoria discursiva em seu bojo".[85]

Não iremos nos aprofundar, todavia, no exame das particularidades dessas teorias, ficando apenas com a construção teórica do formalismo-valorativo como marco representativo do estado atual do estudo do direito processual.

1.3. MODELOS DE PROCESSO E DISTRIBUIÇÃO DE FUNÇÕES ENTRE OS SUJEITOS PROCESSUAIS

Um modelo é uma forma de explicar um fenômeno. Para ser um *bom* modelo ele deve conter apenas os elementos essenciais para a sua

p. 32. Didier afirma que a diferença do neoprocessualismo para o formalismo-valorativo seria apenas terminológica, já que ambos representariam uma nova fase metodológica do direito processual caracterizada pelo estudo do processo sob o marco teórico dos valores constitucionalmente positivados. Em sentido contrário, Jobim opina que não seriam a mesma fase, uma vez que "[a] fase do formalismo-valorativo claramente elenca dois paradigmas de interpretação que deverão balizar o processo civil brasileiro, quais sejam: (i) o da efetividade e (ii) da segurança jurídica. Salvo melhor juízo, a fase neoprocessualista não elenca princípios que darão releitura aos demais, sendo todos iguais na busca de um processo efetivo" (*in* **Cultura, Escolas e Fases Metodológicas do Processo**... Op. cit. p. 159).

84. Para uma exposição detalhada das críticas às denominações da quarta fase metodológica, v. MITIDIERO, Daniel. **Colaboração no processo civil**... Op. cit. p. 48-50.

85. JOBIM, op. cit., nota 89, p. 162. Jobim assevera, todavia, que essa construção "não se mostra propensa a pensar o processo brasileiro. Isso, pois, a complexidade da teoria habermasiana [na qual se apoiou Rosemiro Pereira Leal para criar a fase neoinstitucionalista] traz dificuldades não só ao seu entendimento, com magistrados tendo que compreender uma teoria filosófica altamente complexa, quando são treinados desde os bancos acadêmicos para um pensamento mais dogmático, quanto a [sic] sua aplicação num Poder Judiciário obsoleto e com juízes, no mais das vezes, tendo que lidar com dezenas de milhares de processo [sic] sob sua jurisdição. Pedir que seja aplicada uma teoria discursiva altamente complexa durante o tramitar do processo, na atualidade, é pensar alto demais para como a realidade se apresente hoje ao jurisdicionado".

explicação, deixando de lado os elementos que não são relevantes para seu objetivo, sob pena de complicar a descrição.[86]

O modelo consiste, portanto, em uma *simplificação* de um fenômeno real, e não é, por isso mesmo, a própria realidade. Essa ressalva é importante para que não tomemos os modelos por espelhos dos objetos que eles estão representando, assumindo que todas as características da realidade estão neles reproduzidas.

No direito processual o uso de modelos que categorizam os sistemas jurídicos a partir de suas características em comum é de grande valia para o estudo comparado,[87] mas é preciso reconhecer que essa prática tem os seus riscos. O principal deles é o de ao se reunir países com culturas jurídicas próprias sob uma mesma categoria ampla deixar de lado particularidades importantes para a compreensão adequada de cada ordenamento.[88] Quando olhamos apenas para o macro, detalhes no plano micro são por vezes ignorados e acabamos caindo na armadilha da generalização.

Sob um prisma metodológico, os modelos são melhores usados como pontos de partida para localizar um determinado ordenamento jurídico em um movimento de evolução e reforma do direito, e para entender a razão de ser de certos institutos.[89] Ainda, os modelos podem ajudar a identificar quais institutos devem ser objetos da análise quando estamos estudando ordenamentos jurídicos estrangeiros.

---

86. Por outro lado, quanto mais características são retiradas do modelo, maior o risco de ele não estar descrevendo a realidade, mas se tratar apenas de uma representação abstrata. Nesse sentido, Taruffo observa que "a construção dos modelos [...] não pode ser arbitrária, se quer tender a representar objetos efetivamente existentes" (*in* Observações sobre os modelos processuais de *civil law* e de *common law*. Tradução de José Carlos Barbosa Moreira. **Revista de Processo**, v. 110, p. 141-158, abr./jun. 2003, p. 143). Encontrar esse ponto ideal para o nível de profundidade e detalhe da descrição é o primeiro problema que deve ser enfrentado por quem se propõe a construir um modelo.

87. "[...] a construção de 'tipos ideais' dos diversos ordenamentos pode estabelecer um nível de análise no qual o confronto é possível e produtivo, evitando perder-se na massa infinita dos pormenores; de outro lado, que é possível construir modelos de variável amplitude e dimensão e com variável conteúdo." Ibid. p. 142-143.

88. ZEKOLL, Joachim. Comparative Civil Procedure. In: REIMANN, Mathias; ZIMMERMANN, Reinhard (Eds.). **The Oxford Handbook of Comparative Law**. New York: Oxford University Press, 2006, p. 1327-1362v, p. 1329.

89. A utilidade no uso dos modelos requer, todavia, que não nos olvidemos das suas limitações: "[...] *the labels serve as useful shorthand, so long as we recall their limitations*." (CHASE, Oscar et al. **Civil Litigation in Comparative Context**. St. Paul: Thomson/West, 2007, p. 4).

1.3.1. Classificações tradicionais

Há duas formas de categorização clássicas que são adotadas com maior frequência pela doutrina.

A primeira delas divide os sistemas jurídicos segundo a sua tradição histórica, identificando países de "*common law*" e de "*civil law*". Enquanto que este comporta os países da família romano-germânica, na qual se insere a vasta maioria da Europa continental e da América Latina, aquele reúne os ordenamentos de tradição anglo-saxônica, notadamente Inglaterra e Estados Unidos.

Sob a perspectiva processual em sentido estrito, o sistema de *civil law* pode ser definido essencialmente pelas seguintes características: (i) ausência de um *trial* (uma audiência concentrada para produção das provas e julgamento do caso); (ii) importância dada às provas documentais; e (iii) atribuição de poderes investigativos *limitados* às partes e a seus advogados.[90]

Por seu turno, o sistema de *common law* apresenta os seguintes elementos basilares: (i) distinção bem definida do processo em duas fases – *pretrial* e *trial*; (ii) prevalência do elemento escrito na fase preparatória (*pretrial*) e da regra da oralidade no *trial*; (iii) identidade física (*immediacy*) na relação entre os sujeitos processuais; e (iv) concentração do procedimento para que seja resolvido em uma única audiência, ou, quando absolutamente necessário, em uma série de audiências realizadas em um curto espaço de tempo.[91]

Tais características devem ser, contudo, associadas a uma visão geral, abstrata e tradicional dos sistemas de *civil law* e de *common law*. Dentro de cada família é possível encontrar certas características que diferem da sua definição geral. Um exemplo é a Alemanha, que, embora seja um país de *civil law*, adota como regra a realização de uma audiência oral (*mündliche Verhandlung*) concentrada para apresentação de argumentos e produção de provas (§279 da *Zivilprozessordnung* (ZPO) alemã – item 2.2.3, *infra*).

Além das particularidades individuais, as famílias do *civil law* e do *common law* enquanto grupos experimentaram transformações ao longo da história em suas estruturas de processo que eventualmente desviaram

---

90. CAPPELLETTI, Mauro; GARTH, Bryant G. CAPPELLETTI, Mauro; GARTH, Bryant G. Introduction – Policies, Trends and Ideas in Civil Procedure. Op. cit., p. 8.

91. Ibid. p. 10-11.

desses elementos clássicos. Aprofundaremos este ponto no item 2.2.2, *infra*, quando for apresentado um panorama geral da evolução histórica do processo civil europeu.

Indo adiante, a segunda forma de categorização dos sistemas jurídicos foca na "distribuição das funções que devam ser exercidas pelos sujeitos processuais",[92] contrapondo o modelo *adversarial* – caracterizado pela atribuição de maiores poderes às partes e seus advogados no controle e condução do feito – ao modelo *inquisitivo* – marcado pelos poderes acentuados do juiz.

1.3.1.1. Modelo adversarial e o prisma privatista para o processo civil

Também denominado "isonômico" ou "paritário", este modelo tem como nota marcante o seu caráter privado e liberal. Em um modelo adversarial "puro" as partes são responsáveis não apenas por dar início e, eventualmente, fim ao processo, mas também pela sua condução formal, pela definição do objeto da demanda, e pela instrução. O órgão jurisdicional, por sua vez, assume uma postura passiva, tendo como principal – e praticamente única – função decidir com base nos fatos alegados e provados pelas partes.[93]

Diz-se que no modelo adversarial prepondera o *princípio dispositivo*, o qual, em uma acepção ampla, compreende o controle das partes sobre todo o processo: sobre a iniciativa de propositura da demanda, sobre a delimitação do seu objeto, sobre a apresentação dos fatos, e sobre a produção das provas.

A doutrina brasileira de modo geral costuma adotar essa acepção ampla ao tratar do princípio dispositivo, embora alguns autores, como

---

92. DIDIER JR., Fredie. Os três modelos de direito processual: inquisitivo, dispositivo e cooperativo. **Revista de Processo**, v. 198, p. 213-225, ago. 2011, p. 214.

93. No máximo reconhece-se também a função do juiz de supervisionar o exercício dos poderes das partes para garantir a probidade da sua conduta e o respeito às garantias processuais. Nesse sentido, Zuckerman: "*The parties define the controversy, present proof in support of their allegations, and test each other's evidence and arguments. The judge's role is limited to deciding between the competing cases that the parties have presented, and to supervising the process to ensure it is conducted in an appropriate manner.*" (*in* No justice without lawyers – the myth of an inquisitorial solution. **Civil Justice Quarterly**, v. 33, n. 4, p. 355-374, 2014, p. 357).

Greco[94], Rodrigues[95] e Barbosa Moreira[96], trabalhem com a distinção entre o princípio da demanda (ou princípio da iniciativa das partes) e o princípio dispositivo em sentido estrito (ou princípio do debate).

O *princípio da demanda* ou *princípio da iniciativa das partes* possui duas dimensões. A primeira tem correlação com o princípio da inércia da jurisdição, e significa que somente as partes podem dar início à ação, sendo vedado o exercício da jurisdição *ex officio* pelo Estado-juiz (salvo em situações excepcionalíssimas e previstas em lei). A segunda dimensão comporta o poder das partes de delimitar o objeto do processo, definindo os direitos que estão em disputa.[97]

Já o *princípio dispositivo em sentido estrito* ou *princípio do debate* abarca os poderes das partes de controle sobre os fatos e sobre as provas. Para Greco, este princípio se restringiria aos "fatos que levem a outros direitos, que não os alegados pelas partes", pois, neste caso, o juiz poderia acabar ampliando o escopo da demanda. Contudo, o juiz poderia, "sem desfigurar a demanda e sem invadir a esfera de liberdade das partes, trazer ao processo outros fatos que sirvam para provar os fatos jurígenos alegados pelas partes".[98]

No início do século XIX, a doutrina alemã[99] começou a tratar da distinção teórica entre as duas faces do princípio dispositivo: a *Dispositionsmaxime* e a *Verhandlungsmaxime*.

---

94. GRECO, Leonardo. **Instituições de Direito Processual Civil**: Introdução ao Direito Processual Civil. 5. ed. rev., atual. e ampl. Rio de Janeiro: Forense, 2015, v. I, p. 511-513 e 518-523.

95. RODRIGUES, Marco Antonio dos Santos. **A modificação do pedido e da causa de pedir no processo civil.** Rio de Janeiro: GZ Editora, 2014, p. 189-190.

96. BARBOSA MOREIRA, José Carlos. O problema da "divisão do trabalho" entre juiz e partes: aspectos terminológicos. In: ______. **Temas de direito processual civil**. São Paulo: Saraiva, 1989, 4ª série, p. 39.

97. GRECO, Leonardo. **Instituições de Direito Processual Civil**: Introdução ao Direito Processual Civil. Op. cit. p. 120 e 511-512. Na segunda dimensão o princípio da demanda também está sujeito a exceções. Um exemplo citado por Greco são as questões processuais, de ordem pública, que, no direito brasileiro, podem ser conhecidas de ofício pelo juiz mesmo que não alegadas pelas partes. A ressalva a esta exceção é o dever do juiz de provocar a manifestação das partes sobre tais questões antes de proferir uma decisão, nos termos do artigo 10 do CPC/2015.

98. Ibid. p. 519.

99. Segundo Oberhammer e Domej, esta distinção foi formulada pela primeira vez por von Gönner, em sua obra "*Handbuch des gemeinen deutschen Prozesses*", de 1801 (*in* Powers of the Judge: Germany, Switzerland and Austria. In: VAN RHEE, C. H. (Ed.) **European Traditions in Civil Procedure**. Antwerpen: Intersentia, 2005, p. 295-305, p. 297). Essa

A primeira se refere ao poder das partes de dar início ao processo e de determinar o seu objeto. Ocasionalmente, as partes também podem dar fim ao processo, o que ocorre quando o autor renuncia ao seu direito ou desiste da ação; quando o réu reconhece o pedido; quando as partes transacionam sobre o objeto do litígio; ou quando a parte sucumbente abre mão da interposição de um recurso.

Como consequências práticas da *Dispositionsmaxime*, os tribunais, via de regra, não podem dar início a um processo de ofício ("*Nemo iudex sine actore*"); a sentença está limitada ao escopo da demanda, não podendo o juiz dar mais ou dar coisa diferente do que fora pedido ("*Ne eat iudex ultra vel extra petita partium*"); e as partes detêm o direito exclusivo de transacionar sobre o objeto da demanda.[100]

Há autores, como Verkerk, que estabelecem uma distinção entre *Dispositionsmaxime* formal e substancial:

> A [*Dispositionsmaxime*] formal [...] significa que dar início ao procedimento é um ato que somente pode ser praticado pela pessoa que alega ter um certo direito e que tem capacidade de iniciar uma ação. Isso significa que o juiz está vinculado à iniciativa das partes. Apenas uma parte pode decidir ajuizar uma ação ou requerer um remédio. Igualmente, as partes decidem retirar a reclamação ou reconhecer um pedido ou defesa do oponente. A [*Dispositionsmaxime*] substancial [...] estabelece que as partes determinam o objeto do processo. Elas fixam os limites da sua controvérsia. O juiz não pode decidir sobre questões que não foram suscitadas pelas partes. Isso significa também que o autor decide contra quem a ação é ajuizada.[101]

---

distinção teria estabelecido a base para que a função do juiz no processo fosse aprimorada, permitindo que lhe fossem conferidos maiores poderes para conduzir o feito.

100. CAPPELLETTI, Mauro; GARTH, Bryant G. Introduction – Policies, Trends and Ideas in Civil Procedure. Op. cit., p. 15 *et seq.*

101. O trecho em língua estrangeira é: "*The formal (...) entails that the initiation of the proceedings is an action that can solely be performed by the person who claim to have a certain right and is able to initiate an action. This implies that the judge is bound to the initiative of the parties. Only a party may decide to file a claim or to invoke a remedy. Equally the parties decide to withdraw their complaint or to acknowledge or oppose a claim or defense of the opponent. The substantive (...) holds that the parties determine the scope of the dispute. They set the boundaries of their controversy. The judge may not decide upon matters not asked for by the parties. It also implies that the plaintiff decides against whom the case is brought.*" VERKERK, Rijk Remme. **Fact-finding in civil litigation**: a comparative perspective. Antwerp: Intersentia, 2010, p. 247, tradução nossa.

A *Dispositionsmaxime* corresponde, assim, ao princípio da demanda ou princípio da iniciativa das partes.

Por sua vez, pela *Verhandlungsmaxime* – que corresponde ao princípio dispositivo em sentido estrito ou princípio do debate – cabe às partes apresentar os fatos que embasam suas posições e decidir quais provas serão utilizadas para comprovar tais alegações fáticas. Consequentemente, o juiz apenas pode levar em consideração para a sua decisão fatos que foram alegados e provas que foram apresentadas pelas partes. Ele não pode, nessa medida, conduzir uma investigação por iniciativa própria para descobrir novos fatos ou produzir outras provas.[102]

Aqueles que defendem a atribuição de mais poderes ao juiz para atuar de forma ativa no processo argumentam, com base na separação entre *Dispositionsmaxime* e *Verhandlungsmaxime*, que quando uma parte deixa de trazer uma informação aos autos do processo ou de produzir uma prova, esta conduta não deve ser interpretada como um ato deliberado de disposição do objeto do processo. Em verdade, essa falha em "fazer uma alegação fática apropriada será consequência da ignorância ou falta de experiência, e não um exercício deliberado de autonomia privada".[103] Por este motivo, autorizar o juiz a agir para suprir uma deficiência nesse sentido não implicaria uma violação à *Dispositionsmaxime*, na medida em que a autonomia da vontade das partes no que tange à disposição do direito continuaria sendo respeitada. O que estaria sendo flexibilizado aqui seria a *Verhandlungsmaxime*.[104] Retornaremos a esse ponto quando tratarmos do modelo inquisitivo.

---

102. Loc. cit.

103. O texto em língua estrangeira é: "(...) *a party's failure to make appropriate factual allegations will be a consequence of ignorance or lack of experience rather than a deliberate exercise of party autonomy*". OBERHAMMER, Paul; DOMEJ, Tanja. Powers of the Judge: Germany, Switzerland and Austria. Op. cit., p. 299, tradução nossa. Nesse sentido, Barbosa Moreira também refuta a alegação de que a não produção de uma prova pelas partes a respeito de um fato que foi alegado no processo estaria dentro do âmbito do princípio dispositivo (em sentido amplo) e da autonomia de vontade das partes. Conforme bem colocado pelo processualista, "*[s]i la parte alega el hecho, es porque quiere que de él se extraiga ésta o aquella consecuencia jurídica. (...) Lo que de manera alguna se figura como razonable es pretender la tutela jurisdiccional y, al mismo tiempo, objetar que el juez se muna de los elementos necesarios para verificar si debe o no prestarla en los términos requeridos.*" (*in* El neoprivatismo en el proceso civil. Op. cit., p. 211).

104. De modo geral, a *Dispositionsmaxime* orienta o processo civil no mundo ocidental, tanto nos sistemas de *civil law* como nos de *common law*. A diferença residiria nas nuances, nas exceções admitidas em cada ordenamento, e, principalmente, na intensidade assumida pela *Verhandlungsmaxime*.

Para a construção do modelo adversarial clássico a distinção desenvolvida acima não será necessária. Afinal, este modelo, em sua forma pura, concebe o processo como "coisa das partes" (*Sache der Parteien*), atribuindo a elas *todo* poder de direção formal e substancial do feito. Adota, assim, tanto o princípio da demanda (*Dispositionsmaxime*) como o princípio dispositivo em sentido estrito (*Verhandlungsmaxime*).

A primeira justificativa que costuma ser apresentada para defender esta concepção privatista de processo é a alegada falta de interesse do Estado na solução da controvérsia que diga respeito apenas a interesses privados. Nessa medida, "[acredita]-se [...] que o próprio interesse da parte litigante no direito alegado constituiria eficaz catalisador para a mais rápida investigação da situação jurídica".[105]

Esse argumento parte, portanto, da premissa de que *ambas* as partes estarão *sempre* interessadas na resolução célere do litígio. Ocorre que na prática forense não é isso que se verifica. Frequentemente encontramos casos nos quais uma ou, até mesmo, ambas as partes buscam retardar o processo por razões não-nobres, fazendo com que ele se estenda por um período de tempo considerável e desnecessário, gerando custos para o Estado.

Além disso, esta perspectiva ignora ou pouco se preocupa com a igualdade material entre as partes no processo. A justiça do modelo adversarial é "inevitavelmente dependente de uma paridade razoável de armas entre as partes",[106] pois somente assim garante-se que as duas versões sobre os fatos serão expostas, que todas as provas necessárias para comprovar as posições jurídicas de cada uma das partes serão apresentadas, e que haverá um enfrentamento equânime dos argumentos contrários, assegurando a completude do material fático-probatório que serve de base para o juiz elaborar a sua decisão. Quando não houvesse "paridade razoável de armas entre as partes", e dado que o juiz não poderia intervir

---

105. OLIVEIRA, Carlos Alberto Alvaro de. Poderes do juiz e visão cooperativa do processo. Op. cit. p. 3.

106. O texto em língua estrangeira é: "[...] *is inevitably dependent upon reasonable equality of arms between the parties*". JOLOWICZ, J. A. Adversarial and Inquisitorial Models of Civil Procedure. **International and Comparative Law Quarterly**, v. 52, p. 281-295, 2003, p. 283, tradução nossa. Por esse motivo o processualista inglês entende que o sistema adversarial funciona bem como um meio de resolução de disputas, uma vez que ele é capaz de pôr fim ao litígio de forma razoavelmente eficiente (não necessariamente justa), mas coloca em dúvida se ele é capaz de atender outras finalidades do processo.

ativamente para suprir a eventual desigualdade, o modelo adversarial deparar-se-ia com uma lacuna de justiça.

Um segundo argumento aduzido em favor do modelo adversarial é que o distanciamento do juiz do processo de investigação dos fatos e produção das provas teria o benefício adicional de melhor garantir a sua isenção na formação das conclusões sobre os fatos.

Embora Barbosa Moreira, por todos, refutasse a alegação de que a atribuição de poderes instrutórios ao juiz representaria uma quebra da sua imparcialidade – vez que o magistrado não teria como saber de antemão qual seria o resultado da prova cuja produção ele determinou, e, além disso, a omissão quanto à produção da prova também implicaria o favorecimento de uma das partes –,[107] é pertinente trazer a observação de Zuckerman sobre a contaminação que o juiz pode sofrer quando dirige o processo de investigação dos fatos:

> [U]ma pessoa que conduz uma investigação irá, necessariamente, formar uma hipótese em algum momento da investigação, normalmente logo no início. Uma vez que a hipótese tenha sido formada, o investigador tenderia a focar a sua atenção naquela hipótese e seria menos capaz de dar atenção adequada a outras possibilidades.[108]

O fenômeno descrito recebe na psicologia cognitiva o nome de "*confirmation bias*" (viés de confirmação), e "consiste na tendência de buscar provas que suportem uma hipótese já formada pelo investigador, e ignorar provas ou explicações que enfraqueçam esta hipótese".[109] Não se trata, como se vê, de um questionamento sobre a imparcialidade do juiz, mas sobre a higidez do processo de formação do seu convencimento a respeito dos fatos, com fundamento em bases empíricas e científicas.[110]

---

107. BARBOSA MOREIRA, José Carlos. El neoprivatismo en el proceso civil. Op. cit. p. 210.

108. O texto em língua estrangeira é: "[...] *a person who conducts an investigation will necessarily form a hypothesis at some stage in the investigation, commonly early on. Once a hypothesis has been formed the investigator would tend to focus attention on that hypothesis and be less able to give adequate attention to other possibilities.*" ZUCKERMAN, Adrian. No justice without lawyers – the myth of an inquisitorial solution. Op. cit., p. 360, tradução nossa.

109. O texto em língua estrangeira é: "[...] *consists in a tendency to seek evidence supporting the hypothesis that the investigator has formed and to ignore evidence or explanations that undermine this hypothesis.*" Ibid., p. 362, tradução nossa.

110. Semelhante observação é feita por Theodoro Júnior, Nunes, Bahia e Pedron (*in* **Novo CPC - Fundamentos e Sistematização**. 2. ed. rev., atual. e ampl. Rio de Janeiro: Forense,

Ao afastar o juiz do processo de investigação dos fatos, o modelo adversarial, segundo Zuckerman, reduziria o impacto do viés de confirmação. Essa medida teria o benefício adicional de "proteger a corte da responsabilidade por decisões erradas", uma vez que a sua "responsabilidade pela correção do resultado é limitada à extração das inferências apropriadas" a partir do que foi aduzido pelas partes.[111] Caso o juiz fosse o responsável pela condução do processo de investigação dos fatos, quaisquer erros praticados nesse processo que gerassem decisões equivocadas seriam da sua inteira responsabilidade, o que poderia levar a uma redução da confiança popular no sistema de justiça civil.[112]

Neste cenário, e dentro da perspectiva privatista adotada pelo processo adversarial, uma intervenção exacerbada do Estado-juiz no desenvolvimento do feito representaria uma violação da liberdade privada e individual, além de escapar daquela que, para este modelo, deveria ser a finalidade principal do processo: a resolução de conflitos privados (através de uma decisão judicial elaborada com base em fatos e provas apresentados pelas partes).

1.3.1.2. Modelo inquisitivo e o prisma publicista para o processo civil

No extremo oposto do modelo adversarial encontramos o modelo inquisitivo, ou "assimétrico", de processo. Partindo de uma concepção publicista, caracterizada pelo reconhecimento do interesse público no exercício da atividade jurisdicional,[113] o processo deixa de ser concebido como mero instrumento de "resolução de conflitos privados" e passa a ter outras finalidades que orientam a sua estruturação e a repartição das funções entre os sujeitos processuais.

2015, p. 85). Embora não se refiram especificamente ao *confirmation bias*, os processualistas brasileiros também afirmam que há uma desvantagem na iniciativa probatória do juiz, consistente na tendência "de contaminação cognitiva (juiz dar mais valor às provas que produziu)".

111. Os textos em língua estrangeira são, respectivamente: "[...] *shields the court from responsibility for erroneous decisions*" e "[...] *the court's responsibility for the correctness of the outcome is* [...] *limited to drawing the appropriate inferences* [...]". ZUCKERMAN, op. cit., nota 115, p. 369.

112. Loc. cit.

113. PICÓ I JUNOY, Joan. El derecho procesal entre el garantismo y la eficacia. In: MONTERO AROCA, Juan. (Coord.) **Proceso Civil e Ideología**... Op. cit. p. 110.

Nessa medida, Picó i Junoy assevera que embora o objeto do processo possa eventualmente ser disponível ou privado, "o modo de desenvolvimento do processo não pertence aos litigantes, mas sim ao Estado, que é o único titular da função jurisdicional".[114]

Em linha semelhante, Barbosa Moreira leciona que, independentemente da natureza da relação jurídica e do interesse em disputa, um "litígio submetido ao exame e decisão do juiz deixa de ser, *ipso facto*, litígio cuja repercussão fique restrita ao âmbito puramente privado",[115] citando, para ilustrar sua afirmação, vários exemplos de casos nos quais o resultado do processo civil impactará terceiros.

Com efeito, a partir do momento em que uma disputa é levada ao Poder Judiciário na busca de uma solução, é de interesse do Estado que o conflito posto perante ele seja resolvido de forma célere, eficaz e adequada, não apenas tendo em vista a possibilidade de produção de efeitos (práticos e/ou jurídicos) para além dos limites do processo, mas também em razão do custo financeiro e social que o processo gera para o Estado.

O reconhecimento da função social do processo e do interesse público na forma como ele se desenvolve e no resultado alcançado fornece as bases para que se admita a atribuição de maiores poderes de gestão processual ao juiz.

Neste modelo, diz-se que predomina o *princípio inquisitivo*, "pelo qual o juiz pode atuar amplamente na investigação dos fatos e ter iniciativa na produção de provas".[116]

---

114. O texto em língua estrangeira é: "*el modo de desarollarse el mismo no pertenece a los litigantes sino al Estado, único titular de la función jurisdicional*". Ibid. p. 122, tradução nossa. A afirmação do processualista espanhol não é, todavia, totalmente adequada para explicar a estruturação do processo civil contemporâneo. Afinal, tomando o processo civil brasileiro como exemplo, a figura das convenções processuais (típicas e atípicas) demonstra que o modo de desenvolvimento do processo na contemporaneidade pode pertencer *também* às partes, que podem decidir sobre a alocação de poderes, deveres, faculdades e ônus processuais, e, até mesmo, dispor sobre o procedimento, sem precisar, sequer, da anuência do Estado-juiz (ressalvada a possibilidade de controle *a posteriori* da sua validade). Aprofundaremos este ponto quando estudarmos o gerenciamento processual no direito estrangeiro e no direito brasileiro, respectivamente nos capítulos dois e três desta dissertação.

115. O texto em língua estrangeira é: "*[l]itigio sometido al examen y decisión del juez deja de ser, ipso facto, litigio cuya repercusión quede restringida al ámbito puramente privado*". BARBOSA MOREIRA, José Carlos. El neoprivatismo en el proceso civil. Op. cit., p. 213.

116. RODRIGUES, Marco Antonio dos Santos. **A modificação do pedido e da causa de pedir no processo civil**. Op. cit., p. 190.

Também com relação a este princípio a doutrina alemã estabelece uma distinção entre a *Offizialmaxime* (princípio do impulso oficial) – que se opõe à *Dispositionsmaxime* e representa o poder do Estado-juiz de dar início a uma ação e de não estar adstrito aos limites objetivos da demanda – e a *Inquisitionsmaxime*, também denominada de *Unterschungsmaxime* (princípio inquisitivo ou princípio da investigação oficial) – que faz contraponto à *Verhandlugnsmaxime* e justifica a investigação de fatos por iniciativa própria do juiz.[117]

A principal crítica feita ao modelo inquisitivo é que ele seria autoritário e pouco democrático. Alguns autores vão além e chegam a associar este modelo de processo a regimes verdadeiramente totalitários. Para refutar essa associação automática, Verde estabelece uma distinção entre códigos autoritários ("sociais", caracterizados pela atribuição de maiores poderes ao juiz) e códigos totalitários, afirmando que estes "destroem radicalmente a ideia de um processo a serviço dos direitos das partes e, mais ainda, a ideia da lei processual, assim como também destroem a essência da distinção entre processo civil e penal", abandonando a preocupação com a observância das garantias e dos direitos fundamentais das partes no processo, o qual é reduzido a mero procedimento – i.e. atos praticados pelo juiz em sequência.[118] Por outro lado, os códigos autoritários ou sociais não excluem as funções das partes no processo – elas continuam exercendo as suas "*posiciones jurídicas individuales*" –, mas ressaltam a função social do processo enquanto instrumento de fazer justiça.[119] Neste sentido, afirma Verde que

> [...] o poder de intervenção do juiz será tão maior quanto mais conteúdo tenha o objetivo de "justiça" que se busca alcançar, e é possível que, por esta via, reconheçam-se ao juiz faculdades que incidem sobre o setor da tutela, que deveria circunscrever-se ao monopólio exclusivo das partes.[120]

---

117. VERKERK, Rijk Remme. **Fact-finding in civil litigation**... Op. cit., p. 247.

118. O texto em língua estrangeira é: "*destruyen 'de raíz' la idea de un proceso al servicio de los derechos de las partes y, más aún, la idea de la ley procesal, así como destruyen también la esencia de la distinción entre proceso civil y penal*". VERDE, Giovanni. Las ideologías del proceso en un reciente ensayo. In: MONTERO AROCA, Juan (Coord.). **Proceso Civil e Ideología**... Op. cit., p. 71-72, tradução nossa.

119. Ibid. p. 72. No mesmo sentido, PICÓ I JUNOY, Joan. El derecho procesal entre el garantismo y la eficacia. Op. cit., p. 110.

120. O texto em língua estrangeira é: "*el poder de intervención del juez será tanto mayor cuanto más contenido tenga el objetivo de 'justicia' que se intenta conseguir y es posible que, por*

Essa afirmação de Verde – mais especificamente de que o fortalecimento da justiça no e pelo processo pressupõe a atribuição de maiores poderes ao juiz – deve ser lida *cum grano salis*, na medida em que pode gerar a impressão de que o processualista italiano quis dizer que "apenas os juízes, mas não as partes, tendem a alcançar a justiça, que apenas o juiz seja idôneo a alcança-la".[121]

Em resposta à crítica dos privatistas quanto ao uso do ativismo judicial por regimes totalitários, argumenta-se, ainda, que embora o ativismo possa ser eventualmente utilizado para fins escusos não haveria uma relação intrínseca entre ativismo e totalitarismo.[122] Nessa linha, Didier pontua, com precisão, que "não há relação direta entre aumento de poderes do juiz e regimes autocráticos, ou incremento do papel das partes e regimes democráticos. Nem processo dispositivo é sinônimo de processo democrático, nem processo inquisitivo significa processo autoritário".[123]

Tal assertiva é corroborada pelas seguintes constatações:[124] (i) regimes democráticos já adotaram a ampliação dos poderes dos juízes no processo civil como forma de melhorar o funcionamento da justiça civil (v.g. Inglaterra – item 2.2.4, *infra*); (ii) regimes totalitários dão preferência ao fortalecimento dos Poderes Executivos e Legislativo, e não do Poder Judiciário[125]; e (iii) nos códigos de regimes democráticos

---

tal vía, se reconozcan al juez facultades que inciden en el sector de la tutela, que debería circunscribirse al monopolio exclusivo de las partes". VERDE, op. cit., nota 124, p. 72.

121. O texto em língua estrangeira é: "*solo los jueces, más no las partes, tiendan a lograr la justicia, que solo el juez sea idóneo para lograla".* MONTELEONE, Girolamo. Principios e ideologías del proceso civil. In: MONTERO AROCA, Juan. (Coord.) **Proceso Civil e Ideología**... Op. cit., p. 100.

122. VERDE, Giovanni. Las ideologías del proceso en un reciente ensayo. Op. cit. p. 74.

123. DIDIER JR., Fredie. Os três modelos de direito processual: inquisitivo, dispositivo e cooperativo. Op. cit., p. 217.

124. BARBOSA MOREIRA, José Carlos. El neoprivatismo en el proceso civil. Op. cit. p. 201-206.

125. Regimes totalitários buscam, em verdade, reduzir a autonomia e independência do Judiciário. Somente a partir disso o Judiciário passa a operar como um mecanismo de implementação das políticas do governo totalitário. Afinal, um Judiciário independente e com amplos poderes de revisão judicial de atos administrativos e legislativos – em outras palavras, com forte ativismo judicial – não seria compatível com um regime de governo totalitário, salvo se os juízes estiverem subordinados aos interesses dos demais Poderes.

é comum encontrar previsões de deveres de conduta processual para as partes, mais até do que em regimes totalitários[126].

Assim sendo, a atribuição de maiores poderes ao juiz na condução do processo civil – marca do modelo inquisitivo – não seria necessariamente um indicativo de uma postura totalitária do Estado, mas sim uma forma de atender ao interesse público que existe na resolução de disputas privadas de forma célere, eficaz e adequada. Neste contexto, o processo civil, além de representar um meio para resolução de conflitos, também se prestaria a atender a outras finalidades – notadamente a realização da justiça por meio do processo.

1.3.1.3. Críticas às classificações tradicionais dos modelos de processo

Não é demais ressaltar mais uma vez que por se tratarem de *modelos* as construções acima expostas não encontram correspondência fiel e exata na realidade, mas consistem apenas em representações idealizadas de dois extremos. Não há processo adversarial ou inquisitorial puro;[127]-[128] há,

---

126. PICÓ I JUNOY, Joan. El derecho procesal entre el garantismo y la eficacia. Op. cit. p. 119. A razão para este fato pode ser que, na linha do que argumenta Verde, os códigos de regimes totalitários costumam limitar ao máximo a participação e intervenção das partes e de seus advogados no processo. Por esse motivo, não haveria por que prever deveres de probidade e lealdade processual para elas.

127. Explicando as razões da impossibilidade de existência no mundo real de estruturas adversariais ou inquisitorias em sua forma pura, Jolowicz: "[...] *there is nothing to which an inquisitorial judge can direct his inquiry unless and until a complaint of some kind is addressed to him.* [...] *a purely adversarial process is no more capable of existing in the real world than a purely inquisitorial one, because, though we may speak of a contest between the parties, the winner of contested litigation cannot be determined objectively like the winner of a race: the judge is bound to exercise his judgment* [...] *the most that can be said is that some systems are more adversarial – or more inquisitorial – than others. There is a scale on which all procedural systems can be placed, at one end of which there is the theoretically pure adversary system ad at the other the theoretically pure inquisitorial.*" (*in* Adversarial and Inquisitorial Models of Civil Procedure. Op. cit., p. 281).

128. Nem mesmo o sistema norte-americano é considerado um modelo adversarial *puro*, ainda que seja majoritariamente privatista, conforme observa Resnik: "*The American system was not, of course, purely adversarial. Inquisitorial traits included the right of the state, as personified by trial judges, to exercise some control over the evidentiary process: judges could summon or exclude witnesses and comment on testimony. Nevertheless, our tradition is considered more adversarial than most, and its basic principle is that the parties, not the judge, have the major responsibility for and control over the definition of the dispute.*" (*in* Managerial Judges. **Harvard Law Review**, v. 96, p. 374-448, Dec. 1982, p. 382).

isso sim, sistemas que se aproximam mais de um ou outro modelo, com a prevalência do princípio dispositivo ou inquisitivo em determinados institutos de direito processual.[129]

Diante dessa constatação, Taruffo questiona, inclusive, se a classificação dos processos em adversarial e inquisitorial ainda teria algum sentido e utilidade. Conforme pontua o processualista italiano, a depender da definição que será dada aos conceitos de "adversarial" e "inquisitorial", a conclusão inexorável a que se chegará é que nenhum país na história adotou um modelo inquisitivo em sentido estrito para o processo civil.[130]

Parte do problema deriva da própria dificuldade em definir precisamente *o que é* um processo inquisitivo. Há, nessa medida, pelo menos três formas de defini-lo, com diferentes graus de intensidade: (i) como uma "investigação oficial", na qual as partes sequer têm a possibilidade de se manifestar; (ii) como um "protagonismo oficial", no qual o juiz é o "ator principal" e conduz toda ou a maior parte das atividades no processo, permitindo ocasionalmente a participação das partes como "coadjuvantes"; e (iii) como um "ativismo judicial", situação na qual o juiz não é protagonista em sentido estrito – uma vez que as partes também exercem suas posições jurídicas individuais no processo – mas detém (e exerce) poderes extensos e consideráveis, influenciando ativamente a forma como o processo se desenvolve.

Conforme observado por Damaška, para além da caracterização do processo adversarial como "das partes" e do processo inquisitorial como "do Estado-juiz", há um campo amplo de incerteza sobre a quantidade de poder que deve ser conferido às partes para caracterizar um processo como adversarial, e, no outro lado, a quantidade de responsabilidade que deve ser atribuída ao juiz para que o processo seja considerado inquisitorial.[131]

A crítica ao uso destes modelos fortalece-se quando verificamos a forma equivocada como os conceitos de processo adversarial e inquisitorial costumam ser aplicados. Em sede doutrinária é comum encontrar a correlação entre a família do *common law* e o modelo adversarial de processo, e entre o *civil law* e o modelo inquisitivo. Essa afirmação, embora

129. DIDIER JR., Fredie. Os três modelos de direito processual: inquisitivo, dispositivo e cooperativo. Op. cit., p. 215-216.

130. TARUFFO, Michele. Observações sobre os modelos processuais de *civil law* e de *common law*. Op. cit., p. 145.

131. DAMASKA, Mirjan. **The Faces of Justice and State Authority**: A Comparative Approach to the Legal Process. New Haven: Yale University Press, 1986 p. 3.

continue sendo empregada até hoje, é falha por cair nas armadilhas para as quais fizemos o alerta acima: a generalização e a desconsideração das particularidades dos ordenamentos individualmente considerados.

A falaciosa associação do *civil law* com o modelo inquisitorial de processo já levou muitos autores, por exemplo, a afirmarem que a Alemanha – historicamente um país de *civil law* – adotaria um modelo inquisitivo de processo civil. Tal assertiva, todavia, não se sustenta após uma análise mais cuidadosa da estrutura do processo civil naquele país – seja na atualidade, seja em perspectiva história (item 2.2.3, *infra*).

Mesmo que se adote uma definição "branda", como a que conceitua o modelo inquisitorial como "ativismo judicial", ainda seria equivocado afirmar categoricamente que *todos* os países do *civil law* são inquisitoriais, tendo em vista os diferentes níveis de ativismo que eles adotam – tanto no âmbito normativo, como na prática judiciária.

Assim, Zuckerman observa que embora nos países de *civil law* os juízes normalmente tenham mais poderes de direção formal do processo e, até mesmo, para determinar instrução probatória *ex officio*, o processo nesses países continua sendo adversarial na medida em que cabe às partes e aos seus advogados definir as questões e apresentar provas e argumentos.[132]

Para o processualista inglês, o que distingue o processo adversarial do inquisitorial é a alocação da responsabilidade pela apresentação do caso – i.e. dedução dos argumentos e produção das provas. Sendo esta tarefa da responsabilidade das partes, *ainda que o juiz tenha poderes instrutórios residuais*, o processo será adversarial. Por esta definição, nenhum sistema jurídico moderno poderia ser chamado de inquisitorial propriamente dito.[133]

No que tange à associação feita entre o processo adversarial e o sistema de *common law*, Zuckerman assevera que mesmo antes das

---

132. ZUCKERMAN, Adrian. No justice without lawyers – the myth of an inquisitorial solution. Op. cit., p. 361.

133. Isso não é dizer, todavia, que não haja diferenças significativas entre o processo de países de tradição *civil law* e de *common law*: "*Legal systems such as the French, the German or the Italian, are no more inquisitorial than the English system. In all modern legal systems the parties control the issues, determine the evidence to be called and decide how to develop their respective positions and test that of the opponent. As noted, there are differences between common law and civilian procedures. [...] But none of these differences alters the adversarial nature of the process and the court's reliance on professional advocacy in carrying our the investigation of disputed allegations.*" Loc. cit.

reformas implementadas no direito norte-americano e no direito inglês para expandir os poderes dos magistrados na gestão processual (item 2.2.4, *infra*), já havia, nesses ordenamentos, uma atuação ativa do juiz para assegurar a manutenção da ordem durante o *trial*, razão pela qual seria equivocado dizer que ele seria um mero espectador passivo.[134] Inglaterra e Estados Unidos já contavam, por exemplo, com o instituto do "*contempt of court*", mecanismo que confere ao magistrado poderes para sancionar as condutas desleais e o descumprimento das ordens judiciais, e que não se encaixa em uma acepção estrita do modelo adversarial e do juiz passivo/espectador.[135]

Por outro lado, a associação "*common law* – adversarial" e "*civil law* – inquisitorial" é utilizada por Jolowicz para desvendar as origens e justificativas de certas características desses modelos de processo. É o caso, por exemplo, do júri civil – tradição histórica dos países de *common law* que serviria para explicar uma série de características típicas do modelo adversarial clássico de processo, tal como: a limitação dos poderes instrutórios do juiz, uma vez que a sua interferência nesse campo poderia "privar o júri da sua soberania sobre os fatos"[136]; a concentração da audiência, em virtude da impossibilidade de reunir os jurados durante vários dias; e a natureza oral da prova, já que na origem do júri era comum que este fosse formado por pessoas iletradas.[137]

---

134. Ibid. p. 359.

135. Observa-se que o movimento do garantismo processual, de índole privatista e que preza pela "proteção" do indivíduo em face dos arbítrios estatais, rejeita a imposição de deveres processuais de conduta com base na cláusula geral da boa-fé processual (objetiva) por entender que ela "revela traços autoritários", conforme reporta Didier (*in* Os três modelos de direito processual: inquisitivo, dispositivo e cooperativo. Op. cit., p. 218). Contudo, mesmo sistemas jurídicos que adotam um modelo de processo mais liberal e privatista, com a menor intervenção possível do Estado-juiz – como é o caso dos Estados Unidos e da Inglaterra –, reconhecem a necessidade de contar com mecanismos de controle das condutas processuais para garantir a ética no processo. Nesse sentido, Picó i Junoy: "[...] *como podemos comprovar, em los códigos procesales civiles modernos y de estados totalmente democráticos se recoge al principio de la buena fe procesal, mientras que ello no sucede em otros códigos de sistemas políticos dictatoriales, lo que nos conduce a la evidente conclusión de que la vigência de dicho principio no puede asociarse a um determinada ideología política autoritaria o dictatorial*" (*in* El derecho procesal entre el garantismo y la eficacia. Op. cit., p. 119).

136. O texto em língua estrangeira é: "(...) *deprieve the jury of its sovereignty over the facts*". JOLOWICZ, J. A. Adversarial and Inquisitorial Models of Civil Procedure. Op. cit., p. 282, tradução nossa.

137. Loc. cit.

Embora os elementos elencados por Jolowicz de fato possam ter suas origens históricas explicadas pela instituição do júri civil nos países de *common law*, essa associação deixa de ter utilidade reconhecida para explicar fenômenos atuais, uma vez que (i) o júri civil vem sendo abandonado nos países de *common law* – na Inglaterra ele já é exceção e nos Estados Unidos o seu uso foi reduzido – e (ii) características como os limitados poderes instrutórios do juiz, a concentração da audiência e a oralidade do processo[138] não são mais elementos exclusivos e definidores do processo civil nos países de *common law*.

A par dessas considerações e críticas – pertinentes e fundadas – que podem ser feitas à construção dos modelos adversarial e inquisitorial de processo, e ao seu uso irrestrito para qualificar o processo nos países de *civil* e *common law*, parece-nos que essa categorização ainda conserva alguma utilidade, nem que seja para identificar características gerais do processo civil em diferentes ordenamentos e para estabelecer um ponto de partida para o desenho do modelo *cooperativo* de processo civil, em contraposição a esses dois modelos tradicionais.

Antes de adentramos no exame desse terceiro modelo de processo, cabe fazer uma breve nota sobre outros modelos que vêm sendo desenvolvidos pela doutrina para designar e diferenciar as estruturas de processo implementadas pelos diferentes ordenamentos.

1.3.2. Classificações alternativas

A insatisfação com as formas tradicionais de classificação dos sistemas jurídicos fez com que alguns processualistas tenham tentado propor formas diferentes de classificação.

Esses modelos "alternativos" não são, todavia, totalmente distintos dos clássicos, vez que, embora adotem perspectivas e critérios diferentes,

---

138. Cappelletti e Garth associam a oralidade à publicização do processo civil na Europa, na medida em que "*[a]n oral trial necessitates a concentrated proceeding if the trier of fact is to evaluate the evidence fairly; concentration, in turn, requires that firm control be exercised over the preparation and unfolding of the trial. Thus, as the barrier separating the judge from the procedural arena was removed, he could no longer remain a detached spectator called upon merely to render an evaluation at the end of the performance. Rather, the judge had to become an active participant, directing and controlling the unfolding of the proceeding. In order to exercise this new role, he was given commensurately broad procedural powers*" (*in* Introduction – Policies, Trends and Ideas in Civil Procedure. Op. cit., p. 24).

acabam inevitavelmente caindo na dicotomia que define os modelos processuais segundo a estrutura do processo e a divisão das funções entre os sujeitos processuais.

É o caso, por exemplo, da classificação segundo a organização político-econômica, que identifica dois modelos de processo: o social e o liberal. Nunes, em seu livro "Processo Jurisdicional Democrático", defende a opção metodológica por essa forma de classificação sob o argumento de que "os velhos esquemas de 'famílias jurídicas' (*civil law versus common law*) ou dos sistemas processuais (acusatórios *versus* inquisitórios), [seriam] superficiais para a devida compreensão da complexidade da discussão".[139]

Embora os modelos liberal e social tenham o mérito de descrever o contexto histórico do desenvolvimento das estruturas processuais correspondentes, localizando-as no espaço e no tempo, os seus elementos definidores são, em essência, os mesmos dos modelos adversarial e inquisitorial: o processo liberal é marcado por uma sobrevalorização do princípio dispositivo, ao passo que no processo social há um reforço dos poderes do juiz.

O liberalismo processual é melhor compreendido dentro do contexto do Estado Liberal do final do século XVIII e decorrer do século XIX de proteção da esfera de liberdade individual do cidadão contra as ingerências indevidas do Estado. Este modelo tem como marco o Código de Processo Civil napoleônico de 1806, na França (item 2.2.2, *infra*).

Os princípios que norteavam a estruturação do processo liberal eram a *igualdade formal* (a qual "pressupunha a inexistência de disparidades entre os indivíduos" e "gerava, no processo, uma impossibilidade de compensação de desigualdades"); a *escritura* (cabendo ao juiz julgar apenas com base nos elementos escritos, sem estabelecer contato pessoal com os demais sujeitos do processo); e o *princípio dispositivo* ("veto ao juiz de instaurar e manifestar-se de ofício dentro do processo").[140]

À luz desses princípios, o processo era entendido como um instrumento privado voltado exclusivamente para a resolução de conflitos, no qual o juiz deveria manter-se passivo e imparcial.

---

139. NUNES, Dierle. **Processo jurisdiccional democrático**... Op. cit. p. 51.

140. NUNES, Dierle. **Processo jurisdicional democrático**... Op. cit. p. 73 *et seq*.

A crítica que se formulava a esse modelo era que ele "facilitava a esperteza da parte mais hábil",[141] ou, melhor dizendo, favorecia a parte dotada de maiores recursos econômicos.[142]

Como reação, surgiu, no século XIX, o movimento da *socialização processual*, defendendo a ampliação dos poderes do juiz para atuar de forma "compensadora dos *déficits* de igualdade material entre as partes".[143]

O processo no modelo social deixou de ser visto como simples meio privado de resolução de disputas e passou a ser entendido a partir das seguintes finalidades: (i) promoção da pacificação social; (ii) promoção da igualdade efetiva entre as partes; e (iii) celeridade na resolução dos conflitos.[144] Esses objetivos, conforme apontado, seriam alcançados através do reforço dos poderes dos juízes.

Em uma perspectiva crítica, argumenta-se que o processo social teria um caráter autoritário, por concentrar os poderes e funções processuais nas mãos do Estado-juiz. Essa compreensão foi reforçada pela associação que passou a ser feita entre este modelo e regimes totalitários, como o da Alemanha nazista.[145]

Dentro do modelo da socialização processual, Nunes aborda o caso particular do "socialismo processual" propriamente dito – ou seja, a estrutura processual dos países socialistas do Leste Europeu no pós--segunda guerra. Nesses sistemas, o papel programático do juiz, como porta-voz dos interesses e valores do Estado, foi levado ao extremo,[146] aliado a uma paralela redução do papel do advogado. Não se concebia,

---

141. Ibid. p. 77.

142. *"El litigante munido de mayores recursos, en condiciones para contratar mejor abogado, goza desde luego de una ventaja que desequilibra los platos de la famosa balanza de la Justicia".* BARBOSA MOREIRA, José Carlos. El neoprivatismo en el proceso civil. Op. cit. p. 214. O processualista brasileiro pontua, ainda, que este modelo que deixa o processo nas mãos das partes e relega o juiz ao papel de espectador passivo *"acepta de buen grado sacrificar las expectativas de ecuanimidad em el altar de uma quimera".*

143. NUNES, op. cit., nota 146, p. 81.

144. Ibid. p. 83 *et seq.*

145. NUNES, Dierle. **Processo jurisdicional democrático**... Op. cit., p. 90-92.

146. "[...] além do modelo convencional de ativismo judicial, permitiu-se [ao juiz] a não--vinculação às alegações e provas deduzidas pelas partes, estando autorizado a suscitar de ofício aspectos fáticos e questões relevantes para a decisão, podendo, inclusive, decidir *ultra petita* e atribuir formas de tutela não requeridas que considerasse mais apropriadas ao caso em discussão [...]." Ibid. p. 111.

nestes países, uma atuação do advogado voltada para a proteção e/ou promoção dos interesses particulares do seu cliente, uma vez que o elemento nuclear dos Estados socialistas consistia em colocar o interesse público (do Estado) acima dos interesses privados.[147]

Outro exemplo de classificação alternativa dos modelos processuais foi a elaborada por Damaška,[148] levando em consideração duas classes de fatores políticos: (i) a *estrutura de autoridade*, que impacta no estilo de administração da justiça, e (ii) a *função do governo* na sociedade, influenciando a definição da finalidade do sistema de justiça civil.

Baseando-se nesses fatores, Damaška identifica *quatro* modelos de processo – dois dentro de cada classe – que se combinam entre si na qualificação dos sistemas jurídicos.

Com relação à estrutura de autoridade, os processos são classificados em *hierárquicos* e *coordenados*.[149] Em síntese, a estrutura do processo hierárquico é caracterizada (i) por um corpo de juízes profissionais (de

---

147. A descrição das principais características do processo civil socialista por van Caenegem ressalta os mesmos elementos apontados por Nunes: "*Justice in civil pleas is considered of public as well as private concern, which implies the abolition of party monopoly in the conduct of civil litigation. The judge is more actively and directly involved in the pursuit of justice and objective truth* [...], *even if the parties fail to argue and promote their case adequately and even beyond their allegations. Considerations concerning the demands of society and the state and the educational value of the courts are taken into account.* [...] *[T]he role of the advocature is seen differently, since it is considered the court's duty to assist and advise the parties in order to make justice accessible to all and to assure the factual quality of the parties before the law.*" (*in* History of European Civil Procedure. In: CAPPELLETTI, Mauro. (Ed.) **International Encyclopedia of Comparative Law**: Civil Procedure. Tübingen: Mohr Siebeck, 1987, v. XVI, chapter 2, p. 110).

148. Damaška é crítico da classificação que adota por base a organização socioeconômica do Estado. Para demonstrar a falha desse modelo, Damaška cita o caso dos sistemas de *civil law*, da Europa continental, e de *common law*, dos Estados Unidos e da Inglaterra, que passaram pelos mesmos sistemas econômicos (feudalismo na Idade Média e, depois, liberalismo), mas apresentam diferenças históricas nas suas estruturas processuais. (*in* **The Faces of Justice and State Authority**... Op. cit. p. 6-7).

149. Na sistematização desses dois modelos, Damaška analisa três ordens de elementos: (i) as características das autoridades judiciárias – se o sistema usa juízes de carreira (permanentes) ou oficiais não-treinados (temporários); (ii) a relação das autoridades entre si – se há uma hierarquia dentro do sistema ou se todos os oficiais/juízes estão no mesmo nível; e (iii) a forma de tomada das decisões – se utilizam critérios técnicos (*technical standards*) segundo um paradigma legalista (preocupado com a conformação da decisão com a norma, com o *standard* aplicável), ou se a base da tomada de decisões são normas que estão de acordo com a noção de justiça substantiva

carreira), (ii) pelo estabelecimento de uma estrutura hierárquica entre os juízes, e (iii) pela adoção de um padrão legalista de tomada de decisões; ao passo que a estrutura coordenada é definida (i) por um corpo de julgadores não profissionais (leigos), (ii) pela estrutura coordenada que se forma entre os julgadores, que estão todos no mesmo nível de autoridade, e (iii) pela adoção de padrões de justiça substantiva para o processo de tomada de decisões.[150]

Tais elementos da estrutura judiciária influenciam a formação de certos institutos jurídicos processuais, uma vez que, segundo Damaška, o modelo de processo deve corresponder ao tipo de estrutura judiciária do sistema.[151]

Damaška associa o modelo coordenado à Inglaterra e aos Estados Unidos (*common law*), e o modelo hierárquico à Europa continental (*civil law*), pontuando, quanto a este, que embora tenha havido uma atenuação da burocracia judicial e da intensidade da vinculação ao legalismo durante o século XX, esse sistema ainda conservaria um tom burocrático, especialmente quando visto pela perspectiva do *common law*.[152]

Essa ressalva final feita por Damaška é importante. A categorização que costuma ser feita do sistema de *civil law* como inquisitorial (ou, neste caso, como hierárquico e burocrático) decorre mais da sua comparação com o processo nos países de *common law* do que da sua natureza inquisitiva estritamente considerada. Tomando por referência a repartição dos poderes entre o juiz e as partes, é possível afirmar que o processo em países de *common law* – como Estados Unidos e Inglaterra – é *mais adversarial* do que no *civil law*. Isso não quer dizer, contudo, que os países de *civil law* adotam um modelo inquisitorial de processo propriamente dito.

Segue: em sua segunda classificação, Damaška identifica outros dois modelos de processo, delineados segundo o tipo de Estado e o papel do governo na sociedade, se *reativo* ou *ativo*.[153] O Estado *reativo* é aquele

---

daquela sociedade, tornando este processo mais aberto e menos formal (*in* Ibid. p. 18 *et seq*).

150. DAMASKA, Mirjan. **The Faces of Justice and State Authority**... Op. cit., p. 17.

151. Ibid. p. 47-56.

152. Ibid. p. 38.

153. DAMASKA, Mirjan. **The Faces of Justice and State Authority**... Op. cit. p. 71 *et seq*. Na prática, Damaška ressalta que não existe um modelo de Estado ativo ou reativo puro porque todo governo "real" conta com programas voltados para a manutenção do

que existe para manter o equilíbrio social e fornecer aos indivíduos o pano de fundo para seu autodesenvolvimento e autogerenciamento. Nessa perspectiva, o Estado não deveria propor-se a ditar a forma como as pessoas deveriam viver a sua vida, sendo recomendado que ele se abstenha de intervir indevidamente na vida privada dos cidadãos.

O Estado *ativo*, por seu turno, atua como um gestor da sociedade, impondo visões particulares sobre o que compõe uma sociedade ideal e direcionando os cidadãos para esse modelo de vida.

O modelo de Estado adotado influenciará, segundo Damaška, a estruturação do processo e a definição das finalidades do sistema de justiça civil. Assim, o Estado reativo identifica-se com um modelo de processo voltado para a resolução de conflitos (*conflict-solving*), que se estrutura como um espaço de disputa entre litigantes privados monitorado (com intervenção mínima) pelo julgador; enquanto que o Estado ativo adota um modelo de processo que tem por finalidade principal a implementação de políticas estatais (*policy-implementing*) e é estruturado de forma a permitir a investigação oficial dos fatos como premissa para a identificação da melhor política a ser aplicada naquele caso – tarefa esta que não pode ser sequestrada por interesses particulares.[154]

---

equilíbrio social e para a transformação social, de modo que os modelos acabam se mesclando.

154. A forma de estruturação do processo, com a atribuição de maiores poderes investigatórios ao Estado-juiz ou às partes, justifica-se em função da finalidade para a qual o sistema de justiça civil é direcionado – se para ser um mero meio de resolução de disputas ou um instrumento de implementação de políticas públicas. Damaška observa, contudo, que a separação rígida entre as finalidades apenas existiria em modelos puros de processo adversarial (sob forma de competição) e inquisitorial (sob forma de investigação oficial). Tendo em vista que sequer existem modelos puros de Estado ativo e reativo para o autor, tampouco haveria modelos puros de processo. Assim: "*Two ways of conceiving the office of government have now been outlined, which generate two contrasting ideas about the objective of the legal process. According to one, the process serves to resolve conflict; according to the other, it serves to enforce state policy. I have shown these contrasting ideas to be pregnant with implications for the choice of procedural form: while the one favors the contest morphology, the other prefers the morphology of inquest. Common opinion to the contrary, then, a process organized around the key image of contest and another organized around the key image of inquest are not in fact structural alternatives for achieving the same objective. Each,* in pure form, *is directed to a separated end.*" (*in* Ibid. p. 88, grifo do autor).

Independentemente do marco teórico e da nomenclatura adotada, percebe-se que a doutrina em geral acostumou-se a identificar dois grandes modelos de processo. O primeiro (adversarial/liberal/privatista/coordenado) coloca as partes como as principais responsáveis pela direção do feito, relegando ao juiz um papel (majoritariamente) passivo, limitado ao monitoramento da disputa entre as partes e à prolação de uma decisão resolvendo o conflito. O segundo modelo (inquisitivo/social/publicista/hierárquico) atribui ao juiz maiores poderes de direção do feito, permitindo-lhe conduzir a investigação dos fatos como pressuposto para a correta aplicação do direito. Consequentemente, enquanto que no primeiro modelo a finalidade principal (quiçá a única) do processo é a resolução de disputas (*conflict-solving*), no segundo o processo opera como um veículo de promoção de políticas públicas do Estado (*policy--implementing*), atendendo a outras finalidades.

Embora durante muito tempo o debate sobre o desenho institucional do processo civil tenha-se limitado a essa dualidade de posições, recentemente tem-se dado destaque a uma *terceira opção* de modelo de processo: o *cooperativo*.

1.3.3. O "novo" modelo de processo civil cooperativo

Se por um lado o processo não pode ser deixado totalmente sob a responsabilidade das partes e de seus advogados, em virtude do risco de comprometer a efetividade da tutela jurisdicional, por outro tampouco pode ser atribuído um protagonismo exclusivo ao juiz que limite ou até mesmo elimine a participação das partes no processo, uma vez que isto implicaria uma violação de garantias fundamentais.[155]

A partir dessas constatações, buscou-se desenhar um modelo de processo que fosse capaz de traduzir um *equilíbrio* na relação entre o juiz, as partes e seus procuradores,[156] de modo a assegurar simultaneamente a efetividade na entrega da prestação jurisdicional e o respeito a direitos

155. CABRAL, Antonio do Passo. **Nulidades no processo moderno**... Op. cit. p. 209.

156. "A colaboração é um modelo que visa dividir de maneira equilibrada as posições jurídicas do juiz e das partes no processo civil, estruturando-o como uma verdadeira *comunidade de trabalho* (*Arbeitsgemeinschaft*), em que se privilegia o *trabalho processual em conjunto* dos juízes e das partes (*prozessualen Zusammenarbeit*)." MITIDIERO, Daniel. **Colaboração no processo civil**... Op. cit. p. 52, grifo do autor.

e garantias individuais das partes.[157] A esse modelo dá-se o nome de processo *cooperativo*[158], *ou colaborativo*[159], *ou comparticipativo*[160].

No processo cooperativo, a preocupação não é apenas com a repartição equânime das funções processuais entre juiz e partes, senão também se almeja uma *integração* na atuação destes atores,[161] estabelecendo uma *comunidade de trabalho* no processo cuja finalidade (comum a todos os participantes) é a entrega da prestação jurisdicional de forma efetiva, tempestiva e adequada.[162] Nesse contexto, de simples *usuárias* do sistema

---

157. Embora não falasse expressamente em um modelo cooperativo de processo, Picó i Junoy já demonstrava a sua simpatia por uma "*solución o postura intermediaria*" sobre a repartição dos poderes processuais entre o juiz e as partes, argumentando que "*la eficacia del proceso sin garantismo es inadmisible desde un punto de vista constitucional, y el garantismo sin eficacia tampoco es aceptable*" (*in* El derecho procesal entre el garantismo y la eficacia. Op. cit. p. 112). Também ressaltando a necessidade de unir essas duas visões distintas sobre a administração da justiça, Nunes: "A própria construção do sistema processual necessita ser revista; não mais mediante a perspectiva puramente liberal ou social, mas, sim, mediante a perspectiva procedimentalista, superando, assim, criticamente, a unilateralidade das perspectivas e garantindo-se complementaridade entre as autonomias pública e privada [...]." (*in* **Processo jurisdicional democrático**... Op. cit. p. 138).

158. A análise do processo cooperativo neste trabalho justifica-se enquanto instrumental para o estudo do desenvolvimento e implementação do gerenciamento processual. Não enfrentaremos, portanto, todas as (ricas) questões atinentes a este modelo de processo. Para um estudo de outros aspectos que não foram aqui abordados, incluindo a previsão da cooperação como princípio ou sob a forma de regras específicas em outros ordenamentos jurídicos, remetemos o leitor a nossos outros trabalhos já publicados: PINHO, Humberto Dalla Bernardina de; ALVES, Tatiana Machado. A cooperação e a principiologia no processo civil brasileiro. Uma proposta de sistematização. **Revista Eletrônica de Direito Processual**, v. 12, n. 12, jul./dez. 2013, p. 289-315; Idem. A cooperação no Código de Processo Civil: desafios concretos para sua implementação. **Revista Eletrônica de Direito Processual**, v. 15, n. 15, jan./jun. 2015, p. 240-267.

159. Termo adotado por MITIDIERO, Daniel. **Colaboração no processo civil**... Op. cit.; GOUVEIA, Lúcio Grassi de. A função legitimadora da cooperação intersubjetiva no processo civil brasileiro. **Revista de Processo**, v. 172, p. 32-53, jun. 2009, versão online.

160. Termo adotado por THEODORO JÚNIOR, Humberto; NUNES, Dierle; BAHIA, Alexandre Melo Franco; PEDRON, Flávio Quinaud. **Novo CPC - Fundamentos e Sistematização**. Op. cit. p. 69 *et seq*.

161. Neste modelo não há protagonistas: "O estabelecimento de focos e de centralidade, seja nas partes, nos advogados ou nos juízes, não se adapta ao perfil democrático dos Estados de Direito da alta modernidade. No plano da técnica processual, vários autores já constataram a existência do denominado 'policentrismo processual' (...) que afasta qualquer concepção de protagonismo." (*in* Ibid. p. 77 e 79).

162. Gouveia fala na "obtenção, com brevidade e eficácia, da justa composição do litígio" como sendo o objetivo do processo cooperativo (*in* Op. cit., nota 165, p. 34).

de justiça civil, as partes passam a efetivas *colaboradoras* que exercem um papel fundamental para o exercício da atividade jurisdicional.

À primeira vista, essa configuração do modelo de processo cooperativo poderia soar como uma utopia, por pretender que as partes adversárias na disputa possam, de alguma forma, atuar em conjunto.[163] Argumenta-se, nesse sentido, que no processo as partes defenderiam interesses não apenas diversos, mas efetivamente contrários, de modo que a satisfação do interesse de uma das partes necessariamente implicaria a insatisfação do interesse da outra parte. O processo seria, nesta visão, sempre um jogo de soma zero,[164] com um vencedor e um perdedor.

Outra crítica feita a este modelo é que ele implicaria uma flexibilização indevida de certas garantias fundamentais processuais, tal como o direito à ampla defesa.[165]

Não obstante a pertinência desses questionamentos, há que se evitar reações instantâneas que decorrem de uma impressão baseada em visões pré-concebidas e, muitas vezes, ultrapassadas sobre o processo e a relação jurídica processual. Assim, antes de formar qualquer juízo de valor sobre o modelo cooperativo, é preciso entender quais as suas nuances e, principalmente, as consequências que ele traz para as relações entre juiz

---

163. "Então agora as partes deverão cooperar entre si? Parte e contraparte de mãos dadas a fim de alcançarem a pacificação social... Sem ironias, mas parece que Hobbes foi expungido da 'natureza humana'. Freud também. O novo CPC aposta em Rousseau. No homem bom. Ou seja, com um canetaço, num passe de mágica, desaparece o hiato que as separa justamente em razão do litígio. (...) referido texto legislativo está desacoplado da realidade, espelha visão idealista e irrefletida daquilo que se dá na arena processual, onde as partes ali se encontram sobretudo para lograr êxito em suas pretensões. Isso é, digamos assim, natural, pois não? Disputar coisas é uma coisa normal. Não fosse assim não haveria 'direito'. Direito é interdição. É opção entre civilização e barbárie. Desculpem-nos nossa franqueza". STRECK, Lenio; DELFINO, Lúcio; BARBA, Rafael Giorgio Dalla; LOPES, Ziel Ferreira. Aposta na bondade – a cooperação processual do novo CPC é incompatível com a Constituição. **Consultor Jurídico**, 23 dez. 2014. Disponível em: <http://www.conjur.com.br/2014-dez-23/cooperacaoprocessual-cpc-incompativel--constituicao>. Acesso em: 23 set. 2016.

164. No jogo de soma zero (*"zero-sum game"*) – conceito presente na teoria dos jogos – os ganhos (*"payoffs"*) dos jogadores somados dará sempre zero, o que significa dizer que um jogador terá um ganho positivo e o outro um ganho negativo – i.e. uma perda. Cf. WATSON, Joel. **Strategy**: An Introduction To Game Theory. 3rd. ed. New York: W. W. Norton & Company, 2002, p. 148.

165. STRECK, Lenio; DELFINO, Lúcio; BARBA, Rafael Giorgio Dalla; LOPES, Ziel Ferreira. Aposta na bondade – a cooperação processual do novo CPC é incompatível com a Constituição. Op. cit.

e partes, e entre as próprias partes. Para tanto, cumpre também investigar as *bases principiológicas* sobre as quais se assenta esse modelo de processo.

O núcleo do processo cooperativo é associado a pelo menos três princípios: contraditório, cooperação e boa-fé (objetiva).[166] Em sede doutrinária, os conteúdos desses princípios costumam ser confundidos com alguma frequência, em razão da própria dificuldade em estabelecer uma diferença clara entre eles. Por isso, é comum encontrar uma descrição da cooperação que poderia aplicar-se também a um aspecto do contraditório ou da boa-fé. Neste trabalho iremos analisar separadamente cada um desses princípios buscando, na medida do possível, delinear com algum nível de precisão as linhas que os separam. Há que se ter em mente, todavia, as grandes "áreas cinzentas" (zonas de indefinição) que existem nas fronteiras entre eles.

O processo cooperativo adota uma concepção do contraditório que vai além da sua definição tradicional, baseada no binômio "informação-reação",[167] para abarcar a noção de contraditório *participativo*, entendido como *direito de influência*. Esta acepção reconhece o direito das partes de participar ativa e efetivamente do processo de formação das decisões judiciais, através de manifestações (orais ou escritas)[168] que devem ser levadas em consideração pelo magistrado.[169] Afinal, o conteúdo do direito de "influência" é definido como

166. Cf. SILVA, Paulo Eduardo Alves da. As normas fundamentais do novo Código de Processo Civil (ou "as doze tábuas do processo civil brasileiro"?). In: GRINOVER, Ada Pellegrini et al. **O novo Código de Processo Civil**: questões controvertidas. São Paulo: Atlas, 2015, p. 296-323, p. 310 *et seq*.

167. O conceito clássico de contraditório comporta os direitos das partes de ser informadas dos atos praticados no processo (direito de informação) e de se manifestar no processo (direito de reação – quando a manifestação fosse em resposta a ato praticado anteriormente – ou expressão). Conforme observa Cabral, esta acepção tradicional "denotava uma visão individualista do processo" e "poderia levar à conclusão, frequentemente extraída pela doutrina e jurisprudência, de que somente quem pudesse sofrer prejuízos ou aqueles que já os estivessem sentindo poderiam manifestar-se no processo" (*in* **Nulidades no processo moderno**... Op. cit. p. 105.) Ademais, o contraditório nessa visão limitada não assegurava às partes que as suas manifestações seriam efetivamente levadas em consideração pelo magistrado na formação do seu convencimento. As partes tinham o direito de falar, mas não de serem ouvidas.

168. Reconhecendo a possibilidade de a influência ser exercida também a partir de omissões, e não apenas de ações: CABRAL, Antonio do Passo. **Nulidades no processo moderno**... Op. cit. p. 116.

169. Por esse motivo Cabral denomina esse correlato *direito* das partes com base no contraditório participativo de *direito de consideração*, definindo-o como "o direito de ver sua linha argumentativa considerada" (*in* Ibid. p. 145).

> [...] qualquer *condicionamento significativo* à conduta dos demais sujeitos do processo, realizado a partir de *posições críticas* ou *omissões conclusivas, transmitidas comunicativamente* e que, *caso não existissem*, poderiam, *mantidas as demais condições, motivar o sujeito condicionado a agir de modo diverso.* [170]

Nessa medida, entende-se que o contraditório apenas exercerá seu papel legitimador do procedimento e das decisões judiciais[171] quando for respeitado também em sua dimensão material/substancial, como "instrumento indispensável ao aprimoramento da decisão judicial",[172] e não apenas em perspectiva formal.

Como consequência, o juiz, sob o paradigma do contraditório participativo, tem o *dever* de promover o debate processual e de incluir as partes no processo de tomada das decisões, sendo vedadas no processo as chamadas "decisões-surpresa"– i.e. decisões proferidas pelo juiz sem debate prévio com as partes.

Esse dever do juiz de provocar a manifestação das partes sobre argumentos que não tenham sido suscitados e debatidos no processo, antes de usá-los para fundamentar suas decisões, abarca, inclusive, as

---

170. Ibid. p. 114, grifo do autor. A partir da contraposição do conceito de "influência" ao conceito de "poder", Cabral demonstra, ainda, como essa participação das partes de acordo com o contraditório opera-se no processo: "[...] a influência prescinde de uma necessária imposição coativa das decisões. Ao contrário, e porque baseada num 'poder comunicativo', a influência busca introjetar, por meio de convencimento e persuasão, o comando comportamental que se deseja ver prevalecer como conduta. Assim, se o poder é ameaçador com sanções externas, o condicionamento a condutas decorrente da influência nem sempre é visível, podendo ser descrito como uma espécie mais 'moderada' de poder, uma interação comunicativa persuasiva que incide sobre outros indivíduos de forma não coercitiva. [...] Portanto, se o poder é orientado para controlar uma posição até mesmo ostensivamente, de fora para dentro, a influência deseja guiar as intenções, persuadindo 'de dentro para fora'". (Ibid. p. 117).

171. A efetiva participação das partes no desenvolvimento do processo contribui para a legitimação das decisões judiciais, podendo até mesmo diminuir a propensão das partes à irresignação com as decisões desfavoráveis, mas de cuja formação elas mesmas participaram (*in* BODART, Bruno Vinícius da Rós. O processo civil participativo: a efetividade constitucional e o projeto do novo CPC. In: FUX, Luiz. (Coord.) **Processo Constitucional**. Rio de Janeiro: Forense, 2013, p. 897-908, p. 898). Também reconhecendo o fato legitimador que a participação dos sujeitos processuais tem para a decisão judicial, GOUVEIA, Lúcio Grassi de. A função legitimadora da cooperação intersubjetiva no processo civil brasileiro. Op. cit. p. 33.

172. DIDIER JR, Fredie. **Fundamentos do Princípio da Cooperação no Direito Processual Civil Português.** Coimbra: Coimbra Editora, 2010, p. 46.

questões que o juiz poderia conhecer de ofício, bem como os fundamentos jurídicos que o magistrado pretende usar para julgar a causa e que sejam diversos daqueles suscitados e debatidos pelas partes.

Bem se sabe que o juiz pode, a partir do contexto fático exposto nos autos pelas partes, eleger a norma jurídica a ser aplicada ao caso concreto, independentemente de tal fundamento jurídico ter sido apontado pelas partes. Tal possibilidade está representada no brocardo "*iura novit curia*". À luz do contraditório participativo (bem como dos deveres de cooperação que serão analisados adiante), embora o juiz continue podendo aplicar norma jurídica que não tenha sido suscitada pelas partes, ele deve dar a elas a oportunidade anterior de se manifestar sobre esse ponto,[173] conferindo segurança jurídica e previsibilidade ao processo. [174]

O contraditório garante, portanto, às partes o *direito* de participar ativamente do processo e de influir na formação do convencimento judicial, gerando para o juiz o correspondente *dever* de levar em consideração as suas manifestações e de propiciar a sua participação efetiva, promovendo o debate processual.

Ocorre que, à evidência, a participação das partes não pode realizar-se "de qualquer maneira", sem a observância de parâmetros éticos mínimos que conformam (e não limitam) a conduta das partes no processo. Tal participação deve ser ética e colaborativa, "consentânea com os objetivos estatais da jurisdição", que justificam, dessa forma, a "repressão às condutas de litigância de má-fé e aos atos atentatórios à dignidade de justiça".[175]

A importância do comportamento ético das partes como um elemento do acesso à justiça em sua dimensão substantiva justifica-se pela superação da concepção exclusivamente privatista de processo civil,[176]

---

173. ALVARO DE OLIVEIRA, Carlos Alberto. **Do formalismo no processo civil**... Op. cit. p. 237;

174. LUCON, Paulo Henrique dos Santos. Tutela do contraditório no novo Código de Processo Civil: vedação à decisão-surpresa; requisitos para extensão dos limites objetivos da coisa julgada; identificação das decisões imotivadas. **Revista Eletrônica de Direito Processual – REDP**, v. 17, n. 1, p. 164-192, jan./jun. 2016, p. 171.

175. CABRAL, Antônio do Passo. O contraditório como dever e o princípio da boa-fé processual objetiva. **Revista de Processo**, v. 126, p. 59, ago. 2005. Na mesma linha, Milman ressalta não ser possível extrair, a partir do contraditório, uma autorização para o exercício ilimitado das posições processuais, tendo em vista a inegável existência de "regras de conduta, dentro do exercício das mencionadas prerrogativas," que regulam a atuação das partes no processo (*in* **Improbidade processual**. 2. ed. Rio de Janeiro: Forense, 2009, p. 84).

176. HARTMANN, Guilherme Kronemberg. Amplitude do dever de colaboração processual. In: MACEDO, Elaine Harzheim; STAFFEN, Márcio Ricardo (Coord.). **Jurisdição e processo**:

passando-se a entender que o resultado do processo e o caminho percorrido para chegar até ele interessam não apenas às partes, mas a toda a sociedade.

Dessa forma, as partes não podem, por exemplo, mentir ou omitir informações *essenciais* para a resolução do caso. No momento em que o autor aduz a sua pretensão perante o Poder Judiciário e o réu se opõe a ela, alegando defesas processuais ou de mérito, é dever de ambas apresentar as informações necessárias (e verdadeiras) para que uma decisão seja formada e para que a prestação jurisdicional seja entregue de forma justa, tempestiva, efetiva, adequada, e com dispêndio de recursos proporcionais à causa.

Essa observação não deve ser lida como arbitrária, mas sim como uma decorrência lógica da constatação de que, em uma democracia deliberativa,[177] os sujeitos processuais (conceito que não abarca apenas as partes[178]) têm o "direito fundamental de participação ativa nos procedimentos estatais decisórios; ou seja, *direito de influir* na formação de normas jurídicas vinculantes".[179] Nessa perspectiva, se os sujeitos processuais, conforme dito anteriormente, transmudam-se de meros usuários do sistema de justiça civil para efetivos participantes que colaboram ativamente para o exercício da atividade jurisdicional, não é absurdo ou arbitrário pretender que eles tenham que se comportar de

---

tributo ao constitucionalismo. Belo Horizonte: Arraes Editores, 2012, p. 281.

177. O modelo de democracia deliberativa dá um passo além das formas representativa e participativa de democracia, e representa a legitimação das decisões estatais através do discurso. Conforme pontua Cabral, "no Estado Democrático de Direito, a tomada de decisão política [incluindo as decisões judiciais] deve ser precedida de um procedimento comunicativo [...]. Ainda que um consenso não se verifique na prática a democracia deliberativa se favorece do fato de ter sido a decisão objeto de uma discussão argumentativa pluralista, retirando o indivíduo da condição de súbito (que se submete) para o *status* de ativo coautor da elaboração da norma, verdadeiramente cidadão e partícipe desse processo." (*in* **Nulidades no Processo Moderno**... Op. cit. p. 109).

178. O contraditório participativo e o postulado democrático também justificam a maior participação de terceiros interessados no processo, tais como os *amici curiae*, capazes de prestar alguma contribuição para a resolução do conflito, ou para uma melhor compreensão do caso e dos efeitos da decisão judicial pelo juiz. Sobre o *amicus curiae*, v. BUENO, Casso Carpinella. **Amicus curiae no processo civil brasileiro**: um terceiro enigmático. 3. ed. São Paulo: Saraiva, 2012; CABRAL, Antonio do Passo. Pelas asas de Hermes: a intervenção do *amicus curiae*, um terceiro especial. Uma análise dos institutos interventivos similares – O *amicus* e o *Vertreter des öffentlichen Interesses*. **Revista de Processo**, v. 117, p. 9-41, set./out. 2004.

179. CABRAL, Antonio do Passo. **Nulidades no Processo Moderno**... Op. cit. p. 109, grifo do autor.

forma condizente com a sua posição, e que lhes sejam impostos deveres éticos de conduta.

É o caso dos deveres extraídos do *princípio da cooperação*, os quais vinculam as partes e o juiz na relação jurídica processual, impelindo-os a atuar de forma ética, voltada para a consecução dos objetivos da jurisdição.

A cooperação incide sobre a relação jurídica processual, razão pela qual as suas implicações devem ser lidas na interação entre dois (ou mais) agentes. Os atores processuais cooperam *entre si*: o juiz deve cooperar com as partes, as partes devem cooperar com o juiz, e as partes devem cooperar entre si.[180]

No que tange ao juiz, a doutrina identifica *quatro* deveres que podem ser extraídos do princípio da cooperação e aplicados na relação do magistrado para com as partes. São eles: dever de consulta, dever de esclarecimento, dever de prevenção e dever de auxílio.[181]

O *dever de consulta* pode ser extraído tanto da cooperação como do contraditório, representando, assim, um ponto de intersecção entre esses dois princípios. Por ele, o juiz, antes de decidir com base em questão de fato ou de direito que não tenha sido objeto de debate no processo,

---

180. Nesse sentido, DIDIER JR, Fredie. **Fundamentos do Princípio da Cooperação no Direito Processual Civil Português**. Op. cit. Alguns autores adotam uma visão restritiva da cooperação, entendendo que ela incide apenas na relação entre o juiz e as partes, não se podendo exigir que as partes cooperem entre elas. É o caso, por exemplo, de Mitidiero (*in* **Colaboração no processo civil**... Op. cit.) e Gouveia (*in* A função legitimadora da cooperação intersubjetiva no processo civil brasileiro. Op. cit.). Uma terceira corrente limita ainda mais a interpretação da cooperação para defender que ela opera somente na relação entre juiz e partes, e apenas na direção juiz-partes. É dizer: o juiz tem que cooperar com as partes, mas estas não têm a mesma obrigação. Nessa linha, STRECK, Lenio Luiz; MOTTA, Francisco José Borges. Um debate com (e sobre) o formalismo-valorativo de Daniel Mitidiero, ou "Colaboração no processo civil" é um princípio? **Revista de Processo**, v. 37, p. 13-34, nov. 2012; THEODORO JÚNIOR, Humberto; NUNES, Dierle; BAHIA, Alexandre Melo Franco; PEDRON, Flávio Quinaud. **Novo CPC - Fundamentos e Sistematização**. Op. cit. Nesta dissertação, filiamo-nos à primeira corrente, de Didier, para defender que a cooperação se aplica na relação jurídica processual em todas as direções e sentidos. Entendemos, inclusive, que pode ser aplicada para os demais sujeitos processuais – questão que não abordaremos aqui por escapar do escopo deste trabalho.

181. Cabral aloca os deveres de esclarecimento, consulta e prevenção sob um dever "originário" por ele denominado de "dever de engajamento". Este é definido pelo processualista como "a obrigação [do juiz] de instalar e promover verdadeiro debate judicial sobre as questões discutidas no processo" (*in* **Nulidades no processo moderno**... Op. cit. p. 227-228).

ainda que cognoscível de ofício, deve conceder às partes a oportunidade de se manifestar sobre ela.[182]

Já o *dever de esclarecimento* requer que o juiz esclareça junto às partes os pontos eventualmente obscuros das suas manifestações e as "dúvidas que tenha sobre as suas alegações, pedidos ou posições em juízo, para evitar decisões tomadas com base em percepções equivocadas/apressadas".[183]

Correlato ao dever de esclarecimento está o *dever de prevenção*, entendido como o dever do magistrado de indicar as deficiências e as insuficiências das alegações e postulações das partes, garantindo a possibilidade de sua supressão.[184]

Controvérsia relevante diz respeito ao nível de detalhamento que deve ser dado na indicação do juiz sobre a necessidade de correção de um ato processual praticado por uma parte. De modo geral, a doutrina aceita que essa indicação não deve ser genérica, mas sim específica, apontando o vício que deve ser corrigido, o prazo para a correção, e as consequências da não observância da recomendação.[185] O ponto sobre o qual se controverte é a possibilidade ou não de o juiz indicar a *forma* como o vício deve ser corrigido. É possível argumentar aqui que uma intervenção excessivamente assistencialista do juiz, especialmente quando a parte que praticou o ato viciado está representada por advogado, comprometeria a imparcialidade.

Retomaremos este ponto quando discutirmos o tratamento dado aos deveres de esclarecimento e prevenção no direito processual civil alemão (item 2.2.3, *infra*). Por ora, afirmamos apenas o nosso entendimento de que a indicação do juiz deve ser clara o suficiente para permitir que a parte identifique o erro e realize sua correção. Contudo, quando a parte estiver adequadamente representada por um advogado, e não houver uma situação de manifesta disparidade entre o autor e o réu, não seria razoável esperar, até pela grande quantidade de processos com os quais os juízes lidam, que estes fizessem todo o trabalho dos patronos das partes. Por outro lado, quando a parte estiver atuando sozinha em juízo,

---

182. GOUVEIA, Lúcio Grassi de. A função legitimadora da cooperação intersubjetiva no processo civil brasileiro. Op. cit. p. 33.

183. DIDER JR., Fredie. **Fundamentos do Princípio da Cooperação no Direito Processual Civil Português**. Op. cit. p. 15.

184. Ibid. p. 19. No mesmo sentido, CABRAL, Antonio do Passo. **Nulidades no processo moderno**... Op. cit. p. 243.

185. CABRAL, ibid., p. 243.

ou quando o juiz identificar que há uma manifesta desigualdade entre as partes, a indicação do vício do ato processual praticado pode ser feita de forma mais detalhada, acompanhada, inclusive, de orientação para a sua correção.

O quarto dever do juiz extraído da cooperação é o *dever de auxílio*, o qual determina que o magistrado deve auxiliar as partes a superarem eventuais dificuldades que impeçam o exercício de direitos ou faculdades, ou o cumprimento de ônus ou deveres processuais, removendo o obstáculo.

Na outra direção da relação jurídica processual – das partes para com o juiz – a cooperação deve ser entendida como "o outro lado da moeda" do contraditório. Se o contraditório estabelece que as partes têm o direito de participar ativamente do processo e influenciar a tomada de decisões, a cooperação determina que esta participação deve-se pautar em postulados éticos de conduta – conforme já abordado acima.

Assim, da mesma forma que o juiz tem o dever de buscar junto às partes o esclarecimento de pontos obscuros porventura presentes em suas manifestações, as partes têm o dever de expor as suas pretensões da forma mais clara e objetiva possível. Por exemplo: embora, pelo menos no ordenamento jurídico brasileiro, não haja limitações para a quantidade de prova documental que pode ser apresentada no processo, se uma parte junta aos autos uma quantidade exorbitante de documentos – ciente de que muitos deles não têm sequer relação com o feito – com o único fito de atrapalhar o processo, essa conduta não se coaduna com a cooperação.

Para Cabral, a principal consequência da cooperação para as partes (seja na relação com o juiz, seja na relação delas entre si) está na "impossibilidade da parte 'guardar trunfos' no processo, devendo expor seus argumentos e requerimentos logo na primeira oportunidade de falar nos autos".[186] Com isso, limita-se o comportamento estratégico capaz de prejudicar o bom andamento do feito e o desenvolvimento da comunicação no processo.[187]

Essa vedação seria concretizada, segundo Cabral, através de dois deveres: o dever de *veracidade* – segundo o qual as partes não podem

---

186. CABRAL, Antonio do Passo. **Nulidades no processo moderno**... Op. cit., p. 217.

187. Afirmando que sob o paradigma cooperativo "[o] processo deverá orientar-se pelo diálogo e comunicação entre os sujeitos processuais, privilegiando tais aspectos *em detrimento de um enfoque estratégico ou duelístico*", GOUVEIA, Lúcio Grassi de. A função legitimadora da cooperação intersubjetiva no processo civil brasileiro. Op. cit., p. 34, grifo nosso.

fazer afirmações falsas no processo e devem formular suas postulações de acordo com a verdade dos fatos – e o dever de *completude* – que "proíbe a sonegação de fatos e circunstâncias relevantes para a discussão"; ou seja, veda a omissão de informações.[188]

Embora seja possível alocar o dever de veracidade sob o manto da cooperação, entendemos que ele constitui mais uma decorrência do princípio da boa-fé processual, que será analisado adiante. O dever de completude, em contrapartida, é um claro reflexo da cooperação, na medida em que impõe que a parte atue positivamente, prestando as informações necessárias para a adequada compreensão do litígio.

Quando as partes cooperam entre si, elas também contribuem para que o juiz exerça melhor a sua função de entrega da prestação jurisdicional. Isso porque, na sua relação interna, a cooperação pode ajudar a identificar quais questões efetivamente demandam a intervenção judicial e quais podem ser objeto de concordância entre as partes. Esta observação vale tanto para questões processuais – relativas à melhor disposição dos poderes, ônus, deveres e faculdades processuais, e à estruturação do procedimento – como para as questões materiais – relativas ao objeto do litígio.

Não obstante os benefícios que a cooperação pode trazer para o processo,[189] a cooperação entre as partes ainda é o ponto mais controverso na interpretação e aplicação deste princípio. Muito autores demonstram seu ceticismo ao afirmar que seria ingênuo exigir uma postura cooperativa das partes no processo quando já há um conflito instaurado.[190] O que esses autores, todavia, parecem desconsiderar é que, se o conflito faz parte da natureza humana, a cooperação é elemento essencial da vida em sociedade.[191] Afinal, a sociedade humana jamais teria chegado

---

188. CABRAL, Antonio do Passo. **Nulidades no processo moderno**... Op. cit. p. 218.

189. Para uma análise de alguns benefícios (principalmente sob uma perspectiva econômica) que a cooperação pode trazer para a resolução da disputa, v. PINHO, Humberto Dalla Bernardina de; ALVES, Tatiana Machado. A relevância da negociação com princípios na discussão das cláusulas de convenção processual: aplicação concreta dos postulados da advocacia colaborativa. **Revista de Processo**, v. 258, p. 123-152, ago. 2016.

190. Por todos, STRECK, Lenio Luiz; MOTTA, Francisco José Borges. Um debate com (e sobre) o formalismo-valorativo de Daniel Mitidiero... Op. cit.

191. *"Before I talk about cooperation in the litigation context, I want to explore what scientific research has shown on why humans cooperate. Although lawyers and judges do not need to fully understand the science on why humans cooperate, I think it is helpful to understand that there are scientific grounds for why cooperation occurs. [...] 'Cooperation has been a focus of intense interest in the biological and social sciences... These results suggest*

ao estado de civilização atual se os indivíduos não fossem capazes de empreender esforços conjuntos. Mesmo quando os entes cooperativos (pessoas, empresas, Estados, etc.) não possuem um mesmo interesse ou finalidade, eles são capazes de adotar uma postura cooperativa quando percebem que todos os lados da disputa aufeririam mais benefícios do que se incorporassem um espírito altamente competitivo ou beligerante.

Voltemos para a hipótese específica do processo civil: é importante entender que o princípio da cooperação não impõe às partes a adoção de um comportamento altruísta, para que elas atuem de forma contrária aos seus interesses e ajudem o seu adversário a vencer a disputa. O que a cooperação exige é que as partes *não* adotem uma postura de conflito exacerbada, especialmente quando isso não seria necessário, de tal forma que elas submetam à apreciação do juiz apenas aqueles pontos sobre os quais elas de fato não conseguem dialogar. Não é lógico, afinal, exaltar a necessidade de diálogo e comunicação na relação entre juiz e partes como base para exigir uma maior participação destas no processo, mas argumentar que elas não precisam sequer tentar dialogar entre si.

Para ilustrar essa explicação, iremos propor um exemplo prático, baseado no CPC/2015. Os artigos 396 e seguintes tratam da exibição de documento ou coisa a ser determinada pelo juiz; o artigo 399, em específico, trata das hipóteses nas quais o juiz *não* admitirá a recusa da parte requerida em exibir o documento ou a coisa. Digamos que o autor de uma demanda entre em contato direto (fora do processo) com o réu solicitando que este lhe forneça um documento que se encontra em seu poder. O autor afirma que, por força de um dos incisos do art. 399, caso o requerimento fosse formulado no bojo do processo em que elas são partes, o juiz certamente deferiria o pedido. Ainda, explica que fez este pedido "extrajudicialmente" porque entende que seria possível que essa troca do documento fosse realizada fora do processo, sem necessidade de provocar o juiz.

---

that humans exhibit genetic variation in their tendency to cooperate and that biological evolution has played an important role in the development of political cooperation.' [...] There are also numerous references to cooperation in the interdisciplinary fields of systems analysis, social science research, and brain research. In many of these fields researchers are using brain scans to track what causes humans to cooperate. Other clear messages from the research are that cooperation can be taught and that cultural mechanisms help develop cooperation." WAXSE, David. Cooperation – what is it and why do it? **Richmond Journal of Law & Technology**, v. XVIII, n. 3, 2012, p. 3-5. Disponível em: <http://jolt.richmond.edu/v18i3/article8.pdf>. Acesso em: 13 jan. 2016.

Ocorre que o réu, *sem apresentar uma justificativa razoável*, recusa-se a enviar o documento, afirmando, simplesmente, que caso o autor assim deseje, requeira judicialmente a sua exibição. Embora o réu não tivesse, neste exemplo, a obrigação legal de apresentar o referido documento *extrajudicialmente*, de modo que não estaria violando uma norma específica neste sentido, essa conduta viola o dever de cooperação. O autor, imbuído do espírito cooperativo, tentou limitar o número de questões levadas de forma litigiosa ao processo; o réu, contudo, recusou-se injustificadamente a cooperar, com o único objetivo de dar mais trabalho para o autor, e não de exercer uma posição legítima.

Não se está aqui a exigir que as partes abram mão dos seus direitos e das suas posições processuais legítimas. O que se pretende com a cooperação é que as partes façam um esforço razoável para identificar as questões sobre as quais há divergência, submetendo apenas elas à apreciação e decisão do juiz. Afinal, mesmo que as partes não consigam chegar a um consenso sobre a solução que deve ser dada ao conflito, isso não quer dizer que elas não possam agir de forma civilizada na disputa.

Dito isso, além da cooperação, a atuação dos sujeitos processuais é também orientada pelo princípio da boa-fé objetiva.

Em outros momentos históricos e modelos de processo, a conduta das partes era valorada a partir de uma concepção *subjetiva* da boa-fé;[192] ao passo que no processo civil contemporâneo é adotada, sem exclusão por completo da boa-fé subjetiva, a noção de boa-fé *objetiva* enquanto norte do comportamento das partes e do juiz.

A boa-fé objetiva traz em seu núcleo um *standard* de comportamento correspondente àquilo que se possa razoavelmente esperar do homem médio em suas relações sociais; dadas, logicamente, as particularidades da situação concreta.[193] A finalidade dessa determinação é "proteger as

---

192. A *boa-fé subjetiva* traz em seu núcleo a ideia de crença, de convencimento por parte do indivíduo de que ele agiu em conformidade com o direito. Fala-se, aqui, em um estado psicológico segundo o qual o agente desconhece a existência de qualquer vício em sua conduta. Ela é tradicionalmente contraposta à má-fé, caracterizada, justamente, pela presença de um elemento volitivo representando a plena consciência individual da ilicitude dos atos praticados. Sobre a boa-fé, v. MARTINS-COSTA, Judith. **A boa-fé no direito privado**: sistema e tópica no processo obrigacional. São Paulo: Revista dos Tribunais, 2000.

193. Conforme Martins-Costa, na aplicação da boa-fé objetiva devem ser levados "em consideração os fatores concretos do caso, tais como o status pessoal e cultural dos

expectativas dos membros da sociedade",[194] conferindo previsibilidade e segurança às relações jurídicas.

Importando para o direito processual civil a construção inicialmente formulada no âmbito do direito privado, atribui-se à boa-fé objetiva uma *tríplice função*: de cânone hermenêutico integrativo, de norma de criação de deveres jurídicos, e de norma de limitação ao exercício de direitos subjetivos.[195]

Pela primeira função, entende-se que a boa-fé objetiva deve servir de "vetor interpretativo das normas que regem o processo", as quais "não pode[m] ser despida[s] de valor nem descontextualizada[s] da realidade a que se destina[m]: a boa-fé traz eticidade à aplicação do Direito, sendo verdadeiro critério de interpretação, informando o sentido das normas". Adiciona-se a esse papel hermenêutico, a função integradora da boa-fé objetiva, "preenchendo as lacunas existentes em regras processuais". [196]

Em sua função de norma de limitação ao exercício de posições jurídicas, a boa-fé objetiva atua para "impedir que o exercício de um direito subjetivo cause prejuízos à sociedade ou a outros sujeitos, amparando-se o agente numa suposta legalidade, ficando, assim, isento

---

envolvidos, não se admitindo uma aplicação mecânica do standard, de tipo meramente subsuntivo" (*in* Ibid. p. 411).

194. RODRIGUES, Marco Antonio dos Santos. **A modificação do pedido e da causa de pedir no processo civil.** Op. cit. p. 177.

195. A sugestão de uma tripartição das funções da boa-fé objetiva foi feita por Franz Wieacker em "*El principio general de la buena fe*", tendo, como base, o disposto no §242 do BGB (*Bürgerliches Gesetzbuch* – Código Civil alemão). Tal classificação foi amplamente adotada por doutrina e jurisprudência brasileiras. Cf. TEPEDINO, Gustavo; BARBOZA, Heloisa Helena; MORAES, Maria Celina Bodin de. **Código Civil interpretado conforme a Constituição da República**, vol. II. 2. ed. Rio de Janeiro: Renovar, 2007, p. 17.

196. RODRIGUES, Marco Antonio dos Santos. **A modificação do pedido e da causa de pedir no processo civil.** Op. cit. p. 177. No mesmo sentido, Taruffo reconhece o papel integrativo da boa-fé objetiva, com ênfase na repressão de condutas abusivas, definindo-o da seguinte forma: "um ato ou uma conduta processual não pode ser especificamente previsto e explicitamente definido como abusivo pelo direito; todavia, é entendido como abusivo porque é injustamente nocivo, ou implica abuso de poder, ou é leviano e dilatório, ou é dirigido a propósitos ilegais ou inadequados etc. Na falta de uma regra específica prevenindo ou punindo tal ato ou conduta, uma referência à cláusula geral de boa-fé pode ser o único meio de precisar que um padrão de lealdade foi violado, i.e., de identificar uma violação justificadora de uma sanção" (*in* Abuso dos direitos processuais: padrões comparativos de lealdade processual (relatório geral). **Revista de Processo**, São Paulo, v. 34, n. 177, p. 153-183, nov. 2009).

de responsabilidade sob a alegação – injusta – de exercício regular de direitos".[197] Em outras palavras: opera para evitar o *abuso de direito*, tanto o material[198] como o processual.

Por sua vez, enquanto norma de criação de deveres jurídicos, a boa-fé objetiva tem por finalidade gerar deveres anexos incidentes sobre a relação jurídica material ou processual que não decorrem, no primeiro caso, de disposição expressa do texto contratual ou da lei,[199] ou, no segundo caso, das normas processuais ou da decisão judicial.[200]

Por se tratar de um conceito jurídico indeterminado (aberto), cujo conteúdo é delineado no caso concreto, a partir da análise feita pelo juiz, a aplicação da boa-fé objetiva pode apresentar obstáculos. Na tentativa de conferir maior clareza e previsibilidade ao conceito, a doutrina processualística costuma identificar algumas hipóteses gerais de comportamento desleal/abusivo que ensejariam a aplicação de medidas sancionatórias pelo juiz, tais como: a proibição de criação maliciosa de situações processuais formalmente legítimas; a vedação ao comportamento processual contraditório, decorrente da aplicação do brocardo "*nemo potest venire contra factum proprium*"; a perda de faculdades processuais, quando, pelo decurso do tempo, a parte deixa de poder praticá-la, ainda que a

---

197. VINCENZI, Brunela Vieira de. **A boa-fé no processo civil**. São Paulo: Atlas, 2003, p. 161.

198. No âmbito do direito civil, a boa-fé objetiva pode ser traduzida, segundo Caio Mário da Silva Pereira, na "proibição do *venire contra factum proprium*, que veda que a conduta da parte entre em contradição com conduta anterior, do *inciviliter agere*, que proíbe comportamentos que violem o princípio da dignidade humana, e da *tu quoque*, que é a invocação de uma cláusula ou regra que a própria parte já tenha violado" (*in* **Instituições de Direito Civil**. 13. ed. Rio de Janeiro: Ed. Forense, 2009, v. III, p. 19). Com relação ao *venire contra factum proprium* vale ressaltar o posicionamento de Judith Martins-Costa, para quem "a proibição de toda e qualquer conduta contraditória seria, mais que uma abstração, um castigo. Estar-se-ia a enrijecer todas as potencialidades da surpresa, do inesperado e do imprevisto na vida humana. Portanto, o que o princípio proíbe como contrário ao interesse digno da tutela jurídica é o comportamento contraditório que *mine a relação de confiança recíproca* minimamente necessária para o bom desenvolvimento do tráfico negocial" (*in* ibid., p. 470, grifo do autor).

199. VINCENZI, Brunela Vieira de. **A boa-fé no processo civil**. Op. cit. p. 160. Na seara do direito substantivo, os deveres anexos incidem não apenas nas relações contratuais formais, como também nas relações contratuais 'de fato', ou seja, naquelas em que o vínculo é gerado a partir da ocorrência de um determinado fato, e não da celebração de um contrato. Nesse campo, inclusive, a incidência da boa-fé objetiva será ainda mais essencial, pois é a partir dela que será realmente possibilitada a emergência de deveres entre as partes e de uma efetiva responsabilidade.

200. RODRIGUES, Marco Antonio dos Santos. **A modificação do pedido e da causa de pedir**. Op. cit. p. 177-178.

faculdade não tenha sido propriamente extinta (*supressio*); e o abuso das faculdades processuais.[201]

Com base nos princípios supra-analisados, e em outros que também podem ser identificados com o processo cooperativo, desenha-se uma estrutura de processo que apresenta como principais características gerais e basilares:

(i) *A configuração do processo como uma comunidade de trabalho pautada no diálogo* – o processo cooperativo parte da premissa de que, mesmo quando os atores processuais possuem interesses diversos, a sua atuação é condicionada a uma determinação finalística, qual seja, a consecução dos objetivos da atividade jurisdicional, razão pela qual é possível o trabalho em cooperação.[202]

(ii) *A comunidade de trabalho do processo cooperativo deve ser lida de forma sóbria, sem utopias nem ceticismos, e não deve ser entendida como sinônimo de "trabalho altruísta"* – não se trata de exigir que as partes trabalhem em prol dos interesses do seu adversário, mas sim de reconhecer que a atuação cooperativa traz benefícios para *todos* os envolvidos, na medida em que reduz a litigiosidade e, consequentemente, os custos (sociais e econômicos) do processo.

(iii) *O paradigma integrativo norteia a estruturação da relação jurídica processual, abandonando protagonismos* – no lugar da repartição rígida das funções processuais entre juiz e partes, que inevitavelmente fazia com que um desses sujeitos assumisse a posição de "dono" do processo (geralmente aquele que recebia mais poderes na repartição), o processo cooperativo continua atribuindo prioritariamente certas funções às partes e outras ao juiz, mas estabelece que o seu exercício deve-se dar de forma *integrativa*, de forma que os sujeitos processuais efetivamente

201. Ibid. p. 181-182.

202. A parte e seu advogado muitas vezes têm interesses diversos, o que não quer dizer, evidentemente, que eles não possam atuar em conjunto (como o fazem) tendo em vista um objetivo (finalidade) comum: ganhar o caso, ou, pelo menos, deixar a parte representada na melhor situação possível dadas as circunstâncias. Sobre os conflitos da relação principal (parte) e agente (advogado), e como isso impacta os processos de resolução de disputas, v. MNOOKIN, Robert; PEPPET, Scott R.; TULUMELLO, Andrew S. **Beyond winning:** negotiating to create value in deals and disputes. Cambridge: Belknap Press of Harvard University Press, 2000.

atuem em conjunto e os atos processuais sejam resultado do diálogo e da participação.[203]

(iv) *As* partes *têm o direito de participar do processo de construção das decisões judiciais e influir na formação do convencimento judicial* – a participação é elemento legitimador do processo, não mais se admitindo que o contraditório seja observado em perspectiva meramente formal, como simples direito de informação e direito de reação. As decisões judiciais legítimas exigem a participação dos sujeitos processuais, com a possibilidade efetiva de influência no resultado final.[204]

(v) *A participação é conformada por postulados éticos de conduta, que impõem deveres para as partes* – se o que justifica a participação é o postulado democrático, que transforma as partes de meras usuárias em efetivas colaboradoras do sistema, estas não podem furtar-se a prestar efetivas contribuições para a resolução da disputa. Com base nos princípios da boa-fé e da cooperação, as partes devem apresentar as informações necessárias e verdadeiras para a compreensão das suas posições, fazendo-o de forma clara e objetiva, sem provocar dilações indevidas no processo. Ainda, devem empreender um esforço para promover o diálogo civilizado (e não desnecessariamente beligerante) na sua relação interna, identificando as questões que realmente demandam a intervenção judicial e buscando o consenso naquelas em que isso é possível.

---

203. "Um terceiro modelo de organização do processo centra-se no princípio da cooperação, cujos contornos decorrem do devido processo legal, da boa-fé processual e do contraditório, em que se inclui o juiz no diálogo processual, a condução do processo não se mantém ao livre-arbítrio das partes e muito menos se outorga um papel inquisitorial ao juiz". GODINHO, Robson Renault. Reflexões sobre os poderes instrutórios do juiz: o processo não cabe no 'Leite de Procusto'. **Revista de Processo**, v. 235, p. 85, set. 2014, versão online, p. 6.

204. "Interessa-nos, pois, um sistema processual que, partindo da idéia de que a decisão não é fornecida pronta e acabada pelo ordenamento jurídico para todo e qualquer caso concreto que se apresente (o que diminuiria a possibilidade de as partes terem qualquer influência na mesma), propicie a construção da decisão de forma comparticipada, pelo juiz e pelas partes, dando efetiva possibilidade para que estas participem da construção daquela, tendo oportunidade de conhecerem e intervirem na matéria de fato e de direito, o que poderá ser decisivo para o ato de julgar. Afasta-se assim a idéia ultrapassada de incomunicabilidade entre matéria de fato e de direito." GOUVEIA, Lúcio Grassi de. A função legitimadora da cooperação intersubjetiva no processo civil brasileiro. Op. cit. p. 41.

(vi) *O juiz tem o dever de promover o debate judicial e permitir a participação efetiva das partes e de eventuais terceiros interessados* – este dever deve ser entendido em perspectiva substantiva, compreendendo os deveres do juiz de levar em consideração os argumentos apresentados pelas partes e pelos terceiros, quando pertinentes para o caso; de promover e organizar o debate processual para que todas as questões relevantes sejam discutidas, garantindo o contraditório efetivo; e de adotar uma postura *ativa* diante das omissões e vícios constatados no processo.

Os seis elementos acima identificados têm por base o mesmo ponto: como o juiz e as partes (além dos demais sujeitos processuais) interagem no processo. Esta constatação não é surpreendente, uma vez que, conforme visto até aqui, um dos principais aspectos na definição de uma estrutura de processo, e que diferencia os modelos adversarial (liberal), inquisitorial (social), e cooperativo, é a definição das funções que cabem aos sujeitos processuais e como eles se relacionam.

A partir desta configuração da relação jurídica processual e do papel que cabe a cada um desses sujeitos, os demais institutos de direito processual civil serão organizados em sua função. Afinal, para determinar a regulação da prova, por exemplo, é preciso primeiramente definir a quem cabe a responsabilidade principal pela sua produção, quais poderes instrutórios são conferidos ao juiz, quais os direitos das partes em termos de prova, dentre outras questões igualmente importantes.

1.3.4. Distribuição de funções entre os sujeitos processuais. Os modelos de juiz: garantista, ativista e gestor

A distribuição das funções processuais pode ser estudada por duas óticas: pela das partes e pela do juiz. Por questão metodológica, optamos neste trabalho por focar na análise pela perspectiva do *juiz*,[205] investi-

205. "A diferença dos modelos centrados no juiz (ativismo) ou nas partes (garantismo) não está propriamente no papel assumido pelas partes, mas sim pelo juiz, haja vista que todos os sistemas probatórios modernos conferem às partes a faculdade de produzir provas (com expressão do devido processo legal), estando o cerne da diferenciação entre os sistemas no poder de o juiz produzir provas de ofício". QUINTAS, Fabio Lima. Para que um novo Código de Processo Civil? Uma reflexão sobre os novos contornos da função jurisdicional. **Revista de Processo**, v. 256, p. 295-316, jun. 2016, p. 305.

gando os modelos de atuação judicial[206] adotados em cada paradigma de processo e os poderes atribuídos ao magistrado dentro dessa estrutura. Assim, buscamos estabelecer as bases para o estudo do gerenciamento processual que será feito nos capítulos dois e três.

Fazendo um paralelo com os tópicos anteriores, nos quais analisamos, nesta ordem, os modelos adversarial (liberal), inquisitorial (social) e cooperativo de processo, começaremos pela figura do *juiz garantista*, que encontra lugar em uma estrutura privatista de processo.[207]

O juiz garantista é caracterizado pela sua atuação limitada à verificação do respeito às garantias fundamentais do processo, intervindo apenas quando absolutamente necessário para coibir eventuais excessos nas condutas das partes.

Alguns autores partidários dessa corrente reconhecem também o poder do juiz de conduzir *formalmente* o processo, refutando, contudo, a possibilidade de lhe serem concedidos poderes que permitam o exercício de uma influência *material* no processo – como é o caso, por exemplo, dos poderes instrutórios.[208] Na concepção privatista, o ativismo judicial em dimensão material/substancial representaria uma forma autoritária e antiliberal de conceber o processo, e que violaria, justamente, as garantias fundamentais das partes. Assim, a limitação dos poderes do juiz seria um importante meio para garantir a proteção dos indivíduos contra eventuais arbítrios do Estado. O juiz garantista é, portanto, essencialmente *passivo* em sua atuação.

No outro lado encontra-se o *juiz ativista*,[209] típico do processo social. Inserido em um contexto que reconhece (e prestigia) o interesse público

---

206. Há que se lembrar sempre que por se tratarem de *modelos* de juiz, eles trazem representações ideais, as quais, quando implementadas na prática, sofrerão alterações. Nesse sentido, Quintas, *in* ibid., p. 302.

207. O modelo adversarial clássico (puro) reduz a figura do juiz a mero espectador responsável pela prolação de uma decisão ao final do processo. Ele não exerce poderes – formais ou materiais – no curso do processo. Quando falamos do juiz garantista, estamos tratando de uma figura que se insere em um modelo privatista de processo, mas não propriamente no modelo adversarial puro. Afinal, não haveria interesse em estudar a figura de um juiz que não exerce poderes relevantes.

208. É o que defende Montero Aroca, conforme explicado por VERDE, Giovanni. Las ideologías del proceso en un reciente ensayo. Op. cit., p. 68.

209. Picó i Junoy define bem as linhas principais das duas correntes: "[...] *la de aquellos autores que centran su punto de atención sólo en las partes, a las que se les atribuyen el protagonismo del debate procesal, evitando así el otorgamiento de iniciativas materiales al juez que, en opinión de estos autores, pueden suponer la ruptura del citado garantismo*

e a função social do processo, o juiz recebe poderes amplos para conduzir o feito não apenas formalmente, mas também em dimensão material, influenciando a forma como os fatos e as provas serão apresentados e debatidos no processo, podendo influir no próprio resultado.[210]

O que se argumenta em favor dessa atribuição de poderes amplos de direção do processo ao juiz é que eles seriam meios necessários para o exercício da atividade-fim: julgar a causa.[211] Nesta perspectiva, se a finalidade do processo é que o juiz profira uma decisão final *justa*,[212] que ponha fim ao conflito, não seria lógico privá-lo de mecanismos através dos quais ele possa garantir a completude das informações e dos elementos probatórios disponíveis no processo, com base nos quais ele irá elaborar a sua decisão.

No que tange especificamente aos poderes do juiz de determinar a produção de provas *ex officio*, Picó i Junoy defende que eles devem ser limitados por três ordens de fatores: (i) tais provas somente podem incidir sobre fatos discutidos no processo (i.e. que tenham sido alegados pelas partes); (ii) elas devem se limitar a *fontes* de prova que já constem do processo (i.e. o juiz apenas pode determinar a produção de outros *meios* de prova sobre as mesmas fontes); e (iii) devem ter por finalidade permitir o exercício do direito de defesa dos litigantes, ampliando as provas inicialmente propostas.[213]

Entende-se que, com isso, o processualista espanhol pretenda escapar das acusações privatistas que enxergam autoritarismo e intervenção judicial indevida na execução de uma tarefa (produção de provas) que deveria ficar a encargo das partes. O estabelecimento de limitações para o exercício do poder instrutório pelo juiz contribui para garantir que ele apenas se efetivará quando absolutamente necessário para o processo,

---

constitucional; y la de aquellos otros autores que buscando la máxima eficacia de la tutela judicial otorgan al juez facultades de dirección del proceso." (*in* El derecho procesal entre el garantismo y la eficacia. Op. cit., p. 111).

210. RESNIK, Judith. Managerial Judges. Op. cit., p. 377.

211. PICÓ I JUNOY, Joan. El derecho procesal entre el garantismo y la eficacia. Op. cit., p. 110.

212. Esse posicionamento evidentemente parte da premissa de que não será qualquer decisão judicial final que atenderá os fins do processo – apenas a decisão *justa* cumprirá esse papel. O conceito de justiça das decisões judiciais (*o que é uma decisão justa?*) é tema complexo e que gera intensos debates em sede doutrinária. Por fugir do escopo deste trabalho, não adentraremos nessa celeuma.

213. PICÓ I JUNOY, op. cit., nota 217, p. 120.

bem como para evitar, ou ao menos minimizar, o risco de um abuso de poder pela autoridade judicial.

Outro argumento que se coloca em favor dos poderes judicias de produção de prova de ofício é que enquanto o princípio dispositivo (em sentido estrito - *Dispositionsmaxime*) seria uma garantia fundamental das partes, o princípio da iniciativa das partes em matéria probatória (*Verhandlungsmaxime*) "te[ria] um caráter meramente técnico, que corresponde a um modo particular de conceber o desenvolvimento do processo judicial".[214] Por esse motivo, não atentaria contra uma garantia fundamental das partes a atribuição de poderes instrutórios ao juiz.

Sumarizando as posições até aqui expostas, temos que: (i) o núcleo mínimo dos poderes judiciais, sobre o qual parece haver um consenso entre as duas correntes, comporta (a) o poder de decisão final e (b) o poder de zelar pela observância das garantias fundamentais das partes; (ii) com um menor nível de aceitação entre os garantistas, mas ainda encontrando defensores, está o poder do juiz de direção *formal* do feito; e (iii) o principal ponto que diferencia as duas posições está na admissibilidade (ou não) de atribuição de poderes de direção *material* do processo ao juiz, aceita pelos ativistas.

Diante desse quadro, cabe tentar definir qual o modelo de juiz que melhor se adequa ao processo cooperativo, levando em consideração a caracterização feita no tópico anterior. Caso se chegue à conclusão de que nenhum dos dois representa um encaixe perfeito, é útil buscar delinear um *terceiro modelo* de juiz, estabelecendo em que medida ele se diferencia dos juízes garantista e ativista.

De pronto, excluímos a possibilidade de associação entre o juiz garantista e o processo cooperativo, uma vez que este admite a atribuição de poderes de direção processual (formais e, eventualmente, materiais) ao juiz. De fato, não se coadunaria com o paradigma cooperativo a figura de um juiz que assume uma postura eminentemente passiva, de mero fiscalizador da disputa que se desenvolve fora do seu

214 O texto em língua estrangeira é: *"tiene un carácter meramente técnico, que responde a un particular modo de concebir el desarollo del proceso jurisdiccional"*. PICÓ I JUNOY, Joan. El derecho procesal entre el garantismo y la eficacia. Op. cit., p. 122, tradução nossa. Fazendo referência ao seu próprio ordenamento jurídico, o processualista espanhol pontua ainda que a atribuição de poderes de direção material ao juiz teria fundamento constitucional no caráter social do Estado de Direito e no dever do juiz de zelar pela efetividade da tutela jurisdicional (in Ibid. p. 123).

alcance. Os próprios deveres derivados do princípio da cooperação e do contraditório cooperativo – tais como o dever de esclarecimento, de consulta, de prevenção e de auxílio – vão de encontro à essência do garantismo processual.

O juiz cooperativo não é um juiz passivo, mas um juiz *ativo*.[215] Indaga-se, todavia, se ele deve ser considerado um juiz *ativista*. A distinção terminológica não é um preciosismo. Menezes aborda este ponto quando afirma que "soa mais precisa a referência ao *juiz ativo* do que ao *juiz ativista*, visto que esta última expressão, assim como o termo *ativismo*, pode dar a *falsa* impressão de que um magistrado deva agir no processo de forma *puramente* política". O autor reporta, ainda, o posicionamento de alguns juristas que definem o juiz ativo como aquele que "pronuncia suas decisões e cumpre os seus deveres funcionais com diligência e dentro dos prazos legais", e o juiz ativista como o que, além de realizar essas funções, também "souber interpretar a realidade de sua época e conferir às suas decisões um sentido construtivo e modernizante, orientando-se para a consagração dos valores essenciais em vigor".[216]

Entendemos que há uma diferença entre juiz ativo e juiz ativista que não reside exclusivamente em uma conceituação ideológica. Para nós, o juiz ativo define-se (de forma um tanto quanto óbvia, há que se reconhecer) em oposição ao juiz passivo: é o juiz que tem poderes para atuar ativamente no processo, exercendo um controle formal e/ou material do seu desenvolvimento.

Por seu turno, de forma mais estrita, o juiz ativista detém poderes formais *e* materiais de direção processual. Mais ainda, ele exerce esses poderes de forma isolada: a finalidade no exercício desses poderes está na prática de atos processuais que se encadeiam para a resolução do conflito de forma justa e consentânea com os objetivos da jurisdição, não havendo uma preocupação com o estabelecimento de uma comunidade *integrativa* de trabalho com os demais sujeitos processuais.

---

215. "*Management is a* new form *of 'judicial activism'*". RESNIK, Judith. Managerial judges. Op. cit. p. 380, grifo nosso.

216. MENEZES, Gustavo Quintanilha Telles de. A atuação do juiz na direção do processo. In: FUX, Luiz (Coord.). **O novo processo civil brasileiro** – direito em expectativa (reflexões acerca do projeto de novo Código de Processo Civil). Rio de Janeiro: Forense, 2011, p. 179-229, p. 195, grifo do autor.

Consequentemente, no lado oposto do juiz ativista estão partes *passivas*, que têm a sua atuação, e, consequentemente, a sua responsabilidade no desenrolar do feito, limitadas.

Há, portanto, pelo menos dois pontos nos quais o juiz do processo cooperativo se distingue do juiz ativista. O primeiro deles está em que o juiz cooperativo não terá sempre poderes de direção formal *e* material do processo, como o ativista. Conforme veremos em maiores detalhes no capítulo dois quando compararmos as particularidades dos sistemas de gerenciamento processual da Inglaterra e da Alemanha, é possível ter estruturas de processo cooperativo que conferem ao juiz também poderes de gestão *material* do processo, e outras que reconheçam apenas poderes de gestão *formal*.[217]

O segundo ponto de diferenciação é a forma de exercício dos poderes processuais. O paradigma do ativismo judicial, conforme dito, visualiza os poderes (não apenas os judiciais, mas também os das partes) para serem exercidos de forma disjunta. A reação das partes ao ato judicial (i.e. decisão) ocorre *após* a sua elaboração, e não de forma anterior ou simultânea, com consequente limitada capacidade de influência.

O processo cooperativo, em contrapartida, baseia-se em uma estrutura marcada por "interações constantes entre os diversos atores do processo", criando, assim, "um ambiente de coparticipação" no qual "[a]s funções processuais, quaisquer que sejam as posições jurídicas das quais derivam [...], devem ser, sob uma visão teleológica, compreendidas como funções convergentes ou complementares atribuídas a vários sujeitos, mas com finalidades tangentes".[218] Tem-se, com isso, um diálogo efetivo e um exercício integrativo das funções processuais atribuídas a cada ator

217. Tratando do sistema de *case management* na França, Jeuland chama o juiz deste modelo de processo (de caráter cooperativo e gerencial) de juiz *reativo*, afirmando que ele não é nem passivo nem ativo. Essa distinção é estabelecida justamente com base nos tipos de poderes gerenciais exercidos pelo juiz, os quais, segundo o processualista francês, são essencialmente "*formal and virtual, with the fixing of dates*". Apenas quando surge uma controvérsia a partir da oposição de posições das partes, "*whether procedural or evidentiary, case management may become 'intellectual' in the sense that the managing judge becomes more interested in the content of the case, especially in procedural impediments and in the finding of facts.*" (*in* Case management in France. In: VAN RHEE, C. H.; YULIN, Fu. (Ed.) **Civil Litigation in China and Europe**. Dordrecht: Springer, 2014, p. 349-358, p. 351).

218. CABRAL, Antonio do Passo. **Nulidades no processo moderno**... Op. cit. p. 208-209.

do processo,[219] de tal forma que *todos* contribuem para o exercício da atividade jurisdicional e para a decisão que dela resulta.[220]

Como decorrência desse aspecto integrativo do processo cooperativo, o juiz neste modelo exerce uma importante função de *gestor* dos trabalhos processuais. Afinal, a execução de qualquer atividade coordenada demanda a presença de um ente que tenha poder de gerenciar os trabalhos de forma eficiente e adequada. Isso se torna ainda mais imperativo quanto maior a participação permitida às partes e a outros sujeitos processuais (v.g. os terceiros interessados), de modo a evitar a cacofonia no debate processual. Por esse motivo, diz-se que o juiz no processo cooperativo é um *juiz gestor* – o *managerial judge* do direito estrangeiro.

O termo "juiz gestor" revela, ainda, uma outra face do papel do juiz, pouco ressaltada nos paradigmas privatista e publicista de processo, mas que assume grande importância no processo cooperativo: o trabalho do juiz na gestão interna do trabalho cartorário.

Uma das principais preocupações do processo civil contemporâneo, que motiva, inclusive, a atribuição de maiores poderes de direção processual ao juiz, é com a demora do processo, capaz de comprometer a efetividade da prestação jurisdicional. Nessa perspectiva, muita importância tem-se dado à forma como esta atividade é exercida, focando, principalmente, na eficiência dos trabalhos das cortes.

---

219. A participação ativa das partes resolve, ainda, um problema identificado pelo garantismo processual na atribuição de poderes significativos para o juiz no processo: o risco de autoritarismo judicial. Nesse sentido, "[a] presença ativa e atuante das partes servirá como forma de controle dos amplos poderes do juiz na tradução jurídica do fato social, limitando o arbítrio, favorecendo o processo dialógico. As partes fiscalizam o agir do magistrado [...] para preservação das garantias individuais." (*in* MENEZES, Gustavo Quintanilha Telles de. A atuação do juiz na direção do processo. Op. cit., p. 196).

220. Mitidiero afirma, nessa linha, que "embora dirija processual e materialmente o processo, agindo ativamente, o juiz o faz em permanente diálogo com as partes, colhendo as suas impressões a respeito dos eventuais rumos a serem tomados no processo, possibilitando que essas dele participem, influenciando-o a respeito de suas possíveis decisões" (*in* **Colaboração no processo civil**... Op. cit., p. 65-66). Há, contudo, duas ressalvas a ser feitas sobre essa assertiva, à luz do que desenvolvemos no texto. Primeiro que nem sempre o juiz do processo cooperativo exercerá poderes de direção formal *e* material do processo – o nível da sua atividade dependerá do ordenamento jurídico em questão. Segundo que a participação das partes não se cinge à possibilidade de influência na formação da decisão judicial. A previsão das convenções processuais no novo CPC brasileiro é um bom exemplo de uma forma de manifestação da cooperação no processo civil, e consiste na possibilidade de as partes alteraram a própria forma como o processo se desenvolve – seja por uma mudança em nível meramente procedimental, seja por uma nova repartição dos seus poderes, ônus, deveres e faculdades.

Neste ponto, analisa-se não somente a gestão de *um* processo individualmente considerado, mas a gestão de *todos* os processos que estão sob os cuidados daquele órgão jurisdicional. No paradigma cooperativo de processo, voltado para a consecução dos objetivos da jurisdição – o que inclui a eficiência, a efetividade e a adequação da prestação jurisdicional – o juiz deve ser um bom gestor do processo *e* do seu cartório.[221]

Indo além, poderíamos mencionar até mesmo a gestão dos trabalhos judiciais de forma ampla, incluindo *todos* os processos judiciais que tramitam em uma mesma jurisdição. Através dos mecanismos de cooperação judiciária nacional e internacional possibilita-se um incremento na eficiência e qualidade da gestão não apenas dos processos que estão sob o cuidado de um órgão jurisdicional, mas de todo o sistema de justiça civil, promovendo a integração entre os tribunais.[222] Contudo, por escapar do escopo deste trabalho, não aprofundaremos este ponto.

1.3.5. O processo civil brasileiro contemporâneo: qual o modelo adotado pelo CPC/2015?

Classificar a estrutura de processo adotada pelo Brasil no CPC de 2015 requer uma perquirição sistemática do diploma legal que passa pela verificação da forma como certos institutos foram regulados para, assim, tentar definir qual a dinâmica da relação jurídica processual no novo Código. Afinal, a ideologia de um Código se revela, em um primeiro momento, através da interpretação jurídica de seus dispositivos, sendo posteriormente complementada pela verificação da forma como ele é implementado pela prática judiciária.

O terceiro capítulo deste trabalho tratará da análise dos mecanismos do novo CPC que promovem a integração da atuação dos sujeitos processuais no gerenciamento do processo, com foco naqueles que têm relação com a instrução probatória. Sem pretender, portanto, adiantar o que será visto mais à frente, rabiscaremos breves linhas introdutórias

---

221. "Para tanto, o juiz-gestor utiliza indicadores e metas de desempenho no exercício de sua profissão. Planos estratégicos e operacionais, bem como um efetivo acompanhamento e controle de gestão garantem a eficiência da prestação jurisdicional, especialmente em unidades judiciárias doentes." CABRAL, Trícia Navarro Xavier. Os desafios do juiz no CPC/2015. In: GAJARDONI, Fernando da Fonseca. (Coord.). **Magistratura**. Salvador: Juspodivm, 2015, p. 383-402, p. 386. (Coleção repercussões do novo CPC, v. 1).

222. Vê-se que o paradigma integrativo continua sendo a peça chave quando tratamos da cooperação entre juízos, não apenas da intersubjetiva (entre os sujeitos do processo).

sobre a configuração geral do novo processo civil brasileiro. Com isso, encerraremos este primeiro capítulo, aplicando o que foi debatido acima ao ordenamento jurídico nacional, e estabeleceremos um pano de fundo para a análise que será desenvolvida nos capítulos seguintes.

Sob a égide do Código de Processo Civil de 1973 (CPC/1973), o juiz brasileiro já contava com uma ampla gama de poderes de direção formal e material do processo, incluindo poderes para determinar a produção de provas de ofício. Dizia-se, assim, que o CPC/1973 adotava um modelo de juiz ativista.

No CPC/2015, partindo de uma preocupação com a garantia de efetiva participação das partes no processo, previu-se uma base normativa principiológica, acompanhada de mecanismos específicos capazes de incrementar tal participação e integrar a atuação dos sujeitos processuais.[223]

Essa mudança de paradigma pode ser constatada logo no início do CPC/2015, que traz, nos artigos 1º a 12, as normas fundamentais que regem o processo civil brasileiro.[224] Para demonstrar a adoção do modelo cooperativo de processo civil, os dispositivos mais pertinentes são os artigos 5º, 6º, 7º, 9º, e 10.[225]

---

223. "Para esse fim, é certo que o novo Código trouxe uma redistribuição de direitos, deveres e faculdades entre o juiz e as partes, que, como não poderia deixar de ser, não se resume aos modelos ideais da jurisdição ativista ou garantista, mas representa sim uma síntese daquilo que se entende como um processo justo, uma visão própria não redutível a um modelo processual, que se preocupa em oferecer uma visão particular do que seja a adequada prestação jurisdicional [...]." (*in* QUINTAS, Fábio Lima. Para que um novo Código de Processo Civil? Uma reflexão... Op. cit. p. 313). A observação de Quintas é perfeita para descrever essa mudança de paradigma do novo CPC no que tange à dinâmica da relação jurídica processual (distribuição das funções entre os sujeitos). Discordamos, contudo, da assertiva de que não seria possível encaixar essa nova estrutura em um modelo de processo. Embora o novo processo civil brasileiro fuja da dicotomia modelo adversarial-modelo inquisitivo, entendemos que ele pode ser categorizado como um perfeito exemplo de processo *cooperativo*.

224. Alguns dos dispositivos – notadamente os artigos 3º, 4º, 7º e 11 – já contavam com previsão na Constituição Federal de 1988. Não obstante, a sua previsão no CPC/2015 veio a reforçar a importância de sua observância (o que, infelizmente, fazia-se necessário), e para deixar mais clara a forma como esses princípios e garantias devem ser interpretados. É o caso, por exemplo, do artigo 3º, que ao tratar da inafastabilidade da jurisdição consolida no corpo normativo o que já era o entendimento pacífico na jurisprudência: os demais meios adequados de resolução de conflitos (arbitragem, mediação e conciliação) não violam a garantia do acesso à justiça, inscrita no art. 5º, inciso XXXV, da CF/88.

225. Não estamos negando, evidentemente, a importância dos demais artigos desta parte principiológica do Código. Contudo, há que se reconhecer que o caráter cooperativo fica mais evidenciado nos cinco dispositivos citados.

Os artigos 5º e 6º trazem, respectivamente, a previsão dos princípios da boa-fé (objetiva) e da cooperação, aplicáveis a *todos os sujeitos processuais*. No caso do art. 6º é fixada, inclusive, uma determinação finalística para a atuação cooperativa dos sujeitos processuais, a qual deve ser voltada para a obtenção, em tempo razoável, de decisão de mérito justa e efetiva.

A preocupação com a ética no processo é uma das notas marcantes do modelo cooperativo. Bem vimos acima que muitos autores se posicionam contrariamente à previsão de deveres de conduta ética para as partes, pautados na cláusula geral da boa-fé objetiva, por entenderem que isso implicaria uma limitação à liberdade de atuação das partes no processo e ao exercício das suas posições processuais (i.e., defesa dos seus direitos). Assim, quando o CPC/2015 incorpora o princípio da boa-fé objetiva e o princípio da cooperação como normas *fundamentais* do processo civil brasileiro, evidencia o seu alinhamento à corrente cooperativa em detrimento de uma corrente puramente privatista.

Concretizando essas determinações gerais e abstratas dos princípios da boa-fé e da cooperação, o Código traz, no artigo 77, o rol de alguns deveres processuais "das partes, de seus procuradores e de todos aqueles que de qualquer forma participem do processo", a saber: "expor os fatos em juízo conforme a verdade" (inciso I); "não formular pretensão ou de apresentar defesa quando cientes de que são destituídas de fundamento" (inciso II); "não produzir provas e não praticar atos inúteis ou desnecessários à declaração ou à defesa do direito" (inciso III); "cumprir com exatidão as decisões jurisdicionais, de natureza provisória ou final, e não criar embaraços à sua efetivação" (inciso IV); "declinar, no primeiro momento que lhes couber falar nos autos, o endereço residencial ou profissional onde receberão intimações, atualizando essa informação sempre que ocorrer qualquer modificação temporária ou definitiva" (inciso V); "não praticar inovação ilegal no estado de fato de bem ou direito litigioso" (inciso VI).

Apenas para os incisos IV e VI o Código traz a previsão de sanções a serem aplicadas em caso de descumprimento[226]: o §2º estabelece que

226. No regime do Código de 73, a doutrina majoritária afirmava, com relação ao artigo 14, que a violação aos demais incisos não acarretaria consequências práticas, salvo quando também configurasse hipótese de litigância de má-fé. Como o art. 77 do CPC/2015 corresponde rigorosamente ao antigo art. 14 do CPC/1973, parece que o entendimento que prevalecerá será que, fora as hipóteses dos incisos IV e VI, a violação desses deve-

a violação desses dispositivos "constitui *ato atentatório à dignidade da justiça*, devendo o juiz, sem prejuízo das sanções criminais, civis e processuais cabíveis, *aplicar ao responsável multa de até vinte por cento do valor da causa, de acordo com a gravidade da conduta*" (grifo nosso).[227] Por seu turno, o §7º traz a previsão de uma sanção *processual* aplicável apenas no caso do inciso VI, consistente na proibição imposta à parte que praticou o ato de falar nos autos "até que o estado da coisa ou direito em litígio seja restabelecido à condição anterior"[228] – sem prejuízo da aplicação cumulativa da multa do §2º.

Uma controvérsia se estabelece com relação ao impacto do art. 77, §1º, na forma de aplicação da multa do §2º. O §1º estabelece que "nas hipóteses dos incisos IV e VI, o juiz advertirá qualquer das pessoas mencionadas no caput de que sua conduta poderá ser punida como ato atentatório à dignidade da justiça". Diante disso, poder-se-ia questionar se essa advertência já deveria ser "registrad[a] na decisão jurisdicional que deve ser cumprida ou no despacho citatório, cujo cumprimento torna litigiosa a coisa",[229] ou se ela seria dada *após* a prática do ato atentatório, dando à parte a oportunidade de corrigir a sua conduta antes da aplicação efetiva da multa, que só ocorreria em caso de reiteração ou manutenção do comportamento sancionável.

Entendemos, na linha de Lamy e Reschke, que a efetividade da previsão é melhor assegurada quando se entende que a advertência deve ser dada na própria decisão a ser cumprida ou no despacho citatório, antes mesmo, portanto, da possibilidade de prática do ato. Dessa maneira, permite-se que o juiz aplique a multa do §2º imediatamente após a verificação da violação dos deveres dos incisos IV e VI.

---

res de conduta não será passível de punição, assumindo, assim, um caráter de meras recomendações de parâmetros comportamentais.

227. Nos termos do art. 77, §3º, a multa do §2º reverte para o Estado e, se não paga, "será inscrita como dívida ativa da União ou do Estado após o trânsito em julgado da decisão que a fixou, e sua execução observará o procedimento da execução fiscal, revertendo-se aos fundos previstos no art. 97".

228. LAMY, Eduardo de Avelar; RESCHKE, Pedro Henrique. Comentários ao Artigo 77. In: CABRAL, Antonio do Passo; CRAMER, Ronaldo. **Comentários ao novo Código de Processo Civil**. Rio de Janeiro: Forense, 2015, p. 143. Os autores observam que essa disposição do §7º trata-se "de uma facilitação procedimental da antiga cautelar específica de *atentado*, agora independente de sentença específica e processo autônomo, passível de ser deferida de ofício".

229. Loc. cit. Os autores posicionam-se favoráveis ao entendimento de que o aviso deveria ser registrado *antes* da possibilidade de prática do ato.

Outra previsão importante do CPC/2015 que trata de deveres de conduta ética no processo é o art. 80. Este dispositivo traz as situações que configuram prática de *litigância de má-fé* no processo, sujeitando os autores das condutas previstas à responsabilização por perdas e danos. Assim, aquele que "deduzir pretensão ou defesa contra texto expresso de lei ou fato incontroverso" (inciso I); "alterar a verdade dos fatos" (inciso II); "usar do processo para conseguir objetivo ilegal" (inciso III); "opuser resistência injustificada ao andamento do processo" (inciso IV); "proceder de modo temerário em qualquer incidente ou ato do processo" (inciso V); "provocar incidente manifestamente infundado" (inciso VI); ou "interpuser recurso com intuito manifestamente protelatório" (inciso VII), será condenado, de ofício ou a requerimento, a pagar multa, em favor da parte contrária, no valor superior a um por cento e inferior a dez por cento do valor corrigido da causa, bem como a indenizá-la pelos prejuízos sofridos, e arcar com os honorários advocatícios e despesas efetuadas.[230]

Tanto o art. 77 (que corresponde ao art. 14 do CPC/73) como o art. 80 (correspondente ao art. 17 do diploma anterior) são tradicionalmente associados à proteção da *boa-fé* no processo.

Com relação à colaboração/cooperação, podemos relacionar outros dispositivos espalhados pelo CPC/2015 que, na linha do art. 6º, estabelecem deveres concretos de cooperação. É o caso, por exemplo, do art. 378 do CPC/2015, segundo o qual "ninguém se exime do dever de colaborar com o Poder Judiciário para o descobrimento da verdade". Este dispositivo reproduziu *ipsis litteris* o antigo art. 339 do CPC/1973, citado pela doutrina como o fundamento para defender a cooperação no regime anterior, quando ainda não havia uma previsão genérica como a do atual art. 6º.

A cooperação está presente, ainda, no art. 379 do CPC/2015, o qual estabelece que, "preservado o direito de não produzir prova contra si própria, incumbe à parte: I - comparecer em juízo, respondendo ao que lhe for interrogado; II - colaborar com o juízo na realização de inspeção judicial que for considerada necessária; III - praticar o ato que lhe for determinado".

Com relação à aplicação do princípio da cooperação para o juiz, podemos citar, a título exemplificativo, o art. 317, que traz a previsão de um *dever de prevenção* do magistrado de "antes de proferir decisão

230. CPC/2015, art. 81 c/c art. 96.

sem resolução de mérito, [...] conceder à parte oportunidade para, se possível, corrigir o vício".

Retornando às normas fundamentais do processo, a adoção de um modelo cooperativo no direito brasileiro é demonstrada também pelas disposições que asseguram às partes a igualdade de tratamento e que tratam dos deveres do juiz de efetivar o respeito ao contraditório – ou seja, os artigos 7º, 9º e 10. Referidos dispositivos consagram a dimensão substancial e participativa do contraditório, entendido como direito de influência.[231]

O artigo 10, em específico, traz, de forma inovadora no direito brasileiro, a previsão expressa da vedação à prolação de decisões-surpresa, ao estabelecer que "o juiz não pode decidir, em grau algum de jurisdição, com base em fundamento a respeito do qual não se tenha dado às partes oportunidade de se manifestar, ainda que se trate de matéria sobre a qual deva decidir de ofício" (sobre decisões-surpresa, v. item 1.3.3, *supra*).

Outra concretização do contraditório participativo pode ser encontrada no art. 489, §1º, que, ao elencar as situações nas quais "não se considera fundamentada qualquer decisão judicial, seja ela interlocutória, sentença ou acórdão", reforça o *dever de motivação* do magistrado. Este, por sua vez, representa a exteriorização do *dever de atenção* às alegações das partes. Ambos são correlatos ao *direito de consideração* das partes.[232]

Reforçando as previsões analisadas, o artigo 139 traz um rol extenso contendo uma série de poderes atribuídos ao juiz (que serão detidamente analisados no capítulo três, por guardarem relação com o gerenciamento processual) e de *determinações finalísticas* para o exercício de tais poderes. Neste segundo grupo inserem-se as previsões de que ao juiz incumbe,

---

231. Corroborando a compreensão do contraditório como direito de influência tem-se a previsão do art. 369: "As partes têm o direito de empregar todos os meios legais, bem como os moralmente legítimos, ainda que não especificados neste Código, para provar a verdade dos fatos em que se funda o pedido ou a defesa e *influir eficazmente na convicção do juiz*" (grifo nosso).

232. CABRAL, Antonio do Passo. **Nulidades no processo moderno**... Op. cit. p. 146. Fazendo remissão específica ao inciso IV do §1º do art. 489 ("Não se considera fundamentada qualquer decisão (...) que: IV – não enfrentar todos os argumentos deduzidos no processo capazes de, em tese, infirmar a conclusão adotada pelo julgador"), citamos o seguinte trecho de Cabral sobre o direito de consideração: "O direito de ver os argumentos considerados, com o respectivo dever de atenção dos órgãos do Estado, obriga-os a indicar, ainda que apenas no relatório, todos os elementos apreendidos como dados persuasivos, mesmo os argumentos que não estruturam logicamente sua decisão" (*in* Ibid. p. 147).

durante a direção do processo, "assegurar às partes igualdade de tratamento" (inciso I); "velar pela duração razoável do processo" (inciso II), e "prevenir ou reprimir qualquer ato contrário à dignidade da justiça e indeferir postulações meramente protelatórias" (inciso III).

É relevante notar que estes dispositivos são, justamente, os três primeiros incisos do artigo 139, aos quais se seguem outros sete incisos que trazem previsões de poderes específicos atribuídos ao juiz para a direção do processo. É possível afirmar, assim, que esses três primeiros incisos, bem como as demais normas fundamentais que conformam a atuação do juiz no processo, devem ser observadas e respeitadas no exercício dos poderes judiciais.

Todos os dispositivos citados neste tópico são uma representação prática da incorporação legislativa do que foi exposto nos tópicos anteriores a respeito da configuração do processo e da relação jurídica processual segundo um paradigma cooperativo, voltado para a integração da atuação dos sujeitos processuais. Além disso, servem para comprovar a adoção de um modelo *cooperativo* para o novo processo civil brasileiro. Tal constatação é corroborada pelos diversos mecanismos de gerenciamento processual, previstos ao longo do CPC/2015, que serão analisados no terceiro capítulo deste trabalho.

Capítulo 2

GERENCIAMENTO PROCESSUAL: UM OLHAR SOBRE O DIREITO ESTRANGEIRO

No primeiro capítulo vimos que há diferentes formas de se conceber o processo de evolução e reforma do direito, seja entendendo-o como um reflexo das mudanças ocorridas na estrutura da sociedade, seja atribuindo maior importância aos transplantes jurídicos realizados levados a cabo pelas elites jurídicas entre ordenamentos de culturas distintas. De um lado, o direito como espelho; de outro, o direito como instituição em si mesma.

Qualquer que seja o prisma metodológico adotado nesse sentido, parece-nos que ao menos no caso do *direito processual* é impossível refutar o papel importante que a configuração da sociedade e do Estado exercem sobre as opções políticas feitas na estruturação do processo. Ainda que muitas mudanças no processo sejam fruto do empenho das elites jurídicas em importar institutos de direito processual estrangeiro – muitas vezes sem atentar para a sua compatibilidade com o ordenamento local – as formas de configuração e de estruturação do processo refletem escolhas de política pública[1] feitas por um governo de um determinado Estado em um dado momento histórico, compreendendo a finalidade do processo, o incentivo (ou não) ao uso dos mecanismos adequados de resolução de conflitos, o papel dos sujeitos processuais, dentre outros.

Consequentemente, o processo varia no tempo e no espaço. Diferentes ordenamentos jurídicos com características culturais próprias adotarão modelos de processos distintos (ainda que tal distinção não seja expressiva). Dessa forma, mesmo quando um país transplantar para o seu ordenamento um instituto jurídico estrangeiro, a sua implementação

1. Cf. ABREU, Rafael Sirangelo. "Customização processual compartilhada": o sistema de adaptabilidade do novo CPC. **Revista de Processo**v, v. 257, p. 51-76, jul. 2016, p. 52.

poderá experimentar alterações que permitam adequá-lo à realidade nacional. Em alguns casos, o instituto em questão pode, até mesmo, adotar uma natureza e/ou finalidade diversa.

É o que se observa com o *gerenciamento* ou *gestão processual*. Conforme se passa a demonstrar neste segundo capítulo, a integração das funções processuais do juiz e das partes, pautada em um ideal de processo cooperativo, vem sendo implementada, na contemporaneidade, através de mecanismos que atribuem ao magistrado uma função de *gestor* no exercício da atividade jurisdicional.

Neste contexto, afigura-se útil para a nossa pesquisa investigar a forma como outros países implementaram o gerenciamento processual. A partir disso, pretendemos fixar balizadores que permitirão compreender o que é, exatamente, o "gerenciamento processual" e como ele pode ser implementado no Brasil de modo a promover a melhoria do sistema de justiça civil.

2.1. NOÇÕES PRELIMINARES SOBRE O *CASE MANAGEMENT*

No direito estrangeiro encontramos a expressão inglesa "*case management*" sendo utilizada para representar a ideia geral de atribuição de poderes-deveres de gestão do processo ao juiz. Por esse motivo, a pergunta de pesquisa que orientou a elaboração do capítulo que se inicia foi: "*O que é, afinal, case management?*"

A doutrina brasileira já se debruçou algumas vezes sobre o tema, em caráter principal e incidental.[2] Contudo, e não obstante a qualidade dos trabalhos anteriores, a principal dificuldade encontrada no estudo do instituto permanece: como fixar uma definição única e homogênea que possa ser aplicada a todos os ordenamentos no qual ele foi implementado, *inclusive no Brasil*? Mais do que difícil, trata-se de tarefa quiçá impossível.

O *case management* costuma ser definido de forma simplificada como os poderes do juiz de gerenciamento, ou gestão, do processo. Embora essa descrição seja um bom ponto de partida, ela não exaure

2. Especialmente no capítulo três desta dissertação poderão ser encontradas as citações aos trabalhos elaborados por processualistas brasileiros que abordam o instituto do "*case management*" e sua aplicação no ordenamento jurídico nacional.

o tema, na medida em que não aborda a extensão, a profundidade e a finalidade do *case management*.

"Poderes do juiz" é expressão ampla e, portanto, vaga. Quais poderes específicos podem ser atribuídos ao juiz dentro do paradigma do *case management*? São apenas poderes de condução formal da marcha processual ou pode englobar poderes instrutórios? Colocando de outra forma: o *case management* tem um caráter meramente procedimental (formal) ou pode ser também substantivo (material)? Vimos no capítulo anterior que o juiz gestor, diferentemente do juiz ativista, nem sempre terá poderes de direção formal *e* material. Ao trabalhar os diferentes mecanismos e técnicas de exercício do gerenciamento processual aprofundaremos esses conceitos para analisar as formas que o *case management* pode assumir na sua implementação, variando na extensão e na profundidade dos poderes judiciais.

Ainda, dizer simplesmente que esses poderes do juiz (quaisquer que sejam eles) são voltados para o "gerenciamento do processo" não define qual seria a finalidade do *case management*. Não esclarece, por exemplo, quais valores do ordenamento jurídico o *case management* busca promover. O *case management* busca garantir a celeridade? Ou a efetividade? Ou a adequação? Ou a busca da verdade? Ou o ideal de justiça? (As perguntas aqui são tantas quantos são os possíveis valores e finalidades do processo.)

Um outro aspecto relevante diz respeito ao momento processual em que o juiz pode exercer seus poderes de *case management*: seria apenas na fase de conhecimento (anterior à prolação de sentença – *pretrial*) ou se estenderia para a fase de execução/cumprimento de sentença (*post-trial*)?

Resnik, quando tratou do gerenciamento processual no direito norte-americano no início da década de 80, observou que haveria duas formas de *managerial judging*: (i) o gerenciamento do *pretrial*, momento processual anterior à realização da audiência de instrução e julgamento (*trial*), e (ii) o gerenciamento do *post-trial*, voltado para o cumprimento das ordens judiciais que impõem obrigações sobre o réu-devedor. Cada "espécie" de *case management* teria a sua existência justificada por razões diferentes: enquanto que o *pretrial management* decorre das "mudanças iniciadas pelos próprios juízes em resposta às pressões da quantidade de trabalho", o *post-trial management* é um reflexo das "mudanças no papel do juiz impostas pelas inovações processuais e articulação de novos direitos e remédios".[3] Em outras palavras: enquanto que o *pretrial management* teria por finalidade a celeridade e eficiência no exercício da atividade jurisdicional, sendo motivado pela necessidade de reduzir os custos e o tempo do processo, o *post-trial management* justificar-se-ia por uma demanda de efetividade da prestação jurisdicional, conferindo ao juiz poderes para adotar as medidas necessárias para garantir o cumprimento das suas decisões.

Indo além, é possível questionar, até mesmo, se o conceito de *case management* abarca somente os poderes do *juiz* ou se também engloba mecanismos e técnicas a serem implementados pelas *partes* e que implicam o exercício da gestão processual. Sabe-se que, dentro do paradigma da cooperação, os poderes do juiz de gerenciamento processual devem ser exercidos de forma cooperativa com as partes, permitindo a sua participação ativa no desenrolar do feito. A hipótese aventada é outra: se as partes, além desta atuação participativa-integrativa, também podem ser titulares primárias de mecanismos e técnicas gerenciais.

Como se vê, a pergunta de pesquisa sobre o conceito de *case management* não pode ser facilmente respondida. Parte da dificuldade dessa tarefa reside no fato de a sua ideia-núcleo ter sido adotada em diversos países com extensões, profundidades e finalidades variadas.

Quando, em 1999, a Inglaterra e o País de Gales adotaram uma nova legislação processual – as *Civil Procedure Rules* (CPR) – caracterizada, dentre outras, pela ampliação dos poderes do juiz no gerenciamento do processo (item 2.2.4, *infra*) –, o uso do termo *case management* expandiu-se. Isso não quer dizer, todavia, que o seu nascimento se tenha dado nesse momento histórico.

---

3. O texto em língua estrangeira é: "*changes initiated by judges themselves in response to work load pressures*" e "*changes in the role of judges necessitated by procedural innovations and the articulation of new rights and remedies*". RESNIK, Judith. Managerial Judges. Op. cit. p. 391, tradução nossa. As diferenças entre o *pretrial management* e o *post-trial management*, segundo Resnik, não se cingem às suas finalidades diversas. Sobre as semelhanças e diferenças entre as duas formas de gerenciamento, a professora norte-americana aponta as seguintes características: "*In both, judges interact informally with the litigating parties and receive information that would be considered inadmissible in traditional courtroom proceedings. Management at both ends of the lawsuit takes time and increases judges' responsibilities. Nevertheless, the two management stages are dissimilar in many respects. Predecision management is initiated usually by the judge; postdecision supervision begins more often at a litigant's request. Pretrial management occurs much more frequently, but posttrial intervention tends to be more far reaching in its effects. Unlike pretrial management, posttrial activity occurs within a framework of appellate oversight, public visibility, and institutional constraints that inhibits overreaching.*" (Ibid. p. 413-414).

Com efeito, não só na doutrina como também na legislação de diversos outros países já era possível encontrar, antes de 1999, a ideia de atribuição de poderes-deveres ao juiz voltados para a organização e para o gerenciamento do processo, em oposição à assunção pelas partes da responsabilidade exclusiva pela condução do feito. Talvez, se quiséssemos dar de fato um ano de nascimento para o *case management*, ele seria 1895, quando foi editado o Código de Processo Civil (*Zivilprozessordnung*) austríaco, de Franz Klein.[4]

Desde então, o *case management* – ainda que sem essa denominação – vem sendo adotado paulatinamente, e em variados graus de intensidade, por diversos países europeus, como Alemanha, Espanha, Portugal, Itália, França, Inglaterra, Croácia, Holanda, Bélgica – para citar apenas os mais notáveis. Além disso, ao menos desde a década de 80, ele vem sendo incorporado aos poucos no direito norte-americano[5] – destacando-se a

4. VAN RHEE, C. H. Civil Litigation in Twentieth Century Europe. **Tijdschrift voor Rechtsgeschiedenis**, v. 75, p. 307-319, 2007. Na doutrina brasileira é comum encontrar a fixação da "data de nascimento" do *case management* no direito inglês, em 1999, ou no direito norte-americano, nas décadas de 70/80. Entendemos, todavia, que as mudanças implementadas tanto nos Estados Unidos, através de sucessivas reformas nas *Federal Rules of Civil Procedure*, como na Inglaterra, com as CPR, embora tenham tido significativa importância para a *expansão* e para a *evolução* do *case management*, não trouxeram um instituto completamente novo para a ciência processual. A ideia-núcleo do *case management*, ainda que sem esse nome, já podia ser encontrada não apenas na ZPO austríaca do final do século XIX, mas também, por exemplo, na França, a partir do novo *Code de Prócedure Civile* de 1976. Cf. JEULAND, Emmanuel. Case management in France. Op. cit., p. 349-358, reportando que o *case management* francês influenciou o próprio Lorde Woolf na condução da reforma do processo civil inglês.

5. O trabalho paradigma relatando a implementação do *case management* no processo civil norte-americano é o artigo de Resnik, de 1982, "*Managerial Judges*", no qual a jurista analisa as vantagens e desvantagens deste novo modelo de atuação judicial, de caráter gerencial. Sobre as bases que propiciaram a sua incorporação nos Estados Unidos, apresenta a seguinte explicação: "*This new managerial role has emerged for several reasons. One is the creation of pretrial discovery rights.* [...] *In some cases, parties argued about their obligations under the discovery rules; such disputes generated a need for someone to decide pretrial conflicts. Trial judges accepted the assignment and have become mediators, negotiators, and planners - as well as adjudicators. Moreover, once involved in pretrial discovery, many judges became convinced that their presence at other points in a lawsuit's development would be beneficial; supervision of discovery became a conduit for judicial control over all phases of litigation and thus infused lawsuits with the continual presence of the judge-overseer. Partly because of their new oversight role and partly because of increasing caseloads, many judges have become concerned with the volume of their work. To reduce the pressure, judges have turned to efficiency experts who promise 'calendar control.' Under the experts' guidance, judges have begun to experiment with schemes for speeding the resolution of cases and for persuading litigants to settle rather*

alteração das *Federal Rules of Civil Procedure* de 1º de dezembro de 2015 que implementou um dever de cooperação entre as partes e a Corte na administração da justiça.[6]

Recentemente, o Brasil adotou, no Código de Processo Civil de 2015, diversos institutos que consolidam a implementação do *case management* e a adoção do modelo de *managerial judge* (juiz-gestor).

Para compreender melhor a incorporação desses novos institutos no ordenamento jurídico brasileiro entendemos ser relevante uma análise da forma como institutos análogos foram implementados em outros ordenamentos jurídicos. A partir dessa análise tentaremos propor uma sistematização das linhas gerais que definem o *case management* e os principais mecanismos de implementação, bem como identificar os problemas que outras jurisdições vêm enfrentando nessa tarefa.

Conhecer as histórias de sucesso e de fracasso nessa empreitada é, em nossa visão, fundamental para evitar cometer os mesmos erros e aproveitar as lições que podem ser extraídas dessas experiências prévias. Ressalta-se, contudo, que é preciso ter atenção para as diferenças culturais, estruturais e sociais existentes entre os países que serão objeto de nossa análise e que podem justificar, em certa medida, o sucesso ou o fracasso na adoção de determinado instituto.

2.2. ANÁLISE DO *CASE MANAGEMENT* EM OUTROS ORDENAMENTOS JURÍDICOS

2.2.1. Metodologia e perguntas de pesquisa

Embora o *case management* venha sendo adotado, sob diferentes formas de configuração, por diversas jurisdições ao redor do mundo, seria impossível analisar com profundidade as particularidades de todas

---

than try cases whenever possible." (*in* Managerial Judges. Op. cit., p. 378-379). Observa-se que nos Estados Unidos a mudança na concepção da forma de atuação dos juízes e a implementação do *case management* se deu, primeiramente, na prática judiciária, com posterior implementação pelas *Federal Rules of Civil Procedure*.

6. *Rule* 1 ("*Scope and Purpose*") das *Federal Rules of Civil Procedure*: "*These rules govern the procedure in all civil actions and proceedings in the United States district courts, except as stated in Rule 81. They should be construed, administered, and employed by the court and the parties to secure the just, speedy, and inexpensive determination of every action and proceeding.*" Disponível em: <https://www.federalrulesofcivilprocedure.org/frcp/title-i/rule-1/>. Acesso em: 25 abr. 2016.

elas na forma de compreensão e implementação do instituto. Em razão disso, escolhemos os seguintes países para serem objeto de estudo nesse trabalho (além, é claro, do Brasil): Alemanha e Inglaterra.

As justificativas metodológicas para a escolha desses países em específico são simples. Primeiro, pareceu-nos oportuno optar apenas por países europeus em virtude (i) de comporem, geralmente, a principal fonte de inspiração para o direito brasileiro (tanto no nível doutrinário como no legislativo); (ii) de ter sido naquele continente onde as técnicas e institutos de *case management* vêm experimentando uma implementação mais extensa[7]; e (iii) por questão de acesso – linguístico e cultural – para a autora do presente trabalho[8].

Segundo, foi feito um recorte de apenas dois países porque, como recomenda a boa metodologia de pesquisa jurídica, não seria prudente analisar uma grande quantidade de sistemas, sob pena da análise ficar demasiadamente rasa e incorrer em equívocos.

Terceiro, sob uma perspectiva qualitativa, escolhemos especificamente a Alemanha e a Inglaterra em razão (i) da relevância e da magnitude das reformas processuais por eles experimentados ao longo dos séculos XX e XXI; (ii) do papel de destaque que o *case management* assumiu nesses ordenamentos a partir dos movimentos reformistas, e, novamente, (iii) da influência que eles têm no direito processual civil brasileiro.

A partir da nossa pergunta de pesquisa inicial ("*O que é, afinal, case management?*") surgiram outras perguntas, mais detalhadas, que nortearam a análise realizada neste item, quais sejam:

1) É possível atribuir uma única definição para *case management*? Em caso afirmativo, qual seria?
2) Sob o paradigma do *case management*, o juiz possui apenas poderes de gestão formal do processo ou também poderes de gestão material, incluindo poderes instrutórios *ex officio*?

---

7. Isso justificou a não-inclusão dos Estados Unidos nessa relação. Embora o *case management* esteja presente naquela jurisdição, o processo civil norte-americano ainda é prioritariamente caracterizado pelo protagonismo das partes na condução do feito.

8. O que justificou a não-inclusão da China e do Japão, uma vez que, apesar de haver uma quantidade razoável de artigos publicados em inglês sobre aqueles ordenamentos jurídicos, entende-se ser recomendável algum conhecimento do idioma e da cultura do país que é o objeto do estudo para que a análise seja a mais completa e precisa possível – o que não se tinha para esses países.

3) Qual a finalidade na adoção do *case management*? Essa finalidade foi deveras alcançada nos países analisados após a implementação de mecanismos de *case management*?
4) Quais os principais mecanismos de *case management* incorporados nos países analisados? Dentre estes, quais são destinados especificamente para a produção de provas?

Iniciaremos apresentando, de forma breve, os principais marcos na evolução do processo civil europeu – do *ius commune* à contemporaneidade – para estabelecer um pano de fundo que permita compreender melhor as mudanças que levaram à adoção de um modelo de *managerial justice* por boa parte dos países daquele continente na atualidade.

Em seguida, passaremos ao estudo dos dois países escolhidos, com foco nos seguintes pontos: modelo de processo, princípios informadores do processo civil, características gerais da estrutura judiciária e do processo em primeira instância, e mecanismos de *case management* – com destaque para aqueles voltados para a produção de provas.

Uma importante ressalva deve ser feita: a exposição da estrutura do processo civil nos países em questão será objetiva, e não minuciosa. Não será apresentado um passo-a-passo da tramitação de uma ação judicial em cada um desses países, mas apenas delineadas as linhas gerais. Com isso, certas particularidades e detalhes inevitavelmente ficarão de fora, razão pela qual as análises a seguir não devem ser tomadas por explicações exaustivas sobre o funcionamento do processo em cada uma dessas jurisdições.

2.2.2. Panorama geral: os principais marcos na evolução do processo civil europeu

A sistematização e a modernização do processo civil europeu[9] tem como primeiro marco relevante o renascimento do direito romano na

9. Uma vez que o objetivo desse item não é fornecer um histórico completo da evolução do processo civil na Europa, mas apenas destacar os acontecimentos mais relevantes para a compreensão da sua configuração hoje em determinados países europeus, não será analisado o período da Alta Idade Média, mas apenas o da Baixa Idade Média (séculos XI/XII em diante). Basta saber que o período de "processo primitivo", compreendido entre os séculos V e XI, caracterizou-se pela prevalência de costumes e leis locais de origem principalmente germânica, e por uma estrutura judiciária formada por tribunais laicos e religiosos que não possuíam muita hierarquia ou coordenação entre eles. Para

Europa a partir do século XII,[10] o qual, combinado com elementos do direito canônico, deu origem ao direito (e ao processo) romano-canônico. Eventualmente o processo romano-canônico, inicialmente implementado pela Igreja Católica, expandiu-se para as "*lay courts*"[11] (tribunais laicos) e influenciou, com variados níveis de intensidade, a estruturação do processo nos principais países europeus.[12]

O contexto de desintegração política daquele momento histórico facilitou a expansão relativamente uniforme do processo romano-canônico pela Europa durante a Baixa Idade Média, compondo uma espécie de direito supranacional ao qual se deu o nome de "*ius commune*".

O processo no *ius commune* possuía, basicamente, cinco importantes características.[13] Primeiro, a predominância da escrita, representada no brocardo "*Quod non est in actis non est in mundo*", o qual significava que a decisão do julgador deveria basear-se apenas em elementos escritos, que constassem dos autos do processo. Segundo, a falta de proximidade imediata ("*immediacy*") entre o juiz e demais sujeitos processuais (v.g. partes e testemunhas), uma vez que os autos escritos eram preparados por terceiros.[14] Terceiro, a adoção do sistema da prova legal ou tarifada, com a atribuição prévia pela lei dos valores que seriam dados a cada meio de prova, vinculando o juiz.[15] Quarto, o desenvolvimento segmentado do

---

uma descrição mais detalhada deste período, v. VAN CAENEGEM, Raoul C. History of European Civil Procedure. Op. cit. p. 3-10.

10. O renascimento do direito romano na Europa medieval ocorreu através do estudo nas universidades europeias do *Corpus Iuris Civilis* Justiniano.
11. VAN CAENEGEM, op. cit., nota 247, p. 16.
12. "*On a national level, kings were taking measures to improve justice and stimulate legal development, through legislation and the creation of royal courts. Where this process started early, as in England, the new national law was essentially a native product, largely based on feudal and old Germanic concepts and ideas; where it occurred later, the kings tended to look to the law faculties and Church courts for inspiration and to adopt a certain amount of Roman and Ecclesiastical Law.*" Ibid. p. 4.
13. CAPPELLETTI, Mauro; GARTH, Bryant G. Introduction – Policies, Trends and Ideas in Civil Procedure. Op. cit., p. 5 *et seq*.
14. Os *actuarii* e os *notarii* eram os encarregados de escutar as testemunhas e transcrever os seus depoimentos em latim.
15. O sistema da prova legal, desenvolvido nos séculos XIII e XIV, representa a concretização de um movimento de *racionalização* da prova (*in* VAN CAENEGEM, Raoul C. History of European Civil Procedure. Op. cit., p. 13 *et seq*.). No sistema anterior, dos ordálios (*ordeals*), a verificação dos fatos era feita por "*ritual modes of proof, which were direct appeals to the supernatural and the product of a magical conception of world*". Tal sistema foi substituído por um método praticamente matemático de avaliação das provas, no qual "[t]*he judge*

procedimento, com numerosas fases e possibilidade de interposição de recurso em cada uma delas.[16] Quinto – e esta era uma inevitável decorrência de um modelo de processo que não contava com a intervenção do juiz, era primariamente dirigido pelas partes e seus advogados, e admitia uma enorme quantidade de recursos –, o processo romano-canônico era extremamente demorado.

A extensão da influência desse sistema na configuração dos processos nacionais variou para cada país europeu. Segundo Caenegem, essa diferença justifica-se pelo momento em que a modernização processual foi realizada: naqueles países em que a modernização da sua estrutura judiciária e de processo ocorreu mais cedo, a influência do processo romano-canônico foi reduzida e os elementos locais tiveram preponderância; por sua vez, os países de modernização lenta ou tardia incorporaram o sistema romano-germânico de forma massiva.

No primeiro grupo insere-se, por exemplo, a Inglaterra, que já possuía uma estrutura de tribunais de *common law* quando da ascensão do direito romano-canônico nos séculos XII/XIII.[17] Como consequência, o processo civil inglês se desenvolveu a partir de uma readaptação de elementos do direito, não tendo havido um rompimento significativo com o que vinha sendo feito até então.[18]

No segundo grupo está a Alemanha, que apenas deu início ao seu processo de modernização no decorrer do século XIII e de forma bastante lenta, de modo que quando foi tomada a decisão de estabelecer

---

had to count proof, not weigh it" (*in* CAPPELLETTI, Mauro; GARTH, Bryant G. Introduction – Policies, Trends and Ideas in Civil Procedure. Op. cit., p. 5).

16. A existência de um sistema recursal encaixava-se bem com uma estrutura altamente hierárquica como a da Igreja Católica Romana, o que permitiu seu desenvolvimento nesse momento histórico.

17. No século XIII, a Inglaterra já tinha uma estrutura judiciária centralizada (*capitalis curia*). As cortes locais já tinham perdido muito da sua importância ao longo do século XII. Essa estrutura centralizada era composta pelos seguintes tribunais de *common law*: *Court of Exchequer, King's Bench, justices in eyre* (*in itinere* – juízes itinerantes que eram enviados pelo rei para ouvir casos nos condados locais), e *Court of Common Pleas* ou *Common Bench* (*in* VAN CAENEGEM, op. cit., nota 253, p. 24-25). Ao lado dos tribunais de *common law*, a Inglaterra contava também com um sistema judiciário de equidade (*equity*) na *Court of Chancery* e em uma parte da *Court of Exchequer* (*in* VAN RHEE, C. H. Introduction. In: ______. (Ed.) **European Traditions in Civil Procedure**. Antwerpen: Intersentia, 2005, p. 16).

18. VAN CAENEGEM, op. cit., nota 253, p. 23.

uma estrutura judiciária central, em 1495,[19] o direito romano-canônico já estava em estado avançado de evolução e já tinha sido assimilado pelos profissionais do direito, o que justificou a sua recepção naquele ordenamento de forma integral, formando o processo comum germânico (*gemeiner deutscher Prozess*).[20]

Há, ainda, o caso da França, que se considera localizado entre esses dois extremos, uma vez que o processo romano-canônico serviu de fonte de inspiração para a reorganização judicial francesa, mas não foi adotado em sua completude.

Enquanto que o *ius commune* da Europa continental era fortemente caracterizado pela predominância da escrita, a oralidade esteve presente como elemento essencial desde o início do desenvolvimento do sistema de *common law* inglês. A exceção a essa regra na Inglattera era o "*equity procedure*", bastante próximo do *ius commune*: além da prevalência do elemento escrito, o processo adotava uma forma segmentada e secreta de produção de provas, um sistema de avaliação numérica das provas (pela teoria da prova legal ou tarifada), e, consequentemente, demorava consideravelmente para chegar ao seu fim.[21]

Além da oralidade, o sistema de *common law* inglês nessa fase tinha outras importantes características que o diferenciavam do *ius commune*. A primeira delas era a existência do sistema de formas de ação, ou

---

19. A *Reichskammergericht* (Corte Imperial de Justiça) foi fundada por Maximilian I em 1495 como uma corte de apelação para todas as causas cíveis nos territórios germânicos, adotando o processo romano-canônico. Em um primeiro momento, isso influenciou as cortes de instâncias inferiores a também adotarem essa estrutura de processo e abandonarem as regras costumárias e locais que marcaram o período anterior. Ocorre que a fragmentação política à época fez com que, nos anos que se seguiram, os principados e territórios germânicos se libertassem da jurisdição da *Reichskammergericht*, reduzindo consideravelmente a sua autoridade (*in* VAN CAENEGEM, Raoul C. History of European Civil Procedure. Op. cit., p. 55 *et seq.*).

20. A adoção do processo romano-canônico representou uma tentativa de unificação jurídica alemã, ainda que a fragmentação política se mantivesse. Essa investida não foi totalmente bem-sucedida em virtude da resistência dos principados germânicos, que optaram por adotar ordenanças processuais próprias, aplicando o *gemeines deutscher Prozess* em caráter subsidiário, apenas quando houvesse uma lacuna na legislação local (*in* Ibid. p. 55-56 e 59).

21. CAPPELLETTI, Mauro; GARTH, Bryant G. Introduction – Policies, Trends and Ideas in Civil Procedure. Op. cit., p. 10. Os autores informam que com a concentração dos processos de direito e de equidade na Inglaterra através das *Judicature Acts* de 1873-1875, a maioria dos elementos continentais desapareceu do processo civil inglês – pelo menos por aquele momento.

sistema de *writs*, com a previsão específica e prévia das formas de ação e os remédios disponíveis. O *writ* era escolhido pelo autor no momento da propositura da sua demanda e era tão importante que "*[l]itigants who sued by the wrong form of action were in mercy for a false claim and must purchase another writ*".[22]

Ressalta-se que a escolha de um *writ* não se tratava apenas de uma questão de nomenclatura, mas determinava o próprio procedimento que seria seguido naquele caso. Cada *writ* tinha o seu procedimento específico. Esta era mais uma diferença para o *ius commune*, que somente conhecia um procedimento ordinário e um sumário.[23]

O segundo elemento característico dessa fase do *common law* é que, embora incorporasse o conceito de juízes profissionais (semelhante, portanto, ao *ius commune*), estes não eram selecionados dos bancos das faculdades de Direito como na Europa continental, mas sim treinados na prática do serviço real. Consequentemente, o processo inglês desenvolveu-se muito mais na prática do Judiciário – o que explica remotamente a importância que acabou sendo atribuída aos precedentes como principal fonte do direito nesse sistema. [24]

A terceira característica apontada é a instituição do júri civil. Em sua origem, o júri era composto por um grupo de pessoas locais e que conheciam os fatos relevantes para a disputa, podendo até mesmo terem presenciado a sua ocorrência. Com o tempo foi-se estabelecendo uma distinção entre o júri e as testemunhas, de tal forma que aquele passou a ser composto por pessoas neutras que não tinham conhecimento prévio sobre os fatos em disputa e formavam seu convencimento com base apenas nas provas apresentadas em juízo.[25]

---

22. Esse sistema de *writs* era diferente do sistema da Europa continental de "*medieval actions*", que "*were only technical names for the various claims which injured parties brought before the court*". Enquanto que no sistema de *writs* inglês a propositura de uma demanda somente seria possível se houvesse um *writ* que se encaixasse no seu caso, no *ius commune* qualquer pessoa que tivesse sofrido um dano em seu direito poderia propor uma ação mesmo que não houvesse uma "*medieval action*" para aquele caso (*in* VAN CAENEGEM, op. cit., nota 257, p. 25). O sistema de *writs* guardava similaridades com o processo formular do período clássico do direito romano. Quanto à sua finalidade, os *writs* ingleses eram uma forma de limitar o acesso às cortes centrais a casos específicos que eram do interesse do rei (*in* Ibid. p. 26).
23. VAN CAENEGEM, Raoul C. History of European Civil Procedure. Op. cit., p. 25.
24. Ibid. p. 23.
25. Ibid. p. 28-29.

A existência do júri como um elemento essencial do processo civil inglês medieval explica diversas outras regras e princípios processuais desse sistema. É o caso do já citado princípio da oralidade, cuja justificativa reside no fato de que as pessoas comuns que participavam do júri àquela época não sabiam ler. Essa mesma razão aplica-se ao elemento da proximidade imediata ("*immediacy*") na relação entre as partes, as testemunhas, o júri e o juiz, em virtude do qual as provas deveriam ser produzidas durante a audiência.

O júri também é uma das causas apontadas para a inexistência de recursos nesse momento do processo civil inglês. Uma vez que as questões de fato deveriam ser decididas pelo júri, elas não poderiam ser revistas por um tribunal de instância superior, sob pena de usurpação da soberania do júri.

Outra razão para a ausência de recursos no *common law* era que a Inglaterra não possuía uma estrutura hierarquizada de tribunais, "dado que as cortes centrais eram, ao mesmo tempo, uma corte nacional de primeira instância acessível a todos os homens livres e a mais alta corte do reino".[26]

Durante os séculos seguintes (XVI – XVII), a Europa continental vivenciou o "grande triunfo do modelo romano-canônico", que se adequava ao estilo autoritário e burocrático da sociedade daquela época,[27] marcada pelas Grandes Navegações, pelas "descobertas" de novos territórios, e pela consolidação dos Estados Nacionais Modernos.

Duas características desse modelo de processo fortaleceram-se nesse período: (i) a escritura, decorrente da ampliação da centralização judicial e da expansão dos recursos, reforçando a necessidade de transcrição do que ocorria no processo para permitir a revisão, e (ii) a reduzida publicidade do processo, com o procedimento sendo conduzido de forma secreta.[28]

---

26. O texto em língua estrangeira é: "[...] *since the central courts were at the same time a national court of first instance accessible to all free men and the highest court in the kingdom.*" VAN CAENEGEM, Raoul C. History of European Civil Procedure. Op. cit., p. 30, tradução nossa.
27. O texto em língua estrangeira é: "[...] *greatest triumph of the romano-canonical model* [...]." Ibid. p. 54, tradução nossa.
28. Loc. cit.

Na Inglaterra, o processo do *common law* experimentou, nesse mesmo período, a influência de alguns elementos do processo continental, não obstante as diferenças entre eles continuassem existindo. Além de uma expansão do elemento escrito, também o elemento da confidencialidade encontrou espaço no *common law*. Todavia, o incremento do elemento escrito não representou um abandono da natureza majoritariamente oral do processo do *common law*. A estrutura do processo nos tribunais de *common law* era, nessa linha, composta de duas fases: um *pre-trial*, realizado através de submissões escritas, e um *trial*, oral e público, a ser realizado quando houvesse uma questão de fato para ser resolvida pelo júri.[29]

A fase seguinte na evolução, sistematização e modernização do processo civil europeu foi a das *codificações modernas*, iniciada na segunda metade do século XVIII.

Deste período até o final do século XX pelo menos três Códigos processuais podem ser considerados verdadeiros marcos do desenvolvimento do processo civil pela sua importância e pela influência que tiveram sobre outros ordenamentos jurídicos, não só no continente europeu, mas no direito do mundo ocidental como todo. São eles: o *Code de Procédure Civile* francês de 1806, a *Zivilprozessordnung* austríaca de 1895, e as *Civil Procedure Rules* inglesas de 1999.

A Revolução Francesa trouxe importantes elementos de reforma para o mundo ocidental moderno, especialmente através dos Códigos Napoleônicos. O *Code de Procédure Civile* de 1806 não é considerado, contudo, tão inovador quanto o *Code Civil* de 1804, pois incorporava, em larga medida, as regras processuais que já eram encontradas na Ordenação Real de Colbert sobre processo civil de 1667 (o *Code Louis*).[30] Embora o CPC napoleônico se alinhasse aos ideais iluministas e liberais

---

29. *"Writing made enormous progress, written evidence coming into the limelight and written pleadings taking the place of oral ones in Common Law courts, the results of interrogatories of witnesses by commissioners being submitted in writing to the Court of Chancery. Secrecy made progress amidst all this paperwork, the interrogatories for example were not public, although the depositions were published afterwards."* Ibid. p. 71.

30. VAN RHEE, C. H. Introduction. In: ______. (Ed.) **European Traditions in Civil Procedure**. Op. cit., p. 3-23.

da época,[31] ele manteve muitos elementos da estrutura anterior do processo civil francês.[32]

Algumas das principais características do processo civil sob esse novo diploma eram a valorização da oralidade e da publicidade[33] (contrapondo-se ao que eram as notas marcantes do processo do *ius commune*: a escritura e a confidencialidade); a adoção do sistema da convicção íntima para a valoração das provas (afastando o sistema da prova legal); e a "paridade *formal* das armas entre as partes, que pressupunha, equivocadamente, uma sociedade de iguais nas posições econômicas e sociais [...], partindo-se do pressuposto da auto-suficiência (sic) do cidadão liberal".[34]

Com base nessas características, o processo civil napoleônico era estruturado da seguinte forma:

31. O pano de fundo da elaboração do *Code de Procédure Civile* de 1806 é bem descrito por van Caenegem, que relata a insatisfação da comunidade jurídica europeia (tanto a continental como a inglesa) com a forma como o processo civil estava estruturado, e a influência dos ideais iluministas e liberais sobre esse movimento de reforma: "*The enlightenment demanded rational, efficient and adequate laws; it rejected blind respect for authority as such, [...], as well as the excesses of scholastic thinking, for example the subtleties of legal proof. [...] The democratic and liberal temper of the age protested against the obscurity and inaccessibility of the rules of procedure – hence the demands for codification – and of the activity and pronouncements of the courts and their abstruse technical terminology. It reacted against the exaggerated forms of process, where public testimony and public discussion had been all but eliminated. The exaggerations of written procedure, its interminable duration, its vast cost and its attempt to reach justice through mountains of written statements and documents, all studied in camera, were rejected* [...]." (*in* History of European Civil Procedure. Op. cit., p. 87).

32. Para uma descrição mais detalhada do histórico de elaboração do *Code de Procédure Civile* de 1806, bem como das posteriores reformas deste código, v. WIJFFELS, A. French Civil Procedure (1806-1975). In: VAN RHEE, C. H. (Ed.) **European Traditions in Civil Procedure**. Op. cit., p. 25-47.

33. A confidencialidade foi mantida na tomada dos depoimentos das testemunhas: "*Under this Code, testimonial evidence was not taken by the adjudicating court at a public hearing, but by a commissioned judge (juge commis) in the presence of the parties only. Thus, as lamented by French authors, since it was the commissioned judge who wrote down the witnesses' depositions, and since he would not be the adjudicating judge, the later would have before him only a piece of paper without physiognomy.*" (*in* CAPPELLETTI, Mauro; GARTH, Bryant G. Introduction – Policies, Trends and Ideas in Civil Procedure. Op. cit. p. 7).

34. NUNES, Dierle. **Processo jurisdictional democrático.** Op. cit., p. 72, grifo nosso. V. também, VAN CAENEGEM, Raoul C. History of European Civil Procedure. Op. cit., p. 89, e VAN RHEE, C. H. Introduction. In: ______. (Ed.) **European Traditions in Civil Procedure**. Op. cit., p. 6.

> A pedra angular do procedimento era a audiência pública perante a corte completa, durante a qual os advogados das partes submetiam provas documentais e argumentavam em favor de seus clientes, frequentemente após a troca preparatória de documentos escritos. Uma ordem judicial especial era requerida para a submissão de provas não-documentais.[35]

Na França, o *Code de Procédure Civile* de 1806 foi criticado por gerar um processo demorado e custoso.[36] Ele teve, contudo, uma grande influência internacional, decorrente da corporificação dos valores liberais e iluministas da época, e da expansão do Império francês, que fizeram com que o código fosse aplicado diretamente em diversos territórios europeus e influenciasse tantos outros.[37]

O *Code de Procédure Civile* de 1806 representou, assim, a tônica do movimento de codificação do processo civil europeu entre a segunda metade do século XVIII e a maior parte do século XIX – ainda que não tenha constituído, propriamente, uma quebra de paradigmas com o sistema anterior.[38]

---

35. O texto em língua estrangeira é: "*The cornerstone of proceedings was the public audience, the hearing before the full court during which counsel for the parties submitted documentary evidence and argued in favor of their clients, often after preparatory exchange of written documents. A special court order was required for the submission of non-documentary evidence* [...]." VAN CAENEGEM, ibid., p. 89, tradução nossa.

36. A razão para tanto provavelmente decorre da configuração do processo civil que deixava a sua condução formal e direção material na mão das partes, as quais, quando não estivessem interessadas em uma rápida e eficiente resolução do feito, poderiam protelar, gerando não apenas um retardamento mas também um encarecimento do processo. Cabe ressaltar, contudo, a informação trazida por van Rhee, fazendo referência principalmente a Franz Klein, de que "*even though the French Code of Civil Procedure did not grant the French judge far-reaching case-management powers, such powers were, in practice, exercised by him without a legal basis in the Code*" (*in* op. cit., nota 272, p. 7).

37. Sobre os ordenamentos jurídicos influenciados pelo CPC francês de 1806: "*It stretches from a minimal influence in conservative Spain to complete adoption: the Code of 1806 was automatically introduced in Belgium, which was already part of France, and became law in Holland in 1811, after the country had become part of France in 1810* [...]. *Belgium conserved the Code of 1806 with changes on certain points* [...] *until 1967,* [...]. *Holland, after the separation from Belgium in 1830, elaborated new national codes and inter alia the Code of Civil Procedure* [...] *of 1838* [...] *leaned heavily on the Napoleonic example* [...]. *A middle position between the Spanish and the Belgo-Dutch situations was occupied by France's three other neighbors, Germany, Italy and Switzerland.* [...] *The Code of 1806 also exercised a considerable influence in more distant countries bent on modernization* [...]." (VAN CAENEGEM, op. cit., nota 272, p. 91).

38.. Sobre as suas principais características: "*In addition to an expansion of the oral element in procedure, the leading ideals of this reform movement were: First, 'immediacy', that is,*

Por outro lado, se o *Code de Procédure Civile* de 1806 não é considerado totalmente inovador, o mesmo não pode ser dito da *Zivilprozessordnung* austríaca de 1895,[39] elaborada por Franz Klein.[40] Enquanto que o código francês originou de um modelo liberal, não-intervencionista de Estado, que explica boa parte das características assumidas pelo processo civil naquele momento histórico, o código austríaco deve ser compreendido no contexto do *Welfare State* (Estado do Bem-Estar) que começou a conquistar espaço no cenário político no final do século XIX.[41]

A ZPO de 1895 incorpora a ideologia processual de Klein,[42] que entendia as disputas individuais como "fenômenos sociais negativos" que prejudicavam as relações entre os indivíduos e afetavam negativamente aspectos econômicos da sociedade.[43] A solução para esse problema estaria

---

direct, personal contact between the adjudicating organ and the parties, the witnesses, and the other sources of proof. Second, 'free' or, more precisely, 'critical' evaluation of evidence, unfettered by a prior rules of exclusion or evaluation, and based on the direct observation of the evidentiary elements by the judge. Third, 'concentration' of the case in a single hearing or in a few closely spaced sessions before the court, with careful preparation during a preliminary stage in which writings were not necessarily excluded; and finally, as a consequence of the first three ideals, a more rapid unfolding litigation." CAPPELLETTI, Mauro; GARTH, Bryant G. Introduction – Policies, Trends and Ideas in Civil Procedure. Op. cit. p. 7, tradução nossa.

39. A ZPO austríaca de 1° de agosto de 1895 entrou em vigor em 1898.

40. Klein fora apontado para o Ministério da Justiça da Áustria em 17 de fevereiro de 1891 e encarregado da tarefa de elaborar um novo diploma processual para substituir a *Allgemeine Gerichtsordnung* austríaca de 1781. Cf. VAN RHEE, C. H. Introduction. In: ______. (Ed.) **European Traditions in Civil Procedure**. Op. cit., p. 13. De 1891 em diante ele iria assumir diversas posições no Ministério da Justiça austríaco até chegar a Ministro da Justiça em 1906. Cf. FRODL, Susanne. The heritage of the Franz Klein reform of Austrian civil procedure in 1895-1896. **Civil Justice Quarterly**, v. 31, p. 43-67, 2012, p. 48.

41. Uma série de reformas foi preparando o terreno para a ZPO de 1895. Em 1845 foi introduzida uma regulamentação para procedimentos sumários (*Summarpatent*) adotando um procedimento oral e atribuindo ao juiz maiores poderes do que em relação ao procedimento "ordinário" da *allgemeine Gerichtsordnung*. Neste se assumia que as partes já tinham tomado conta dos seus casos ao coloca-los nas mãos do advogado de sua escolha. Em 1873 adveio a *Gesetz über das Bagatellverfahren*, regulamentando um procedimento para causas de menor valor que também se baseava na oralidade e em um juiz mais ativo (*in* OBERHAMMER, Paul; DOMEJ, Tanja. Germany, Switzerland and Austria (CA. 1800-2005). In: VAN RHEE, C. H. (Ed.) **European Traditions in Civil Procedure**. Op. cit., p. 103-128, p. 119).

42. Ressalta-se a observação de Rhee de que "[v]*arious authors agree that Klein's virtue was not so much that he developed new ideas about procedural law, but that his importance should be sought in the fact that he combined existing views in a valuable manner."* (*in* Civil Litigation in Twentieth Century Europe. Op. cit., p. 309).

43. *"Individual conflicts lead to a waste of time and money and inefficient allocation of resources in society. It lead to anger and hatred between the litigants, which are fatal passions to*

na estruturação de um processo eficiente, capaz de dar uma resposta ao conflito de forma célere, eficaz e com menor custo possível para a sociedade.[44] Quanto mais complexo, demorado e caro fosse o processo, pior seria para a sociedade, já que isso faria com que o conflito se prolongasse no tempo, multiplicando os danos e, eventualmente, prejudicando o litigante que não tivesse recursos para manter-se na disputa por muito tempo.[45]

Em contraposição à visão liberal que percebia o processo apenas como um meio de resolução de disputas privadas, Klein focava na importância do reconhecimento da função social (*Sozialfunktion*) do processo:[46] mesmo disputas que envolvessem apenas litigantes privados e direitos disponíveis interessariam à sociedade como um todo em virtude do seu impacto econômico e do custo que elas gerariam para o Estado na sua resolução. Por esse motivo, o processo deveria ser estruturado de forma a maximizar o bem-estar social e a reduzir os danos causados pelos conflitos,[47] atendendo a *Wohlfahrtsfunktion* (função do bem-estar, o interesse comum).[48] Consequentemente, o processo não poderia ser deixado ao alvedrio das partes, para que elas o conduzissem da forma que bem entendessem.

Nessa medida, Klein criticava a *Verhandlungsmaxime* (item 1.3.1.1, *supra*) sob o argumento de que ele seria uma das razões da demora e do elevado custo da justiça civil. Isso porque, através dele, as partes poderiam controlar o juiz, que nada poderia fazer contra a sua vontade, mesmo em uma situação clara de abuso. Acrescenta-se, ainda, a limitação à possibilidade de uma parte impelir a outra a cooperar na produção das

---

society as a whole." (VERKERK, Rijk Remme. **Fact-finding in civil litigation**... Op. cit., p. 242).

44. VAN RHEE, op. cit., nota 280, p. 309.

45. Esse era o caso do diploma processual anterior da Áustria – a *Allgemeine Gerichtsordnung*. O seu formalismo, a sua estrutura sofisticada e a falta de poderes do juiz faziam com que o processo civil austríaco fosse custoso e demorado, privilegiando a parte que tivesse mais recursos (*in* FRODL, Susanne. The heritage of the Franz Klein reform of Austrian civil procedure in 1895-1896. Op. cit., p. 43).

46. O modelo "social" de processo civil proposto por Klein não implicava uma exclusão da participação das partes e dos advogados. Nesse sentido, Verkerk: "*It is said that Franz Klein proposed a 'social model' of civil procedure. That does not mean that Klein was primarily concerned about the weaker members of society. Nor does the social model imply that there would be no role for private practitioners in the legal process.*" (*in* op. cit., nota 281, p. 240).

47. Ibid. p. 244.

48. VAN RHEE, C. H. Introduction. In: ______. (Ed.) **European Traditions in Civil Procedure**. Op. cit., p. 11-12.

provas.[49] Na visão de Klein, o processo configurava-se, sob o manto do *Verhandlungsmaxime*, como um campo de batalha pouco produtivo e eficiente.[50]

Além da preocupação com a celeridade na resolução das disputas e com a eficiência em termos de custo, Klein entendia que o processo também deveria ter por uma das suas finalidades[51] a realização do direito substantivo, o que pressuporia o *acertamento dos fatos* da forma como eles ocorreram – colocando a "busca da verdade" como um dos objetivos do processo – e a *aplicação das regras de direito material* de forma acertada.[52] Esses dois elementos, quando presentes, levariam à prolação de decisões corretas e justas.[53]

Em perspectiva prática, Klein entendia que esses objetivos seriam alcançados através, primeiramente, de um fortalecimento da posição do juiz. Na ZPO de 1895 isso se materializou através da atribuição ao juiz de poderes de controle *formal* e *substancial* do processo – i.e. poderes de *case management*.

A doutrina austríaca faz a distinção entre dois tipos de *case management*: (i) o processual (*die formelle Prozessleitung*), relativo à condução formal e estrutural do procedimento, e que inclui os poderes do juiz de elaborar calendários processuais, intimar as partes de documentos, e fixar datas para audiências, e (ii) o substantivo (*die materielle Prozessleitung*), que engloba o controle da parte substantiva do processo de acertamento dos fatos. Nesta dimensão substantiva, o juiz deve garantir que todos os fatos relevantes serão apresentados, identificar os fatos que

---

49. VERKERK, Rijk Remme. **Fact-finding in civil litigation**... Op. cit., p. 248.

50. Na base da construção de Klein está a diferenciação entre o poder das partes de dispor sobre seus direitos e obrigações (representado no *Dispositionsmaxime*) e o poder das partes de apresentação de argumentos e provas (correspondente ao *Verhandlungsmaxime*). A partir dessa distinção torna-se possível reconhecer que a atribuição de poderes de direção processual ao juiz não viola a autonomia privada das partes na disposição dos seus direitos. Cf. OBERHAMMER, Paul; DOMEJ, Tanja. Powers of the Judge: Germany, Switzerland and Austria. Op. cit.

51. Para uma análise das finalidades do processo civil pela perspectiva austríaca e sobre o seu impacto na definição de certos aspectos do processo, v. KOLLER, Christian. Civil Justice in Austrian-German Tradition. The Franz Klein Heritage and Beyond. In: UZELAC, Alan. **Goals of Civil Justice and Civil Procedure in Contemporary Judicial Systems.** Cham: Springer, 2014, p. 35-59.

52. VERKERK, op. cit., nota 287, p. 245.

53. FRODL, Susanne. The heritage of the Franz Klein reform of Austrian civil procedure in 1895-1896. Op. cit., p. 57 *et seq*.

requerem produção de provas, e garantir que todas as provas relevantes serão examinadas satisfatoriamente.[54] Para tanto, a ZPO de 1895 atribuía ao juiz alguns poderes para determinar a produção de prova *ex officio*.[55]

Ainda no âmbito dos poderes de *case management* substanciais, o juiz deve cuidar para que questões irrelevantes ou tangenciais não recebam atenção excessiva e desnecessária durante o debate processual, prejudicando o bom andamento do feito e a resolução célere do litígio. Há que se ter atenção, todavia, para não prejudicar o correto acertamento dos fatos e avaliação das provas e questões *relevantes*.[56]

Os poderes de *case management* atribuídos ao juiz austríaco envolviam, também, "a obrigação de tentar esclarecer argumentos obscuros ou insuficientes e aconselhar as partes. Deixar de instruir as partes constituiria um erro processual grosseiro".[57] Nessa linha, o juiz poderia, no regime da ZPO de 1895, questionar as partes sobre pontos que não lhe tivessem ficado claros.[58]

A caracterização do processo civil austríaco como cooperativo e de seu modelo de juiz como gestor (*managerial judge*) não repousam apenas nos poderes de gestão formal e material do processo conferidos ao magistrado pela ZPO de 1895 (e que sobrevivem até hoje naquele país). Klein, afinal, reconheceu que a ampliação dos poderes dos juízes não seria suficiente para, por si só, garantir a consecução dos objetivos supra-descritos; seria necessário, também, *conformar a atuação das partes e de seus procuradores*.

---

54. VERKERK, Rijk Remme. **Fact-finding in civil litigation**... Op. cit., p. 249.
55. Griss, juíza austríaca, reporta a relutância dos magistrados daquele país em exercer os seus extensivos poderes gerenciais, principalmente para a intimação de testemunhas e prolação de ordens para a produção de documentos e apresentação de objetos *ex officio*. Pela sua descrição, parece que esses poderes costumam ser mais exercidos quando há uma parte que não está sendo assistida por advogado; neste caso, elas "*have to be advised as regards what allegations they have to make and what evidence they have to offer in order to win their case*", ressaltando, contudo, que os "*judges must be very careful not to create the impression of being biased.*" (*in* The Austrian Model of Cooperation Between the Judges and the Parties. In: VAN RHEE, C. H.; YULIN, Fu. (Ed.) **Civil Litigation in China and Europe**. Dordrecht: Springer, 2014, p. 179-184, p. 182).
56. FRODL, Susanne. The heritage of the Franz Klein reform of Austrian civil procedure in 1895-1896. Op. cit., p. 55-56.
57. O texto em língua estrangeira é: "*an obligation to try to clarify unclear or insufficient arguments and to advise the parties. Failure to instruct the parties may constitute a gross procedural error.*" GRISS, op. cit., nota 293, p. 180.
58. VERKERK, op. cit., nota 292, p. 249.

Por isso, buscou "encontrar um novo equilíbrio entre os poderes dos juízes e os das partes [...] [advogando] a ideia de que as partes de uma ação judicial devem *cooperar* de modo a facilitar o julgamento [do caso]"[59] (grifo nosso).

Nessa linha, e tendo em vista que, para Klein, uma das finalidades do processo deve ser a busca da verdade material como pressuposto para a prolação de decisões corretas e justas, a ZPO austríaca inovou ao prever um dever de veracidade para as partes: a *Wahrheitspflicht*. Este dever aplicava-se já na fase postulatória,[60] mas não consistia em um dever de verdade objetiva; o que se esperava era que as partes apresentassem todas as informações que eram de seu conhecimento, podendo tais alegações fáticas representar um ponto de vista subjetivo.[61]

Outros pontos importantes da ZPO de 1895 e que traduziam a visão de processo social de Klein eram: (i) a divisão do processo em duas fases – uma preparatória escrita e uma audiência oral, a ser preferencialmente realizada em apenas uma sessão;[62] (ii) a adoção de um sistema de preclusão estrita, que vedava a apresentação de novas alegações em sede recursal e o retorno a etapas processuais anteriores;[63] e (iii) a valoração das provas de forma livre pelo juiz.[64]

Enquanto que o *Code de Procédure Civile* francês de 1806 foi, por assim dizer, o "código-modelo" das sociedades liberais do século XIX, a ZPO austríaca inspirou diversos ordenamentos jurídicos ao longo do século XX, impulsionada, de forma ampla, pela expansão do Estado do

---

59. O texto em língua estrangeira é: "[...] *finding a new balance between the powers of the judge and those of the parties (...) advocated the idea that the parties to a lawsuit should co-operate in order to facilitate a judgment.*" VAN RHEE, C. H. Introduction. In: ______. (Ed.) **European Traditions in Civil Procedure**. Op. cit., p. 12.
60. Idem. Civil Litigation in Twentieth Century Europe. Op. cit., p. 312.
61. GRISS, Irmgard. The Austrian Model of Cooperation Between the Judges and the Parties. Op. cit., p. 181.
62. VAN RHEE, op. cit., nota 297, p. 13. Van Rhee reporta, contudo, que a divisão do processo em duas fases acabou sendo retirada do diploma processual austríaco em 1983. Não obstante, segundo observa Griss, ainda há uma audiência preparatória na qual o juiz e as partes discutem quais as questões suscitadas nas postulações são relevantes e quem carrega o ônus da prova. Essa audiência tem o duplo objetivo de definir as questões em disputa e, eventualmente, promover a celebração de um acordo pondo fim à disputa (*in* op. cit., nota 299, p. 181).
63. OBERHAMMER, Paul; DOMEJ, Tanja. Germany, Switzerland and Austria (CA. 1800-2005). Op. cit. p. 120.
64. VAN RHEE, C. H. Introduction. In: ______. (Ed.) Op. cit. p. 13.

Bem-Estar Social (*Social Welfare State*) e, especificamente, pela busca de equilíbrio, igualdade material e eficiência no processo civil.

Alguns dos Estados influenciados pelas ideias de Klein e/ou pela própria ZPO austríaca foram: Alemanha, Itália, França, Grécia, países nórdicos, Liechtenstein, Holanda, e, de forma mais limitada, os países do Leste Europeu após o fim dos regimes socialistas. Quanto a estes, o "trauma" do período de socialismo processual levou à desconfiança de um modelo de juiz ativista e à valorização da autonomia das partes no processo.[65]

Neste ponto, é pertinente ressaltar que há autores (especialmente dentre os garantistas) que costumam associar o modelo de processo civil de Klein ao autoritarismo judicial, baseada na sua adoção pelos países do Leste Europeu durante o período socialista. Contudo, conforme observam Rhee e Uzelac, "as ideias do reformador austríaco Franz Klein foram *erroneamente* interpretadas em sistemas jurídicos socialistas para advogar a ideia de que é tarefa do juiz não deixar pedra sobre pedra no esforço de estabelecer a 'verdade real' do caso" (grifo original).[66]

O processo para Klein era, todavia, um empreendimento cooperativo, no qual o juiz e as partes partilhavam responsabilidade quanto ao seu desenvolvimento.[67] A verdade seria uma consequência inevitável de um processo leal que se desenvolvesse com a participação de todos os sujeitos,

---

65. FRODL, Susanne. The heritage of the Franz Klein reform of Austrian civil procedure in 1895-1896. Op. cit. p. 63-66.

66. O texto em língua estrangeira é: "[...] *the ideas of the Austrian reformer Franz Klein have been* wrongly *interpreted in Socialist legal systems to advocate the idea that it is the task of the judge to leave no stone unturned in the effort to establish the 'real truth' in the case* [...]." VAN RHEE, C. H.; UZELAC, Alan. Introduction. In: ______; ______. (Ed.) **Evidence in contemporary civil procedure**: fundamental issues in a comparative perspective. Cambridge: Intersentia, 2015, p. 3-13, p. 5, grifo nosso, tradução nossa.

67. Uzelac explica, com precisão, a principal diferença entre o modelo processual de Klein e o modelo socialista: "*Klein's model and the socialist model are best distinguished where the taking of evidence is concerned. Both models start with the idea of judicial activism, propagating that judges should actively participate in the taking of evidence. However, the underlying rationale and the practical implementation of the two models are radically different.* Franz Klein wanted to moderate the adversarial structure of civil proceedings, which had become 'a war without a Red Cross'. He did not, however, intend to dismantle this structure. *The role of the judge in his model was the one of the* moderator *who actively participates in the lively discussion of the parties or their representatives, setting limits when necessary or stimulating actions if the course of the process allowed down.*" UZELAC, Alan. Evidence and the principle of proportionality. In: VAN RHEE, C. H.; ______. (Ed.) **Evidence in contemporary civil procedure...** Op. cit., p. 17-32, p. 19, grifo nosso, tradução nossa.

e fosse pautado nos poderes de gestão (formal e material) do juiz e no dever de cooperação e veracidade das partes. Assim, contrapunha-se ao modelo *socialista* de processo no qual "as partes e seus advogados eram desde o início taxados como um fator inconfiável e suspeito por excelência no processo civil", sendo direcionado para "manter um controle firme sobre a forma que as partes lidam com a disputa".[68]

Seguindo adiante, o terceiro grande marco da evolução do processo civil europeu foi – já no apagar das luzes do século XX – o advento das *Civil Procedure Rules* (CPR) inglesas de 1998.

Durante o século XIX, a Inglaterra passou por mudanças significativas, representadas na "abolição do antigo sistema de *writs* e formas de ação, [n]o declínio do júri civil, e [n]a reforma dos tribunais centrais".[69] Nesse contexto, as *Judicature Acts* de 1873 e 1875 exerceram um importante papel ao unificar os tribunais de *common law* e de *equity*,[70] acabando com as diferenças processuais existentes entre eles e, com isso, contribuindo para reduzir o espaço que separava o processo civil inglês do continental.[71]

---

68. Os textos em língua estrangeira são, respectivamente: "*[t]he parties and their lawyers were from the very beggining labelled as an unreliable and par excellence suspect fact in civil proceedings*" e "*[...] maintain a firm grip on the way parties handle a dispute.*" UZELAC, Alan. Evidence and the principle of proportionality. Op. cit. p. 20, tradução nossa.

69. O texto em língua estrangeira é: "*[...] the abolition of the ancient writ process and the forms of action, the decline of the civil jury and the reform of the central courts.*" VAN CAENEGEM, Raoul C. History of European Civil Procedure. Op. cit. p. 88. Sumarizando o histórico do júri civil no processo civil inglês, Verkerk: "*Until 1854, the ordinary mode of trial known in England was the trial by judge and jury. [...] The use of the civil jury, however, declined rapidly. In 1854, trial by jury alone became available if the parties agreed and the court gave consent. [...] In 1883, it became the rule that, save in some exceptional cases, trial would be by judge alone unless the parties wished otherwise. In 1933, it was determined that the court could decide upon the mode of trial. In 1966, the Court of Appeal decided that the court could only make use of this discretion in exceptional cases. Today, as had been the case throughout a considerable part of the nineteenth century, only a very small proportion of cases take place before a civil jury.*" (*in* Powers of the Judge: England and Wales. In: VAN RHEE, C. H. (Ed.) Ed.) **European Traditions in Civil Procedure**. Op. cit., p. 307-316, p. 309).

70. As *Judicature Acts* representaram o entendimento de que a forma para melhor se lidar com o problema de complexidade, custo e demora do processo – já presente nessa época – era a simplificação do procedimento e da estrutura judiciária (*in* CLARKE, Anthony. The Woolf Reforms: a singular event or an ongoing process? In: DWYER, Déirdre. **The Civil Procedure Rules Ten Years On**. Oxford: Oxford University Press, 2009, p. 39).

71. VAN RHEE, C. H. Introduction. In: ______. (Ed.) **European Traditions in Civil Procedure**. Op. cit. p. 18.

Não obstante a importância que as *Judicature Acts* tiveram em seu momento histórico, a reforma mais significativa experimentada pelo direito processual inglês certamente ocorreu com as CPR de 1998, elaboradas a partir dos relatórios sobre acesso à justiça produzidos por Lorde Woolf em 1995 e 1996.

Maiores detalhes desse processo de reforma serão analisados no item 2.2.4, *infra*. Por ora ressaltamos apenas que as CPR contribuíram para aproximar o processo civil inglês ainda mais do continental,[72] pautando-se em uma integração da atuação dos sujeitos processuais, os quais devem, a partir desta nesta nova estrutura, direcionar seu comportamento para a realização dos valores e finalidades do processo lidos através das lentes da cooperação[73] e da gestão processual (*case management*).

Da breve exposição aqui feita sobre alguns dos acontecimentos relevantes que marcaram o cenário processual civil europeu entre os séculos XI/XII e XXI, algumas constatações preliminares podem ser extraídas.

A primeira é que pudemos confirmar a observação feita em tese no item 1.3.1.3, *supra*, a respeito da imprecisão das caracterizações que costumam ser feitas dos sistemas de *civil law* e de *common law*, associando-os indistintamente com os modelos inquisitorial e adversarial de processo. Essas afirmações generalistas, quando feitas de forma irrestrita, ignoram não somente as particularidades existentes dentro de cada família jurídica, entre os diferentes países, mas também as transformações experimentadas por elas próprias, enquanto conjunto, ao longo da história.

Na Inglaterra, por exemplo, os tribunais de *common law* – com todas as suas características clássicas – conviveu durante muito tempo

---

72. Para van Rhee, "*the importance of English procedural law for the development of law in the twentieth century* [...] *lies primarily in the fact that the new Rules reduced the adversarial character of English civil actions, increasing the judge's case-management powers considerably, and that, consequently, English legal procedure was brought closer to the continental procedural models.*" (*in* Civil Litigation in Twentieth Century Europe. Op. cit. p. 317).

73. Tratando especificamente dos protocolos pré-processuais (*pre-action protocols*), que serão abordados no item 2.2.4.3, *infra*, van Rhee pontua que eles estão "*in line with developments on the European continent, where in many countries the key word in procedural reform in* co-operation *between the parties and between judge and parties.*" (*in* VAN RHEE, C. H. Introduction. In: ______. (Ed.) **European Traditions in Civil Procedure**. Op. cit., p. 21, grifo nosso).

com o sistema de *equity procedure* – que se aproximava muito mais do processo civil europeu continental. Ainda, desde o século XIX, elementos tradicionais do sistema de *common law* – como o júri civil e os *writs* – foram sendo gradativamente abolidos do processo civil inglês. Ninguém se atreveria a dizer, todavia, que a Inglaterra deixou de ser um país de *common law* em virtude dessas transformações, ou, ainda, que teria implementado um modelo inquisitivo de processo.

Por outro lado, a França e a Áustria são igualmente inseridas entre os países de tradição *civil law*, mas promulgaram, em um mesmo século, diplomas processuais de ideologias marcadamente diferentes. O processo civil francês sob a égide do *Code de Procédure Civile* de 1806 aproxima-se mais do modelo adversarial, de matriz liberal,[74] ao passo que o processo austríaco da ZPO de 1895 seria (em uma classificação imprecisa) considerado, por muitos, inquisitivo.

Ainda que se argumentasse que, após o advento da ZPO de 1895, a França, da mesma forma que outros países da Europa continental, foi influenciada pelo modelo social (não socialista) de processo de Klein, é fato inegável que o processo civil francês, foi, ao menos no plano normativo, durante muito tempo, um "bom" exemplo de modelo adversarial, posto que fosse de *civil law*.

A segunda constatação extraída é que as reformas processuais sucessivamente implementadas pelos países europeus vêm buscando, mais do que colocar todas as fichas em um ou outro lado da balança da relação jurídica processual, encontrar um *ponto de equilíbrio* entre os poderes dos juízes e das partes – entre social e liberal, entre público e privado – que torne o sistema de justiça civil mais eficiente. Se a experiência judiciária até então nos ensinou alguma coisa foi que "nem tanto às partes, nem tanto aos juízes"; nenhum dos dois extremos foi capaz de alcançar a tão sonhada eficiência na administração da justiça.

Analisando o *Code de Procédure Civile* de 1806, a *Zivilprozessordnung* de 1895 e as *Civil Procedure Rules* de 1998 como os três atos sequenciais que são, verifica-se que, não obstante se tratem de diplomas editados em países diferentes, eles podem ser entendidos como uma evolução,

---

74. Com a ressalva de que essa classificação leva em consideração apenas o plano normativo, uma vez que, conforme apontado anteriormente, na prática judiciária francesa do século XIX o juiz exerceria maior controle sobre o feito do que previa o código daquela época.

ou como um refinamento, do modelo de processo consagrado pelo diploma anterior.

Nesse sentido, Rhee observa a tendência contemporânea dos países europeus – e aqui englobamos tanto a Europa continental como a Inglaterra – de adotar um modelo de processo pautado na cooperação entre as partes e na atribuição ao juiz de poderes de gestão processual (*case management*):

> Na minha opinião, as CPR inglesas podem ser vistas como uma culminação do desenvolvimento instigado pelo Código austríaco. Atualmente mesmo o processo civil inglês, com sua longa tradição adversarial, está dando espaço para um tipo de litigância civil que põe alguma ênfase na cooperação entre as partes e na gestão processual pelo juiz. Gestão processual e cooperação podem atualmente ser chamadas de "núcleo comum" do direito processual civil na Europa e, talvez, elas possam ser vistas como uma tentativa de atingir uma harmonização entre concepções liberais e social de litigância civil.[75]

Feita essa breve exposição histórica, passaremos agora a uma análise específica dos ordenamentos jurídicos alemão e inglês. Neste ponto, o foco será na forma como eles implementaram o *case management/Prozessleitung*, principalmente no que tange aos mecanismos e técnicas de gestão da etapa probatória.

2.2.3. Alemanha

Em sua versão original (1877),[76] o Código de Processo Civil alemão – *Zivilprozessordnung* (ZPO) – possuía um caráter liberal, determinado

75. O texto em língua estrangeira é: "*In my opinion, the English CPR may be viewed as the culmination of the development instigated by the Austrian Code. Currently even English civil procedure, with its long adversarial tradition, is giving way to a type of civil litigation that puts some emphasis on co-operation between the parties and case-management by the judge. Case-management and co-operation might well currently be called the 'common core' of civil procedure law in Europe and, perhaps, they might be viewed as an attempt to reach a compromise between liberal and social conceptions of civil litigation.*" VAN RHEE, C. H. Introduction. In: ______. (Ed.) **European Traditions in Civil Procedure**. Op. cit., p. 21-22, tradução nossa.

76. Originalmente editada em 30 de janeiro de 1877, a ZPO alemã entrou em vigor em 1° de outubro de 1879.

pela ideologia dominante àquela época,[77]-[78] com a atribuição de amplos poderes às partes na condução do processo.[79]-[80] Posteriormente, por influência da ZPO austríaca de 1895 e motivado pela constatação de que

77. Um resumo do histórico da elaboração da ZPO, com destaque para a influência que o Código de Processo Civil francês de 1806 e seus ideais liberais tiveram sobre o diploma alemão, é dado por Rhee: "[...] *French influence was also present in the various drafts for an all-German procedural code. The first draft was presented in 1866, within the framework of the German Confederation (Deutsche Bund). This draft was not acceptable to Prussia. After Austria has left the German Confederation which led to the creation of the Norddeutsche Bund in 1867, a new draft was presented in 1870, within the framework of the latter Confederation. Again, the French influence was evident due to the fact that this draft was mainly a revised version of the 1866 draft. The draft was, however, never introduced. An all-German procedural code would only see the light of the day after the Second German Empire had been proclaimed at Versailles, in 1871. The Prussian Minister of Justice Leonhardt (1815-1880), who, inter alia, had played an important role in the drafting of the 1850 Hannover Code (Hannover having been annexed by Prussia in 1866), played a primary role in the drafting of this all-German Code as well.* [...] *The procedure of the 1877 German Code can, therefore, best be qualified as a combination of French ideas on civil procedure and those of the common legal tradition of the German States (gemeines Recht).*" (*in* op. cit., p. 313, p. 10-11).
78. No final do século XVIII – mais precisamente em 1781 – a Prússia adotou uma legislação processual (a *Corpus Juris Fridericianum, Erstes Buch von der Prozessordnung*) caracterizada pelo fortalecimento dos juízes, que eram "*obliged to protect the parties and to investigate independently and on their own authority the merits of the case, even if the parties were passive or made mistakes*". Para exercer esse múnus, os juízes podiam se fazer valer de todos os meios possíveis. Além disso, eles tinham o dever de adotar de ofício as medidas necessárias para avançar com o processo, e não eram limitados pelos fatos e argumentos apresentados pelas partes. Os advogados, por sua vez, eram considerados assistentes da corte. Tratava-se, portanto, de um exemplo clássico (talvez o único da história) de processo inquisitivo, mas que durou pouco tempo – as Ordenanças de 1833 e 1846 marcaram o retorno para o modelo mais próximo do adversarial. A razão para o "fracasso" desse modelo foi ter "*dragged the judge too deeply into the controversy, made him take sides and thus destroyed his neutral position above party strife.*" (*in* VAN CAENEGEM, Raoul C. History of European Civil Procedure. Op. cit. p. 92).
79. "*[The parties] could determine the context of the pleadings, the time of the submissions, and this the length of the proceedings. New arguments and evidence could be introduced even up to the stage of the oral hearing, which inevitably meant further delays to give the other party time to respond. (...) The system was thus open to abuse by the parties and was in large part responsible for the very long proceedings for which Germany became notorious.*" FOSTER, Nigel; SULE, Satish. **German Legal System and Laws**. 3. ed. New York: Oxford University, 2002, p. 122. Os poderes das partes não se limitavam, portanto, apenas à definição do objeto do processo, mas englobavam também a direção do procedimento.
80. Não obstante esse caráter predominantemente liberal, a ZPO de 1877, em comparação com o processo civil do "direito comum" alemão (*gemeines Recht*), fortaleceu a posição do juiz em pelo menos um aspecto essencial – a valoração da prova: "(...) *[the judge] was no longer bound by formal rules on the evaluation of evidence but he could decide on the persuasiveness of the means of evidence brought before him on his own authority.*" (*in*

um processo dominado pelas partes acabava incorrendo em dilações indevidas, o diploma alemão passou por reformas que foram aos poucos acomodando a repartição dos poderes entre as partes e o juiz na busca de um modelo mais equilibrado, célere e eficiente de processo civil.[81]

O movimento reformista do processo civil alemão ao longo do século XX[82] teve seu ápice na reforma de 27 de julho de 2001, com entrada em vigor em 1º de janeiro de 2002,[83] que buscou promover um fortalecimento do processo em primeira instância e um remodelamento do sistema recursal com vista a tornar o processo mais eficiente e mais transparente.[84]

De modo geral, os objetivos citados foram alcançados, principalmente, através de uma *extensao dos poderes do juiz* no gerenciamento substancial do processo e na preparação do caso para a etapa de instrução e julgamento, acompanhada por uma *restrição de determinados poderes das partes* que acabavam por tornar o processo mais caro e lento.[85]

OBERHAMMER, Paul; DOMEJ, Tanja. Powers of the Judge: Germany, Switzerland and Austria. Op. cit. p. 295-305, p. 297).

81. Gottwald observa que o fortalecimento de uma concepção social de processo (*soziale Prozeßauffassung*) não implicou um abandono da concepção liberal pré-existente (*in* Civil Justice Reform: Access, Cost, and Expedition. The German Perspective. In: ZUCKERMAN, Adrian. **Civil Justice in Crisis**. Oxford: Oxford University, 1999, p. 207-234, p. 207).

82. As reformas de 1924 e 1933 da ZPO alemã foram caracterizadas, respectivamente, (i) pela ampliação dos poderes de ingerência do juiz, com o reforço dos "poderes judiciais de direção formal (*formelle Prozessleitung*) e material (*materielle Prozessleitung*) do processo, retirando das partes o controle dos prazos processuais e atribuindo ao juiz um papel mais ativo em relação ao objeto do processo", e (ii) pela moralização do processo civil, mediante a previsão de um "dever de lealdade e probidade processuais das partes" – o *Wahrheitspflicht* (dever de veracidade) (*in* NUNES, Dierle. **Processo jurisdicional democrático.** Op. cit. p. 88-89). Outra novidade da reforma (*Novelle*) de 1924 foi a divisão do processo em uma fase preparatória e uma audiência oral concentrada (*in* VAN RHEE, C. H. Introduction. In: ______. (Ed.) **European Traditions in Civil Procedure**. Op. cit., p. 13). Para mais informações sobre as outras reformas e tentativas de reformas pelas quais passou a ZPO antes de 2001, v. GOTTWALD, op. cit., nota 319, p. 227-230.

83. *Gesetz zur Reform des Zivilprozesses* (*Ziviprozessreformgesetz* – ZPO-RG), com publicação na *Bundesgesetzblatt Jahrgang* 2001, *Teil* I, n. 40, em 02 de agosto de 2001. Disponível em: <http://www.bgbl.de/xaver/bgbl/start.xav?startbk=Bundesanzeiger_BGBl&jumpTo=bgbl105s3202.pdf#__bgbl__%2F%2F*%5B%40attr_id%3D%27bgbl101s1887.pdf%27%5D__1461929635244>. Acesso em: 29 abr. 2016.

84. GOTTWALD, Peter. Civil procedure in Germany after the Reform Act of 2001. **Civil Justice Quarterly**, p. 338-353, Oct. 2004, p. 338.

85. Exemplo disso é o direito das partes de submeter novas alegações e provas em sede recursal, o qual foi radicalmente restringido pela Reforma de 2001. De acordo com o § 531 (2) da ZPO, as partes somente podem apresentar novos argumentos em três

A implementação de tais mudanças tem relação direta com a transformação na forma como o processo civil é entendido, sobretudo quanto às suas finalidades. Nessa linha, "um paradigma de processo voltado para a proteção de direitos individuais com base na descoberta substantiva da verdade deveria requerer maior cooperação das partes".[86]

2.2.3.1. Modelo de processo e princípios informadores

Historicamente, a Alemanha é classificada como um país de *civil law*, que faz parte da tradição jurídica da Europa continental.[87] Seria, contudo, um equívoco afirmar que a Alemanha atual adota um modelo inquisitivo de processo civil – característica que é por vezes atribuída (igualmente de forma equivocada) ao sistema de *civil law* (item 1.3.1.3, *supra*).

Conforme pontua Stadler, ainda que a concepção do papel do Estado na relação com os particulares na Alemanha seja diferente, por exemplo, dos Estados Unidos (a epítome do modelo adversarial), e isso tenha certo impacto na estruturação do processo civil, "é impreciso [...] apontar, como alguns fazem, que o sistema adversarial é o único sistema democrático, ou que o papel do juiz civil continental favorece a autoridade pública".[88]

---

situações excepcionais: (1) quando disserem respeito a uma questão que a corte de primeira instância ignorou ou que foi erroneamente considerada por ela irrelevante; (2) quando tais argumentos não tiverem sido aduzidos em primeira instância por uma falha procedimental; ou (3) quando a sua não-alegação em primeira instância *não* decorrer de uma negligência (*Nachlässigkeit*) da parte. Antes da reforma, as partes poderiam apresentar argumentos novos em sede recursal sempre que isso não atrasasse a tramitação do recurso (*in* Ibid. p. 346).

86. O texto em língua estrangeira é: "*a litigation paradigm aimed at the protection of individual rights on the basis of a* substantive finding of the truth *should ask for greater* cooperation *from the parties*". STADLER, Astrid. The Multiple Roles of Judges and Attorneys in Modern Civil Litigation. **Hastings International and Comparative Law Review**, v. 27, p. 55-76, Fall 2003, p. 62, tradução nossa.

87. "[...] Germany historically belongs to the civil law-countries, deeply rooted in the Roman law-traditions, as opposed to the common law-countries. Although a kind of convergent between civil and common law-traditions in the factual value of 'precedents' has been developing for many years, there is no doubt that the abstract-deductive method of the German legal tradition stands in stark contrast to the inductive thinking of the common-law method." KOCH, Harald; DRIEDRICH, Frank. **Civil Procedure in Germany**. Hague: Kluwer, 1998, pp. 16-17.

88. O texto em língua estrangeira é: "*it is inaccurate and lacks differentiation to point out, as some do, that the adversary system is the only democratic system, or that the role of the continental civil judge favors public authority*". STADLER, Astrid. The Multiple Roles

De fato, embora a ZPO alemã adote um modelo de juiz ativo, o processo civil alemão, se tivermos que caracterizar, é mais *adversarial* do que inquisitorial,[89] sendo orientado por dois princípios basilares, já analisados nessa dissertação (item 1.3.1.1, *supra*): a *Dispositionsmaxime* e a *Verhandlungsmaxime*.

No escopo da *Dispositionsmaxime* (monopólio das partes sobre a iniciativa de dar início a uma ação e liberdade de dispor sobre seus direitos e obrigações) incluem-se as hipóteses de reconhecimento do pedido,[90] desistência da ação,[91] renúncia do direito,[92] e transação sobre o direito material. Quanto a esta, vale ressaltar que, embora possa haver limitações ao poder de transação das partes (a vedação à celebração de acordo sobre direitos indisponíveis não transacionáveis é um exemplo), para aqueles casos em que a transação é admitida caberá apenas às partes decidir se querem ou não celebrar um acordo. Em outras palavras: o juiz não pode, *sponte sua*, impor um acordo para pôr fim ao litígio.

Outra decorrência desse princípio é que o juiz não pode dar ao autor coisa diversa ou mais do que ele tenha pedido (correlação entre sentença e demanda).[93]

---

of Judges and Attorneys in Modern Civil Litigation. Op. cit., p. 56. Em sentido diverso, Chase, adotando a classificação de Damaska, encaixa o sistema alemão em um modelo hierárquico de sociedade e de processo, que favorece a burocracia: "*The features of German process* [...] *make sense within the hierarchical ideal described by Damaska as typifying Continental legal systems and serve the social value of uncertainty avoidance* [...]. [...] *'if ever there was a general political consensus in America, it was--and perhaps still is--an antipathy toward bureaucracy, hierarchical ordering, and the conception of law as a technical discipline* [...].' *Thus, to adopt German procedures, I argue, would undermine--in the non-judicial sphere--those characteristics of American society that Damaska would describe as part of the 'coordinate ideal.'*" (*in* Some Observations on the Cultural Dimension in Civil Procedural Reform. Op. cit., p. 870).

89. MURRAY, Peter L.; STÜRNER, Rolf. **German Civil Justice**. Durham: Carolina Academic Press, 2004, p. 11.

90. ZPO, §307.

91. ZPO, §269.

92. ZPO, §306.

93. ZPO, §308 – *Bindung an die Parteianträge*: "*(1) Das Gericht ist nicht befugt, einer Partei etwas zuzusprechen, was nicht beantragt ist. Dies gilt insbesondere von Früchten, Zinsen und anderen Nebenforderungen*". Tradução nossa: "O Tribunal não tem autoridade para dar a uma parte algo que não tenha sido pedido. Isso se aplica em particular aos frutos, juros, e outros acessórios". O item (2) do §308 traz uma exceção a essa regra ao prever o dever do Tribunal de decidir sobre a imposição das custas do processo mesmo quando não tenha sido formulado pedido sobre esse ponto: "*(2) Über die Verpflichtung, die Prozesskosten zu tragen, hat das Gericht auch ohne Antrag zu erkennen*".

Por sua vez, como consequência da *Verhandlungsmaxime* (domínio das partes sobre a apresentação dos argumentos e provas), as provas incidirão apenas sobre os fatos controversos, de modo que pontos de fato que não tenham sido impugnados ou que tenham sido confessados pela parte adversa deverão ser tomados por verdade pelo juiz.[94]

Na versão original da ZPO, de 1877, a *Verhandlungsmaxime* tinha um escopo mais amplo do que tem hoje no processo civil alemão,[95] visto que, naquela época, as partes detinham o controle (formal e substancial) sobre o processo. O processo não apenas se iniciava e terminava por vontade das partes como também a sua marcha era por elas ditada. Ainda, as partes eram as responsáveis pela apresentação dos fatos e pela produção das provas, e o juiz tinha limitados poderes instrutórios.

Hoje, o cenário mudou e o juiz passou a assumir uma maior responsabilidade no gerenciamento do processo. Isso não quer dizer, todavia, que as reformas pelas quais passou o processo civil alemão tenham implicado um afastamento da *Verhandlungsmaxime* e uma adesão à *Inquisitionsmaxime*. Embora a *Verhandlungsmaxime* venha sendo temperada pelas sucessivas reformas processuais e esteja sujeita a várias exceções,[96] ela continua determinando, junto com a *Dispositionsmaxime*, as linhas mestras da configuração do processo na Alemanha.

Nesse sentido, Rosenberg, Schwab e Gottwald asseveram que a responsabilidade primária pela apresentação completa do caso – argumentos e provas – continua sendo das partes. Essa alocação justificar-se-ia na

94. ROBBERS, Gerhard. **Einführung in das deutsche Recht**. 4. ed. Baden-Baden: Nomos, 2006, p. 275.
95. Não obstante, mesmo em sua versão original, a ZPO alemã já conhecia exceções ao *Verhandlungsmaxime*, tal como o direito limitado das partes de formular questões ao juízo e o poder deste de determinar *ex officio* a realização de prova pericial e inspeções (*in* ROSENBERG, Leo; SCHWAB, Karl Heinz; GOTTWALD, Peter. **Zivilprozessrecht**. 17. Aufl. München: Beck, 2010, p. 397).
96. As exceções ao *Verhandlungsmaxime*, representadas, principalmente, na atribuição de poderes de gestão material do processo ao juiz, foram ampliadas na Reforma de 2001, que buscou consolidar a mudança de paradigma que já vinha se desenvolvendo na processualística alemã ao longo do século XX para estabelecer um "estilo cooperativo" de gestão do processo civil. Nesse sentido, Rosenberg, Schwab e Gottwald: "*Die ergänzende Pflicht des Gerichts zur materiellen Prozeßleitung* [...] *legt zudem einen gewissen* kooperativen *Prozeßstil nahe*." (*in* **Zivilprozessrecht**. 15. Aufl. München: Beck, 1993, p. 425, grifo nosso). Para os autores alemães, esses poderes judiciais de gestão material do processo – especialmente os poderes instrutórios – devem ser exercidos em caráter *suplementar*, de modo que continue sendo responsabilidade primária das partes garantir a completude do material fático e probatório dos autos do processo.

medida em que, embora cada parte tenda a apresentar os fatos da forma que a beneficie, a oposição dos interesses conflitantes – especialmente quando realizada sob o manto do dever de veracidade (*Wahrheitspflicht*), forçando a revelação de fatos que as partes normalmente não informariam ao juízo – contribuiria mais para o acertamento dos fatos do que uma investigação estatal. Até mesmo porque os órgãos jurisdicionais não conseguiriam cumprir sozinhos essa tarefa de desvendar os pormenores de cada caso sob sua responsabilidade, em virtude da grande quantidade de processos com os quais têm que lidar.[97]

Além da *Dispositionsmaxime* e da *Verhandlungsmaxime*, ao menos outros *seis* princípios merecem ser mencionados em virtude da sua relevância para o processo civil alemão, começando pelo direito de ser ouvido (*Anspruch auf rechtliches Gehör*), que conta com previsão expressa no art. 103 (1) da Lei Fundamental alemã – *Grundgesetz* (GG).

Segundo Gottwald, o *Anspruch auf rechtliches Gehör* possui duas dimensões. Primeiro, comporta o direito da parte de tomar conhecimento sobre o que ocorre no processo e de ter a oportunidade de apresentar seus argumentos e produzir provas aptas a comprovar suas alegações fáticas perante o tribunal – o direito de informação e possibilidade de reação. Segundo, estabelece o dever do julgador de efetivamente levar em consideração as manifestações das partes antes de proferir uma decisão.[98]

Quanto ao segundo aspecto, sabemos que a capacidade de influência das partes sobre a formação do convencimento do magistrado compõe o contraditório participativo, ou contraditório como direito de influência. Cabral observa, nesta linha, que o conceito alemão de *rechtliches Gehör* traz uma "compreensão mais ampliativa e democrática do princípio [do contraditório], reconhecendo o direito do indivíduo de ver suas irresignações e indignações canalizadas em procedimentos participativos, assegurando-lhe não só a voz, mas a audiência".[99]

Nessa linha, o *rechtliches Gehör* vem concretizado em diversas previsões ao longo da ZPO e impõe ao juízo, em determinados momentos, *deveres correlatos de cooperação* para com as partes.

---

97. ROSENBERG, Leo; SCHWAB, Karl Heinz; GOTTWALD, Peter. **Zivilprozessrecht**. 17. Aufl. Op. cit., p. 397.
98. GOTTWALD, Peter. Civil Procedure in Germany after the Reform Act of 2001. Op. cit. p. 342.
99. CABRAL, Antonio do Passo. **Nulidades no processo moderno**... Op. cit. p. 105.

O §279 (3) da ZPO, por exemplo, prevê que, após a produção das provas em audiência, o Tribunal deverá novamente debater com as partes os fatos, o status da disputa até então, e os resultados obtidos pela instrução probatória. Essa determinação é reforçada no §285 (1), o qual estabelece que deve ser dada às partes a oportunidade de se manifestar oralmente sobre os resultados obtidos na produção das provas.

O §139, por sua vez, traz uma concretização do contraditório participativo e da cooperação[100] no processo civil alemão ao impor ao juízo deveres de esclarecimento, consulta, auxílio e correção/prevenção.[101]

No §139 (1) identificamos *seis* deveres do juiz: (i) debater com as partes as questões de fato e de direito relativas à disputa; (ii) fazer perguntas/solicitar esclarecimentos sobre eventuais dúvidas; (iii) garantir que as partes apresentem a tempo e de forma completa todos os fatos relevantes e necessários para julgar o caso; (iv) garantir que as partes suplementem as informações incompletas que tenham sido prestadas sobre os fatos alegados; (v) garantir que as partes indiquem as provas a serem produzidas, e (vi) garantir que as partes formulem os pedidos e requerimentos relevantes.

Com relação às duas primeiras determinações – de debate com as partes e de solicitação de esclarecimentos –, o art. 139 (1) estabelece que elas devem ser realizadas apenas *quando necessário*. Surge, então, o questionamento: em quais situações específicas haveria a *necessidade* de exercício desses deveres? A abertura do art. 139 (1) faz a doutrina alemã indagar sobre a extensão que deveria ser reconhecida a essa disposição.[102]

Quando o §139 (1) afirma que o juiz deve garantir a suplementação das informações incompletas, como isso deve ser efetivado? Será que o

---

100. Rosenberg, Schwab e Gottwald referem-se ao princípio da cooperação como *Sozialstaatsprinzip die Kooperationsmaxime* (*in* **Zivilprozessrecht**. 15. Aufl. Op. cit., p. 425), indicando a sua associação com o modelo de Estado Social.

101. Falamos em "concretização" porque o legislador alemão, diferentemente do português e, mais recentemente, do brasileiro, não incluiu na ZPO a previsão de uma cláusula geral de cooperação, mas "apenas" deveres concretos dispersos pelo diploma processual. O mais notável deles é, certamente, o §139.

102.. *"On closer examination, §139 ZPO raises many problems. For example, there is the question of whether court activity should vary depending on whether a party is represented by a lawyer. Another issue is how detailed the court's advice must be if the asserted facts do not justify the legal claim. Finally, it is unclear whether the court must inform the defendant that he might raise objections under substantive law that he did not mention in his pleadings (for example, a statute of limitations defense)."* STADLER, Astrid. The Multiple Roles of Judges and Attorneys in Modern Civil Litigation. Op. cit. p. 69.

juiz deve apenas indicar de forma geral para a parte que as suas alegações fáticas são genéricas ou estão incompletas, ou será que ele poderia especificar qual ponto demanda complementação? Ainda, será que o juiz deveria sempre exercer esse "dever de correção", mesmo quando ambas as partes estão bem representadas por advogados?

O grande problema está nas consequências que podem advir caso o juiz não consiga enquadrar a sua atuação dentro das fronteiras nebulosas do §139 (1): se ficar aquém do que determina esse dispositivo, isso poderá configurar um erro procedimental que pode dar causa à anulação da sua decisão;[103] por outro lado, se ele for além, corre o risco de comprometer a sua imparcialidade.[104]

Nesse sentido, Stadler defende, por exemplo, que

> [...] quando a parte faz alegações gerais, a corte deve reagir com questões gerais e sugestões sobre como melhorar a apresentação. Entretanto, quanto mais detalhada e substanciada for a apresentação, mais concreta e detalhada deve ser a assistência da corte com relação às deficiências existentes.[105]

Por seu turno, Oberhammer e Domej argumentam que um limite geral para o exercício dos deveres de cooperação do §139 (1) pelo juiz seria a manutenção do *objetivo* da ação judicial, sob um ponto de vista não-técnico.[106] É dizer, as modificações realizadas nas postulações das

---

103. A ZPO contém a previsão de um remédio específico (§321a) contra violações ao direito de ser ouvido que afetem significativamente uma decisão contra a qual não caiba recurso ou outro remédio legal. Consoante o §321a (5), quando a reclamação da parte prejudicada pela violação do direito de ser ouvido for procedente, o procedimento será retomado para retificar a situação. Sobre o fato de esta reclamação ser apresentada perante a própria corte que proferiu a decisão, Gottwald comenta que ela "*may be sufficient for so-called breakdown cases where the right to be heard was violated involuntarily, [...]. A remedy at the same judicial level, and before the same judge before whom, or by whom, the right to be heard has been deliberately violated is unlikely to be sufficient.*" (*in* Civil Procedure in Germany after the Reform Act of 2001. Op. cit. p. 343).
104. STADLER, Astrid. The Multiple Roles of Judges and Attorneys in Modern Civil Litigation. Op. cit. p. 69.
105. O texto em língua estrangeira é: "*when a party makes general allegations, the court may react with general questions and hints about how to improve the presentation. However, the more detailed and substantiated the presentation, the more concrete and detailed court assistance must be with regard to existing deficiencies.*" Ibid. p. 71.
106. OBERHAMMER, Paul; DOMEJ, Tanja. Powers of the Judge: Germany, Switzerland and Austria. Op. cit. p. 302.

partes a partir das sugestões do juiz não podem alterar o que um leigo entende que é o objetivo daquela ação.

Além dos citados deveres de cooperação previstos no item (1), o §139 prevê *outros dois* deveres em seus itens (2) e (3), respectivamente: primeiro, que o juiz deverá notificar as partes e dar a oportunidade de manifestação quando pretender fundamentar a sua decisão em ponto que elas tenham ignorado ou considerado insignificante, ou ao qual ele tenha atribuído interpretação diversa da que fora dada pelas partes; segundo, que o juiz deverá chamar a atenção das partes para qualquer questão que ele possa conhecer de ofício. Com isso, o legislador alemão impôs uma vedação às chamadas "decisões-surpresa" (item 1.3.3, *supra*).

Tais determinações, além de contribuírem para uma melhor preparação do caso para julgamento, na medida em que garantem que todas as questões de fato e de direito terão sido debatidas e esclarecidas,[107] também conferem maior transparência e legitimidade às decisões judiciais, com o potencial de aumentar a sua aceitação pela parte "perdedora".[108] Quando esta percebe que todos os seus argumentos foram exaustivamente debatidos em contraditório e enfrentados pelo órgão julgador na decisão, a probabilidade de irresignação é menor.

Seguindo adiante, o quarto princípio essencial do processo civil alemão está representado no direito fundamental a um juiz legalmente investido (princípio do juiz natural) – *Grundsatz des gesetzlichen Richters* –, que conta com previsão no art. 101 (i) da GG. Desse princípio decorre a correlata vedação aos tribunais de exceção (*Ausnahmegerichte*).

O princípio da oralidade (*Mündlichkeitsprinzip*), por sua vez, está concretizado na exigência de realização de audiência para a apresentação

---

107. Em certos casos o exercício desses deveres do §139 pelo juiz poderão tornar o litígio *mais complexo e mais demorado*, já que o esclarecimento de certas questões pode fazer com que "*the argument of the party concerned be so precise that evidence must be taken. This may lead, for example if an expert's report has to be obtained, to a long delay in the litigation and to more work for the court*". Ainda, pode gerar uma controvérsia sobre um ponto que até então não tinha sido debatido pelas partes. Quando uma parte delineia com mais precisão um determinado argumento, a outra pode ser incentivada a suscitar novos argumentos de resposta, dando azo a uma nova e prolongada discussão (*in* BEIER, Jürgen. The Woolf Report and German Civil Procedure. **The Liverpool Law Review**, v. XIX, pp. 67-88, 1997, p. 83). Constata-se, assim, que o objetivo geral do §139 da ZPO de fortalecer o processo e a efetividade da atividade jurisdicional não é alcançado pura e simplesmente pela simplificação e aceleração da marcha processual.

108. STADLER, Astrid. The Multiple Roles of Judges and Attorneys in Modern Civil Litigation. Op. cit. p. 70.

oral dos argumentos das partes como regra geral – §§128 (1) e 272 (1) da ZPO. Apenas excepcionalmente admite-se a dispensa da audiência quando houver o consentimento das partes (§128 (2)).

Dois importantes elementos que caracterizam o processo civil alemão atual são decorrências da oralidade: a concentração do procedimento (*Konzentration des Verfahrens*) para realização do julgamento em apenas uma audiência com economia de tempo; e a proximidade imediata (*Unmittelbarkeit*), estabelecendo que o juiz que profere a sentença deverá ser aquele que participou da audiência de instrução e julgamento e, consequentemente, da produção das provas (§§309 e 355 (1) da ZPO).

Por fim, o último princípio que será aqui mencionado é o da livre valoração das provas (*freie Beweiswürdigung*), que no Brasil costuma ser referido como livre convencimento. Este princípio encontra previsão no §286 da ZPO, o qual estabelece, em seu item (1), que o órgão julgador irá decidir sobre as alegações de fato com base no seu *livre convencimento/convicção* (*freie Überzeugung*), levando em consideração o que foi discutido na audiência e o resultado da produção probatória. O dispositivo também ressalta que a sentença deverá especificar as razões que levaram à formação daquelas conclusões – uma exigência de fundamentação, portanto.

O item (2) do §286 da ZPO fortalece a *freie Beweiswürdigung* ao determinar que o tribunal somente ficará vinculado a regras sobre provas que estejam especificadas na própria ZPO.

2.2.3.2. A estrutura judiciária e o processo em primeira instância

A estrutura judiciária alemã é dividida em cinco unidades de justiça: ordinária (*ordentliche Gerichtsbarkeit*), trabalhista (*Arbeitsgerichtsbarkeit*), administrativa geral (*allgemeine Verwaltungsgerichtbarkeit*), social (*Sozialgerichtsbarkeit*), e financeira (*Finanzgerichtsbarkeit*). Cada uma delas conta com duas instâncias de decisão – uma inferior e uma de apelação – e com uma corte superior.[109] Na justiça ordinária, por exemplo, a corte superior recebe o nome de *Bundesgerichtshof* (BGH). Há, ainda, uma Corte Constitucional Federal (*Bundesverfassungsgericht* – BVerfG).

---

109. Para todas as justiças citadas, as cortes de primeira e de segunda instância são mantidas pelos governos regionais alemães (*Bundesländer*). Os tribunais superiores, por sua vez, são mantidos pelo governo federal, bem como a Corte Constitucional alemã.

Cada justiça é regulada por regras processuais próprias. Apenas a ordinária cível[110] - que abrange não só os casos cíveis em sentido estrito, mas também os comerciais - é regulada pela ZPO.[111] Por esse motivo, somente ela será objeto de análise nesta dissertação.

A justiça ordinária é composta por dois tribunais: o *Amtsgericht* - tribunal local - e o *Landgericht* - tribunal regional.

A competência do *Amtsgericht* abrange as disputas com valor da causa inferior a cinco mil euros.[112] Beier observa que essa repartição de competência na justiça ordinária entre o *Amtsgericht* e o *Landgericht* em função do valor da causa justificava-se na medida em que no primeiro os processos eram julgados por um juiz singular, enquanto que no segundo os julgamentos eram realizados por painéis de três juízes. Ocorre que as consecutivas reformas da ZPO foram ampliando as hipóteses nas quais os processos nos *Landgerichte* podem ser atribuídos a apenas um juiz para processamento e julgamento.[113] Com isso, essa repartição de competência teria perdido parte da sua razão de ser.[114]

Inobstante, ela ainda se justifica uma vez que a ZPO confere uma regulamentação especial (ainda que sucinta) ao processo no *Amtsgericht*,

---

110. Na *ordentliche Gerichtsbarkeit* são processados casos cíveis e criminais que não se encaixam na competência das demais justiças especializadas. Apenas os casos cíveis são regulados pela ZPO.

111. A existência de uma grande quantidade de jurisdições especializadas não-criminais na Alemanha torna o estudo comparado envolvendo este país uma atividade interessante, porém complexa. Uma das grandes dificuldades no estudo comparado está em definir o objeto de análise - i.e. os institutos correspondentes em cada país que serão analisados em perspectiva comparada. Nesse sentido, Jolowicz observa que o primeiro momento em que este problema deve ser enfrentado é quando o autor precisa definir quais tipos de processos são considerados civis em cada país. Tomando a Inglaterra e a Alemanha por exemplo, enquanto que no primeiro país a categorização de um caso é binária - ou ele é civil, ou é criminal - na Alemanha a existência de quatro jurisdições especializadas não-criminais reduz o escopo (*in* **On Civil Procedure**. Cambridge: Cambridge University Press, 2000, p. 13-14).

112.. *"Small claims are handled by the Amtsgericht. In this court a single judge sits to deal with the case. The parties do not have to engage a lawyer (save in family lawsuits). Nevertheless in practice they are represented in the great majority of cases by a lawyer. Parties can appeal against the judgments delivered by these courts to the Landgericht which usually sits as a bench of three professional judges. The judgments of the Landgericht are final. There is no further appeal."* BEIER, Jürgen. The Woolf Report and German Civil Procedure. Op. cit. p. 69.

113. Os casos que nos *Landgerichte* podem ser decididos por um juiz singular (*Einzelrichter*) estão previstos nos §§348 e 348a da ZPO.

114. BEIER, op. cit., nota 350, p. 70.

atribuindo ao juiz certos poderes de *flexibilização do procedimento*. Assim, embora o processo no *Amtsgericht* observe de forma geral as mesmas regras processuais do que aquele que tramita no *Landgericht*,[115] a ZPO traz onze disposições específicas aplicáveis aos processos nos *Amtsgerichte* (§495 a §510b).

Dentre essas regras específicas destaca-se a do §495a, segundo a qual, quando o valor da causa for inferior a 600 euros, o órgão jurisdicional poderá definir, mediante um exercício razoável da sua discrição, como será o procedimento.

A vantagem desse mecanismo – que pode ser qualificado como uma técnica de *case management* – é permitir que o juiz adapte o procedimento às particularidades de uma causa que, em virtude do baixo valor em jogo, provavelmente não envolve uma questão complexa que justifique a observância de um procedimento intricado e demorado.

Passemos agora à exposição das regras gerais de tramitação dos processos nos *Landgerichte* – lembrando que elas também serão aplicadas, no que couber e não contradisser as disposições especiais supracitadas, aos processos nos *Amtsgerichte*.[116]

A ação tem início com a apresentação de uma petição inicial – *Klageschrift* – na qual o demandante deverá: (i) identificar ambas as

115. ZPO, §495.

116. Ao lado do procedimento ordinário do *Landsgericht* e do *Amtsgericht* (este com suas regras especiais), e do *Verfahren nach billigem Ermessen*, para as causas de até 600 euros, a ZPO prevê, ainda, dois procedimentos sumários: o *Mahnverfahren* e o *Urkundenprozeß*. Uma breve nota sobre eles: o *Mahnverfahren* (*Buch* 7 da ZPO) pode ser utilizado naqueles casos em que o demandante tem por objetivo obter uma ordem de pagamento contra o demandado de forma rápida. Ele é proposto perante o *Amtsgericht* do domicílio do demandante independentemente do valor da causa. O juiz irá, sem analisar o mérito da cobrança, mas verificando apenas questões formais, emitir uma ordem preliminar de pagamento (*Mahnbescheid*) para o demandado, que terá um prazo de duas semanas para apresentar alguma objeção. Caso o faça, o processo será remetido para o tribunal competente – *Amtsgericht* ou *Landsgericht*, dependendo do valor da causa – e tramitará pelo procedimento ordinário. Contudo, caso o demandado não se manifeste, e tampouco promova o pagamento da dívida, o juiz emitirá um mandado de execução (*Vollstreckungsbescheid*). Intimado, o demandado terá um novo prazo de duas semanas para apresentar uma objeção a esta ordem, após o qual a decisão torna-se final. Sobre o *Mahnverfahren*, v. BEIER, Jürgen. The Woolf Report and German Civil Procedure. Op. cit., p. 73-74. Já o *Urkundenprozess* (*Buch* 5 da ZPO) consiste em uma espécie de ação monitória, semelhante ao que existe no direito brasileiro. Sobre este procedimento, v. GOTTWALD, Peter. Civil Justice Reform: Access, Cost, and Expedition. The German Perspective. Op. cit., p. 207-234.

partes; (ii) identificar o tribunal competente, perante o qual a demanda está sendo proposta; (iii) formular o pedido (*Antrag*) exato; (iv) descrever precisamente os fatos que embasam a sua pretensão; (v) informar se houve tentativa prévia de composição através de algum meio adequado de solução de conflitos e, caso não tenha havido, se existe alguma razão que impeça o uso de tais meios; (vi) informar se existe alguma razão que recomenda que o caso não seja decidido por um juiz singular, e (vii) indicar o valor da causa.[117]

O réu, em sua resposta (*Klageerwiderung*), deverá (i) manifestar-se sobre as alegações de fato apresentadas pelo autor, ressaltando que os fatos não impugnados *especificamente* serão tidos por incontroversos, dispensando a produção de provas sobre eles; (ii) indicar as provas que pretende produzir, e (iii) manifestar-se sobre as provas que o autor pretende produzir.

No processo civil alemão não se exige que o autor e o réu apresentem em suas postulações uma fundamentação jurídica extensiva do pedido, embora eles possam fazê-lo caso desejem.[118] A premissa da qual se parte aqui é que o juiz conhece o direito (*iuria novit curia*), cabendo às partes apenas apresentar os fatos.

Cumpre lembrar, todavia, que por força da previsão do §139 (2) da ZPO, o juiz deve garantir que as partes se manifestarão sobre todos os possíveis fundamentos de direito aptos a embasar a decisão judicial de mérito.

O procedimento se desenvolve até chegar em uma audiência oral (*mündliche Verhandlung*, §279) para produção de provas, apresentação de argumentos e prolação de sentença – i.e. uma audiência de instrução e julgamento. Preferencialmente, e em consonância com o princípio da concentração do procedimento e da audiência, a *mündliche Verhandlung* será realizada em apenas uma sessão, razão pela qual se atribui significativa importância ao procedimento preparatório que será adotado a critério do juiz visando a otimização dos trabalhos no momento da audiência. Todavia, havendo necessidade, poderão ser designadas outras datas para continuação da audiência.

A ZPO prevê que a *mündliche Verhandlung* deverá ser precedida de uma audiência de conciliação (*Güteverhandlung*), salvo se as partes já

117. ZPO, §253.

118. BEIER, Jürgen. The Woolf Report and German Civil Procedure. Op. cit., p. 74.

tiverem tentado, sem sucesso, uma composição perante um órgão com reconhecimento oficial, ou se as particularidades daquele caso indicarem a improbabilidade de sucesso de uma tentativa de conciliação (§278).

O desenvolvimento do processo até a *mündliche Verhandlung* dependerá do procedimento que for escolhido pelo juiz para a preparação do caso. Analisaremos os dois tipos de procedimentos preparatórios disponíveis no processo civil alemão no item a seguir, que trata do *case management* no direito alemão.

Antes, para finalizar a apresentação das linhas gerais do procedimento ordinário cível, faremos algumas observações relevantes sobre as decisões judiciais (*Urteile*), a sentença (*Endurteil*) e os recursos.

Como regra, as decisões judiciais (não somente as sentenças) deverão conter um dispositivo (*Urteilsformel*); um relatório com um resumo dos fatos (*Tatbestand*) e das alegações das partes, fazendo referência às petições apresentadas, e uma fundamentação (*Entscheidungsgründe*) contendo os aspectos jurídicos e fáticos que compõem a base da decisão (§313). Quando não houver recurso cabível contra a decisão, o relatório será dispensável. Ainda, tampouco a fundamentação precisará ser incluída quando as partes a dispensarem ou quando o seu conteúdo essencial estiver transcrito no registro da audiência (§313a (1)). Também quando as partes renunciarem ao seu direito de recorrer na audiência em que a decisão for proferida será dispensada a necessidade de transcrição do relatório e da fundamentação nesta decisão (§313a (2)).

Esse dispositivo simplifica e otimiza o trabalho dos tribunais, além de contribuir para uma resolução mais rápida do litígio, na medida em que os juízes não terão que dedicar tempo e energia à redação de decisões quando o mérito já foi suficientemente debatido, as razões de decidir já foram apresentadas oralmente, e não há recurso a ser interposto (seja pelo seu não-cabimento, seja por uma renúncia das partes).

A exigência de fundamentação das decisões e de um relatório que sumariza a disputa tem ao menos três razões de ser: (i) permitir que as partes saibam por que o órgão jurisdicional decidiu o caso daquela forma, o que é uma garantia de legitimidade das decisões judiciais; (ii) possibilitar a interposição de recurso pela parte sucumbente, e (iii) permitir que o tribunal responsável pela análise de um eventual recurso possa entender o caso e o caminho percorrido pelo órgão *a quo* para chegar àquela conclusão. A partir do momento em que a decisão em questão é irrecorrível (ou há renúncia ao direito de recorrer), e as partes entendem que a fundamentação apresentada pelo tribunal durante a audiência já satisfaz a sua necessidade de conformação com o resultado do julgamento, não haveria, de fato, por que exigir do tribunal a redação de uma decisão completa.

Contra a sentença (*Endurteil*) no *Landgericht* caberá recurso ao *Oberlandesgericht*. Após, caberá, ainda, um recurso com base em questões de direito para o BGH, desde que elas sejam importantes e a sua discussão seja necessária para a evolução do direito ou para garantir a uniformidade da jurisprudência.[119]-[120] Admite-se, também, um recurso para o BVerfG quando houver questionamento sobre a constitucionalidade de uma lei ou for um caso de violação de direito constitucional de uma parte.

2.2.3.3 *Case management* **(ou** *Prozessleitung***)**

Da sua versão original de 1877 até hoje, a ZPO alemã passou por diversas reformas que representaram a transformação na forma de concepção do papel do juiz no gerenciamento do processo e do escopo do princípio da autonomia das partes. Especialmente a *Verhandlungsmaxime* foi sendo gradativamente excepcionada para permitir que o juiz assumisse poderes de gestão processual – *case management* – formal (*formelle Prozessleitung*) e material (*materielle Prozesleitung*) dentro de uma perspectiva cooperativa de processo.

Os mecanismos de *case management* encontrados ao longo da ZPO podem ser agrupados em quatro categorias: (i) organização do debate processual e enquadramento das questões; (ii) promoção do uso da conciliação e da mediação; (iii) condução formal da marcha processual e estruturação do procedimento; e (iv) gerenciamento da produção das provas.[121]

---

119. ZPO, §543 (2). O item (1) deste §543 prevê também que o recurso para o BGH está condicionado à autorização do tribunal que proferiu a decisão recorrida – no caso, o *Oberlandesgericht* – ou, caso esta seja negada, à autorização obtida diretamente no BGH.

120. Sobre a função exercida pelo BGH, Stadler: "[...] *the primary function of the German Federal High Court of Justice (Bundesgerichtshof) is not to decide an individual case, but to give a guideline in deciding legal issues that are controversial among court of appeals.*" (*in* The Multiple Roles of Judges and Attorneys in Modern Civil Litigation. Op. cit., p. 60).

121. Com base na forma como a doutrina alemã costuma qualificar os dispositivos que serão examinados neste capítulo, buscamos sistematizar os mecanismos de *case management* do processo civil alemão em categorias para facilitar o estudo comparado que estamos realizando. Nesse sentido, Oberhammer e Domej, por exemplo, ao tratar dos poderes

A primeira categoria tem seu alicerce no §139 da ZPO, já analisado no item anterior. Ao impor ao juiz o poder-dever de debater com as partes os aspectos fáticos – §139 (1) – e jurídicos – §139 (2) e (3) – do caso, esse dispositivo confere um importante instrumento ao magistrado para que ele possa garantir que o debate processual concentrar-se-á nas questões relevantes para a resolução do mérito.[122]

Ainda, quando o juiz, nos termos do §139 (1), segunda parte, atua para garantir que as partes (i) apresentem as informações relevantes a tempo e de forma completa, (ii) suplementem as informações incompletas, (iii) designem as provas a serem produzidas, e (iv) formulem os pedidos adequados, ele está assegurando a *plenitude* do debate processual. Com isso, garante que, no momento do julgamento, ele terá à sua disposição todos os elementos necessários para formar seu convencimento, uma vez que, na medida do possível, as dúvidas terão sido esclarecidas, as lacunas nas informações terão sido completadas, e os erros terão sido corrigidos. Evita-se, assim, aquela situação em que o mérito não é resolvido em virtude de tecnicalidades e preciosismos processuais.

Outro mecanismo de *case management* que se insere nessa primeira categoria é o do §146 da ZPO, segundo o qual, quando as partes apresentarem mais de um argumento[123] para embasar uma pretensão, o juiz poderá estabelecer que a audiência será limitada inicialmente à discussão de apenas um ou alguns desses argumentos, evitando que a audiência seja prolongada com a discussão de várias questões quando apenas uma delas já seria suficiente para definir a pretensão deduzida.

---

do juiz, identificam quatro aspectos que demonstram a sua força: o dever de formular perguntar e dar instruções, definido como instrumento através do qual o juiz pode estruturar o procedimento e concentrar a energia na discussão dos pontos controversos e importantes; o controle sobre o curso formal do procedimento; o *iura novit curia*; e a produção de provas de ofício (*in* Powers of the Judge: Germany, Switzerland and Austria. Op. cit., p. 300 *et seq.*). Com exceção do *iura novit curia*, essas funções correspondem essencialmente as categorias que formulamos. Outra referência importante para nossa elaboração foi a tradicional classificação encontrada no direito alemão e austríaco que estabelece a distinção entre o *formelle Prozessleitung* e o *materielle Prozessleitung* (item 2.2.2, *supra*).

122. STADLER, Astrid. The Multiple Roles of Judges and Attorneys in Modern Civil Litigation. Op. cit. p. 68; OBERHAMMER, DOMEJ, op. cit., nota 359, p. 301.

123. A ZPO utiliza especificamente os termos "*Angriffs- und Verteidigungsmittel*", que podem ser traduzidos como meios de ataque e de defesa. Optamos por utilizar no texto o termo amplo "argumento".

Os §§283 e 296 tratam do poder discricionário do juiz de aceitar manifestações das partes que tenham sido apresentadas fora do prazo. Segundo o §283, quando uma parte não puder manifestar-se oralmente sobre uma petição apresentada pelo seu adversário por não ter sido dela informada em tempo hábil antes da data da audiência, o juiz poderá fixar um prazo para essa parte apresentar sua manifestação por escrito. A parte final desse dispositivo estabelece que se essa parte não observar o prazo fixado pelo juiz, este *pode* ("*kann*") ou não levar em consideração a manifestação intempestiva quando estiver elaborando sua decisão.

De forma semelhante, o §296 estabelece que argumentos que tenham sido apresentados por quaisquer das partes fora do prazo fixado pelo juiz,[124] serão admitidos no processo (i) ao livre convencimento (*freie Überzeugung*) do juiz, e (ii) desde que (a) a consideração desse material novo não implique um atraso na tramitação do feito ou (b) a parte apresente uma justificativa satisfatória para o retardo na apresentação do argumento. No caso específico do §296 (2),[125] exige-se um requisito adicional: que o retardo não tenha sido resultado de negligência grave (*grobe Nachlässigkeit*) da parte.

Beier observa, todavia, que são raras as rejeições de argumentos e provas apresentados tardiamente, e que isso se deve a basicamente dois motivos. Primeiro, porque é difícil estabelecer um nexo causal entre a apresentação tardia e o atraso causado ao processo, uma vez que, em muitos casos, o atraso poderia ser evitado se o tribunal reagisse prontamente à provocação da parte – v.g. com a intimação da testemunha imediatamente após a sua indicação tardia por uma das partes.[126] Com relação a esse exemplo, ocorre que as testemunhas no processo civil alemão somente são intimadas quando o juiz entende que elas são necessárias para o julgamento, o que demanda uma análise do caso pelo julgador, podendo provocar um retardo na sua reação. Fica difícil, portanto, verificar que

---

124. O mesmo vale para a apresentação de provas novas cuja produção não tenha sido indicada previamente à data de realização da audiência.

125. O §296 (2) da ZPO faz referência aos argumentos que devem ser apresentados em audiência (cf. previsão do §282 (1)) e àqueles que devem ser comunicados antes da data da audiência, durante a fase preparatória, quando for necessário dar tempo à outra parte para preparar-se para responder a essa manifestação (cf. previsão do §282 (2)). Assim, quando não observado o marco temporal fixado pelo §282, caberá ao juiz decidir, nos termos do §296, se irá ou não aceitar as submissões conquanto também estejam presentes os outros requisitos citados no texto.

126. BEIER, Jürgen. The Woolf Report and German Civil Procedure. Op. cit. p. 81-82.

o atraso na tramitação do feito deu-se *diretamente* por culpa da demora da parte em apresentar um argumento novo ou indicar uma prova nova.

O segundo motivo apontado é que os juízes alemães são "relutantes em proferir uma decisão com uma base fática presumidamente incompleta".[127]

Nessa dimensão, nota-se que a atribuição de maiores poderes normativos ao juiz para controlar as submissões das partes, com a possibilidade de rejeição daquelas intempestivas que podem atrasar a entrega da prestação jurisdicional, tornou-se possível na Alemanha a partir da adoção de um modelo cooperativo de processo e de reconhecimento da sua função social. Isso ocorre porque o processo deixa de ser visto apenas como "coisa das partes" (*Sache der Parteien*), permitindo que o juiz assuma um maior controle na forma como ele se desenvolve. Entretanto, esse modelo também enfatiza como uma das suas finalidades a necessidade de julgamento dos casos "com base na verdade 'material' ou 'factual', i.e., com base nos fatos tal como eles ocorreram e não meramente em uma verdade fabricada pelas partes da ação".[128]

Dessa feita, em um mesmo modelo em que o juiz "ganha" maiores poderes para rejeitar informações e provas intempestivas, a sua função julgadora é redesenhada com a atribuição de maior importância à "busca da verdade 'real'". Assim, um juiz que assuma essa função com intensidade irá provavelmente ser mais reticente em rejeitar submissões das partes que, ainda que intempestivas, possam contribuir substancialmente para a descoberta da verdade dos fatos e para a resolução do mérito.

Ainda para Beier, os atrasos nas submissões e a problemática das rejeições podem ser evitados "através de direções que os juízes devem dar o quanto antes possível no litígio".[129] Quando o juiz indica para as partes qual é o momento adequado para submissão de novos argumentos e provas, e qual será a sua reação em caso de intempestividade (ressaltando a possibilidade de rejeição), contribui simultaneamente para garantir

---

127. O texto em língua estrangeira é: "*reluctant to proceed to give judgment on presumably incomplete factual grounds*". Ibid. p. 81.

128. O texto em língua estrangeira é: "*on the basis of the 'substantive' or 'factual' truth, i.e., on the basis of the facts as they had occurred and not merely on the truth as fabricated by the parties to the lawsuit*". VAN RHEE, C. H. Introduction. In: ______. (Ed.) **European Traditions in Civil Procedure**. Op. cit., p. 12-13.

129. O texto em língua estrangeira é: "*by directions which the judge should give as early in the litigation as possible*". BEIER, Jürgen. The Woolf Report and German Civil Procedure. Op. cit., p. 82.

maior eficiência e celeridade na administração do feito, e para dar maior previsibilidade e transparência ao processo,[130] reduzindo a chance de irresignação das partes em caso de rejeição de uma manifestação intempestiva, uma vez que elas já estavam alertadas para esse risco.

Por fim, o §289 da ZPO alemã institui que para definir até que ponto uma declaração dada por uma das partes será considerada confissão, deve-se olhar para a natureza daquele caso individual.

Os seis dispositivos citados (§§ 139, 146, 283, 296 e 289) têm em comum o fato de atribuírem ao juiz poderes ativos através dos quais ele pode promover e organizar o debate processual com vista a permitir uma discussão efetiva e eficiente das questões mais relevantes para a resolução do litígio. O juiz pode incentivar as partes a suplementar, emendar, corrigir e esclarecer suas postulações; pode limitar inicialmente os debates a uma ou algumas questões que julgar pertinentes para decidir cada pedido; e pode aceitar ou rejeitar manifestações intempestivas.

Mediante o exercício desses poderes, o magistrado acabará afetando aspectos *substanciais* do processo – e não meramente procedimentais – na medida em que a sua atuação influenciará o próprio conteúdo que será objeto de debate.[131]

A atribuição desses poderes de gestão substantiva do processo seria inimaginável em um modelo liberal de processo civil como do *gemeines Recht* ou da maior parte do século XIX na Europa continental. Contudo, em um contexto que reconhece a função social (*Sozialfunktion*) do

---

130. Sobre a importância da previsibilidade para o *case management*, Zuckerman: "*Although case management is of necessity fact-dependent, it must also be predictable. In order to discharge their role in litigation, parties need to know the approach that the court is likely to adopt in case management. They need to have some understanding of how the judicial mind works and of the likely court response to problems that arise in the course of litigation. Litigants must have the means of predicting, albeit approximately, how the court will react to an application for an extension of time or how it would deal with litigant failure to perform certain process requirements. Of course, by their very nature discretionary powers cannot be reduced to a set of hard and fast rules, capable of mechanical application. But coherent principles, policies and guidelines for the exercise of discretion are both feasible and necessary* [...]." (*in* **Civil Procedure**. London: Lexis Nexis UK, 2003, p. 351).

131. Uma ressalva deve ser feita: o poder-dever do juiz de influenciar na organização do debate processual e no enquadramento das questões deve ser exercido dentro dos limites objetivos da demanda que são fixados pelas partes. As partes ainda têm, no processo civil alemão, o domínio sobre a determinação do objeto do processo, sendo vedado ao juiz ampliar o seu escopo (*in* KOLLER, Christian. Civil Justice in Austrian-German Tradition: The Franz Klein Heritage and Beyond. Op. cit., p. 44).

processo civil e o interesse público na forma como o poder jurisdicional é exercido – ressaltando a relevância da eficiência, da efetividade e da duração razoável, para citar alguns – torna-se não somente possível, mas principalmente necessário reconhecer ao juiz um papel ativo na gestão processual também em uma dimensão substantiva.

Outro aspecto relevante é o estímulo aos meios adequados de solução de controvérsias, partindo da compreensão de que nem sempre a adjudicação será a melhor forma de lidar com um conflito. Por isso, a segunda categoria de mecanismos de gerenciamento processual que iremos analisar serão aqueles que buscam promover a autocomposição das partes, com o auxílio de um conciliador ou mediador.

Após a Reforma de 2001, a ZPO passou a prever, em seu §278 (2), a obrigatoriedade de realização de uma audiência de conciliação (*Güteverhandlung*) antes da audiência principal, salvo se uma tentativa já tiver sido realizada perante um órgão extrajudicial de conciliação, ou se for evidente que não há probabilidade de sucesso na obtenção de um acordo naquele caso.[132]

Embora a regra segundo o §278 (2) seja que o próprio órgão julgador irá realizar tal audiência, o juiz da causa pode, consoante o §278 (5), encaminhar as partes a um juiz conciliador (*Güterichter*), que não tem poder decisório. Esse juiz conciliador poderá fazer uso de métodos variados de resolução de conflitos, incluindo a mediação.[133]

---

132. A previsão da realização de uma audiência de conciliação no bojo do processo judicial foi mais um passo dado pela Alemanha na promoção do uso dos meios adequados de resolução de conflitos como tentativa de desafogar o Poder Judiciário. Nessa linha, em 15 de dezembro de 1999, foi editada lei que inseriu na Lei de Introdução à ZPO (*Gesetz betreffend die Einführung der Zivilprozessordnung* – EGZPO) o §15a autorizando os *Länder* a estabelecerem como requisito obrigatório para a propositura de certas demandas que a disputa tenha sido previamente submetida a uma tentativa de conciliação perante um órgão reconhecido oficialmente. Referida lei, denominada precisamente "*Gesetz zur Förderung der außergerichtlichen Streitbeilegung*" (lei para a promoção da resolução extrajudicial de disputas), foi publicada na *Bundesgesetzblatt Jahrgang* 1999, *Teil* I, n. 55, em 21 de dezembro de 1999.

133. Esta redação do §278 (5), prevendo a possibilidade de o juiz conciliador fazer uso das técnicas de medicação, foi dada pelo "*Gesetz zur Förderung der Mediation und anderer Verfahren der außergerichtlichen Konfliktbeilegung*", de 21 de julho de 2012. Disponível em: <http://www.bundesgerichtshof.de/SharedDocs/Downloads/DE/Bibliothek/Gesetzesmaterialien/17_wp/mediationsg/bgbl.pdf?__blob=publicationFile>. Acesso em: 16 out. 2016.

Assumindo que uma das premissas para o sucesso da conciliação é a promoção do diálogo aberto e franco entre as partes sobre o objeto da disputa, o encaminhamento do caso para um terceiro neutro que não o juiz do caso seria, de fato, mais recomendável.

Nesse sentido, a doutrina especializada no tema dos meios adequados costuma defender que a mediação e a conciliação não deveriam ser realizadas pelo mesmo juiz que irá decidir o caso, pois isso inibiria as partes de revelar seus interesses e suas posições por receio de que, na eventualidade de não-celebração do acordo, o que elas disserem durante o procedimento de mediação ou conciliação venha a prejudica-las na continuação do processo judicial perante aquele mesmo juiz que fez as vezes de conciliador.

Há, ainda, quem advirta que o juiz do caso, ao conduzir a conciliação ou a mediação, poderia acabar invariavelmente revelando precocemente a sua posição sobre aquele conflito, o que poderia comprometer a sua imparcialidade aos olhos das partes.

Por esses motivos, argumenta-se que seria mais indicado que a audiência de conciliação ou o procedimento de mediação fossem realizados por um terceiro neutro que não o juiz do processo judicial, e que tudo que fosse dito pelas partes nesses ambientes ficasse em sigilo.

Outro ponto relevante da audiência de conciliação no processo civil alemão está na segunda parte do §278 (2), que prevê o dever do juiz de discutir com as partes os fatos e o *status* da disputa até então, levando em consideração todas as circunstâncias e fazendo perguntas quando necessário.

Essa determinação deve ser lida à luz da previsão do §139 da ZPO que impõe ao juiz o dever de adotar, durante todo o processo, uma postura ativa e colaborativa no esclarecimento e correção de questões junto às partes.

Neste quesito, Gottwald lembra que quando as partes se colocam perante o Poder Judiciário – o autor pela propositura da demanda e o réu pela sua resistência a ela – elas o fazem porque não conseguiram chegar a um consenso por conta própria. Raras são as vezes em que não houve tentativa prévia, mesmo por meios informais, de resolver o conflito. Por esse motivo, Gottwald opina que "para que a corte possa promover um acordo mediado, ela precisará fazer pelo menos algumas novas constatações fáticas, como resultado de uma avaliação das provas, ou algumas constatações jurídicas".[134]

Sem ir ao extremo de afirmar que somente após a produção de provas seria possível tentar obter um acordo entre as partes, parece-nos que a discussão do caso entre o juiz e as partes, sem que isso implique um pré-julgamento por parte daquele, pode ter a vantagem de esclarecer as chances de cada uma das partes e, com isso, facilitar a composição entre elas.

A ZPO também prevê no §278a que o órgão julgador pode sugerir às partes que recorram à mediação ou a outro meio adequado. Caso as partes acatem essa recomendação, o processo judicial será suspenso.[135]

Ao lado dessas duas primeiras categorias, o juiz também assume poderes de condução *formal* do processo e de estruturação do procedimento. Inserem-se aqui os mecanismos e técnicas de *flexibilização procedimental.*

Para sistematizar a análise, os mecanismos dessa terceira categoria podem ser subdivididos em três grandes grupos: (i) disposições sobre prazos (possibilidade de fixação pelo juiz, ampliação, redução); (ii) disposições relativas à reunião, separação, e suspensão de processos; e (iii) disposições atinentes à estruturação do procedimento e à forma como ele é conduzido.

Começando pelos prazos, além das previsões espalhadas pelo Código autorizando o juiz a fixar o prazo de manifestação das partes em determinados casos,[136] a ZPO traz alguns dispositivos que preveem

---

134. O texto em língua estrangeira é: "*in order for the court to promote a mediated settlement it will need to make at least some new findings of fact, as a result of assessing evidence, or make some legal findings*". GOTTWALD, Peter. Civil Procedure in Germany after the Reform Act of 2001. Op. cit., p. 340.

135. A previsão do §278a foi incluída na ZPO pela "*Gesetz zur Förderung der Mediation und anderer Verfahren der außergerichtlichen Konfliktbeilegung*", de 21 de julho de 2012. Disponível em: <http://www.bundesgerichtshof.de/SharedDocs/Downloads/DE/Bibliothek/Gesetzesmaterialien/17_wp/mediationsg/bgbl.pdf?__blob=publicationFile>. Acesso em: 16 out. 2016.

136. A título exemplificativo podemos citar os seguintes dispositivos da ZPO: §139 (5) (quando a parte não puder manifestar-se imediatamente sobre uma observação feita pelo tribunal nos termos do §139, o juiz irá fixar um prazo para a parte manifestar-se por escrito), e §494a (nos procedimentos de produção autônoma de prova (*Selbständiges Beweisverfahren*), quando ainda não tiver ainda uma ação principal pendente, o tribunal fixará o prazo para a propositura da mesma).

a possibilidade da sua *modificação* – tanto dos prazos fixados pelo juiz (*richterliche Fristen*) como dos legais (*gesetzliche Fristen*).

É o caso do §224, que prevê as situações nas quais as partes podem concordar em reduzir os prazos e aquelas em que uma das partes pode requerer a redução ou a extensão do prazo; do §225, segundo o qual a decisão sobre o requerimento de extensão ou de redução do prazo pode ser proferida sem necessidade de realização de audiência oral, ressaltando, contudo, a necessidade de oitiva prévia da outra parte; e do §226, que regula as hipóteses de redução do lapso temporal entre a data de intimação e a data da audiência, e de redução do prazo para apresentação de petições preparatórias.

Por sua vez, o §227 trata da possibilidade de cancelamento ou de mudança de data das audiências, estabelecendo em quais situações isso *não* pode ser feito.

A concessão de poderes ao juiz para fixar os prazos de acordo com as particularidades do caso concreto, ou para modifica-los mediante o requerimento das partes (e, novamente, levando em consideração a necessidade naquele caso), permite ao magistrado gerenciar o processo da forma mais adequada, garantindo um melhor exercício da função jurisdicional.

Outrossim, quando a ZPO estabelece que também as partes podem, de comum acordo, reduzir certos prazos (§224 (1)), está atribuindo a elas um mecanismo para adaptação de um aspecto procedimental às circunstâncias do seu caso. Pertinente observar, todavia, que para as partes somente é conferida a possibilidade de *reduzir* os prazos; para que possam *estender* os prazos, elas dependem da autorização judicial.

Seguindo adiante, as hipóteses de separação, reunião e suspensão de processos também configuram importantes mecanismos de gestão processual. A separação (§145 da ZPO) pode ser determinada quando o tribunal entender ser recomendável que os pedidos cumulados em uma mesma ação sejam julgados separadamente em processos diferentes, ou quando o réu apresentar uma reconvenção ou um pedido contraposto que não tem um vínculo jurídico com a ação principal.

Por outro lado, o §147 da ZPO prevê que quando diversos processos pendentes em um mesmo tribunal, envolvendo as mesmas partes ou partes diversas, tiverem um vínculo jurídico pelos seus objetos, ou quando se identificar que eles poderiam ter sido formulados em uma mesma ação, o tribunal poderá determinar a reunião dos processos para que sejam julgados conjuntamente.

As hipóteses de reunião de processos, em particular, além de figurarem como um mecanismo de gestão dos processos individualmente considerados, também possuem importantes implicações para a gestão dos trabalhos cartorários da unidade judicial, na medida em que otimiza o exercício da função jurisdicional, permitindo que as questões com vínculo jurídico sejam ouvidas e decididas conjuntamente.

Nos §§148 e 149 da ZPO encontramos as hipóteses de suspensão do processo, respectivamente, quando a decisão de um caso depender, no todo ou em parte, da resolução de uma questão sobre a existência ou não de uma relação jurídica em um outro processo judicial ou um processo administrativo pendente, e quando durante a tramitação de um feito surgir a suspeita de prática de um delito cuja investigação influenciará na decisão desse feito.

Segundo o §150, as determinações de separação, reunião e suspensão de processos podem ser revogadas pelo tribunal.

Não obstante a importância dos mecanismos supra-analisados, os poderes mais significativos de condução *formal* do processo são aqueles relativos à possibilidade de definição da forma de preparação do processo para julgamento e de flexibilização do próprio procedimento.

A regra no processo civil alemão – e que decorre dos princípios da oralidade e da proximidade imediata – é que as partes devem apresentar seus argumentos em audiência oral (*mündliche Verhandlung*). Entretanto, o §128 (2) excepciona essa determinação e estabelece que o tribunal poderá, *com o consentimento das partes*, dispensar a realização da *mündliche Verhandlung*. Neste caso, caberá ao tribunal fixar um prazo para as partes apresentarem seus argumentos por escrito e determinar a data da audiência na qual a decisão será anunciada, observado um prazo legal de três meses contados da data em que as partes deram seu consentimento, para que o tribunal profira a decisão.

Outro mecanismo de flexibilização procedimental relevante é o já citado §495a da ZPO, aplicável ao processo no *Amtsgericht* cujo valor da causa não exceder 600 euros. Nesses casos o tribunal poderá, à sua discrição, decidir como o procedimento deverá ser estruturado. A vantagem desse mecanismo é, tal como já afirmamos, permitir que o magistrado não fique preso a uma estrutura rígida de procedimento, fixada aprioristicamente pela lei, e que não seria adequada para lidar com uma demanda mais simples.

A par dessas previsões, o processo em primeira instância culminará na audiência oral para apresentação dos argumentos das partes, produção de provas (quando necessário), e julgamento. Nessa situação, caberá ao juiz garantir a adequada preparação prévia do caso para a audiência. Para tanto, a ZPO provê o juiz de duas alternativas (§272 (2)): a realização de uma audiência preliminar (*früher erster Termin*) ou a opção de um procedimento preliminar escrito (*schriftliches Vorverfahren*).

Quando o juiz optar pela realização da audiência preliminar, poderá fixar um prazo para o réu submeter a sua contestação (*Klageerwiderung*) por escrito (§275 (1), primeira parte), ou orientar o réu a submeter, através de seu advogado, uma petição informando os meios de defesa (*Verteidigungsmittel*) que pretende apresentar perante a corte na referida audiência (§275 (1), segunda parte).

Caso a corte não tenha fixado um prazo para submissão da resposta escrita nos termos do §275 (1), primeira parte, e o réu, até a data da *früher erster Termin*, não o tiver feito, ou tiver apresentado uma resposta insuficiente, a corte irá, nesta audiência, fixar um prazo para a apresentação da contestação por escrito (§275 (3)).

Ao autor será dado um prazo para se manifestar em réplica (*Replik*) por escrito sobre a contestação. Tal prazo poderá ser fixado pelo órgão jurisdicional na audiência preliminar ou quando do recebimento da contestação (§275 (4)).

Em observância à determinação geral de que o juiz deverá buscar promover a conciliação ao longo do processo, ele deverá apontar na audiência preliminar quais são as principais questões de fato e de direito suscitadas pelo caso, e tentar promover a celebração de um possível acordo entre as partes.[137]

Se o processo não puder ser concluído no *früher erster Termin*, o tribunal adotará as medidas necessárias para preparar o caso para a audiência oral principal (*mündliche Verhandlung*) (§275 (2)), determinando a produção de provas necessárias para a instrução do caso e fixando a data desta audiência principal.

137. BEIER, Jürgen. The Woolf Report and German Civil Procedure. Op. cit., p. 78.

Contudo, se ao final dessa audiência preliminar não houver necessidade de produção de mais provas, e nem de concessão de prazo para as partes apresentarem manifestações escritas, o caso estará pronto para sentença, a qual poderá ser prolatada na própria audiência preliminar ou dentro de um prazo máximo de três semanas.

No lugar da audiência preliminar, o tribunal poderá optar por um procedimento preparatório *por escrito* (*schriftliches Vorverfahren*), previsto no §276 da ZPO. Nesta hipótese, o réu será citado para informar ao tribunal, através de um advogado, em um prazo improrrogável de duas semanas, se ele pretende apresentar defesa. O tribunal fixará, ainda, um prazo *adicional* de pelo menos duas semanas para que o réu possa submeter a sua contestação por escrito. Ao autor poderá ser posteriormente concedido um prazo fixado pelo juiz para apresentar sua réplica por escrito à contestação.

Após as partes terem apresentado todas as informações necessárias para a preparação do caso para a audiência principal, o juiz designará a data da sua realização, com o objetivo de que o julgamento do caso seja concluído preferencialmente em uma sessão.

Tanto o *schriftliches Vorverfahren*, como o *früher erster Termin*, têm a finalidade de permitir que o juiz possa preparar o caso para a audiência oral de forma a evitar aquelas situações nas quais no meio da audiência percebe-se que falta um documento ou uma testemunha importante, ou que há a necessidade de produção de uma prova que não tinha sido pensada.[138] Nesses casos seria preciso interromper a audiência e fixar uma nova data para a sua continuação, causando um inevitável retardo no processo.

A escolha do método de preparação fica a critério do juiz; a ZPO em si não fixa requisitos ou parâmetros, nem cita situações nas quais seria mais recomendado adotar uma ou outra forma. O que é observado pela doutrina alemã é que, geralmente, em casos de menor valor e complexidade, os juízes optarão pela realização da audiência preliminar, enquanto que para os casos mais complexos, nos quais provavelmente haverá a necessidade de esclarecer diversos pontos, o melhor método seria o procedimento preparatório escrito.[139]

---

138. BEIER, Jürgen. The Woolf Report and German Civil Procedure. Op. cit., p. 80.

139. Nesse sentido, ibid., p. 81, e ZUCKERMAN, Adrian; COESTER-WALTJEN, Dagmar. The role of lawyers in German civil litigation. **Civil Justice Quarterly**, v. 18, p. 291-310, Oct. 1999, p. 298.

Há dois elogios que merecem ser feitos à forma como o legislador alemão tratou essa matéria. A própria previsão de mecanismos e técnicas voltados para preparação do caso para a audiência principal, garantindo que esta transcorra de forma mais célere e eficiente, já é, por si só, louvável. Acrescenta-se a isso o fato de a ZPO ter previsto não apenas um, mas dois procedimentos que podem ser escolhidos pelo juiz para realizar essa preparação, conferindo-lhe "uma ampla variedade de possibilidades procedimentais para preparar a audiência principal de forma efetiva e flexível",[140] levando em consideração as particularidades e as necessidades de cada caso.

O *case management* não se trata pura e simplesmente de conferir poderes ao juiz para conduzir o processo, mas também – e principalmente – de prever poderes suficientemente *flexíveis* que permitam ao juiz gerenciar o processo de uma forma adequada e mais eficiente.

Para encerrar a análise dos mecanismos *gerais* de *case management*, e passar para aqueles voltados para o gerenciamento da instrução probatória, cumpre mencionar os poderes judiciais de gerenciamento da audiência oral principal (*mündliche Verhandlung*) para além dos mecanismos já citados.

Logo no começo da audiência caberá ao juiz apontar os pontos que ele entende serem cruciais para o julgamento do caso, passando-se, em seguida, à discussão com as partes. Estas não deverão repetir o que colocaram em suas petições escritas, mas sim enfatizar os seus melhores argumentos e relembrar o juiz de aspectos importantes do caso que ele tenha deixado de fora na sua fala na abertura da audiência.[141]

Além de conduzir o debate mediante a indicação dos pontos relevantes, o órgão jurisdicional também deverá

> [...] indicar qual impressão ele obteve a partir dos trabalhos preparatórios sobre as chances de sucesso das alegações autorais ou das defensivas. Isso é designado para facilitar a discussão de um possível acordo antes de dar seguimento à apresentação de provas e argumentos (§279 ZPO).[142]

---

140. O texto em língua estrangeira é: "*a wide range of procedural possibilities to prepare the trial in an effective and at the same time flexible way*". BEIER, op. cit., nota 377, p. 81.

141. BEIER, Jürgen. The Woolf Report and German Civil Procedure. Op. cit., p. 85.

142. O texto em língua estrangeira é: "*indicate what impression it has gained from the preparatory work about the chances of the claim or defence succeeding. This is designed to facilitate*

A quarta categoria de mecanismos de *case management* encontrados no processo civil alemão comporta aqueles destinados ao gerenciamento da instrução probatória.

A questão referente à repartição dos poderes entre as partes e o juiz no processo civil atinge seu ponto de maior polêmica no que diz respeito à produção das provas. Conforme visto no primeiro capítulo, a concepção liberal/adversarial de processo costuma atribuir a responsabilidade por essa tarefa às partes e vedar – ou, pelo menos, limitar ao máximo – a atividade instrutória do juiz, especialmente aquela exercida *ex officio*.

São várias as razões que podem ser apontadas para a rejeição por vezes encontrada à atribuição de poderes instrutórios para os juízes; elas vão desde o argumento de que isso violaria o princípio dispositivo e a autonomia de vontade das partes, até o de maior eficiência de uma etapa probatória conduzida pelas partes, em virtude de uma incapacidade das cortes de exercer essa tarefa de forma satisfatória em todos os processos que estão sob sua responsabilidade,[143] passando pela alegação de risco de violação à imparcialidade e neutralidade do juízo.

No que tange ao primeiro argumento, a identificação de duas faces do princípio dispositivo – uma traduzida na *Dispositionsmaxime* e a outra na *Verhandlungsmaxime* – demonstra que não é necessário que as partes detenham todo o controle sobre a apresentação das provas para que se diga que a autonomia de vontade e liberdade de disposição do seu direito estão sendo respeitadas. Mais ainda, a previsão de poderes instrutórios suplementares ao juiz não implica uma caracterização do processo como inquisitivo e muito menos como autoritário.

Nessa medida, há que se ter em mente que o objetivo dessas previsões em um modelo *cooperativo* de processo que prega pela integração da atuação dos sujeitos processuais não é de estabelecer o juiz como o único, ou até mesmo como o principal responsável pela produção das provas. A sua tarefa visa *complementar* e, principalmente, *suprir* eventuais deficiência na instrução que possam decorrer de um desequilíbrio entre as partes ou de uma fraude processual. Reporta-se, inclusive, que na prática judiciária alemã os juízes soem exercer os poderes instrutórios

---

the discussion of a possible settlement before proceeding to the presentation of evidence and argument (§279 ZPO)." ZUCKERMAN, Adrian; COESTER-WALTJEN, Dagmar. The role of lawyers in German civil litigation. Op. cit., p. 300.

143. ROSENBERG, Leo; SCHWAB, Karl Heinz; GOTTWALD, Peter. **Zivilprozessrecht**. 17. Aufl. Op. cit., p. 397.

que lhes foram conferidos pela ZPO apenas quando se deparam com uma situação de desequilíbrio econômico ou técnico entre as partes.

Não obstante, ainda que se aceite que sejam atribuídos *alguns* poderes instrutórios ao juiz no processo civil, fica a dúvida sobre o *quantum* de poder e responsabilidade que deve ser a ele conferido para atuar ativamente nessa fase processual.

Stadler, fazendo referência o sistema alemão, entende que o deslocamento da responsabilidade para o juiz pela preparação e condução do caso de forma "quase completa" teria um duplo prejuízo: reduziria o incentivo para os advogados atuarem de forma responsável e colaborativa, na medida em que eles poderiam contar com a assistência do juiz quando cometessem erros, e aumentaria consideravelmente a carga de trabalho dos juízes já sobrecarregados, acarretando uma maior demora na tramitação dos processos e consequente perda de qualidade.[144]

O ponto de equilíbrio na atuação dos advogados – enquanto representantes das partes no processo – e dos juízes residiria, assim, em não deixar que a atribuição de poderes de gestão processual ao magistrado, mormente na produção probatória, liberasse os advogados por completo da sua responsabilidade e do seu dever de instruir e preparar o caso.[145]

Uma das principais inovações trazidas pela Reforma da ZPO de 2001, e que representou um fortalecimento do *case management* no processo civil alemão, foi a atribuição de poderes ao juiz para determinar *ex officio* a apresentação de documentos pelas partes ou por terceiros, e a realização de inspeção (§§142 a 144 da ZPO).

Para que o juiz possa determinar de ofício a apresentação de um documento, o único requisito estabelecido pelo §142 (1) é que uma das partes tenha feito referência a tal documento. Não é necessário que a parte que esteja em posse do documento seja a mesma que fez referência a ele. Em razão disso, é possível que o juiz ordene a uma parte que apresente um documento que foi citado por seu adversário e que o beneficia.[146]

144. STADLER, Astrid. The Multiple Roles of Judges and Attorneys in Modern Civil Litigation. Op. cit. p. 57-58.

145. Loc. cit.

146. A *Verhandlungsmaxime* foi historicamente usada como fundamento para rejeitar a imposição de um dever genérico às partes de apresentação de documentos que estivessem em seu poder e que beneficiassem o seu adversário (*in* STADLER, Astrid. The Multiple Roles of Judges and Attorneys in Modern Civil Litigation. Op. cit. p. 62). Contudo, conforme já apontado, o dever das partes de apresentar os documentos que

Antes da Reforma de 2001, a apresentação de documentos somente poderia ser determinada a requerimento de uma das partes, estando sujeita a dois requisitos alternativos: a parte que estava em posse do documento tinha feito referência a ele em algum momento, ou a parte que precisava do documento demonstrava que tinha um *direito material* à sua obtenção; ou seja, que um dispositivo de lei material previa a obrigação de apresentação do documento naquele caso. Para ampliar o escopo dessa previsão, os tribunais admitiam que a apresentação de documentos fosse requerida e determinada com base no princípio da boa-fé do §242 do Código Civil alemão – *Bürgerliches Gesetzbuch* (BGB).

Quanto ao §142 da ZPO em sua redação pós-reforma, Gottwald reporta uma crítica da advocacia alemã de que a amplitude desse dispositivo não protegeria as partes contra a divulgação de documentos que revelassem "informações sensíveis e muitas vezes confidenciais, tais como segredos de negócios". Por essa razão, opina que o legislador deveria ter definido melhor os limites desse poder do magistrado, ao invés de deixar totalmente para a discricionariedade judicial.[147]

Por outra parte, o §142 não prevê mecanismos para garantir o cumprimento dessa decisão que ordena a apresentação dos documentos – como, por exemplo, aplicação de multa, determinação de busca e apreensão, etc. O que a doutrina alemã afirma que pode ser feito é aplicar por analogia o §427 da ZPO – referente à apresentação de documento determinada pelo juiz *a requerimento de uma das partes*[148] – *e extrair*

---

se encontram em seu poder e podem prejudicar a sua posição processual não deve ser confundido com uma violação à autonomia de vontade das partes e à sua liberdade de disposição do direito material.

147. O texto em língua estrangeira é: "*sensitive, and often confidential information, such as business secrets*". GOTTWALD, Peter. Civil Procedure in Germany after the Reform Act of 2001. Op. cit., p. 341. A melhor definição dos poderes do magistrado dentro do §142 da CPO poderia ter sido feita, por exemplo, através da fixação de outros requisitos ou da previsão de situações nas quais as partes estariam escusadas de apresentar o documento. Ainda, se o objetivo era evitar a taxatividade, o legislador alemão poderia ter estabelecido que as partes poderiam aduzir uma justificativa razoável para não apresentar o documento ou, alternativamente, apresentar uma versão "censurada" (*redacted*) na parte que fosse confidencial.

148. A apresentação de documentos determinada pelo juiz *a requerimento de uma das partes* é regulada pelos §§415-444 da ZPO. Neste caso, exige-se que as partes forneçam informações suficientes ao juízo para possibilitar a identificação dos documentos. Todavia, para Stadler, essa exigência não deve ser aplicada de forma rígida, de tal forma que se a parte que necessita do documento não tem informações detalhadas sobre o mesmo, mas é capaz de dar uma descrição geral a partir da qual a outra parte consegue, de boa-

uma presunção de veracidade das alegações fáticas cuja prova se buscava com aquele documento.[149]

A previsão do §142 da ZPO não provê um poder amplo para o juiz determinar a produção de prova documental na medida em que exige que uma das partes já tenha feito referência ao documento que será requerido. Assim sendo, o juiz não poderia, por exemplo, ordenar a apresentação de um documento que ele, da narração dos fatos, supõe que uma das partes tenha, mas que não foi referenciado por nenhuma delas. Ou, ainda, expedir uma ordem genérica para que as partes apresentem todo e qualquer documento em seu poder apto a comprovar as alegações de fato A, B e C.

Correlatamente, entende-se que "na Alemanha ainda não há obrigação legal para as partes informarem a corte ou outra parte sobre se elas possuem documentos ou que tipos de documentos elas têm em sua posse",[150] *tal como acontece, por exemplo, na Inglaterra (item 2.2.4, infra).*

Nos termos do §144 da ZPO, o juiz também pode determinar de ofício a realização de inspeção visual (*Augenschein*), inclusive com a indicação de expert (*Sachverständiger*) para preparar um relatório. Quando a inspeção a ser realizada for de um objeto que esteja em poder de uma das partes ou de terceiro, ele poderá determinar a sua apresentação dentro de prazo fixado.

Segundo reporta Stadler, antes da reforma de 2001, com exceção da hipótese de exame de paternidade, as partes não tinham o dever legal de autorizar a inspeção de coisas pela corte ou por *experts* por ela apontados, ainda que na prática isso fosse realizado pelas cortes com fundamento nas regras referentes a prova documental.[151]

-fé, identificar o documento requerido, isso deve ser suficiente (*in* The Multiple Roles of Judges and Attorneys in Modern Civil Litigation. Op. cit., p. 65).

149. GOTTWALD, Peter. Civil Procedure in Germany after the Reform Act of 2001. Op. cit., p. 342, ressalvando, todavia, que as justificativas apresentadas pela parte para recusar a apresentação do documento devem ser levadas em consideração antes de extrair qualquer conclusão disso. Assim, em vista do pontuado na nota 386, em uma situação na qual a parte se recusa, por exemplo, a apresentar o documento requisitado sob o verossímil argumento de que nele constam informações confidenciais, parece razoável que o juiz aceite essa justificativa e não aplique a presunção de veracidade nesse caso.

150. O texto em língua estrangeira é: "*in Germany there is still no legal obligation on the parties to inform the court or the other party about whether they possess documents, or what kind of documents they have in their possession*". STADLER, op. cit., nota 387, p. 65.

151. "[...] *the courts did impose an obligation upon the parties to permit the inspection of things and real property by referring to the rules governing documentary evidence. If a party therefore mentioned or referred to objects in her pleadings, the courts assumed that she*

Os poderes mais amplos para determinação de produção de provas de ofício pelo juiz podem ser encontrados no §287 da ZPO, que trata da avaliação dos danos (*Schadensermittlung*). Estabelece esse dispositivo que o tribunal poderá decidir *à sua discrição* qual prova deverá ser produzida para essa finalidade, não estando limitado àquelas propostas pelas partes.[152]

No que tange à prova testemunhal, há algumas observações relevantes a serem feitas que guardam pertinência com o gerenciamento processual.

No processo civil alemão, o juiz não pode ordenar que uma testemunha seja ouvida sem que um requerimento tenha sido formulado por uma das partes.[153] Os poderes do magistrado cingem-se à análise sobre a necessidade de ouvir ou não as testemunhas indicadas pelas partes. Quando a sua conclusão for positiva, ele determinará a intimação das testemunhas apontadas para que elas deponham *somente sobre os fatos com relação aos quais elas foram nomeadas pela parte*, sendo vedado ao juiz questioná-las sobre outros pontos.

A inquirição das testemunhas segue essa ordem: primeiro, elas apresentam o seu relato dos fatos pertinentes;[154] depois, o juiz as questiona, e, por fim, as partes têm a oportunidade de formularem as suas próprias perguntas. Estas devem ser relevantes e podem ser objetadas pela parte contrária.

Assim, embora o juiz não tenha o poder de determinar a oitiva de testemunhas que não tenham sido indicadas pelas partes, ele possui poderes significativos na condução da própria inquirição. Além de poder questionar as testemunhas, ele também controla as perguntas que serão formuladas pelas partes, podendo indeferir as que considerar impertinentes.[155]

---

was obliged to present these objects for inspection, even if their inspection would support the opponent's case. The same was true if the party having the burden of proof under substantive law had a right to see or inspect premises or things that were in the possession of her opponent. If the other party refused inspection without good cause, destroyed objects for inspection or refused to let court appointed experts enter her premises, the court could draw its own conclusions from this behavior". STADLER, Astrid. The Multiple Roles of Judges and Attorneys in Modern Civil Litigation. Op. cit., p. 67.

152. BEIER, Jürgen. The Woolf Report and German Civil Procedure. Op. cit., p. 71.

153. PAULUS, Christoph G. **Zivilprozessrecht**: Erkenntnisverfahren und Zwangsvollstreckung. Dritte, überarbeitete und aktualisierte 3. Aufl. Berlin: Springer, 2004, p. 135.

154. Para garantir que as testemunhas irão relatar apenas os fatos pertinentes, o juiz, ao intimá-las, irá indicar os fatos para cuja prova elas foram nomeadas.

155. KÖTZ, Hein. Civil Justice Systems in Europe and the United States. **Duke Journal of Comparative and International Law**, v. 13, p. 61-77, 2003, p. 63.

Zuckerman afirma que o método alemão de inquirição de testemunhas é diferenciado (*sui generis*) na medida em que não é um *cross-examination* nos moldes do direito norte-americano e do inglês, mas tampouco pode ser qualificado como inquisitorial.[156]

O §377 (3) da ZPO prevê a possibilidade de o juiz determinar que o depoimento da testemunha seja apresentado por escrito quando entender que, à luz do conteúdo da questão que será perguntada e da pessoa da testemunha, essa forma de produção da prova seja suficiente. Na intimação da testemunha deve ser ressaltado que ela pode ser posteriormente convocada para questionamento sobre sua declaração escrita.

Para finalizar o estudo do *Prozessleitung* na Alemanha, chegamos à análise dos mecanismos de gestão da prova pericial.

Quando estamos tratando de *case management* e, especificamente, dos poderes instrutórios do juiz, uma das questões controversas diz respeito à nomeação do *expert* para realização desta prova. Discute-se, nessa seara, se o melhor modelo seria aquele no qual as partes indicam cada qual o seu *expert* e do confronto dos pareceres parciais o juiz extrai as suas conclusões a respeito dos fatos, ou se o ideal é deixar para o juiz nomear um perito do juízo – imparcial, portanto – que elabora apenas um laudo para o caso.

Na Alemanha, a opção foi pelo segundo modelo. Nos termos do §404 da ZPO, a determinação do número e dos nomes dos *experts* (*Sachverständige*) que atuarão no caso é prioritariamente feita pela corte. As partes podem, contudo, ser consultadas para designar nomes de especialistas para o caso. Esta previsão é útil para aqueles casos complexos ou muito específicos nos quais é difícil para a corte conseguir identificar a especialidade ideal que deve ter o *Sachverständiger*, ou mesmo para encontrar um bom nome para nomear. As partes, pela sua proximidade e conhecimento do caso, podem ter mais facilidade para essa tarefa.

---

156. ZUCKERMAN, Adrian A. S.; COESTER-WALTJEN, Dagmar. The role of lawyers in German civil litigation. Op. cit., p. 302. Os autores complementam explicando que no processo civil alemão "*[t]he parties are not allowed to influence witnesses and, as we have observed earlier, it is contrary to professional ethics for a lawyer to prepare a witness. Indeed, lawyers must refrain from any contact with witnesses. The parties themselves are not subject to a similar prohibition, but the courts are wary of any influence that might be exerted by such contacts and may question the witness on this matter. Contact between a party and a witness is likely to diminish the witness' probative weight.*"

Além disso, o §404 (4) da ZPO prevê que as partes podem acordar em um ou mais nomes de profissionais para serem indicados como *experts* e que a corte tem que acatar a sua decisão, podendo, apenas, limitar o número de *experts* a serem indicados.

O §406 da ZPO trata da possibilidade de rejeição do *expert* pelas partes, a qual pode ser formulada com base nas mesmas razões usadas para suscitar a rejeição do juiz.

Ao juiz, por sua vez, é atribuída a função de gerenciar os trabalhos periciais, podendo (i) dar instruções para o perito sobre a natureza e o escopo da análise; (ii) determinar os fatos que deverão ser objeto do laudo; e (iii) determinar se o perito pode ou não contatar as partes, bem como a partir de que momento da investigação é permitido a elas participar (§404a da ZPO).

Duas observações devem ser feitas sobre a relação que se instaura entre o juiz e o perito, e a forma como as comunicações entre eles deve se dar. A primeira é que, seguindo aquela que é a orientação geral do processo civil alemão, o §404a (2) da ZPO fixa um dever de comunicação entre o juiz e o perito para que aquele escute este antes de formular as suas questões para a perícia e dê as instruções necessárias para cumprimento da tarefa. Além disso, abre a possibilidade de o perito requerer explicações, evitando o risco de compreensão errada a respeito do trabalho que deve realizar.

Essas determinações encaixam-se dentro de um paradigma de processo cooperativo, no qual os sujeitos processuais – neste caso o juiz e o perito – devem atuar em cooperação, dialogando entre si para que as suas funções sejam exercidas de forma eficiente. A relação que se instaura entre o juiz e o perito não é, portanto, unilateral ou distante, mas baseia-se na comunicação recíproca entre os sujeitos.

Um segundo aspecto importante é que, consoante o §404 (5) da ZPO, as partes devem ser informadas das instruções passadas pelo juiz ao perito e autorizadas a participar de audiências separadas marcada entre o juiz e o perito.

A natureza jurídica do perito no processo civil alemão é de assistente da corte,[157] razão pela qual ele tem o dever de ser neutro e prover o juiz com o conhecimento técnico necessário para o caso.

157. *"It is for the court to decide whether it lacks the necessary knowledge in special fields (such as medical matters, engineering questions, economic theories, etc.), and whether to resort*

O laudo pericial deve ser apresentado por escrito, podendo o juiz determinar que o perito compareça perante a corte para uma inquirição oral caso haja algum ponto que demande mais explicação (§411 da ZPO).

Uma última nota deve ser feita com relação à apresentação de pareceres técnicos parciais elaborados por especialistas contratados pelas partes individualmente. Essa possibilidade é *a priori* condicionada ao consentimento de *ambas* as partes, embora o BGH admita que o parecer apresentado por uma parte possa ser levado em consideração pelo juiz mesmo que a outra parte tenha objetado à sua apresentação, ressaltando, contudo, que ele será avaliado como parte integrante da argumentação da parte que o apresentou (e não como meio de prova).[158]

Caso a correção do parecer parcial seja questionada ou se forem apresentados dois pareceres conflitantes, o juiz deverá nomear um perito do juízo. Quando for apresentado um parecer parcial contrário ao laudo pericial, será o caso de ouvir o perito ou indicar outro *expert*.[159]

2.2.4. Inglaterra

Antes de 1999, Inglaterra e País de Gales[160] adotavam uma estrutura de processo civil eminentemente adversarial, dominada pelo princípio dispositivo.[161] O processo era entendido como uma disputa privada que

---

to expert assistance. The parties may, however, suggest to the court that expert evidence should be taken. If a court rejects an application for expert evidence or decides the case contrary to the expert's opinion, there might be ground for appeal, if it can be shown that the court was wrong." ZUCKERMAN, Adrian A. S.; COESTER-WALTJEN, Dagmar. The role of lawyers in German civil litigation. Op. cit., p. 302.

158. ROSENBERG, Leo; SCHWAB, Karl Heinz; GOTTWALD, Peter. **Zivilprozessrecht**. 17. Aufl. Op. cit., p. 694.

159. Loc. cit.

160. Ao tratar do processo civil inglês é incorreto fazer referência ao Reino Unido, pois a Escócia, por tradição, adota um sistema de justiça civil com características diferentes. Por não fazer parte do escopo deste trabalho, remetemos o autor interessado a uma explicação sobre a configuração do processo civil escocês à leitura de PARRATT, David R. "Something old, something new, something borrowed..." Civil dispute resolution in Scotland – a continuing story. In: VAN RHEE, C. H. (Ed.) **Judicial case management and efficiency in civil litigation**. Antwerpen: Intersentia, 2007, p. 163-176. A análise que será feita nessa dissertação abarcará, portanto, apenas as características do processo civil na Inglaterra e no País de Gales. Para simplificar, deste ponto em diante faremos menção apenas ao primeiro.

161. ANDREWS, Neil. **The Modern Civil Process**: Judicial and Alternative Forms of Dispute Resolution in England. Tübingen: Mohr Siebeck, 2008, p. 24.

somente interessava às partes, as quais saberiam como melhor atender aos seus próprios interesses. Não se concebia, dentro dessa visão, um interesse público e uma função social no exercício da jurisdição.

Nesse contexto, o juiz inglês deveria assumir uma postura passiva e não interferir indevidamente na condução do caso.[162] Às partes cabia o controle prioritário sobre o início e o fim do processo, sobre a definição do seu objeto, sobre a apresentação dos fatos, sobre a produção das provas, e sobre a condução do feito até a audiência (*trial*) – ou seja, um controle procedimental e substancial.

O grande problema desse sistema – reconhecido pela doutrina inglesa – é que a sua efetividade pressuporia um equilíbrio na representação das partes e um interesse de ambas no desenvolvimento do caso de forma célere, eficiente, e com uso proporcional dos recursos disponíveis.[163]

Essa constatação estava presente na base da recomendação do relatório apresentado em junho de 1988 pelo *Review Body on Civil Justice*, sugerindo "uma mudança no sistema adversarial que havia dominado o processo civil inglês no decorrer da história, e que havia resultado numa percepção do litígio como uma batalha (regulada) e na omissão pelas partes do máximo de informação possível entre elas".[164] O trabalho realizado pelo *Review Body on Civil Justice* foi o primeiro passo de um processo de reforma do sistema de justiça civil inglês que teve o seu ápice na elaboração das *Civil Procedure Rules*, com base nos dois relatórios produzidos por Lorde Woolf em meados da década de 90.[165]

---

162. *"Prior to the CPR, the court had no authority to instruct the parties how to conduct proceedings; it had very little power to give directions of its own initiative and had hardly any facilities for monitoring the progress of litigation. As Lord Woolf observed, there was 'no clear judicial responsibility for managing individual cases or for the overall administration of the civil courts'. The court had no active role in the conduct of litigation, only a reactive role. Its function was limited to dealing with any applications that parties chose to make, at a time of their choice and on matters of their choosing".* ZUCKERMAN, Adrian A. S. **Civil Procedure**. Op. cit., p. 30.

163. ANDREWS, Neil. **English Civil Procedure**: fundamentals of the new civil justice system. New York: Oxford University Press, 2003, p. 35; ZUCKERMAN, ibid., p. 366 (observando que mesmo a cooperação entre as partes não seria capaz de, por si só, garantir a efetividade do sistema).

164. O texto em língua estrangeira é: *"a change in the adversarial system which had dominated English civil procedure throughout its history and which had resulted in litigation being perceived as a (regulated) battle and in the parties hiding as much information as possible from each other".* VAN RHEE, C. H. Introduction. In: ______. (Ed.) Op. cit., p. 159.

165. Para uma descrição das tentativas de reformas empreendidas no decorrer dos séculos XIX e XX, v. CLARKE, Anthony. The Woolf Reforms: a singular event or an ongoing process?

2.2.4.1. *Os Woolf Reports e a reforma do processo civil inglês*

Em 28 de março de 1994, Lorde Woolf foi nomeado pelo *Lord Chancellor*[166] para revisar as regras processuais da justiça civil na Inglaterra, optando por realizar o seu trabalho em duas fases.[167] Na primeira, Woolf delineou as linhas mestras para a reforma e apresentou suas conclusões gerais sobre como ela poderia ser implementada. O resultado desta fase foi descrito em um *Interim Report*, apresentado em junho de 1995. Na segunda fase, que resultou na elaboração do *Final Report*, apresentado em julho de 1996, Woolf propôs novas regras para o processo civil inglês.[168]-[169]

Logo no início do *Interim Report*, Woolf esclarece quais são os objetivos da revisão empreendida: "melhorar o acesso à justiça e reduzir os custos do litígio; reduzir a complexidade das regras e modernizar a terminologia; remover distinções desnecessárias de prática e processo".[170] Tais objetivos refletem o que ele identificava serem os princípios basilares a orientar a estruturação do processo civil: a *justiça* do resultado e do processo,[171] a *proporcionalidade* dos recursos dispendidos na resolução do caso, a *adequação* do procedimento à natureza da disputa, a *duração*

Op. cit. p. 37-41 (observando que tais iniciativas reformistas anteriores tinham o mesmo objetivo que Woolf – eliminar o excesso de complexidade, custo e tempo do processo – mas buscavam alcança-lo pela introdução de reformas estruturais e procedimentais *discretas*, que não afetavam significativamente a cultura do litígio e a relação dos sujeitos processuais – diferente, portanto, do que foi proposto por Woolf).

166. O Lord Chancellor é responsável pela administração do Poder Judiciário inglês.

167. Woolf optou por esta divisão do trabalho em duas fases para poder testar e confirmar a aceitação das suas ideias gerais para a proposta de estruturação do processo antes de elaborar sugestões de normas específicas. WOOLF. **Access to Justice Interim Report**, *Introduction*. Disponível em: <http://webarchive.nationalarchives.gov.uk/+/http://www.dca.gov.uk/civil/interim/intro.htm>. Acesso em: 04 out. 2016.

168. Os dois *Reports* de Lorde Woolf podem ser encontrados na íntegra em <http://webarchive.nationalarchives.gov.uk/+/http://www.dca.gov.uk/civil/reportfr.htm>. Acesso em: 15 mai. 2016.

169. Embora os *Reports* de Woolf tenham orientado a elaboração das CPR, Zuckerman nota que *"there are substantial variations between the rules that were proposed by Lord Woolf and the new rules."* (*in* **Civil Procedure**. Op. cit. p. 1). Embora seja uma observação interessante, não nos preocuparemos em analisar as diferenças existentes entre as regras adotadas e aquelas propostas por Woolf, por fugir do escopo deste trabalho.

170. O texto em língua estrangeira é: *"to improve access to justice and reduce the cost of litigation; to reduce the complexity of the rules and modernise terminology; to remove unnecessary distinctions of practice and procedure"*. WOOLF. **Access to Justice Interim Report**, *Introduction*. Op. cit.

171. Para Woolf, o conceito de processo justo é composto pelos aspectos da paridade de armas entre os litigantes, do direito de ser ouvido, e do tratamento isonômico de casos

razoável do processo, a *acessibilidade* do sistema aos seus usuários, a *segurança e certeza jurídica* conferidas pela decisão final, e a *efetividade*.[172]

2.2.4.2. *As Civil Procedure Rules e o overriding objective – princípios informadores do processo*

As CPR entraram em vigor em 26 de abril de 1999 trazendo uma nova forma de se conceber e estruturar o processo civil,[173] pautada em poderes de *case management* para o juiz e deveres de cooperação para as partes.[174]

Essa mudança não representou, todavia, um completo desvio do princípio dispositivo (em sentido amplo) e da autonomia da vontade das partes, mas sim a sua conformação. As partes continuam sendo as responsáveis por dar início ao processo; por definir o seu objeto; por transigir sobre o direito material, pondo fim à disputa; e por decidir quais provas serão produzidas para comprovar as suas alegações de fato. Correlatamente, a corte "não tem poder sobre a escolha das questões, nem poder investigativo e autoridade para determinar a produção de prova contra a vontade das partes".[175] O convencimento judicial continua sendo formado com base nos fatos e nas provas apresentados pelas partes.[176]

Por outro lado, as CPR tiveram um impacto significativo sobre a dimensão do princípio dispositivo que compreende o *controle sobre o desenvolvimento do processo*: se antes da reforma de 1998 ele pertencia

---

análogos (igualdade) (*in* **Access to Justice Interim Report**, *Chapter 1 – The Principles*. Op. cit.).

172. Loc. cit.

173. *"Although many of the new rules reflect pre-existing practices, the approach to matters such as court control of litigation, the exercise of judicial discretion and the duty of the parties to co-operate, represents such a radical departure from past practice that the CPR may be justly described as a new procedural code."* ZUCKERMAN, Adrian A. S. **Civil Procedure**. Op. cit., p. 1.

174. CLARKE, Anthony. The Woolf Reforms: a singular event or an ongoing process? Op. cit., p. 44 (explicando que a mudança de cultura no processo civil inglês assentou-se em três elementos básicos: o *case management*, o *overriding objective*, e a previsão de deveres para as partes e seus procuradores de auxiliar a corte na consecução desse *overriding objective*).

175. O texto em língua estrangeira é: *"has no power over the choices of issues, no investigative powers and no authority to direct the production of evidence against the parties' wishes"*. ZUCKERMAN, Adrian. **Civil Procedure**. Op. cit., p. 356.

176. VERKERK, Remme. **Fact-finding in civil litigation**... Op. cit. p. 310.

prioritariamente às partes, hoje ele é compartilhado entre os sujeitos processuais.[177]

Nessa linha, Jolowicz aponta que não haveria, na reforma proposta por Woolf e implementada pelas CPR, uma quebra com a tradição adversarial ou com o princípio dispositivo, na medida em que a configuração do processo como mecanismo de resolução de disputas privadas *nos limites definidos pelas partes e com base exclusiva nas informações por elas fornecidas* seria mantida. A premissa na qual ele baseia a sua observação é a separação das duas dimensões do princípio dispositivo, desenvolvida no direito alemão, em *Dispositionsmaxime* e *Verhandlungsmaxime*.[178] Desse modo, ainda que a reforma tenha transferido para o juiz parcela do controle sobre o processo, o poder das partes de dispor sobre seus direitos e obrigações continuou sendo protegido.

Na linha dos *Woolf Reports*, a peça-chave das CPR está na própria mudança da cultura do litígio. Isso foi alcançado, dentre outras previsões, pela inclusão de um "*overriding objective*" como primeira regra do processo civil inglês, estabelecendo um norte para a atuação do juiz na condução do caso e para o comportamento das partes e de seus advogados.

A previsão do *overriding objective* assenta-se na constatação, partilhada por Woolf em seu *Final Report*, de que a efetividade das normas e dos instrumentos processuais depende muito da forma como eles são implementados, somente sendo capazes de alcançar os seus objetivos concretos quando houver uma compreensão adequada das finalidades das normas e do sistema como um todo.

Tendo isso em vista, a *Rule* 1.1 estabelece, em seu parágrafo (1), que "essas regras são um novo código processual com o objetivo primordial de permitir que a corte lide com os casos de forma justa e a um custo proporcional".[179]

Em sua versão original (editada em 1998) a *Rule* 1.1, parágrafo (1), não trazia o trecho "a um custo proporcional", embora o parágrafo (2) já previsse que lidar com os casos de forma justa implicaria "economizar

177. Idem. Power of the Judge: England and Wales. Op. cit. p. 307.

178. JOLOWICZ, J. A. The Woolf Report and the adversary system. **Civil Justice Quarterly**, v. 15, p. 198-210, Jul. 1996, p. 199-200.

179. O texto em língua estrangeira é: *"[t]hese Rules are a new procedural code with the overriding objective of enabling the court to deal with cases justly and at proportionate cost."* Disponível em: <https://www.justice.gov.uk/courts/procedure-rules/civil/rules/part01>. Acesso em: 04 out. 2016.

gastos" ("*saving expenses*"). Contudo, conforme reporta a doutrina inglesa, a prática judiciária após a edição das CPR demonstrou que se o novo diploma conseguiu resolver alguns problemas do sistema de justiça civil inglês,[180] o alto custo não foi um deles. Pelo contrário, o que se observava era que o processo civil teria se tornado ainda mais custoso após a reforma de 1998. Dessa maneira, parece benéfico que tenha sido reforçada a importância de a entrega da prestação jurisdicional ser realizada mediante o dispêndio de custos proporcionais à disputa.

Além da economia de gastos, parágrafo (2) da *Rule* 1.1 também prevê a necessidade de assegurar a *igualdade* entre as partes, a *adequação*, a *celeridade*, e a *proporcionalidade*[181] – *adotando, assim, os mesmos princípios apontados por Woolf como fundamentais para o processo civil. Ressalta-se que a promoção desses valores se justifica quando e na medida em que eles estejam atendendo ao ideal maior de realização de justiça na resolução das disputas, não sendo considerados, por isso, valores absolutos.*[182]

---

180. Um dos problemas que as CPR parecem ter conseguido resolver foi, por exemplo, a demora dos processos. Esta foi solucionada não somente graças às previsões que otimizaram o trabalho das cortes, através de mecanismos que permitem ao juiz organizar o tempo das fases processuais e de modo geral controlar o andamento do feito, mas também graças à redução do número de casos: "*There has been a significant reduction in litigation before the ordinary courts, especially in the High Court. During the last three decades of the twentieth century, too much court traffic had clogged up the litigation system. But this crisis has now disappeared. Waiting time for hearings are now much shorter, or have even disappeared* [...]." (*in* ANDREWS, Neil. **The Modern Civil Process**... Op. cit., p. 5).

181. CPR, *Rule* 1.1, parágrafo (2): "*Dealing with a case justly and at proportionate cost includes, so far as is practicable – (a) ensuring that the parties are on an equal footing; (b) saving expense; (c) dealing with the case in ways which are proportionate – (i) to the amount of money involved; (ii) to the importance of the case; (iii) to the complexity of the issues; and (iv) to the financial position of each party; (d) ensuring that it is dealt with expeditiously and fairly; (e) allotting to it an appropriate share of the court's resources, while taking into account the need to allot resources to other cases; and (f) enforcing compliance with rules, practice directions and orders.*"

182. Segundo Zuckerman, os valores transcritos no *overriding objective*, especialmente os que se referem à proporcionalidade e à celeridade na resolução das disputas, não somente devem ser equilibrados entre si, mas também devem prestar deferência aos demais princípios e regras fundamentais que representam a justiça processual, tal como a imparcialidade, a publicidade, e o direito de ser ouvido. Além disso, observa que não seria possível estabelecer, a partir desses valores inscritos no *overriding objective*, parâmetros gerais aplicáveis a todos os casos, sendo necessária a adaptação "*to the specific circumstances of the case in hand. What might be reasonable expedition and reasonable allocation of resources in a complex case might be unacceptable delay and excessive use of resources in a simpler straightforward dispute.*" (*in* **Civil Procedure**. Op. cit., p. 4). Nesse sentido, Andrews também ressalta que o sistema de justiça civil sempre envolverá "*compromises between competing values and principles, which represent each generation's*

O overriding objective exprime, assim, a finalidade essencial a ser perseguida pelo processo: a *justiça*, entendida aqui de forma ampla para englobar tanto a justiça do *resultado* (obtenção de decisões justas, corretas quanto aos fatos e quanto à aplicação do direito) como a justiça do *processo*[183] *(tempestividade, adequação e proporcionalidade*[184]*)*.

O direito fundamental a um julgamento justo (right to fair trial) encontra proteção no ordenamento jurídico inglês em diferentes níveis: através da legislação processual, das decisões judiciais, dos princípios de *common law*, e da Convenção Europeia de Direitos do Homem – *European Convention of Human Rights* (ECHR),[185] a qual prevê, em seu conhecido artigo 6º, que

> [...] qualquer pessoa tem direito a que a sua causa seja examinada, equitativa e publicamente, num prazo razoável por um tribunal independente e imparcial, estabelecido pela lei, o qual decidirá, quer sobre a determinação dos seus direitos e obrigações de carácter civil, quer sobre o fundamento de qualquer acusação em matéria penal dirigida contra ela. O julgamento deve ser público, mas o acesso à sala de audiências pode ser proibido à imprensa ou ao público durante a totalidade ou parte do processo, quando a bem da moralidade, da ordem pública ou da segurança nacional numa 10 11 sociedade democrática, quando os interesses de menores ou a protecção da vida privada das partes no processo o exigirem, ou, na medida julgada estritamente necessária pelo tribunal, quando, em circunstâncias especiais, a publicidade pudesse ser prejudicial para os interesses da justiça.[186]

---

attempt to meet the perennial challenges of civil procedure" (*in* A new civil procedure code for England: party-control "going, going, gone". **Civil Justice Quarterly**, v. 19, p.19-38, Jan. 2000, p. 37). A ponderação entre os valores do *overriding objective* varia, portanto, em função do caso no qual eles estão sendo aplicados e do momento histórico, podendo justificar a atribuição de maior importância a um ou outro valor.

183. ZUCKERMAN, ibid., p. 2. Na mesma linha, CLARKE, Anthony. The Woolf Reforms: a singular event or an ongoing process? Op. cit. p. 45.

184. A proporcionalidade é medida levando em consideração um aspecto interno e um externo, a saber, respectivamente: as particularidades da causa (valor em disputa, complexidade e interesse público) e a disponibilidade de recursos da corte de modo geral. (*in* ZUCKERMAN, ibid., p. 369).

185. Idem. **Zuckerman on Civil Procedure**: Principles of Practice. 2nd. ed. London: Sweet & Maxwell, 2006, p. 50.

186. Convenção Europeia dos Direitos do Homem, artigo 6º. Disponível em: <http://www.echr.coe.int/Documents/Convention_POR.pdf>. Acesso em: 31 mai. 2016.

Dessa garantia ampla pode-se extrair pelo menos cinco outras que guiam a estruturação do processo civil nos países signatários da ECHR: acesso à justiça, publicidade, duração razoável do processo, imparcialidade e independência do tribunal, e juiz natural. Além dessas, o direito inglês também assegura proteção às seguintes garantias fundamentais do processo: igualdade, direito à representação, direito de ser ouvido, motivação das decisões judiciais, e direito à prova.[187]

Em razão da importância que o *overriding objective* tem para o processo civil inglês, as CPR estabelecem que tanto o juiz como as partes devem observá-lo. Nessa linha, a *Rule* 1.2 prevê que a corte deverá buscar dar efetividade a ele no exercício dos poderes que lhe foram conferidos pela lei e na interpretação das demais regras contidas nas CPR (caráter hermenêutico da norma do *overriding objective*). Por sua vez, a *Rule* 1.3 estabelece que as partes têm o dever de ajudar o juiz a promover o *overriding objective*.

Seguindo o que fora proposto por Woolf, a forma adotada pelas CPR para garantir a concretização do *overriding objective* foi atribuir ao juiz poderes de controle sobre a preparação do caso para o *trial*, assegurando, com isso, que o processo se desenvolverá de forma célere e menos custosa.[188] É dizer: atribuiu-se ao juiz poderes de *case management*, transferindo a responsabilidade primária sobre a condução do feito das partes para a corte, em uma significativa mudança de paradigma no processo civil inglês.

Há que se ressaltar, todavia, que, conforme explicado anteriormente, muitos pontos continuaram submetidos ao poder das partes, tais como a decisão de dar início a um processo, a seleção do remédio adequado, a decisão de abandonar uma alegação, a celebração de acordos transigindo sobre o objeto material da disputa, a decisão de executar uma sentença, e a decisão de recorrer.[189] Repetindo a ressalva feita quando da análise do sistema alemão, mesmo que alguns desses poderes sejam eventualmente excepcionados, as partes continuam detendo seu poder de disposição.[190]

---

187. ZUCKERMAN, Adrian. **Zuckerman on Civil Procedure**... Op. cit. p. 50 *et seq.*.

188. ANDREWS, Neil. **English Civil Procedure**... Op. cit., p. 37.

189. Ibid. 37-38. No mesmo sentido, v. ZUCKERMAN, Adrian. **Civil procedure**. Op. cit., p. 352-353.

190. É o caso, por exemplo, do direito de recorrer. Não obstante o sistema inglês imponha que os recursos estão sujeitos à autorização do juiz que julgou o caso para serem admitidos (com a possibilidade de tal admissão, se negada, ser pleiteada ao tribunal *ad quem*),

No que tange ao dever das partes de contribuírem para a promoção do *overriding objective*, entende-se que ele engloba, em primeiro lugar, o dever de exercer os seus poderes e faculdades processuais de forma *não-abusiva*, e, em segundo lugar, o dever de considerar o uso de meios alternativos de solução de controvérsias (*Alternative Dispute Resolution* – ADR) para pôr fim à disputa. Quanto a este, Andrews cita um caso decidido em 2002 pela *Court of Appeal* inglesa no qual se entendeu que não havia justificativa para o réu ter rejeitado o uso de ADR naquele caso concreto, razão pela qual a corte determinou que, embora ele houvesse sido vitorioso nas duas instâncias, não teria direito a recuperar as suas despesas.[191]

Existem dois pontos a serem observados com relação ao *overriding objective*. O primeiro é que com base nesse julgado citado por Andrews é possível afirmar – e essa é uma constatação extremamente salutar – que o *overriding objective* não se teria limitado a ser um mero parâmetro representativo de um modelo de processo, ou cânone hermenêutico-interpretativo de outras disposições, mas constituiria uma verdadeira fonte de deveres atípicos para o juiz e para as partes, com a possibilidade de aplicação de sanções nele baseadas.

Na medida em que o *overriding objective* representa a finalidade a ser buscada pelo processo, limitá-lo a mero parâmetro interpretativo reduziria o seu potencial transformador da cultura do litígio. Por isso, acertadamente admitiu-se no direito inglês que ele tenha um papel de elemento *conformador* das normas que serão extraídas pela aplicação das regras processuais. Assim, ainda que uma determinada regra das CPR não preveja expressamente uma consequência para um comportamento da parte (ou do juiz) que implique uma violação do *overriding objective*, seria possível extrair tal consequência do próprio *overriding objective*, uma vez que ele está na base de todo o sistema.

A segunda observação a ser feita é que o *overriding objective* talvez possa ser considerado *a* grande inovação das CPR, sob uma perspectiva de novidade da previsão. Tal como apontado anteriormente, embora o termo "*case management*" tenha-se expandido com as mudanças no direito norte-americano e no direito inglês durante a segunda metade do século XX, a ideia de atribuição de poderes de gestão do processo ao

---

a interposição do recurso depende, primeiramente, a uma decisão exclusiva da parte que detém o interesse recursal.

191. ANDREWS, Neil. **English Civil Procedure**... Op. cit. p. 39.

juiz em um ambiente de cooperação com as partes nasceu muito antes, mais precisamente na Áustria de Franz Klein, no final do século XIX, e já vinha sendo incorporado por outros países muito antes do advento das CPR. Mesmo na Inglaterra, o *case management* já havia sido introduzido na *Commercial Court* e em algumas partes da *High Court* antes da reforma de 1999.[192] Tais observações não visam a negar a importância que teve a ampliação do *case management* através das CPR, mas apenas apontar que não se tratou de um instituto propriamente novo – nem internamente, nem em escala global.

Por outro lado, o *overriding objective*, ao menos no que é de nosso conhecimento, trouxe algo inédito para o processo no mundo ocidental:[193] a previsão de uma norma, inserida no início do diploma legal, contendo uma determinação finalística para a condução do processo, e estabelecendo os princípios que regem a interpretação e aplicação das normas processuais, *a ser observada por todos os sujeitos processuais na conformação da sua atuação.*

A título comparativo, nos Estados Unidos, desde 1938, as *Federal Rules of Civil Procedure* já continham a previsão da sua *Rule* 1, estabelecendo, em sua redação original, que as demais regras processuais deveriam ser construídas de modo a assegurar a resolução justa, rápida e econômica de todas as ações. Embora essa linguagem seja muito parecida com a do parágrafo (1) da *Rule* 1 inglesa, o dispositivo norte-americano carecia de dois elementos fundamentais do *overriding objective*: (i) uma definição sobre o que significa resolver os litígios de forma "justa" (o que a *Rule* 1

---

192. VERKERK, Remme. Powers of the Judge: England and Wales. Op. cit. p. 308. No mesmo sentido, Zuckerman pontua que antes das CPR "*the English adversary system has always allowed for judicial discretion in matters of procedure, and it has been accepted that its exercise could influence the outcome of litigation.*" (*in* **Civil procedure**. Op. cit., p. 359).

193. Os valores inseridos no *overriding objective* não eram novos no direito processual inglês. A tempestividade da prestação jurisdicional, por exemplo, já era referida na Magna Carta (1215): "*We will sell to no man, we will not deny or defer to any man either Justice or Right*" (inciso XXIX). (*in* ZUCKERMAN, Adrian. **Zuckerman on Civil Procedure**... Op. cit. p. 5). Contudo, antes das CPR, apenas encontramos essa técnica de previsão de uma norma estabelecendo os objetivos a serem buscados pelo processo sendo usada no *Arbitration Act* inglês de 1996: "*The provisions of this Part are founded on the following principles, and shall be construed accordingly — (a) the object of arbitration is to obtain the fair resolution of disputes by an impartial tribunal without unnecessary delay or expense; (b) the parties should be free to agree how their disputes are resolved, subject only to such safeguards as are necessary in the public interest; (c) in matters governed by this Part the court should not intervene except as provided by this Part*". (*in* ANDREWS, Neil. **The Modern Civil Process**... Op. cit. p. 23).

inglesa faz em seu parágrafo (2)), e (ii) a previsão de que tanto a corte como as partes devem atentar para a consecução dessas finalidades.

Em sua redação atual, a *Rule* 1 norte-americana aproxima-se do modelo inglês ao estabelecer que as normas processuais devem ser construídas, administradas, e empregadas *pela corte e pelas partes* de modo a assegurar a resolução justa, rápida, e econômica de todas as ações e procedimentos.

Contudo, não obstante esta alteração implementada em 2015, a observação de Dwyer de que a norma norte-americana "é separada dos conceitos de gerenciamento processual ativo e de discricionariedade judicial" – o que a diferenciaria da norma do *overriding objective*[194] *– continua valendo; afinal, o próprio Advisory Committee on Rule of Civil Procedure*, que cuida das alterações no diploma processual federal norte-americano, ressaltou que a emenda da *Rule* 1 "não cria uma nova e independente fonte de sanções; nem reduz o escopo de quaisquer outras regras".[195] Fica, assim, reduzida a uma simples norma programática.

A análise do *overriding objective* fornece uma boa base para compreender a configuração geral que o processo civil inglês assumiu após as CPR. Cumpre, todavia, fazer uma breve indagação sobre a *eficácia* que essa nova legislação processual teve quando da sua implementação prática. É dizer: se esta mudança de paradigma ficou limitada ao plano normativo ou se os objetivos buscados pela reforma (delineados nos *Woolf Reports*) foram efetivamente alcançados.

Vale notar que nos 17 anos desde que entrou em vigor as CPR já sofreram diversas alterações. Segundo informação disponível no site do Ministério da Justiça inglês, em março de 2019 entrou em vigor a 106ª atualização das CPR ("*Update to the Civil Procedure Rules*").[196] Embora isso, por si só, não represente uma rejeição ao que fora criado em 1998, é um indício de que o sistema de justiça civil inglês ainda está tentando encontrar uma configuração ideal que atenda às expectativas de todos os atores sociais.

---

194. DWYER, Déirdre. What is the meaning of CPR r 1.1(1)? In: ______. **The Civil Procedure Rules Ten Years On**. Op. cit., p. 65-73, p. 70.

195. O texto em língua estrangeira é: "*This amendment does not create a new or independent source of sanctions. Neither does it abridge the scope of any other of these rules*". Disponível em: <https://www.law.cornell.edu/rules/frcp/rule_1>. Acesso em: 10 out. 2016.

196. Disponível em: <https://www.justice.gov.uk/courts/procedure-rules/civil>. Acesso em: 24 mar. 2019.

Nessa medida, um ponto que não teria sido bem solucionado pelas CPR seriam os *altos custos do processo*. Argumenta-se, inclusive, que este problema teria se agravado em virtude de algumas novidades das CPR – notadamente, os *pre-action protocols* (item 2.2.4.3, *infra*).[197]

Por fim, vale mencionar que a regulamentação do processo civil inglês é dada, ainda, por *Practice Directions* (PD) editadas pelo *Lord Chief Justice*, com aprovação do *Lord Chancellor*. As *Practice Directions* são protocolos que especificam o conteúdo das regras processuais, complementando, assim, as CPR.

2.2.4.3. A estrutura judiciária e o processo em primeira instância

A *Rule* 2.1, parágrafo (1), das CPR, prevê a aplicação das regras a todos os procedimentos perante a *County Court*, a *High Court*, e a *Civil Division* da *Court of Appeal*, salvo algumas espécies de procedimentos citados no parágrafo (2) deste dispositivo, que são regulamentados por leis específicas.

A estrutura judiciária cível da Inglaterra divide-se em duas cortes de primeira instância: as *County Courts* e a *High Court*. Esta é composta por três divisões: a *Family Division*, a *Chancery Division*, e a *Queen's Bench Division*. As duas últimas contam, ainda, com cortes especializadas, como a *Patents Court* (na *Chancery Division*) e a *Commercial Court* (na *Queen's Bench Division*).[198]

Até abril de 1999, os processos nessas cortes eram regidos por regras próprias e distintas: nas *County Courts* aplicavam-se as *County Court Rules* (CCR), enquanto que na *High Court* e na *Court of Appeal*

---

197. *"A concern expressed prior to the introduction of the CPR was that the protocols would lead to a front-loading of costs. This concern has proved to be well-founded (...). One of the questions Lord Justice Jackson is considering in his year-long review of civil costs is whether compliance with pre-action protocols generates excessive costs. We anticipate that in comercial cases views will be divided. Most are likely to agree that the process is costly but views will differ on its benefits."* PARKES, Tim. The Civil Procedure Rules Ten Years On: The Practitioners' Perspective. In: DWYER, Déirdre. (Ed.) **The Civil Procedure Rules Ten Years On**. Op. cit., p. 435-451, p. 438. Nesse sentido, v. também TURNER, Robert. "Actively": The word that changed the Civil Courts. In: Ibid., p. 77-88, p. 86 (afirmando que, além do problema do custo do processo, o processo civil inglês teria também ficado mais burocrático e *"paper-based"* – o que denota um aumento do elemento escrito em prol da tradicional oralidade).

198. ANDREWS, Neil. **The Modern Civil Process**... Op. cit., p. 15-16.

eram aplicadas as *Rules of the Supreme Court* (RSC).[199] Contudo, com o advento das CPR, as regras procedimentais foram uniformizadas, de modo que atualmente, salvo as *Practice Directions*, que *não* se aplicam à *Family Division* da *High Court* e aos casos de família nas *County Courts*, os processos nessas cortes seguem as mesmas regras.

Segundo a PD 7A, há três critérios que determinam se um processo poderá ser iniciado na *High Court*: (i) o valor da causa (superior a 50.000 libras para pedidos de indenização por dano pessoal, ou a 100.000 libras para demais casos); (ii) a complexidade fática ou jurídica; e/ou (iii) o interesse público.

Em síntese, o processo civil na Inglaterra desenvolve-se através das seguintes etapas ou fases: (i) postulatória (com a apresentação das argumentações das partes);[200] (ii) preparação das provas e troca de documentos entre as partes (prova documental, declarações de testemunhas, e pareceres de *experts*); (iii) *trial* (audiência de instrução e julgamento); (iv) recurso, e (v) execução. Ao longo de todo o processo, mas com mais intensidade logo após a fase (i) e até a fase (iv), o juiz exercerá seus poderes de *case management* para garantir que o processo se desenvolva de forma célere e eficiente, atendendo ao *overriding objective*.

Uma particularidade do ordenamento jurídico inglês é a importância dada à fase pré-processual, anterior à propositura da demanda.[201] Para esta fase, as CPR cuidaram de introduzir um sistema de *protocolos pré-processuais* ("*pre-action protocols*"), que "prescrevem 'obrigações' que

---

199. Ibid. p. 18-19.

200. "*Each party to English civil proceedings must produce a sworn 'statement of case' (formerly known as 'pleadings', [...]). This must set out the main aspects of the claim or defence. There is no need to include in a 'statement of case' any detailed evidence or details of legal argument. The claimant should also specify the relief he is seeking, such as the remedies of a debt claim, damages, injunction, or a declaration.*" Ibid. p. 31.

201. Uma questão controversa está na definição sobre o que, exatamente, constitui a fase pré-processual. Não entraremos nessa polêmica por fugir do escopo desta dissertação. Adotaremos para este trabalho, sem maiores considerações, o entendimento de que "fase pré-processual" se refere à fase anterior à propositura da demanda, quando é dado início ao processo *judicial*. Para maiores considerações sobre a fase pré-processual e os protocolos, incluindo uma análise extensiva do sistema inglês de *pre-action protocols*, remetemos o leitor a PANTOJA, Fernanda. **Protocolos pré-processuais**: fundamentos para a construção de uma fase prévia ao processo no direito brasileiro. 2016. 254 f. Tese (Doutorado em Direito) – Faculdade de Direito, Universidade do Estado do Rio de Janeiro, Rio de Janeiro, 2016.

as partes prospectivas e seus representantes legam devem satisfazer antes de dar início a procedimentos *formais*".[202]

Atualmente, há quinze protocolos específicos para as seguintes situações: "*Resolution of Package Travel Claims*", "*Debt Claims*", "*Construction and Engineering Disputes*", "*Defamation*", "*Personal Injury Claims*", "*Resolution of Clinical Disputes*", "*Professional Negligence*", "*Judicial Review*", "*Disease and Illness Claims*", "*Housing Disrepair Claims*", "*Possession Claims based on Mortgage or Home Purchase Plan Arrears in Respect of Residential Property*", "*Possession Claims by Social Landlords*", "*Low Value Personal Injury Claims in Road Traffic Accidents*", "*Claims for Damages in Relation to the Physical State of Commercial Property at Termination of a Tenancy (the 'Dilapidations Protocol')*", e "*Low Value Personal Injury (Employers' Liability and Public Liability) Claims*".[203]

Nos casos para os quais não há um protocolo específico previsto, aplica-se a "*Practice Direction – Pre-Action Conduct and Protocols*",[204] que contém previsões gerais para a conduta das partes nessa fase pré-processual. Tais disposições incorporam as finalidades transcritas na norma do *overriding objective* (a saber, eficiência, economia e proporcionalidade), demonstrando, mais uma vez, a importância que esse dispositivo possui no direito processual civil inglês.

Os protocolos pré-processuais possuem duas funções essenciais: regulamentar a preparação do caso antes do início do processo judicial e facilitar a autocomposição das partes.[205] Esses objetivos são alcançados na medida em que os protocolos estabelecem certos deveres de trocas de informações e documentos que, além de facilitarem a posterior instrução do processo judicial, permitem às partes conhecerem os pontos fortes e fracos da posição do seu adversário. Esse conhecimento contribui para o processo de negociação entre elas e para a obtenção de um acordo,

---

202. O texto em língua estrangeira é: "*prescribe 'obligations' which the prospective parties and their legal representatives must satisfy before commencing* formal *proceedings*". ANDREWS, Neil. **The modern civil process**... Op. cit., p. 29-30, tradução nossa, grifo nosso.

203. Disponível em: <https://www.justice.gov.uk/courts/procedure-rules/civil/protocol>. Acesso em: 24 mar. 2019.

204. Disponível em: <https://www.justice.gov.uk/courts/procedure-rules/civil/rules/pd_pre-action_conduct>. Acesso em: 06 out. 2016.

205. ANDREWS, Neil. **The modern civil process**... Op. cit. p. 5.

pois aproxima as suas expectativas sobre as possibilidades de sucesso em uma futura ação judicial.[206]

O controle da conduta das partes durante essa fase pré-processual é feito posteriormente pela corte, caso uma ação judicial venha a ser ajuizada. Nesta ocasião, "os juízes estão preparados para criticar as partes que tenham falhado em cumprir com o protocolo pré-processual [...], possuindo ampla discricionariedade para ajustar as determinações de custas de modo a refletir esta crítica".[207]

O processo judicial na Inglaterra tem início quando a corte emite, a requerimento do demandante, um "*claim form*" (*Rule* 7.2), que deverá contar, basicamente, a declaração da natureza do pedido, o remédio pleiteado, e a especificação do valor, quando envolver uma obrigação de pagar (*Rule* 16.2). Os "*particulars of claim*", que podem ser incluídos no próprio "*claim form*" ou ser apresentados posteriormente pelo demandante, contêm essencialmente a descrição concisa dos fatos que embasam a pretensão autoral (*Rule* 16.4).

O réu, uma vez citado, poderá apresentar a sua defesa, na qual ele deverá especificar quais alegações autorais está impugnando; quais alegações ele, sem admitir ou negar, requer que sejam provadas pelo autor, e quais alegações ele admite como verdadeiras (*Rule* 16.5). A impugnação feita pelo réu deve ser específica, com a indicação das suas razões e, se for o caso, com a apresentação da sua própria versão dos fatos. Qualquer ponto das alegações autorais que não seja comentado pelo réu será considerado não impugnado e, portanto, admitido como verdadeiro.

O autor poderá, ainda, apresentar uma réplica à defesa do réu. Trata-se, contudo, de uma faculdade, de modo que se ele não o fizer

---

206. MNOOKIN, Robert H. Why negotiations fail: an exploration of barriers to the resolution of conflict. **The Ohio State Journal on Dispute Resolution**, v. 8, nº 2, pp. 235-249, 1993, p. 240. Um dos maiores obstáculos para o sucesso de uma negociação é a assimetria de informações entre as partes que acarreta diferenças nas percepções de cada uma sobre a força da sua posição. Ao esconder uma "carta na manga", a parte espera obter uma vantagem sobre o seu adversário, sem atentar para o fato de que essa postura estratégica pode, em verdade, atravancar o processo de negociação, prejudicar a compreensão das posições das partes, e aumentar os custos do processo de negociação para ambas as partes.

207. O texto em língua estrangeira é: *"[t]he judges are then prepared to criticize parties who have failed to comply with the pre-action protocol"* e *"[t]he courts have a wide discretion to adjust costs orders to reflect this criticism."* ANDREWS, op. cit., nota 445, p. 5, tradução nossa.

não será considerado uma confissão sobre o que foi suscitado na defesa (*Rule* 16.7).

Depois da apresentação da defesa do réu, a corte aloca o caso em um "*case management track*"[208] – uma faixa de procedimento com regras adequadas ao tamanho e à natureza da disputa.[209] Há três opções à disposição da corte: (i) *small claims track*, (ii) *fast track*, e (iii) *multi-track*.

2.2.4.3.1. *Alocação do caso em faixas de procedimento*

Em um primeiro momento, a escolha é realizada de forma provisória, levando em consideração o valor da causa: (i) *small claims track* quando, nos casos em geral, não exceder dez mil libras;[210] (ii) *fast track* para os valores até vinte e cinco mil libras,[211] e (iii) *multi-track* para os demais casos.[212] Quando as partes forem notificadas da alocação do seu caso em um determinado *track*, elas também serão intimadas a preencher um questionário[213] com base no qual a corte poderá entender pela pertinência de alocar o caso em um outro *track* – por exemplo, quando,

---

208. CPR, *Rule* 26.1, parágrafo (1) (b).

209. Os "*tracks*" têm base na constatação de Lorde Woolf de que o processo deveria ser adaptável ao tamanho e à natureza da disputa. Cf. ANDREWS, Neil. **English Civil Procedure**... Op. cit., p. 39.

210. CPR, *Rule* 26.6, parágrafo (3). O parágrafo (1) dessa *Rule* prevê, todavia, duas situações especiais nas quais o patamar do valor da causa para a alocação no *small claims track* é diferente dessa regra geral. Primeiro, os casos referentes a "danos pessoais" ("*personal injuries*") – definidos pelo parágrafo 2º como "*a claim for damages in respect of personal injuries to the claimant or any other person or in respect of a person's death*" – nos quais além do valor da causa total ter que ser inferior a dez mil libras, o pedido de reparação por dano pessoal não poderá exceder mil libras. Segundo, os casos de locação de imóvel residencial nos quais o locatário esteja buscando uma ordem para que o locador realiza reparos ou outros trabalhos no imóvel alugado, o custo desses reparos ou outros trabalhos seja estimado em valor interior a mil libras, o valor de qualquer outro pedido de indenização por danos não supere mil libras, e não inclua um pedido para um remédio embasado em coação (*harassment*) ou despejo ilegal (quanto a este último critério negativo, v. *Rule* 26.7, parágrafo (4)).

211. CPR, *Rule* 26.6, parágrafo (4). Esse valor é aplicado para os processos iniciados após 6 de abril de 2009. Para ações ajuizadas antes desta data, o valor referência é quinze mil libras.

212. CPR, *Rule* 26.6, parágrafo (6).

213. "*Parties are encouraged to consult each other so that they may agree their responses, or at least co-ordinate them. Above all, parties are encouraged to discuss settlement.* [...] *The parties are not limited to answering the questionnaire. They may volunteer information about further matters* [...]. *They may also suggest case management directions.*" ZUCKERMAN, Adrian. **Civil procedure**. Op. cit., p. 424.

não obstante o valor reduzido da causa, tratar-se de matéria complexa que seria melhor processada no *multi-track*.[214]

Logo, o critério do valor da causa não será o único a ser levado em consideração na alocação definitiva de um caso em uma faixa de procedimento, mas gerará, inicialmente, uma presunção[215] que poderá ser alterada por particularidades materiais do caso concreto.

Cada *track* é dotado de regras especiais que adequam a estruturação do procedimento às necessidades do caso. Iremos aqui analisar as principais características e eventuais limitações de cada uma delas como forma de dar uma visão geral sobre o processo civil inglês neste aspecto e apresentar alguns pontos pertinentes para o estudo do *case management*.

No *small claims track*, após a alocação do caso nesta faixa de procedimento, a corte tem cinco opções para preparar o caso para a audiência principal (*hearing*)[216]: dar às partes instruções padrões (*standard directions*)[217] e fixar a data da audiência principal; (ii) dar instruções especiais (*special directions*)[218] e fixar a data da audiência principal; (iii) dar instruções especiais e informar que dentro de 28 dias será avaliada a necessidade de dar mais instruções; (iv) agendar uma audiência preliminar quando entender necessário, nos termos da *Rule* 27.6, parágrafo (1);[219]

---

214. Andrews cita alguns exemplos de situações nas quais isso poderia ocorrer: "[...] *a case which raises issues of public importance, or which is a test case; cases where oral evidence might be extensive, or where there is a heavy amount of documentary material; or cases where trial might last more than one day.*" (*in* **English Civil Procedure**... Op. cit., p. 40.

215. Loc. Cit.

216. CPR, *Rule* 27.4, parágrafo (1).

217. A *Rule* 27.4, parágrafo (3) (a), informa que as instruções padrão conterão uma determinação para as partes apresentarem e entregarem para a outra parte todos os documentos que pretendem apresentar em audiência com pelo menos quatorze dias de antecedência em relação à data da sua realização, além das demais instruções padrão previstas na PD 27, apêndice B ("*Standard Directions*").

218. A PD 27, apêndice C ("*Special Directions*"), traz exemplos de instruções especiais que podem ser dadas pela corte em suplementação ou em substituição às instruções padrão.

219. CPR, *Rule* 27.6 (1): "*The court may hold a preliminary hearing for the consideration of the claim, but only - (a) where - (i) it considers that special directions, as defined in rule 27.4, are needed to ensure a fair hearing; and (ii) it appears necessary for a party to attend at court to ensure that he understands what he must do to comply with the special directions; or (b) to enable it to dispose of the claim on the basis that one or other of the parties has no real prospect of success at a final hearing; or (c) to enable it to strike out a statement of case or part of a statement of case on the basis that the statement of case, or the part to be struck out, discloses no reasonable grounds for bringing or defending the claim.*"

ou (v) informar às partes que não pretende realizar audiência principal e convoca-las a manifestarem se concordam ou não com essa proposta.

No que se refere à audiência principal, a *Rule* 27.8 e a correspondente *Practice Direction* trazem previsões que conferem ao magistrado um amplo poder de gestão na sua realização. O parágrafo (1) desta *rule* estabelece que "a corte poderá adotar qualquer método de procedimento na audiência que considere justo".[220] Especificando o conteúdo dessa previsão, o parágrafo 4.3 da PD 27 exemplifica o que o juiz poderá fazer na condução dos trabalhos na audiência: fazer perguntas para as testemunhas antes das partes; recusar-se a autorizar a realização de *cross-examination* de uma testemunha antes que todas as testemunhas tenham dado seus depoimentos, e limitar o *cross-examination* quanto ao tempo e/ou quanto ao ponto que pode ser objeto de questionamento.

O *small claims track* conta com algumas limitações probatórias.[221] Nessa faixa de procedimento não há, por exemplo, *disclosure* (*Rule* 31.1 (2) – item 2.2.4.4, *infra*). Ainda, a produção de prova técnica por *expert* na audiência, seja escrita ou oral, depende de autorização prévia da corte (*Rule* 27.5).

Trata-se, portanto, de um procedimento simples e sucinto, condizente com a pouca complexidade e o valor reduzido dos casos alocados nesta faixa.

No *small claims track*, o gerenciamento do caso é feito prioritariamente através de diretrizes padrões (*standard directions*) que são estabelecidas aprioristicamente pela legislação e adotadas pelo juiz. Apenas excepcionalmente, quando afigurar necessário, o juiz deverá optar por instruções especiais. Por se tratarem de casos relativamente simples e com poucas particularidades, via de regra não haveria a necessidade de tomada de muitas decisões casuísticas para adaptar a estrutura do procedimento ao caso concreto.[222]

Por outra parte, quando a corte alocar um caso no *fast track*, ela deverá (i) dar direções para o seu gerenciamento,[223] incluindo questões relativas

---

220. O texto em língua estrangeira é: *"[t]he court may adopt any method of proceeding at a hearing that it considers to be fair."* CPR, Rule 27.8 (1), tradução nossa.

221. Além das limitações probatórias, também há uma limitação para o valor das custas que pode ser recuperado nesta faixa de procedimento. Cf. CPR, *Rule* 27.1 (1) (b).

222. VERKERK, Remme. Powers of the Judge: England and Wales. Op. cit. p. 308.

223. Segundo a PD 28, parágrafo 3.2, a corte deve elaborar as direções para o caso levando em consideração as suas particularidade e necessidades, e atentando para as medidas que já tenham sido adotadas pelas partes na preparação do caso.

ao *disclosure*, à apresentação das declarações escritas das testemunhas, e à prova técnica ("*expert evidence*");[224] (ii) fixar um calendário com as etapas que devem ser transpostas até a audiência,[225] e (iii) fixar a data ou o período no qual a audiência será realizada.[226] Observa-se que a audiência deve ocorrer dentro de um prazo de trinta semanas contadas da data em que as direções foram dadas[227] e, preferencialmente, não deverá durar mais de um dia.[228]

A PD 28, parágrafo 3.5, trata da possibilidade de as partes apresentarem uma proposta conjunta de direções para o gerenciamento do caso. Caso a corte considere que a proposta é adequada, ela pode aprova-la. Por outro lado, quando decidir que não cabe adotar a proposta das partes, a corte deverá, pelo menos, leva-la em consideração na formulação das suas próprias direções.

Pelo parágrafo 3.6, as direções propostas pelas partes devem respeitas as mesmas limitações que são impostas pela *Part* 28 das CPR às direções dadas pela corte, vistas nos parágrafos acima. As partes não podem, assim, ir além do que o juiz poderia ir na sua determinação de direções.

No *fast track* há limitações para a produção de prova técnica oral e prova documental. Quanto à primeira, estabelece a *Rule* 26.6, parágrafo (5) (b), que a sua produção na audiência será limitada a um *expert* por parte para cada área do conhecimento,[229] e que somente duas áreas do conhecimento poderão ser objeto desse meio de prova.

No que tange à produção de prova documental, a corte poderá determinar a realização de um *disclosure* padrão ("*standard disclosure*" – item 2.2.4.4, *infra*), restrito a apenas alguns documentos ou classes específicas de documentos, ou, alternativamente, dispensar por completo

224. CPR, *Rules* 28.2 (1) e 28.3 (1).

225. CPR, *Rule* 28.2 (1).

226. CPR, *Rule* 28.2 (2).

227. CPR, *Rule* 28.2 (4).

228. CPR, *Rule* 26.6 (5) (a). Para fins de alocação no *fast track*, o juiz deverá verificar se a audiência para aquele caso *provavelmente* durará apenas um dia. Além disso, a organização dos trabalhos e o gerenciamento do processo devem levar em consideração a importância de completar a audiência nesse prazo. Contudo, caso não seja possível, por algum motivo, finalizar os trabalhos no dia da audiência, o parágrafo 8.6 da PD 28 estabelece que "*the judge will normally sit on the next court day to complete it*".

229. No parágrafo 3.9 (4) da PD 28 é especificado que a corte deverá recomendar o uso de um "*single-joint expert*" (item 2.2.4.4, *infra*), salvo se houver um motivo razoável para não o fazer.

a sua realização.[230] É vedada, portanto, a possibilidade de determinação de um *disclosure* mais amplo que o padrão.

A PD 28, que trata especificamente do *fast track*, traz algumas disposições relevantes relacionadas ao *case management*. Os parágrafos 2.1 e 2.2 estabelecem, por exemplo, que as direções relativas ao gerenciamento dos casos no *fast track* serão dadas em dois momentos complementares: na sua alocação e na apresentação dos "*pre-trial check lists*". O juiz pode, contudo, adicionalmente, determinar a realização de audiência para este fim quando entender necessário (parágrafo 2.3).

Outro importante poder judicial de gerenciamento é o de fixar o tempo de duração de cada etapa da audiência,[231] permitindo otimizar a realização dos trabalhos e facilitar a sua conclusão em apenas um dia. A corte poderá, por exemplo, determinar o tempo para a apresentação das provas pelo autor e pelo réu, o tempo para o *cross-examination* das testemunhas e dos *experts*, o tempo para as partes apresentarem suas submissões, e o tempo para o próprio juiz fazer suas considerações, proferir sua decisão, e tratar das custas.[232]

A alocação de um caso no *multi-track*, por sua vez, ocorre por exclusão: se um caso não se adequa ao *small claims track* ou ao *fast track*, ele deverá ser processado pela via do *multi-track*. Neste a corte, após alocar o caso, dará instruções para o seu gerenciamento e fixará um calendário com as etapas até a audiência.[233] Alternativamente, poderá ser agendada a realização de uma "*case management conference*" (CMC) e/ou de uma "*pre-trial review*".[234]

Quando tiver sido agendada uma CMC, a *Rule* 29.4 institui o dever das partes de se esforçarem para, em conjunto, elaborar uma proposta de instruções para o gerenciamento do caso, submetendo tal proposta

230. CPR, *Rule* 28.3 (2).

231. ANDREWS, Neil. **English Civil Procedure**... Op. cit., p. 41.

232. CPR, PD 28, Apêndice ("*Trial timetable*").

233. "*This is likely to happen if the case is not particularly complex and if the parties have followed any relevant pre-action protocol, or otherwise co-operated with each other. Sound pre-proceedings preparation by the parties will have placed them in a good position to be able to adequately narrow the issues by means of their statements of case and to provide comprehensive information in response to the allocation questionnaire. (...) In many cases the court would therefore be in a position to give adequate directions without a hearing.*" ZUCKERMAN, Adrian. **Civil Procedure**... Op. cit., p. 435.

234. CPR, *Rule* 29.2 (1). É possível optar pela realização apenas da CMC ou da *pre-trial review*, ou pela realização de ambas.

(ou as suas próprias propostas, caso elas não cheguem a um acordo) à apreciação da corte com pelo menos sete dias de antecedência à realização da CMC.[235] Se as instruções forem aprovadas pelo órgão jurisdicional, ou se ele emitir as suas próprias instruções, a audiência será cancelada e as partes serão intimadas das instruções adotadas.

O citado dever imposto às partes pela *Rule* 29.4 para discutir uma proposta de gerenciamento para o caso pode ser qualificado como um dever de *cooperação*, incentivando o diálogo na relação interna entre elas e contribuindo para reduzir a quantidade de questões que demandam a participação judicial para ser resolvidas.

Outros deveres de cooperação impostos às partes no âmbito do *multi-track* são encontrados no parágrafo 3.5 da PD 29, que prevê o dever das partes de, quando for agendada uma audiência, considerar previamente que instruções elas deveriam solicitar à corte e formular requerimentos pertinentes, e no parágrafo 5.6, que traz uma indicação de medidas que deveriam ser adotadas pelas partes e seus advogados para auxiliar a corte em seus trabalhos, tal como a elaboração de um memorando resumindo o caso para o juiz.

Esses e outros deveres de cooperação atribuídos às partes ao longo das CPR, conjugados com as previsões de poderes judiciais de *case management* que devem ser exercidos de forma integrativa, reforçam a constatação de que a Inglaterra pós-CPR adotou um modelo de processo civil *cooperativo*.[236]

---

235. Segundo o parágrafo 4.7 (1) da PD 29, as instruções propostas pelas partes deverão obrigatoriamente: *"(a) set out a timetable by reference to calendar dates for the taking of steps for the preparation of the case, (b) include a date or a period (the trial period) when it is proposed that the trial will take place, (c) include provision about disclosure of documents, and (d) include provision about both factual and expert evidence."* Ainda, segundo o parágrafo 4.8 dessa PD, as instruções das partes deveriam, no que for pertinente, dispor sobre: *"(1) the filing of any reply or amended statement of case that may be required, (2) dates for the service of requests for further information under Practice Direction 18 and of questions to experts under rule 35.6 and by when they are to be dealt with, (3) the disclosure of evidence, (4) the use of a single joint expert, or in cases where it is not agreed, the exchange of expert evidence (including whether exchange is to be simultaneous or sequential) and without prejudice discussions between experts".*

236. Nesse sentido, Andrews: *"The new code has changed the culture of English court-based litigation. English civil procedure has moved from an antagonistic style to a more co-operative ethos. Lawyers have adapted to the judicial expectation that they should no longer purse their clients' interests in a relentless and aggressive manner."* (*in* **The Modern Civil Process**... Op. cit., p. 4).

Outra evidência neste sentido é que, consoante disposição do parágrafo 4.9 da PD 29, o juízo, quando optar por emitir as suas próprias instruções, deverá levar em consideração as instruções que foram propostas pelas partes (separadamente ou em conjunto). Observa-se, assim, a prevalência do paradigma cooperativo a determinar que o juiz exerça seus poderes de gestão não a partir de uma posição isolada e solitária, mas em integração com as partes e permitindo que as manifestações delas tenham influência efetiva.

Ao longo especialmente da PD 29, que especifica os poderes e os deveres das partes e da corte no gerenciamento dos processos no *multi-track*, notamos a constante presença da preocupação com o tempo e com o custo do processo. Em diversas disposições está a determinação para que a corte, no exercício dos seus poderes e na elaboração das instruções, preste atenção a esses dois aspectos.

De modo geral, os poderes de *case management* do juiz especificados na PD 29 abrangem a avaliação da clareza da postulação do autor e da necessidade de emenda; a verificação da necessidade de produção de provas e a forma de sua realização; a pertinência de fracionamento da audiência; e o fomento à composição das partes mediante o recurso a outros meios adequados de solução de controvérsias (ADR).[237]

A versatilidade[238] do *multi-track* confere ao juiz a possibilidade de adaptar o processo de forma mais extensa do que nos outros *tracks*.[239]

---

237. Conforme já tratado, a corte poderá definir esses pontos e preparar as instruções para o caso por conta própria, sem realizar uma CMC para essa finalidade. Nesse caso, o parágrafo 4.10 da PD 29 estabelece a abordagem geral que deverá ser dada pelo magistrado em suas determinações, a saber: (1) instruir a apresentação de informações necessárias para o esclarecimento da posição de qualquer das partes; (2) determinar a realização de *standard disclosure* entre as partes; (3) determinar a troca das declarações escritas das testemunhas; (4) dar orientações para a realização de prova técnica por um *expert* conjunto ("*single joint expert*") sobre qualquer questão apropriada; (5) determinar a troca dos pareceres dos *experts* das partes quando não houver *expert* conjunto; (6) se houver conflito entre os pareceres, determinar que os *experts* das partes debatam entre eles para definirem os pontos controversos e aqueles nos quais eles estão de acordo, com a preparação de uma declaração que sumariza esse debate e conclusões; (7) agendar uma CMC para uma data posterior ao cumprimento dessas instruções; (8) especificar um período para realização da audiência de julgamento; e (9) quando considerar apropriado, requerer que as partes considerem a possibilidade de utilização de um outro meio adequado de solução de conflitos (ADR).

238. ANDREWS, Neil. **English Civil Procedure**... Op. cit., p. 40.

239. "*In all three procedural tracks there are standard directions. It is envisaged that in most disputes case management will involve no more than allocation to the correct track*

Nesse sentido, aponta o parágrafo 3.2 da PD 29 que as marcas essenciais do *multi-track* são: "(1) a habilidade da corte de lidar com casos que tenham variados valores e níveis de complexidade, e (2) a flexibilidade dada à corte na forma como irá gerenciar o caso de modo que seja apropriado às suas necessidades particulares".[240] Segundo a *Rule* 29.1 das CPR, as partes e os magistrados são orientados a adotar como ponto de partida os modelos e padrões de instruções ("*model directions and standard directions*") disponibilizados no site do Ministério da Justiça inglês[241] e, a partir deles, fazer a adaptação às circunstâncias e particularidades de cada caso.

A vantagem da previsão de *tracks* está em permitir a adoção de um procedimento adequado ao caso concreto, que leve em consideração o seu nível de complexidade e o seu valor. Com isso, evita-se a situação indesejável de casos pouco complexos e de baixo valor da causa terem que passar por um processo custoso e demorado, com diversas fases e ampla produção probatória, que não corresponde às suas necessidades. Ou, ao contrário, de casos muito complexos não contarem com todos os instrumentos e mecanismos que seriam necessários para a sua resolução. Para cada enfermidade, dá-se um tratamento adequado.

Por uma parte, a alocação em *tracks* é ela própria um mecanismo de *case management*, na medida em que permite à corte definir, diante das particularidades materiais e processuais do caso concreto, qual procedimento é mais adequado para que aquele processo se desenvolva de forma eficiente. Trata-se, portanto, de um *mecanismo de gerenciamento do processo em perspectiva procedimental.*

Por outra parte, no âmbito normativo de cada *track* encontramos mecanismos próprios que permitem ao juiz gerenciar o processo de

---

and court supervision of compliance with the relevant standard directions. In the main, therefore, there will be minimal judicial involvement in shaping and directing the litigation process beyond the allocation of the case and the giving of standard directions. Some disputes will, however, require intensive and intrusive management, and the CPR provide the court with ample powers to do so [...]." ZUCKERMAN, Adrian. **Civil Procedure**. Op. cit. p. 423.

240. O texto em língua estrangeira é: "*(1) the ability of the court to deal with cases of widely differing values and complexity, and (2) the flexibility given to the court in the way it will manage a case in a way appropriate to its particular needs*". CPR, PD 29, parágrafo 3.2, tradução nossa.

241. Disponível em: <www.justice.gov.uk/courts/procedure-rules/civil>. Acesso em: 16 mai. 2016.

forma ainda mais precisa dentro do parâmetro geral fixado pela lei para faixa de procedimento.

Dessas duas observações extraímos uma constatação interessante: reconheceu-se, no direito inglês, que a previsão de procedimentos especiais e diferenciados de forma apriorística no corpo normativo não seria suficiente para garantir o tratamento adequado de cada caso. Por isso, as CPR não se limitaram a prever três espécies de procedimentos com diferentes níveis de complexidade e celeridade. Foi-se além para conferir à corte poderes para gerenciar os processos de acordo com as suas necessidades *dentro dos limites e parâmetros de cada track*. Estes fornecem ao juiz um ponto de partida a partir do qual ele exercerá seus poderes adicionais de gerenciamento.[242] Adotou-se, com isso, um sistema misto de flexibilização legal apriorística e flexibilização judicial casuística.

Nessa medida, a extensão dos poderes de *case management* conferidos às cortes pelas CPR são proporcionais à complexidade do caso e, por conseguinte, ao *track* no qual ele é alocado: quanto mais complexo (*multi-track*), mais amplos são os poderes de *case management* conferidos ao órgão jurisdicional.

Todavia, não é apenas no *multi-track* que a corte tem poderes de *case management*; conforme vimos, também no *fast track* e no *small claims track* o juiz conta com alguns poderes gerenciais. Nestes, contudo, ele lida com algumas limitações temporais e de produção de provas, e com uma estruturação-base mais delineada das etapas procedimentais a serem seguidas, fazendo com que seus poderes de gestão processual sejam menores do que no *multi-track*.

---

242. A previsão das faixas de procedimento na lei enquanto ponto de partida minimiza uma crítica que costuma ser feita à atribuição de poderes ao juiz para adaptar o procedimento às necessidades do caso concreto: o risco que isso representa para a segurança jurídica, na dimensão de previsibilidade das partes sobre o procedimento que será aplicado ao seu caso quando do ajuizamento da ação. Havendo uma previsão legal da configuração geral e das possibilidades e limites que o juiz tem para estabelecer outras adaptações, as partes não seriam pegas de surpresa. Ademais, vale relembrar que o exercício dos poderes de *case management* deve se dar em diálogo integrativo com as partes, possibilitando a participação efetiva destas na tomada de decisões. Retomaremos este ponto da segurança e previsibilidade em relação com a flexibilização procedimental no terceiro capítulo, quando tratarmos da sua implementação no direito brasileiro.

2.2.4.4. *Case management*

A exposição inicial sobre o processo civil inglês pós-1999 evidencia a adoção, ao menos no plano normativo,[243] de uma estrutura *cooperativa* de processo, pautada, por um lado, na atribuição de deveres de *cooperação* às partes, que devem atuar ativa e colaborativamente no desenvolvimento do feito, e, por outro, na atribuição de poderes de *case management* ao juiz, os quais devem ser exercidos em *integração* com as partes.[244]

Andrews afirma que o *case management* tem três funções principais:

> [primeiro,] encorajar as partes a buscarem a mediação, quando for possível [...]; segundo, evitar uma progressão demasiada lenta e ineficiente do caso; finalmente, garantir que os recursos judiciais estão alocados proporcionalmente, tal como requerido pelo '*Overriding Objective*' na parte um das CPR.[245]

O processualista inglês identifica também as seguintes classes de responsabilidade gerenciais ("*managerial responsibilities*") dos juízes: incentivar a cooperação e a composição entre as partes; determinar a relevância e as prioridades das questões; tomar decisões sumárias; dar impulso ao processo; e controlar os gastos.[246] Tais responsabilidades estão de acordo com as finalidades do processo apontadas pelo *overriding objective*.

A essência do *case management*, sob a ótima do sistema inglês, está em atribuir a cada processo recursos e tempo proporcionais ao tamanho da disputa – definido a partir do seu interesse para a sociedade, da sua

---

243. Falamos em um âmbito normativo porque nem sempre a intenção legislativa é implementada com sucesso na prática judiciária. Nessa linha, há quem observe que embora o *case management* tenha sido ampliado no processo civil inglês, provavelmente essa expansão não teria tido a dimensão visionada por Lorde Woolf (*in* PARKES, Tim. The Civil Procedure Rules Ten Years On: The Practitioners' Perspective. Op. cit., p. 440).

244. Turner corrobora que o "*case management is now a* team effort *by the judge and the parties*" (*in* "Actively": The word that changed the Civil Courts. Op. cit., p. 84, grifo nosso).

245. O texto em língua estrangeira é: "*to encourage the parties to pursue mediation, where this is practicable* [...]; *secondly, to prevent the case from progressing too slowly and inefficiently; finally, to ensure that judicial resources are allocated proportionately, as required by 'the Overriding Objective' in CPR Part One*". ANDREWS, Neil. **The Modern Civil Process**... Op. cit., p. 48, tradução nossa.

246. Ibid. p. 48-49.

complexidade e do valor em jogo – garantindo, com isso, que os casos serão resolvidos de forma mais eficiente e efetiva.

O dever geral das cortes de gerenciar o processo como forma de promover a realização do *overriding objective* está previsto no início das CPR, mais precisamente na *Rule* 1.4 (1), que assim dispõe: "a corte deverá promover o *overriding objective* através de um gerenciamento *ativo* dos casos".[247]

Destrinchando essa determinação geral, o parágrafo (2) dessa *rule* traz uma lista inicial e não-exaustiva[248] dos *objetivos* que devem ser buscados pela corte no exercício do gerenciamento processual ativo. Esses objetivos são complementados e concretizados ao longo das CPR por outros dispositivos. Eles conferem orientações gerais para o juiz no exercício dos seus poderes e na condução dos seus trabalhos dentro do paradigma do *case management*.[249]

Por sua vez, a *Rule* 3.1 traz uma relação inicial e geral de quatorze *poderes* de *case management* que são conferidos ao juiz.[250] Tais poderes se somam a outros previstos ao longo das CPR, nas *Practice Directions*,

---

247. O texto em língua estrangeira é: "*The court must further the overriding objective by actively managing cases*". CPR, Rule 1.4 (1), grifo nosso. O termo "*actively*" nesse dispositivo significa que "*the judges do not have to wait to be called upon by a party to exercise their powers.*" (*in* ANDREWS, Neil. **The Modern Civil Process**... Op. cit., p. 25). Ou seja, tratam-se de poderes que podem ser exercidos de ofício pelo juiz. Essa observação é reforçada pelo disposto na *Rule* 3.3 (1): "*Except where a rule or some other enactment provides otherwise, the court may exercise its powers on an application or of its own initiative*".

248. "*The list of management goals is open-ended. The court is therefore free to implement the overriding objective by any means that it considers appropriate. As far as the listed goals are concerned, the court is required to achieve them only in so far as it is practicable*". ZUCKERMAN, Adrian. **Civil Procedure**. Op. cit., p. 4.

249. Zuckerman afirma que a relação da *Rule* 1.4 não confere poderes à corte, mas "*lays out the aims or policies that are behind many of the CPR provisions and which the court must keep in mind when giving management directions*". Ressalta, ainda, que esses objetivos previstos na *Rule* 1.4 (2) podem colidir entre si em alguns casos (i.e. a promoção do uso de outros meios adequados de solução de conflitos, como a mediação, pode afetar a finalidade de obtenção de uma rápida resolução para o litígio). Por essa razão, cabe à corte adequar a sua atuação às necessidades de cada caso, "*always keeping in mind the overriding objective, and the importance of efficiency and expedition.*" (*in* ibid. p. 369). Também afirmando que a *Rule* 1.4 não confere poderes à corte, mas delimita objetivos a serem observados, v. TURNER, Robert. "Actively": The word that changed the Civil Courts. Op. cit., p. 83.

250. CPR, *Rule* 3.1 (2).

e em qualquer outra fonte de poderes para o juiz no gerenciamento dos processos judiciais.[251]

Uma disposição importante de ser ressaltada é a *Rule* 3.1A, que trata do exercício dos poderes de *case management* quando ao menos uma das partes não está sendo representada por um advogado; fato este que, segundo o parágrafo (2), deverá ser levado em consideração pelo órgão jurisdicional na sua atuação. No parágrafo (5) é previsto que nas audiências em que estiver sendo realizada inquirição de testemunhas a corte poderá averiguar com a parte não-assistida as questões sobre as quais a testemunha pode dar seu depoimento e os pontos nos quais deveria ser realizado uma *cross-examination.* Ainda, possibilita-se à corte colocar para as testemunhas essas questões quando elas parecerem apropriadas.

A *Rule* 3.10 traz o poder geral das cortes de retificar erros de procedimento decorrentes do descumprimento de regras ou diretrizes práticas, estabelecendo que (a) tais erros não invalidam atos praticados no processo, salvo se assim for determinado pela corte, e que (b) a corte pode proferir uma ordem para corrigir o erro.

Além dessas previsões da parte 3 das CPR, há diversas outras espalhadas pelo texto legal que trazem poderes adicionais de gerenciamento processual.

Seguindo a metodologia que foi utilizada na análise do *case management* no ordenamento jurídico alemão, separamos os mecanismos previstos no processo civil inglês em categorias gerais, como forma de facilitar o estudo sistemático. Além dos mecanismos previstos no âmbito de cada *track* – abordados no item 2.2.4.2.1 e que serão agora categorizados – examinaremos os demais mecanismos espalhados pelas *Civil Procedure Rules* e pelas *Practice Directions.* Para tanto, precisamos primeiro definir as categorias que serão adotadas.

Zuckerman aponta a existência de dois tipos de poderes de *case management* previstos nas CPR: os poderes de gerenciamento propriamente ditos (*management powers*) e os poderes de cumprimento (*compliance powers*). Enquanto que os primeiros "são usados para controlar a condução

---

251. CPR, *Rule* 3.1 (1).

do litígio através, por exemplo, da fixação de calendário, da direção das preparações que antecedem a audiência principal, e da regulamentação da forma da audiência principal ou de qualquer outra audiência", os "poderes de cumprimento permitem que a corte lide com a falha da parte em cumprir com os requisitos processuais que são impostos pelas regras, diretrizes práticas ou ordens judiciais".[252]

Tendo em vista que o tema-núcleo dessa dissertação é o gerenciamento da produção probatória, iremos deixar de lado as previsões que dizem respeito a *compliance powers*, entendidos estes como todos os mecanismos usados pelo juiz para garantir o cumprimento das regras e das determinações judiciais. Assim, tampouco analisaremos o denominado "*cost management*", que comporta os poderes da corte de deliberar sobre a imposição e repartição das custas no processo.[253]

Nosso estudo focará, portanto, apenas nos poderes de *case management* estritamente considerados conforme a observação de Zuckerman; ou seja, aqueles poderes usados na direção do processo sob perspectiva formal e, eventualmente, substancial. Nessa dimensão, identificamos *cinco* categorias de mecanismos de *case management* no processo civil inglês: (1) organização do debate processual e identificação das questões controversas; (2) estruturação do procedimento e direção formal do feito; (3) incentivo à conciliação e a outros meios de ADR; (4) filtro recursal; e (5) gerenciamento da produção de provas.

Na primeira categoria (organização do debate processual e identificação das questões controversas), podemos alocar ao menos três objetivos inscritos da *Rule* 1.4 (1): o item (b), que orienta a corte a identificar as questões no início do processo; o item (c), referente à decisão sobre quais questões demandam investigação completa e julgamento, com a disposição sumária das demais; e o item (d), segundo o qual a corte deve indicar a ordem em que as questões serão resolvidas.

---

252. Os textos em língua estrangeira são, respectivamente: "*are used to control the conduct of litigation by means such as setting timetables, directing the pre-trial preparations, and regulating the manner of the trial or of any other hearing*" e "*[c]ompliance powers enable the court do deal with party failure to comply with process requirements that are imposed by rules, practice directions or court orders*". ZUCKERMAN, Adrian. **Civil Procedure**. Op. cit., p. 350.

253. Sobre *cost management*, v. HURST, Peter. Costs Orders as a Case Management Tool. In: DWYER, Déirdre. (Ed.) **The Civil Procedure Rules Ten Years On**. Op. cit., p. 171-181.

Outro dispositivo que pode ser inserido nessa categoria, e que já foi mencionado anteriormente, é o parágrafo 4.10 (1) da PD 29, referente aos processos no *multi-track*. Segundo essa diretriz, o juiz, ao fixar as instruções para gerenciamento do caso, poderá "dar direções para a apresentação de qualquer informação adicional requerida para esclarecer o caso de quaisquer das partes".[254] Esse poder da corte vem previsto, para o processo civil de modo geral (i.e. para todos os *tracks*), na *Rule* 18.1 das CPR,[255] e configura típico *dever de esclarecimento*, característico de um paradigma cooperativo de processo.

Ainda dentro da primeira categoria podemos incluir os poderes do juiz citados por Andrews de excluir uma questão de consideração (*Rule* 3.1 (2) (k)); rejeitar uma parte das alegações autorais iniciais (*statement of case*) por uma das razões transcritas no parágrafo 2º da *Rule* 3.4; e permitir (ou não) a realização de uma emenda no *statement of case* (*Rules* 17.1 a 17.4).[256]

Os mecanismos de esclarecimento, de enquadramento das questões, e de organização do debate processual ora apresentados têm um impacto não apenas procedimental, mas também substancial, na medida em que podem interferir no conteúdo do que está sendo discutido no processo e, com isso, afetar o seu resultado.

A segunda categoria do *case management* inglês engloba os mecanismos de estruturação do procedimento e direção formal do feito. Um dos poderes mais significativos da corte neste grupo é o de controlar o *tempo* do processo. Enquanto que as partes têm poderes limitados para *sponte sua* alterar os prazos fixados para a prática de determinados atos

---

254. O texto em língua estrangeira é: "*give directions for the filing and service of any further information required to clarify either party's case*". PD 29, 4.10 (1), tradução nossa.

255. A PD 18, que complementa a *Rule* 18.1, trata do requerimento formulado por uma das partes solicitando esclarecimentos ou complementação de informações pela outra parte, nos termos da *Rule* 18.

256. ANDREWS, Neil. **English Civil Procedure**... Op. cit. p. 41. Verkerk observa que, sob o ponto de vista da prática judiciária, "[t]*he traditional practice with regards to requests for amendment of the statements of case has always been to allow all amendments, as long as no injustice is done to the other party*" (*in* Powers of the Judge: England and Wales. Op. cit. p. 308).

– mesmo que elas estejam de comum acordo na alteração –,[257] a corte tem poderes consideráveis para estender ou reduzir os prazos.[258]

Nesse sentido, estabelece a *Rule* 3.1 (2) (a) que a corte poderá estender ou reduzir o tempo para o cumprimento de qualquer regra, diretriz prática ou ordem judicial, mesmo que um pedido de extensão tenha sido formulado *depois* do prazo para cumprimento ter expirado. É preciso atentar, todavia, para o *overriding objective* de modo que a extensão dos prazos não acarrete um atraso indevido no processo,[259] ou, por outro lado, que a sua redução não prejudique o adequado cumprimento do prazo.

Correlato a esse poder de extensão-redução dos prazos, está o de decidir o que deve ser feito quando as partes cumprem intempestivamente uma determinação (sem sequer ter requerido uma extensão). Para essa hipótese, Zuckerman observa a importância do efeito que a reação da corte terá sobre o comportamento das partes no restante do processo. Isso porque, quando os "litigantes e seus procuradores percebem que a falha em cumprir com os prazos é facilmente superada, as partes tenderão a considerar os prazos de forma menos séria do que eles fariam se soubessem que suas falhas acarretariam sérias consequências".[260]

Por esse motivo, Zuckerman adverte que seria recomendável que, por um lado, a corte deixasse claro no início do processo as consequências que podem advir para as partes caso elas não cumpram com os prazos fixados, explicando que não será leniente com posturas desidiosas; e, por outro, que logo na primeira ocasião em que houvesse um descumprimento,

---

257. A *Rule* 2.11 traz a previsão geral do poder das partes de alterar os prazos processuais mediante acordo celebrado entre elas. Contudo, essa disposição é excepcionada por diversas outras *rules* que limitam consideravelmente o seu âmbito de incidência, tais como a *Rule* 3.8 (3) (quando uma *rule*, uma *practice direction* ou uma ordem judicial impuser um dever a ser cumprido pela parte em um prazo determinado e especificar a consequência para o caso de não-cumprimento, as partes não podem, via de regra, acordar uma extensão do prazo); a *Rule* 28.4 (2) (no *fast track*, as partes não podem alterar as datas para prática de atos processuais se essa alteração implicar uma alteração da data marcada para o retorno do *pre-trial check list*, para o *trial*, ou para o período de julgamento); a *Rule* 29.5 (2) (no *multi-track*, estabelece-se a mesma vedação do *fast track*, acrescentando que as variações acordadas pelas partes tampouco podem alterar a data fixada para a *case management conference* e para a *pre-trial review*).

258. ZUCKERMAN, Adrian. **Civil procedure**. Op. cit., p. 371-372.

259. Ibid. p. 372.

260. O texto em língua estrangeira é: "*litigants and their advisers perceive that a failure to meet time limits is easily overlooked, parties will tend to regard deadlines less seriously than if they knew that their defaults would carry serious consequences*". ZUCKERMAN, Adrian. **Civil procedure**. Op. cit., p. 373, tradução nossa.

a corte reagisse de forma firme e coerente (embora não inflexível, na medida em que devem ser levadas em consideração as particularidades do caso concreto).[261]

Um dos mecanismos de *case management* que melhor permite a otimização do tempo processual, evita a ocorrência de dilações indevidas e confere maior previsibilidade ao procedimento é o calendário processual (*case management timetable*), que pode ser (i) proposto pelas partes e acatado (com ou sem alterações) pelo juiz, ou (ii) fixado pelo juiz, levando em consideração a opinião das partes.[262] Uma vez fixado o calendário por determinação judicial, as partes possuem possibilidades bastante limitadas para alterar as datas estabelecidas, não podendo dispor livremente entre elas.[263]

Além do calendário prevendo as etapas e datas para prática de atos ao longo de todo o processo, as CPR tratam, também, da elaboração de um calendário especificamente para o *trial*, contendo a previsão da sua duração como um todo e a alocação de tempo para cada etapa da audiência – abertura, *cross-examination* e argumentos jurídicos – e para cada uma das partes.[264]

Os mecanismos de *case management*, conforme já tratado, têm como uma de suas finalidades preparar o caso de forma adequada para julgamento. Especialmente em ordenamentos jurídicos nos quais o processo culmina na realização de uma audiência oral principal (*trial*), a fase preparatória assume uma importância significativa para garantir a qualidade dos trabalhos nessa audiência. Por esse motivo, é essencial que a corte garanta, com a colaboração das partes, que todas as etapas necessárias para alcançar a fase de julgamento serão transpostas no tempo adequado e que todas as questões essenciais para a resolução do mérito

261. Ibid. p. 251.

262. A regra estabelecida pela *Rule* 29.2 para o *multi-track* é que a corte fixará o calendário para a preparação do caso para julgamento quando alocar o caso nesta faixa de procedimento e der as direções de *case management*. Entretanto, a PD 29 determina, no parágrafo 4.7 (1) (a), que quando as partes apresentarem suas propostas de diretrizes para o caso (de comum acordo ou individualmente), elas devem incluir uma sugestão de calendário. Conforme já mencionamos, o juiz pode ou não acatar a proposta de diretrizes das partes; contudo, caso ele opte por elaborar sua própria orientação, deve levar em consideração o que foi apresentado pelas partes – incluindo a sugestão de calendário. No *fast track*, o calendário processual é tratado pela *Rule* 28.2 e pela PD 28, parágrafo 3.6 (1) (a), que possuem redações semelhantes às das disposições do *multi-track*.

263. ZUCKERMAN, op. cit., nota 500, p. 371-372.

264. Ibid. p. 644.

serão debatidas e apresentadas de forma clara e completa, além de comprovadas mediante os meios de prova adequados. Conjuga-se, assim, a primeira e a segunda categoria de mecanismos de *case management* para consecução desta finalidade: estruturação e condução formal adequada do processo, e organização e promoção do debate processual.

Acrescente-se que de nada adiantaria que o processo se desenvolvesse de forma ótima, mas, na audiência, a desordem imperasse no debate dos argumentos e apresentação das provas. Ou, ainda, que o *trial* demorasse um tempo muito maior do que seria razoável para ser concluído. Dessa forma, é igualmente essencial que o juiz possa controlar a organização do próprio *trial* para garantir que ele transcorra sem problemas e/ou dilações indevidas.

Ainda na categoria dos mecanismos de direção formal do feito, a corte pode determinar a *suspensão* do processo, conforme previsão no item (f) do rol da *Rule* 3.1 (2). Dentre as diversas razões que podem justificar essa medida, Zuckermann menciona, a título exemplificativo: (i) quando for ser instaurada uma arbitragem sobre aquela disputa; (ii) para permitir as discussões entre as partes de um possível acordo; (iii) quando as partes celebrarem um acordo, podendo a corte ser acionada caso haja dúvidas sobre a sua implementação; e (iv) quando a corte determina a suspensão até que uma parte cumpra uma obrigação determinada.[265]

A terceira categoria de *case management* traz os mecanismos de estímulo à conciliação, dentre os quais se insere a hipótese citada no parágrafo anterior de suspensão do processo para que as partes possam tentar uma composição através de outros meios adequados de resolução de disputas. A *Rule* 26.4, que trata desse exemplo, estabelece que o prazo da suspensão pode ser de um mês ou de outra duração considerada apropriada pela corte para aquele caso.

A *Rule* 1.4 (2) (f), por seu turno, estabelece que faz parte do dever da corte de gestão ajudar as partes nas suas tentativas de conciliação. Para a consecução deste objetivo, o juiz tem à sua disposição as seguintes ferramentas: orientar as partes a considerar a possibilidade de celebração de um acordo; auxiliá-las no processo conciliatório; introduzir um outro juiz para atuar na conciliação; e/ou recomendar o recurso a um ADR,

265. ZUCKERMAN, Adrian. **Civil procedure**. Op. cit., p. 459.

podendo, conforme já mencionado, determinar a suspensão do processo por um período.[266]

Com relação à mediação, Andrews observa que embora não haja um sistema de "mediação obrigatória" na Inglaterra – nem prévia, nem incidental – as CPR preveem um mecanismo que permite ao juiz incentivar o seu uso de forma indireta, "mediante a suspensão do processo judicial de modo que a oportunidade para a mediação seja criada; e mediante a prolação de decisões desfavoráveis de custas se uma parte sem razão rejeita uma sugestão para tentar a mediação".[267]

Uma interessante particularidade do sistema inglês é a previsão de *filtros recursais*, que podem ser considerados, pela sua finalidade, mecanismos de *case management* aqui agrupados como uma quarta categoria.

A regra no processo civil inglês – que conta com algumas exceções[268] – é que para poder interpor recursos contra as decisões das cortes de primeira instância, as partes têm que requerer *permissão* da corte que prolatou a decisão ou do tribunal que julgará o recurso.[269] Quando as partes optam por primeiro requerer permissão para o órgão *a quo* e este a recusar, o recorrente poderá apresentar um novo requerimento de permissão perante o tribunal de segunda instância.[270]

Para os "*first appeals*", a *Rule* 52.6 estabelece duas situações alternativas nas quais poderá ser dada a permissão para a interposição do recurso: quando este tiver chance real de sucesso ou quando houver alguma outra razão *convincente* ("*compelling*") pela qual o recurso deveria ser analisado. A corte pode ainda limitar os pontos que serão analisados em sede de recurso e submeter a permissão dada a certas condições.[271]

---

266. ANDREWS, Neil. **English Civil Procedure**... Op. cit., p. 43.

267. O texto em língua estrangeira é: *"by staying court proceedings so that the opportunity for mediation is created; and by making adverse costs orders if a party unreasonably rejects a suggestion to attempt mediation"*. Idem. **The Modern Civil Process**... Op. cit., p. 6, tradução nossa.

268. CPR, *Rule* 52.3 (1): *"An appellant or respondent requires permission to appeal – (a) where the appeal is from a decision of a judge in the County Court or the High Court, or to the Court of Appeal from a decision of a judge in the family court,* except *where the appeal is against – (i) a committal order; (ii) a refusal to grant habeas corpus; or (iii) a secure accommodation order made under section 25 of the Children Act 1989; or (b) as provided by Practice Directions 52A to 52E. (Other enactments may provide that permission is required for particular appeals.)."*

269. CPR, *Rule* 52.3 (2).

270. CPR, *Rule* 52.3 (3).

271. CPR, *Rule* 52.6 (2).

A *Rule* 52.7 trata das permissões para os "*second appeals*",[272] estabelecendo que, neste caso, os requisitos para a sua concessão são (i) ter chance real de sucesso *e* envolver um importante ponto de princípio ou prática, *ou* (ii) haver alguma outra razão convincente que justifique a apreciação do recurso.

Chegamos, por fim, à análise dos mecanismos de *case management* que mais interessam ao presente trabalho: aqueles relacionados com a instrução probatória.

A dinâmica de produção probatória no sistema anterior às CPR, colocada sob o controle prioritário das partes,[273] transformava o processo em um verdadeiro campo de batalha no qual a parte dotada de mais recursos tinha significativa vantagem – especialmente quando o caso demandava a apresentação de pareceres de especialistas técnicos (*expert reports*). A instrução probatória era, talvez, a principal fonte de atraso e de dispêndio desnecessário e excessivo de recursos no processo civil inglês antes de 1999.[274]

Nesse ponto, as CPR deram um passo significativo ao ampliarem os poderes do juiz de gerenciamento da produção das provas, permitindo a adoção de uma postura mais ativa no controle das provas que serão admitidas no processo e da sua forma de produção. Embora o magistrado inglês *não possua poderes instrutórios ex officio*, ele pode, sob a égide das CPR, exercer um controle *formal*, relativo ao procedimento de produção das provas, e um controle *material*, na medida em que, ao decidir sobre a admissão ou não de uma prova no processo, ele afeta o próprio

---

272. Segundo o parágrafo (1) desta *rule*, "[p]*ermission is required from the Court of Appeal for any appeal to that court from a decision of the County Court, the family court or the High Court which was itself made on appeal, or a decision of the Upper Tribunal which was made on appeal from a decision of the First-tier Tribunal on a point of law where the Upper Tribunal has refused permission to appeal to the Court of Appeal*".

273. Embora no sistema anterior às CPR os juízes já tivessem o poder de excluir provas que não fossem suficientemente relevantes ou úteis para o processo, como o seu contato com as provas se dava somente durante o *trial*, sem possibilidade de controle anterior, o exercício desse poder acabava sendo prejudicado. Era comum que ele fosse exercido somente quando uma das partes suscitava uma objeção à admissibilidade de uma prova apresentada pela outra parte (*in* ZUCKERMAN, Adrian. **Civil procedure**. Op. cit. p. 374-375).

274. Cf. WOOLF, Lord. **Access to Justice Interim Report**. *Chapter* 3 – "*The Problems and Their Causes*", §§9 a 13. Disponível em: <http://webarchive.nationalarchives.gov.uk/+/http://www.dca.gov.uk/civil/interim/chap3. htm>. Acesso em: 11 out. 2016.

conteúdo do material probatório que servirá de base para a formação do seu convencimento e elaboração da decisão.

Nessa dimensão material encontra-se o poder do juiz de excluir provas que seriam *a priori* admissíveis[275] em virtude da necessidade de garantir a proporcionalidade entre a energia gasta na sua produção e o benefício que elas trariam ao processo. Quando a contribuição a ser prestada pela prova para o esclarecimento das questões de fato for pequeno e não compensar os recursos e tempo gastos na sua produção, isso deve ser levado em consideração para indicar a pertinência da exclusão.

De modo geral, Zuckerman apresenta quatro hipóteses nas quais uma prova pode ser excluída do processo: (i) quando ela não for admissível ou relevante; (ii) quando, por uma deliberação de *case management*, a sua produção não for proporcional à contribuição que ela pode dar ao caso; (iii) como consequência da exclusão da questão que seria objeto da prova (sendo vedado, contudo, o processo inverso – ou seja, a exclusão de uma prova com a finalidade de influenciar o resultado do processo); e (iv) em virtude do não cumprimento, pela parte, das regras legais ou das determinações judiciais fixadas para apresentação de uma prova no processo.

Quanto a este quarto ponto, que tem relação com o *case management* probatório de natureza formal (referente às regras procedimentais para produção das provas), Zuckerman observa que se trata de um poder que deve ser exercido pelo juiz com cautela, de tal forma que a aplicação da sanção de exclusão da prova seja justa e proporcional à conduta da parte, e não mero formalismo.

O processualista inglês entende, ainda, que o poder previsto na *Rule* 32.1 (2) não configura propriamente uma exclusão ("*exclude*" – termo usado pelo dispositivo legal), mas sim uma "limitação" das provas a serem produzidas. Isso porque, segundo Zuckerman, a completa vedação à produção de prova sobre uma questão fática implicaria violação ao direito de ação/defesa das partes (compreendendo o direito de comprovar suas alegações). O juiz não pode, portanto, proibir a parte de produzir *alguma* prova sobre uma determinada questão, mas pode *limitar* a quantidade de prova a ser produzida. No exemplo usado, o juiz pode limitar o *cross-examination*, mas não pode proibir totalmente a sua realização.[276]

---

275. CPR, *Rule* 32.1 (2).

276. ZUCKERMAN, Adrian. **Civil procedure**. Op. cit., p. 374-378. O poder de juiz de limitar a *cross-examination* é especificamente previsto no parágrafo (3) da *Rule* 32.1.

Nessa linha, a *Rule* 32.1 vem sendo implementada pela prática judiciária inglesa para "limitar as questões, excluir provas periféricas, ou controlar a proliferação de provas sobre uma questão para a qual já tenha sido apresentada prova significativa e a adição de mais prova envolveria um uso desproporcional dos recursos das partes e da corte".[277] Com isso, garante a *proporcionalidade* no gerenciamento do processo – um dos elementos nucleares do *overriding objective*.

Outro mecanismo do *case management* instrutório permite que o juiz dê direções às partes quanto às *questões* que requerem prova, à *natureza* da prova que é necessária para decidi-las, e à *forma* como essa prova deverá ser apresentada perante a corte.[278]

Embora a corte não possa ordenar de ofício a produção probatória,[279] ela pode instruir as partes sobre as provas que ela entende necessárias para poder decidir sobre as questões de fato aduzidas pelas partes. Tal atribuição pode ser considerada uma manifestação do princípio da cooperação, retirando a corte de uma posição passiva, na qual lhe caberia apenas observar o desenrolar do processo e, em caso de não apresentação das provas necessárias para comprovar a alegação fática, julgava em desfavor de quem tinha o ônus probatório, para uma posição *cooperativa e reativa*. Trata-se, portanto, de um claro (e importante) mecanismo de gerenciamento formal/procedimental do processo.[280]

---

277. O texto em língua estrangeira é: "*confine the issues, exclude marginal evidence, or control the proliferation of evidence on an issue where significant evidence has already been adduced and the addition of further evidence would involve a disproportionate use of the parties' and the court's resources*". GREVLING, Katharine. CPR R 32.1(2): Case management tool or broad exclusionary power? In: DWYER, Déirdre. (Ed.) Op. cit., p. 249-269, p. 255.

278. CPR, *Rule* 32.1 (1).

279. No processo civil inglês, "*the decision to call particular factual witness and to use particular documents* [still] *lies with the parties*" (*in* ANDREWS, Neil. **The Modern Civil Process**... Op. cit. p. 31). As partes continuam detendo o monopólio da iniciativa probatória e o juiz continua vinculado aos fatos apresentados e comprovados pelas partes (*in* VERKERK, Remme. Powers of the Judge: England and Wales. Op. cit., p. 310). Andrews justifica esse caráter do processo civil inglês (de não permitir uma interferência substancial do juiz no processo), na sua tradição de *common law*, ressaltando, contudo, a necessidade de se admitir a sua participação ativa no controle formal da produção da prova: "*The Common Law system presuposes that the impartial court will determine the victor in a factual dispute by listening to rival presentations of evidence* [...]. *Under the CPR system, the court retains this 'responsive' and 'reactive' role. But the modern civil judge is required to control the proceedings to ensure that the case is not unduly prolonged, nor unreasonably complicated, nor unfairly tilted in favour of a stronger party* [...]." (*in* Ibid. p. 32).

280. GREVLING, Katharine. CPR R 32.1(2): Case management tool or broad exclusionary power? Op. cit. p. 250.

As CPR também conferem à corte os poderes de (i) restringir o número de testemunhas e limitar o tempo dedicado na audiência à sua inquirição; (ii) restringir o uso de *experts* ou requerer a nomeação de um *single-joint expert* (em ambos os casos, contudo, os *experts* continuam sendo nomeados pelas partes); e (iii) controlar a forma e a extensão do *disclosure* e da inspeção de documentos. Examinaremos a partir de agora cada uma dessas situações, começando pela prova testemunhal.

O depoimento das testemunhas no processo civil inglês tradicionalmente era dado de forma oral em audiência (*trial*). Atualmente, as partes devem, antes do *trial*, trocar declarações escritas (*witness statements*) com o conteúdo do testemunho.[281] Essas declarações escritas podem ser recebidas como prova em favor da parte que convocou aquela testemunha (*evidence in chief*) a fim de dispensar a necessidade de prestar depoimento oral na audiência,[282] "embora a corte possa permitir que a testemunha amplie oralmente seu depoimento e introduza questões que tenham surgido posteriormente".[283]

O mecanismo de *witness statement* substituiu, portanto, como regra, o "*oral evidence in chief*", limitando o depoimento oral em audiência à prática do "*cross-examination*",[284] no qual cada uma das partes pode fazer perguntas para as testemunhas do seu adversário tomando por referência as declarações escritas, e à supracitada possibilidade de complementação do depoimento escrito.

Neste contexto, dentre os poderes do juiz de gestão da prova testemunhal estão (i) identificar ou limitar as questões que demandariam a

---

281. A determinação da troca de *witnesses statements* antes do *trial* foi prática que se iniciou em 1986, através de uma alteração das *Rules of the Supreme Court* que conferiu aos juízes o poder de fazer tal determinação. Até então, a fase *pre-trial* focava apenas na troca de provas documentais entre as partes, pelo procedimento de *discovery*. As partes não tinham o direito de saber de antemão o que a testemunha do seu adversário iria falar na audiência. Uma consequência desse "elemento-surpresa" era que comumente as cortes tinham que suspender o *trial* para permitir que a parte surpreendida reavaliasse o seu caso e preparasse uma resposta a ser apresentada em outra data, na continuação do *trial* (*in* ZUCKERMAN, Adrian. **Civil procedure**. Op. cit., p. 600).

282. Não obstante, salvo se a corte dispensar a sua convocação, a testemunha ainda deve comparecer à audiência para que o seu depoimento escrito valha como *evidence in chief*, e não como mera *hearsay evidence*. É o que dispõe a *Rule* 32.5 (1).

283. O texto em língua estrangeira é: "*although the court can allow the witness orally to amplify his statement and to introduce matters which have subsequently arisen*". ANDREWS, Neil. **The Modern Civil Process**... Op. cit., p. 150. Essa previsão consta da *Rule* 32.5 (3).

284. ZUCKERMAN, Adrian. **Civil Procedure.** Op. cit., p. 601.

prova; (ii) identificar as testemunhas que podem ser chamadas ou cujas declarações podem ser lidas; (iii) limitar o tamanho ou o formato dos *witness statements*; (iv) autorizar a realização do *cross-examination* de uma testemunha pelo advogado da parte adversária; (v) solicitar esclarecimentos durante o *cross-examination*, especialmente quando quem estiver realizando a inquirição for uma parte não assistida por advogado;[285] e (vi) determinar a ordem de inquirição das testemunhas, porém apenas quando for necessário.[286]

Os poderes de *case management* no campo da prova testemunhal são voltados para a gestão *formal* da produção dessa prova. No máximo, poder-se-ia admitir que ao identificar ou limitar as questões que demandariam a produção desta prova o juiz estaria interferindo substancialmente. Ressalta-se, todavia, que a decisão sobre produzir ou não a prova testemunhal, dada a orientação judicial, continuará sendo da parte. O juiz não pode convocar testemunhas que não foram indicadas pelas partes, nem assumir a direção na inquirição. O papel do magistrado durante o *cross-examination* deveria ser prioritariamente reativo, cabendo a ele *assistir* à inquirição realizada pelas partes e intervir *apenas quando absolutamente necessário* para esclarecer determinados pontos.[287]

Além da prova testemunhal, outro meio de prova que apresenta questões relevantes atinentes aos poderes gerenciais do juiz é a *expert evidence*, ou prova técnica.

Em determinados casos, a decisão sobre os fatos demanda conhecimentos especializados que os juízes – ou os membros do júri, quando este for o responsável pela decisão sobre os fatos – ordinariamente não possuem. Para suprir essa carência, recorre-se a especialistas naquela área do conhecimento (técnico, científico, médico, etc.) que fornecerão elementos que auxiliarão o juiz (ou o júri) a formar seu convencimento

---

285. ANDREWS, op. cit., nota 523, p. 150.

286. Idem. **English Civil Procedure**. Op. cit., p. 34.

287. Embora o papel do juiz na prova testemunhal continue sujeito a algumas limitações, as CPR ampliaram significativamente a sua participação e representaram uma mudança na concepção da atuação do juiz na colheita desta prova. Nessa medida, Verkerk relata casos dos anos 50 e 60 nos quais as atitudes do juiz de influenciar a ordem de inquirição das testemunhas e de fazer perguntas "demais" foram consideradas inadequadas por tribunais ingleses (*in* Powers of the Judge: England and Wales. Op cit., p. 313).

e proferir uma decisão. É a denominada "*expert evidence*" – fonte de muitas "dores de cabeças" no sistema anterior às CPR.[288]

Uma das grandes novidades das CPR[289] foi a introdução da figura do "*single-joint expert*", em oposição ao sistema anterior que admitia apenas "*party-appointed experts*". Em ambos os casos a escolha caberá às partes; a diferença é que no primeiro elas deverão, em comum acordo, indicar apenas um *expert*, enquanto que, no segundo, cada uma poderá indicar o seu próprio *expert*. Apenas quando as partes não conseguirem concordar em um nome para ser o *single-joint expert* caberá à corte realizar a escolha com base em uma lista de nomes fornecida pelas partes.

No direito inglês não há, via de regra, a figura do "*court-appointed expert*" (o perito do juízo), muito comum em sistemas de *civil law*. A exceção é o uso de um "*court assessor*", nomeado para auxiliar a corte com uma matéria para a qual ele tem habilidade e experiência (*Rule* 35.15). Os *assessors* participam da audiência e auxiliam o juiz a entender as provas apresentadas e deliberar sobre elas.[290] Em virtude do seu papel

---

288. Zuckerman pontua que o caráter altamente adversarial que a produção de *expert reports* assumia no processo civil inglês não somente gerava custos elevados e atraso, mas também acabava por desviar a finalidade dessa prova, que deveria ser de assistir a corte na formação do seu convencimento sobre as questões de fato: "*Expert evidence was a cause of much unnecessary cost and delay under the old system, due to the culture of confrontation that permeated the use of experts in litigation.* [...] *On learning what the opponent's experts said, a party would commonly go back to his own experts for further opinion or to engage fresh experts. The experts themselves tended to become so closely involved with the party instructing them that they saw themselves in competition with each other, and were disinclined to co-operate. Experts tended to act more like champions of the retaining party, than as independent witnesses whose duty was to assist the court in determining the truth. (...) Litigation involving experts could therefore generate enormous costs, at times without assisting the court to decide the issues due to the experts' doubtful independence.*" (*in* **Civil procedure**. Op. cit., p. 616).

289. No que tange à *expert evidence*, muitas das previsões da *Part* 35 das CPR já continham previsão nas *Rules of the Supreme Court* ou já eram implementadas na prática judiciária. Assim sendo, a contribuição dada pelas CPR acabou sendo "*the impetus [given] to the changes that were already happening* [...]." (*in* JACOB, Robin. Experts and Woolf: Have things got better? In: DWYER, Déirdre. (Ed.) Op. cit., p. 293-297, p. 294).

290. Sobre o uso dos *assessors* na prática judiciária, Jacob pontua que "*courts (and parties) remain very reluctant to use assessors. Part of that is the lawyers' fear of losing control. Part also, I suggest, is that no one outside the traditional field of Admiralty assessors actually knows what the function of the assessor is. Does she have a vote? Can she whisper in the judge's ear?*" (*in* Experts and Woolf: Have things got better? Op. cit., p. 296).

de "auxiliares do juízo", eles não podem ser alvo de *cross-examination*, como os *experts*.[291]

O fato de o juiz não ter poder de escolha sobre o nome do *expert* que atuará no caso não significa dizer que ele não exerce alguma forma de controle, ou, melhor dizendo, de gestão sobre a produção desta prova. Pelo contrário; dentro do paradigma do *case management*, o juiz goza de poderes consideráveis para restringir a *expert evidence* ao que seja razoavelmente necessário para resolver o mérito da disputa.

O primeiro desses poderes gerenciais é a própria autorização que deve ser dada pelo juiz para a elaboração de *expert reports*.[292] As partes não poderão apresentar *expert reports* como provas no processo sem que tenha sido dada autorização pelo juiz.[293]

Nesse sentido, quando as partes requerem a autorização da corte para elaborar os *expert reports*, elas devem especificar a área do conhecimento e as questões que serão objeto da análise, bem como, quando possível, o nome do *expert*.[294] A autorização da corte, uma vez dada, será restrita aos termos em que foi requerida, abarcando apenas a área do conhecimento e as questões indicadas. Ainda, se a parte tiver apontado o nome do seu *expert* no requerimento, somente ele poderá elaborar o parecer.[295] Caso a parte deseje substituir o *expert* indicado por outro, ela deverá obter a autorização da corte, a qual será condicionada à apresentação do parecer que eventualmente já havia sido preparado pelo *expert* anterior.[296]

Outro poder restritivo concedido ao juiz na gestão da produção da *expert evidence* é o de limitar o valor de honorários e despesas com *experts* que podem ser recuperados ao final do processo.[297]

---

291. ZUCKERMAN, Adrian. **Civil procedure**. Op. cit. p. 640.

292. CPR, *Rule* 35.4 (1).

293. Andrews observa que as partes podem consultar *experts* para preparar o seu caso sem necessidade de obter permissão da corte para tanto. Contudo, os honorários dessa consulta para a qual não foi dada permissão não poderão ser reembolsados futuramente como custas no processo mesmo que a parte saia vitoriosa (*in* **English Civil Procedure**... Op. cit. p., 139).

294. CPR, *Rule* 35.4 (2).

295. CPR, *Rule* 35.4 (3).

296. ANDREWS, Neil. **The Modern Civil Process**... Op. cit., p. 138-138. Parece que a razão de ser para essa exigência é evitar que a parte, tendo obtido um parecer não-favorável do *expert* previamente indicado, escape de apresenta-lo em juízo trocando-o por outro expert.

297. CPR, *Rule* 35.4 (4).

A corte pode também determinar que a prova será produzida por um "*single joint expert*", ao invés de por dois ou mais "*party-appointed experts*". O objetivo dessa determinação é economizar nos gastos relacionados à *expert evidence*[298] *e reduzir o desencontro de informações prestadas à corte. Entretanto, ao utilizar o single joint expert*, a corte fica privada do debate adversarial que se instala quando os *party-appointed experts* apresentam diferentes pontos de vista sobre um mesmo ponto. Por esse motivo, Andrews argumenta que "o sistema de '*single, joint expert*' carrega o risco de inexatidão"[299] e somente deveria ser utilizado em casos relativamente simples ou para resolver pontos específicos em casos mais complexos.[300]

A favor da qualidade do *single-joint expert*, Zuckerman pontua que ele pode conferir ao seu parecer "um nível de distanciamento e objetividade [...] que é difícil de obter em uma *expertise* adversarial". Por isso afirma que o uso do *single-joint expert* deve ser a regra no processo civil inglês, cabendo à corte apresentar razões convincentes para optar pelo sistema de *party-appointed expert*.[301]

Todavia, Zuckerman observa – e com isso seu posicionamento parece se alinhar em certa medida com o de Andrews – que "porque a corte carece do conhecimento relevante ou da expertise [necessária para decidir o caso] há o risco de que a decisão fique efetivamente nas mãos do *expert*";[302] risco este que seria ainda maior quando a questão é

---

298. Zuckerman ressalta que quando as partes já tiverem providenciado a elaboração de *expert reports* parciais a medida mais econômica seria não adotar o *single-joint expert*, mas determinar a realização de um encontro entre os dois *experts* e a submissão de um parecer conjunto (*in* **Civil procedure**. Op. cit., p. 624).

299. O texto em língua estrangeira é: "*[t]he 'single, joint expert' system carries the risk of inaccuracy*". ANDREWS, op. cit., nota 536, p. 134, tradução nossa.

300. Ibid. p. 133. O processualista inglês cita como exemplo do uso do *single joint expert* para resolver uma questão periférica em um caso complexo a hipótese de determinação do valor da indenização em um caso de responsabilidade civil por negligência profissional. Enquanto que a questão da responsabilização seria melhor definida por *party-appointed experts*, a posterior definição do valor da indenização poderia ser objeto de um *single joint expert report*.

301. O texto em língua estrangeira é: "*a level of detachment and objectivity (...) which is hard to obtain in adversarial expertise*". ZUCKERMAN, op. cit., nota 538, p. 623-624.

302. O texto em língua estrangeira é: "*because the court lacks the relevant knowledge or expertise there is a risk that the decision will effectively be left in the hands of the expert*". ZUCKERMAN, Adrian. **Civil procedure**. Op. cit., p. 625-626, tradução nossa.

submetida à apreciação de apenas *um expert*.[303] Neste caso, o juiz ficaria limitado a acatar a explicação dada por este *expert*, ao passo que quando houvesse dois ou mais *experts* apresentando pontos de vista diferentes, o juiz exerceria o seu poder de decisão ao escolher entre um ou outro, o que Zuckerman define como uma "decisão tomada a partir de uma escolha deliberada baseada em razões racionais".[304]

Com base nesta explicação, Zuckerman arremata afirmando que "onde houvesse sério risco de que a nomeação de um *expert* conjunto iria efetivamente delegar a adjudicação para o *expert*, um *single joint expert* não deveria ser nomeado".[305] Tendo em vista que esse "sério risco" estaria presente, por exemplo, quando a questão técnica a ser resolvida fosse mais complexa e, por isso, estivesse ainda mais fora do alcance do magistrado,[306] parece que Zuckerman coaduna do entendimento de Andrews de que em casos de maior complexidade técnica seria mais recomendável optar por *party-appointed experts*. Afinal, em um sistema de *single joint expert*, o juiz provavelmente acabaria adotando a conclusão do parecer por não ter condições de aferir a correção da (tecnicamente complexa) análise feita. Com os *party-appointed experts* o magistrado tem ao menos a possibilidade de confrontar opiniões divergentes. Cumpre

---

303. "[...] *it is also true that in many cases the SJE [single-joint expert] in effect becomes the judge*". JACOB, Robin. Experts and Woolf: Have things got better? Op. cit., p. 296.

304. O texto em língua estrangeira é: "*decision on the basis of a deliberate choice based on rational reasons*". ZUCKERMAN, op. cit., nota 542, p. 624, tradução nossa.

305. O texto em língua estrangeira é: "*where there is a serious risk that the appointment of a joint expert would effectively delegate adjudication to the expert, a single joint expert must not be appointed*". Loc. cit. Zuckerman acrescenta que o problema de deixar o poder decisório nas mãos do *single joint expert* é maior em virtude da restrita acessibilidade que as partes têm a ele. As partes não podem se comunicar privadamente com o *joint expert*, salvo se houver concordância da parte adversária. No caso *Peet v Mid Kent Healthcare*, Lord Woolf ressaltou, nessa linha, que "*it is essential to the proper and fair use of single experts that they should be independent of the parties and that they should regard themselves as acting in the service of the court rather than the parties. Allowing a party to meet with a single expert and discuss the case in absence of the opponent is inconsistent with the concept of a single expert* [...]." (*in* ZUCKERMAN, ibid., p. 627).

306. Ibid. p. 626. Corroborando esse entendimento, o *Queen's Bench Guide* estabelece, em seu parágrafo 7.8.5, que "[...] *in cases where the issue for determination is as to whether a party acted in accordance with proper professional standards, it will usually be of value to the court to hear the opinions of more than one expert as to the proper standard in order that the court becomes acquainted with a range of views existing upon the question and in order that the evidence can be tested in cross-examination*". Reconhece, portanto, na linha de Zuckerman e Andrews, que em casos nos quais é difícil encontrar uma única resposta objetiva, mas há opiniões divergentes, é recomendável adotar um modelo de *party-appointed experts*.

pontuar, ainda, que neste modelo adversarial de oposição de pareceres parciais, os *experts* de cada uma das partes soem indicar para o juiz as razões pelas quais o parecer adversário está incorreto e buscam convencê-lo da correção das suas próprias posições.

É importante ressaltar que, tanto no sistema de *single joint expert* quanto no de *party-appointed experts*, o dever principal desses especialistas é para com a corte. Assim, eles deverão sempre buscar apresentar um parecer isento que de fato reflita as suas opiniões sobre o assunto, e não que seja resultado de uma pressão feita pelo litigante e pelos advogados que o contrataram.[307]

Não obstante, é comum que os *party-appointed experts* tenham a tendência de "perder a objetividade e elaborar um parecer que se adeque ao caso da parte".[308]

Não há sistema perfeito: se no de *party-appointed experts* a neutralidade e a isenção são comprometidas pela relação que se instaura entre os *experts* e as partes que os indicaram,[309]-[310] o *single-joint expert* tem por ponto negativo a falta de debate plural e de ventilação de todos os pontos de vista válidos (e eventualmente divergentes) sobre a questão

307. TURNER, Robert. "Actively": The word that changed the Civil Courts. Op. cit., p. 84.

308. O texto em língua estrangeira é: "*lose objectivity and tailor their report to suit that party's case*". ANDREWS, Neil. **The Modern Civil Process**... Op. cit., p. 130, tradução nossa.

309. Essa situação de parcialidade não deriva propriamente de uma falta de ética ou de compromisso com a verdade por parte dos *experts*. É preciso lembrar que quando estamos tratando de questões de alta complexidade técnica muitas vezes há diferentes argumentos válidos que podem ser aduzidos para defender um ponto de vista. Nem tudo será "preto no branco". Desde que o *expert* não esteja deliberadamente falseando informações ou apresentando dados errados em seu parecer, não parece ser antiético nem violar o seu dever para com a corte adotar um ponto de vista válido em preferência a outro. Ocorre que quando a parte e seu advogado vão em busca de um *expert*, eles certamente buscarão aquele que se alinha ao seu posicionamento.

310. A natureza jurídica dos *party-appointed experts* no processo civil inglês é de testemunhas (*witnesses*) sobre a matéria técnica. Sobre a diferença prática que existe entre os *experts* e as demais *witnesses*, Zuckerman: "*Unlike witnesses of fact, who are effectively 'chosen' by the events, in the sense that they happened to be present at the occurrence of a relevant event or to have acquired information in the course of ordinary activities, experts are chosen by the parties in order to assist them in a dispute to prosecute their case. Unlike witnesses of fact, experts are required to undertake preparatory work in connection with the dispute, such as carrying out examinations, investigations, experiments or some other form of study. Accordingly, experts create the evidence to a greater extent than ordinary witnesses of fact, who merely report what they observed. Lastly, while witnesses are merely entitled to be paid expenses incurred in attending trial or in providing documents, experts normally render their service for profit.*" (*in* **Civil procedure**. Op. cit., p. 630).

fática em análise. Nessa medida, em alguns casos as cortes até permitem que o parecer do *single-joint expert* seja suplementado por *party-appointed experts reports*. Ocorre que com isso os gastos com a *expert evidence* serão mais elevados (ainda que não cheguem a ser desproporcionais[311]), o que não é recomendável.

Tanto os pareceres elaborados por *party-appointed experts* como os de autoria de *single joint experts* deverão ser apresentados por escritos, salvo disposição em contrário. As partes podem apresentar questões por escrito tanto sobre o parecer elaborado pelo *expert* da parte adversária como sobre aquele apresentado pelo expert comum.[312]

Com relação especificamente aos *party-appointed experts*, a corte pode determinar, nos termos da *Rule* 35.12, que eles debatam as questões técnicas em análise e elaborem uma declaração na qual identifiquem os pontos sobre os quais estão de acordo e os pontos que ainda são objeto de divergência, apresentando as razões para esta. O objetivo dessa discussão é "promover um acordo, reduzir o caráter adversarial da disputa, reduzir o escopo da disputa, e produzir ideias para racionalizar mais a disputa".[313]

Diante dessa exposição, vê-se que mesmo que a corte inglesa não tenha o poder de nomear livremente o *expert* de sua escolha, os poderes de *case management* conferidos ao magistrado nessa seara são extensos. A sua finalidade é impedir que a *expert evidence* se torne uma arena de batalhas na qual ganha não quem tem razão, mas quem tem mais recursos para contratar um *expert* mais qualificado (ou, ainda, uma maior quantidade de *experts*).

---

311. Andrews observa que dentre os critérios adotados pelas cortes inglesas para autorizar a suplementação do *single joint expert report* por *party-appointed experts reports* está que isso não resulte em "*disproportionate costs.*" (*in* **The Modern Civil Process**... Op. cit., p. 134-135).

312. As questões formuladas pelas partes, nos termos da *Rule* 35.6, devem ter o escopo de esclarecer pontos do parecer do *expert*, e não de dar início a um debate sobre pontos de vista e nem suscitar questões amplas, salvo se a corte ou a outra parte concordar com estas. O *expert* de uma parte deve responder as perguntas colocadas pela parte contrária, sob pena de, não o fazendo, a corte poder determinar que a parte que instruiu esse *expert* não poderá usar seu parecer como prova, e que os honorários e despesas da produção deste parecer não poderão ser recuperados (*in* ZUCKERMAN, Adrian. **Civil procedure**. Op. cit., p. 622).

313. O texto em língua estrangeira é: "*engender settlement, reduce the adversarial sting of the contest, narrow the scope of the dispute, and produce ideas for further streamlining the dispute*". ANDREWS, op. cit., nota 551, p. 143, tradução nossa.

Através dos poderes supra-resumidos, o juiz poderá limitar a extensão e os gastos com a produção da *expert evidence*, adequando-a às particularidades e necessidades do caso concreto. Tratando-se de um caso simples e objetivos, *a priori* é mais recomendável adotar um *single joint expert*, enquanto que para casos complexos, nos quais o debate adversarial com a apresentação de diversos pontos de vista é capaz de enriquecer o material à disposição do juiz para elaborar sua decisão sobre os fatos, o sistema de *party-appointed experts* pode ser o mais adequado.

Em ambos os casos, contudo, é essencial que o juiz promova, mediante o exercício dos seus poderes de *case management*, o debate em contraditório, permitindo às partes questionarem os *experts* (tanto *single joint* como *party-appointed)* quando for pertinente e necessário,[314] e requerendo que os *experts* discutam as questões entre si e tentem delimitar os pontos que são realmente controversos. Dessa forma, reduzem-se as desvantagens que, conforme vimos, são inerentes a cada um desses sistemas.

No âmbito da prova documental, as CPR também trouxeram novidades importantes que devem ser lidas à luz da importância em resolver os litígios de forma célere e econômica, com alocação proporcional de recursos.

Antes do advento das CPR, em 1999, o processo civil inglês contava com um sistema que permitia às partes terem acesso a documentos relevantes para a disputa *sub judice* antes do *trial.* A esse sistema dava-se o nome de *discovery.*[315] Ocorre que esse sistema pré-CPR, ao adotar critérios muito amplos para a determinação dos documentos que deveriam ser trocados entre as partes,[316] acabava embarcando documentos

---

314. Especificamente no caso do *single joint expert*, a oportunidade conferida às partes de questionar as conclusões do *expert* é um dos elementos que assegura o devido processo legal na produção dessa prova. O outro elemento é a possibilidade adequada e isonômica das partes participarem do processo de produção da prova mediante as instruções dadas ao *expert* (*in* ZUCKERMAN, Adrian. **Civil procedure**. Op. cit., p. 627).

315. *"Discovery* [...] *is any form of interlocutory procedure whereby one party can compel the other or a third party to allow him to inspect relevant documents in their possession or control."* VERKERK, Remme. Powers of the Judge: England and Wales. Op. cit., p. 311.

316. Os critérios amplos da *discovery* eram determinados pelo teste *"Peruvian Guano"*, estabelecido no caso da *Compagnie Financière* vs. *Peruvian Guano Co*, em 1882. No célebre trecho do *Lord Justice* Brett são indicados os tipos de documentos que deveriam ser apresentados pelas partes: *"It seems to me that every dcument relates to the matters in question in the action, which not only would be evidence upon any issue, but also which, it is reasonable to suppose, contains information which may – not which must – either directly or indirectly enable the party requiring the affidavit either to advance his own case or to*

"periféricos",[317] resultando em uma enorme quantidade de material que deveria ser analisado pelas partes e seus advogados. Inevitavelmente, o resulto desse procedimento era um dispêndio enorme de tempo e dinheiro (referente aos honorários dos advogados para analisar os documentos e determinar o que era, de fato, útil para o caso do seu cliente).[318]

Os benefícios que poderiam advir desse procedimento não compensavam, portanto, as suas desvantagens e os prejuízos que poderia causar ao processo.[319] Diante dessa constatação, mas mantendo em mente a importância de ter um mecanismo que permitisse a divulgação de documentos relevantes para a resolução da disputa, as CPR adotaram (nos termos da proposta de Woolf) um novo parâmetro – mais restrito do que o anterior – para determinar *quais* documentos precisam ser apresentados através desse procedimento, que passou a receber o nome de "*disclosure*". A elaboração desses novos critérios passou por uma releitura do conceito de "relevância" à luz da noção de "proporcionalidade", entendendo-se que "os benefícios da *disclosure* não devem ser superados pelos esforções e pelo custo que precisarão ser investidos no processo".[320]

Através do procedimento de *disclosure*, as partes são obrigadas a identificar os documentos *relevantes* para a disputa que se encontram ou se encontraram em algum momento em seu poder. A partir da lista

---

damage the case of his adversary. I have put the word 'either directly or indirectly' because, as it seems to me, a document can properly be said to advance his own case or to damage the case of his adversary, if it is a document which may fairly lead him to a train of enquiry, which may have either of these two consequences".

317. "*The idea was that if an opponent were permitted to inspect these 'outer' documents, this might enable him, by a side-ways investigation (a 'train of inquiry'), to uncover centrally important matters.*" ANDREWS, Neil. **The Modern Civil Process**... Op. cit., p. 96.

318. Ibid. p. 96-97. Andrews observa que além da demora e do encarecimento da disputa, a *discovery* podia ser usada para dificultar a vida da outra parte, através da entrega de uma quantidade significativa de documentos que demorariam muito tempo para serem examinados. Outro ponto negativo estava na prática do "*fishing expedition*", quando a *discovery* era utilizada para a parte buscar argumentos, e não formas de embasar o seu caso previamente delineado. O problema da "*fishing expedition*" ainda existe no sistema de *disclosure*, especialmente quando esse mecanismo é utilizado na fase pré-processual.

319. "[...] *the further we move away from documents with a direct connection to the issues, the less likely it is that the documents will make a substantial contribution to the resolution of the issues. Where the documentary pool is large, a point will come in the disclosure process beyond which the benefits of any extra disclosure will be outweighed by the disadvantage of high costs and an increased risk of confusion.*" ZUCKERMAN, Adrian. **Civil procedure**. Op. cit., p. 463-463.

320. O texto em língua estrangeira é: "*the benefits of disclosure are not [to be] outweighed by the effort and the cost that have to be invested in the process*". Ibid. p. 464, tradução nossa.

contendo a relação desses documentos, a parte adversária poderá requerer a inspeção de determinados documentos que ela constate serem pertinentes para embasar a sua posição.

O instituto da *disclosure*, junto com os *pre-action protocols* e com a troca de declarações escritas de testemunhas e de pareceres de *experts* antes do *trial*, insere-se em um contexto do processo civil inglês contemporâneo que busca reduzir as situações nas quais os litigantes são pegos de surpresa pelo seu adversário e garantir que a corte conheça o caso de forma adequada e suficiente para conduzir o *trial* com eficiência. Essa forma de atuação – à qual Zuckerman se refere como uma "*cards on the table approach*" (abordagem "cartas na mesa") – opõe-se àquela na qual as partes tentam esconder "cartas na manga" para usar de última hora, surpreendendo não somente seus adversários, mas também o juiz.[321]

Nas CPR a regra será a determinação de uma *standard disclosure*, na qual a parte deverá divulgar uma relação dos documentos que se encontram em sua posse, ou que já estiveram em algum momento no passado, e que (i) embasam a sua pretensão; (ii) prejudicam o seu caso ou o do seu adversário; (iii) favorecem a posição do seu adversário; e (iv) a parte esteja obrigada a divulgar por força de uma diretriz prática.[322] Através desses parâmetros, as CPR limitaram o conceito de "relevância" àqueles documentos que afetam *diretamente* as posições das partes no processo.

Na preparação da citada lista, a *Rule* 31.7 estabelece o dever da parte de realizar uma busca *razoável* para identificar os documentos relevantes. O conceito de "razoabilidade" será determinado pelas circunstâncias do caso, particularmente a sua complexidade, a quantidade de documentos envolvidos, os gastos necessários para recuperar certos documentos, e a importância dos documentos que poderiam ser localizados por essa busca.[323] Nesse sentido, o parágrafo (2) da PD 31A fixa o princípio da proporcionalidade como norte a guiar as partes nessa tarefa, e que decorre do próprio *overriding objective*.

Junto com a lista, a parte deverá apresentar uma declaração (*disclosure statement*) na qual esclarece a extensão da busca feita pelos documentos, justificando qualquer limitação imposta por questão de proporcionalidade.[324]

---

321. Ibid. p. 463.

322. CPR, *Rule* 31.5 (1) (a) e 31.6. PD 31A, 1.1 e 1.3.

323. CPR, *Rule* 31.7 (2).

324. CPR, *Rule* 31.10 (6). PD 31A, 4.2.

A *disclosure* pode ser dispensada por completo ou limitada, tanto pela corte como pelas partes através de acordo escrito. Ainda, as CPR preveem a possibilidade de realização de uma *specific disclosure*, caso a corte entenda necessária (*Rule* 31.12). Nesta, a corte (i) especifica certos documentos ou classes de documentos que devem ser divulgados pela parte, ou (ii) determina a realização de uma busca com uma extensão específica e a posterior divulgação de documentos localizados a partir dela.

Para os casos processados pelo *multi-track*, os parágrafos (2) a (8) da *Rule* 31.5 estabelecem um procedimento mais detalhado para a realização da *disclosure*. Segundo parágrafo (3), pelo menos quatorze dias antes da primeira *case management conference*, cada parte deve apresentar um relatório contendo uma breve descrição dos documentos que ela entende serem relevantes para a causa, a possível localização desses documentos, uma estimativa dos custos para a realização de *standard disclosure*, e uma especificação das diretrizes que a parte busca da corte.

Ato contínuo, pelo menos sete dias antes da CMC, ou em qualquer outra ocasião determinada pela corte, as partes deverão, nos termos do parágrafo (5), tentar chegar a uma proposta comum com relação à *disclosure* que deve ser realizada naquele caso de modo a atender ao *overriding objective*. Caso elas sejam bem-sucedidas em alcançar um acordo que a corte considere apropriado para o caso, o órgão jurisdicional poderá dar as direções para a realização da *disclosure* nos termos propostos sem necessidade de realização de audiência, conforme prevê o parágrafo (6) da *rule* em referência.

Nos parágrafos (7) e (8) encontram-se as determinações que podem ser fixadas pela corte com relação à *disclosure*. Além da possibilidade de determinar uma *standard disclosure* (parágrafo (7) (e)) ou de dispensar a realização da *disclosure* (item (a)), a corte poderá, ainda, proferir ordens específicas delimitando a extensão da *disclosure* (itens (b) a (d)), ou, até mesmo, proferir qualquer ordem que ela entenda ser apropriada para aquele caso (item (f)). No parágrafo (8), itens (a) a (f), são previstas as orientações que podem ser dadas pela corte em qualquer momento do processo com relação à forma de realização do procedimento de *disclosure*, inclusive abarcando as buscas pelos documentos.

Divulgadas as listas de documentos pelas partes, estas podem requerer a inspeção dos documentos referidos pela parte contrária. Tal inspeção pode abarcar, também, aqueles documentos que não constam da lista apresentada, mas foram mencionados em manifestações das partes, em *affidavits*, em declarações das testemunhas, ou em pareceres de experts,[325] ressalvada, quanto a estes, a orientação para que as partes primeiro requeiram a inspeção informalmente, devendo esta ser possibilitada salvo se o requerimento não for razoável.[326]

No que tange às consequências advindas da omissão de algum documento na *disclosure* ou do falseamento da relação apresentada pela parte, destaca-se a vedação ao uso do documento não divulgado ou para o qual a parte não tenha autorizado inspeção, salvo se a corte tiver dado permissão neste sentido (*Rule* 31.21). Em caso de declaração falsa emitida de má-fé pela parte, será aplicada a punição de *contempt of court*, nos termos da *Rule* 31.23.

Além destas sanções, Andrews pontua duas outras possibilidades que se abrem para a corte: (i) rejeitar um argumento da parte caso ela tenha deliberadamente destruído ou falseado uma prova que se relacionava a ele, e (ii) inferir conclusões desfavoráveis contra a parte que tenha descumprido as regras de *disclosure*. Esta segunda hipótese – comum, inclusive, em outros ordenamentos (como o alemão e brasileiro) – é chamada por Andrews de uma "sanção suave" ("*soft sanction*").[327]

Outra importante inovação das CPR foi a ampliação das hipóteses de determinação de *disclosure* contra terceiros, antes restrita aos casos de danos pessoais (*personal injuries*).[328] Agora, nos termos da *Rule* 31.17, a corte pode determinar, mediante o requerimento de uma das partes, o *disclosure* de documentos provavelmente capazes de embasar o caso do requerente ou de afetar adversariamente o caso de uma das partes no processo, exigindo-se, adicionalmente, que a *disclosure* seja necessária para decidir a questão de forma justa ou para economizar gastos (parágrafo (3)).

A ordem judicial de *disclosure* com base nessa *rule* deve especificar quais documentos ou classes de documentos devem ser apresentados pelo terceiro, podendo este, na sua resposta, indicar especificamente quais documentos não estão mais sob seu poder e/ou quais documentos ele não irá submeter a inspeção por força de um direito ou obrigação.

---

325. CPR, *Rule* 31.14.

326. PD 31A, 7.1.

327. ANDREWS, Neil. **The Modern Civil Process**... Op. cit. p. 111.

328. MALEK, Hodge M. Proportionality and suitability of the disclosure regime under the CPR. In: DWYER, Déirdre. (Ed.) Op. cit., p. 283-292, p. 289.

Há dois momentos processuais em que o *disclosure* pode ser realizado, com formas de tratamento diferentes atribuídas a cada um deles: o pré-processual (*pre-action*) e o pré-audiência (*pre-trial*). Para o *disclosure* realizado antes da audiência, mas já no âmbito de uma ação judicial, valem todas as disposições que tratamos até aqui. Para a fase pré-processual,[329] as CPR trazem alguns mecanismos específicos que visam a assegurar a inviolabilidade das provas e viabilizar o *disclosure* de documentos antes da propositura da demanda.[330] As vantagens apontadas para a realização do *disclosure* nessa fase estão em promover e facilitar as discussões sobre um acordo que ponha fim à controvérsia, e adiantar a preparação do material probatório em caso de eventual judicialização.[331]

Para a *disclosure pre-trial*, Andrews identifica as seguintes funções principais: (i) garantir a isonomia no acesso à informação, evitando a assimetria e promovendo a paridade de armas; (ii) facilitar a composição das partes; (iii) evitar o "*trial by ambush*", quando uma parte é pega de surpresa por uma revelação feita durante a audiência e, consequentemente, não consegue formular uma resposta adequada; e (iv) auxiliar a corte a decidir as questões de fato com o melhor nível de correção possível.[332]

2.3. SÍNTESE: BALIZADORES DO *CASE MANAGEMENT*

Analisando separadamente os ordenamentos jurídicos alemão e inglês, pudemos constatar que ambos se encaixam no que vem a ser o modelo de processo civil adotado, de modo geral, na Europa no século

---

329. Antes das CPR, a possibilidade de se requerer judicialmente uma ordem determinando uma *pre-action discovery* era limitada aos casos de dano pessoal (*personal injury*) (*in* Ibid. p. 287).

330. Para uma descrição desses mecanismos e uma interessante análise sobre a relação entre a previsão de mecanismos de *pre-action disclosure* e o acesso à justiça, v. ANDREWS, Neil. **The Modern Civil Process**... Op. cit., p. 100-104.

331. Ibid. p. 106-108. Andrews também analisa as três contrapartidas da *disclosure* pré-processual: o problema das "*fishing* expeditions", a proteção da privacidade de terceiros, e o risco de encarecimento da disputa, ao incorrer em gastos desnecessários.

332. ANDREWS, Neil. **The Modern Civil Process**... Op. cit., p. 96. As funções (i), (ii) e (iv) são também apontadas por Zuckerman, *in* **Civil Procedure**. Op. cit., p. 462-463. Quanto ao potencial da *pre-trial disclosure* para facilitar a celebração de acordos, Zuckerman assevera que isso ocorre na medida em que a troca de documentos permite que as partes tenham uma melhor noção da força do seu caso e das suas respectivas chances de sucesso no litígio. Assim, "*the more complete the information on which each party makes his assessment, the more likely it is that the parties will come to a similar conclusion, and the more likely it is that they will settle without litigation*".

XXI, pautado, por um lado, na adoção de deveres de *cooperação* para as partes e para o juiz, e, por outro, na previsão de mecanismos e técnicas de *gerenciamento processual* (*case management*) que podem ser exercidos pelo juiz (em *integração* com os demais sujeitos processuais) e pelas partes (com limitações impostas pela própria lei e/ou pelo controle judicial). Tal modelo visa alcançar um ponto de equilíbrio entre as concepções liberal (privatista/adversarial) e social (publicista/inquisitiva) de processo.[333]

No plano macro é possível afirmar que a Alemanha e a Inglaterra apresentam uma fisionomia processual muita parecida. É quando vamos para o plano micro, para a análise dos *detalhes* e das *particularidades* de cada ordenamento jurídico, que as diferenças se sobressaem.

Nesse sentido, é precisa a colocação de Rhee de que

> Essa constatação [de que os países europeus adotam uma estrutura de processo semelhante] não significa, evidentemente, que *case management* e cooperação são entendidos da mesma forma na Europa; pelo contrário, há diferentes compreensões do sentido prático, por exemplo, do princípio do juiz ativo: os poderes do juiz inglês são principalmente procedimentais, enquanto que os poderes do juiz francês focam tanto no processo como na substância do caso (fatos e direito). [...] países de língua germânica estão bastante satisfeitos com as suas conquistas nesse contexto, enquanto outros países ainda estão [...] de certa forma relutantes em aceitar que o juiz ativo alcance praticamente todos os objetivos do processo civil de forma mais efetiva.[334]

---

333. Uma premissa necessária para admitir a atribuição de poderes gerenciais ao juiz, especialmente em ordenamentos que tradicionalmente eram marcados por uma visão mais privatista do processo civil, é a identificação da adjudicação como um serviço público prestado pelo Estado para a proteção de direitos, e que, por esse motivo, precisa ser, "*like all other public services, [...] adequately managed and adequately resourced to deliver the expected benefits at an appropriate time and at a proportionate cost*". Além deste aspecto administrativo, o Estado Democrático de Direito também tem interesse em ver a lei sendo cumprida e os danos reparados: "*The surest way of undermining good social order is to allow infringements of rights to go without redress. Where there is no redress for wrongs there is no value to rights and no reason to behave according to the law. It is precisely because the upholding of rights is in the interest of the community as a whole that binding adjudication is a monopoly of the state and is not left to private enterprise.*" (in ZUCKERMAN, Adrian. Litigation Management under the CPR: a poorly-used management infrastructure. In: DWYER, Déirdre. Op. cit., p. 89-107, p. 90-91).

334. O texto em língua estrangeira é: "*This development does not, of course, mean that case-management and co-operation are understood in the same way in Europe; to the contrary, there*

Embora não tenhamos adotado, neste trabalho, um grupo representativo de países europeus para poder fazer afirmações conclusivas quanto à configuração do processo naquele continente como um todo, a análise que fizemos do sistema alemão e do sistema inglês aponta no sentido indicado por Rhee.

No que tange especificamente ao *case management*, a primeira conclusão a que chegamos é que as reformas pelas quais passaram Inglaterra e Alemanha, e que implicaram a adoção desse modelo de atuação judicial gerencial e cooperativa, partiram de uma insatisfação com as estruturas de processo civil anteriores. Nessa medida, ambos constataram que a melhor forma de lidar com os problemas identificados em seus sistemas de justiça civil seria atribuir maiores poderes gerenciais ao juiz e exigir maior cooperação das partes.

Contudo, Alemanha e Inglaterra adotaram *mecanismos e técnicas diferentes* para implementar o *case management* em seus sistemas de justiça civil – *especialmente no que diz respeito à instrução probatória.*

De modo geral, tanto na Inglaterra como na Alemanha foram adotados mecanismos e técnicas voltados para (1) organização do debate processual e enquadramento das questões, (2) condução e estruturação formal do processo, e (3) incentivo à conciliação e ao uso outros meios adequados de resolução de conflitos.

No primeiro grupo, a diferença fica por conta dos poderes-deveres mais extensos que o juiz alemão tem para buscar o esclarecimento e a correção das postulações das partes, nos termos do §139 da ZPO, promovendo a realização do debate processual.

No segundo grupo, embora a ZPO confira ao juiz alemão uma boa margem de flexibilização procedimental, parece-nos que, neste quesito, o juiz inglês leva vantagem. A possibilidade de alocação do caso em *tracks* (faixas de procedimento), prevista no processo civil inglês, não

---

are different understandings of the practical meaning of, for example, the principle of the active judge: the English judge's powers are mainly procedural ones while the French judge's powers focus on both procedure and the substance of the case (facts and law). [...] German speaking countries are quite content with their achievements in this context, while other countries still are [...] somehow reluctant to accept that the active judge reaches practically all of the objectives of civil litigation more effectively." VAN RHEE, C. H. Introduction. In: VAN RHEE, C. H. (Ed.) Op. cit., p. 22, tradução nossa. Van Rhee completa afirmando que não obstante as diferenças pontuais que continuam a existir entre os países, o "*age-old gap between the procedural families in Europe, especially the gap between the Civil Law and Common Law countries, has been reduced in size.*"

encontra semelhante no processo civil alemão, e configura um importante mecanismo de gestão formal do processo, que permite adaptá-lo às particularidades do caso concreto de forma mais eficaz.[335]

No terceiro grupo, os mecanismos previstos em cada país são rigorosamente os mesmos.

As grandes diferenças entre os dois países em matéria de *case management* estão na existência do filtro recursal na Inglaterra, e, principalmente, nos maiores poderes do juiz de gerenciamento substancial da instrução probatória na Alemanha. Enquanto que o juiz alemão pode determinar a produção de certas provas de ofício (notadamente a prova documental, a inspeção visual e a prova por *expert*), ao juiz inglês é vedada a iniciativa *ex officio* em matéria probatória. Na Inglaterra, a corte pode apenas dar direções e limitar as provas que serão produzidas, bem como a forma da sua produção. Contudo, se uma parte não requerer a produção de um determinado meio de prova, o juiz não pode fazer essa determinação de ofício, ainda que entenda se tratar de prova absolutamente necessária para a adequada compreensão dos fatos e decisão.[336]

Em contrapartida, o juiz alemão somente pode determinar a produção de prova documental de ofício com relação a documentos que tenham sido referidos por alguma das partes em suas manifestações (independentemente de a quem aquela prova aproveite). Não há, portanto, na Alemanha, um mecanismo semelhante à *disclosure* inglesa para impelir as partes a informar quais documentos relevantes para o litígio encontram-se em seu poder.

---

335. Em matéria de flexibilização procedimental, um ponto importante que há de se ter em mente diz respeito à necessidade de se garantir um standard mínimo de *previsibilidade* que confira às partes segurança jurídica quanto à determinação do iter procedimental que será adotado para o seu caso. Neste ponto é pertinente o comentário feito por Zuckerman: "*Although case management is of necessity fact-dependent, it must also be predictable. In order to discharge their role in litigation, parties need to know the approach that the court is likely to adopt in case management. They need to have some understanding of how the judicial mind works and of the likely court response to problems that arise in the course of litigation. Litigants must have the means of predicting, albeit approximately, how the court will react to an application for an extension of time or how it would deal with litigant failure to perform certain process requirements. Of course, by their very nature discretionary powers cannot be reduced to a set of hard and fast rules, capable of mechanical application. But coherent principles, policies and guidelines for the exercise of discretion are both feasible and necessary* [...]." (*in* **Civil procedure**. Op. cit., p. 351).

336. Há que se observar que a doutrina alemã entende que os poderes instrutórios do juiz possuem natureza suplementar e devem ser exercidos apenas para suprir deficiências na instrução, cuja responsabilidade primária continua sendo das partes.

Partindo da identificação das diferenças entre esses países no que tange à instrução, há uma importante observação a ser feita que impacta na determinação dos *objetivos* do *case management*. Os mecanismos e técnicas de gerenciamento formais (procedimentais) costumam ser associados à necessidade de tornar o processo mais eficiente sob uma perspectiva de tempo e dispêndio de recursos.[337] Parte-se, assim, da constatação de que a estrutura de processo anteriormente à implementação do *case management*, quando a responsabilidade pelo seu desenvolvimento era deixada majoritariamente nas mãos das partes, implicava um processo demorado, caro e ineficiente. Por esse motivo, impõe-se a previsão de certos mecanismos que confiram ao juiz um maior controle para garantir um desenvolvimento adequado do processo.

Por outro lado, é comum que os mecanismos e técnicas de *case management* materiais (substanciais) – representados, principalmente, na atribuição de poderes instrutórios *ex officio* ao juiz, mas englobando também a participação ativa do magistrado na condução do debate processual – sejam relacionados à noção de justiça e correção das decisões judiciais. Ou seja: à valorização da busca da verdade como uma finalidade do processo. Essa preocupação justifica a autorização concedida ao juiz para que ele busque o esclarecimento ou a complementação de informações apresentadas no processo de forma obscura ou insuficiente pelas partes, bem como a atribuição de poderes para determinar a produção de provas quando as partes não tomam esta iniciativa. Com isso, garante a completude do material fático-probatório com base no qual será elaborada a decisão de mérito.

Todavia, dizer que a atribuição de poderes instrutórios ao juiz, enquanto mecanismo de *case management* material, traduz uma preocupação com a busca da verdade no processo e com a correção das decisões judiciais não significa dizer que a *não* atribuição destes poderes revela uma *falta* de preocupação neste sentido. Vimos, quando da análise do ordenamento jurídico inglês, que os problemas identificados no sistema anterior às CPR foram, nomeadamente: o alto custo do litígio, a demora e a complexidade do processo.[338] A busca da verdade não está nessa relação pelo simples motivo de que, sob perspectiva material, constava-se

---

337. Nessa linha, van Rhee pontua que o juiz ativo é necessário para garantir a duração razoável do processo (*in* Introduction. In: VAN RHEE, C. H. (Ed.) Op. cit., p. 22).

338. ANDREWS, Neil. A new civil procedure code for England: party-control "going, going, gone". Op. cit. p. 20.

(como ainda se constata) que o modelo de produção probatória adotado na Inglaterra (pautado na *disclosure*) conseguiria de forma razoavelmente satisfatória esclarecer os fatos.[339] O problema identificado na antiga *discovery* – e que se pretendeu resolver com as limitações impostas pelas CPR – era relativo à sua forma de realização – procedimental, portanto.

O mesmo pode ser dito da *expert evidence* no processo civil inglês. A grande preocupação antes de 1999 era com o custo dessa prova e com o caráter extremamente adversarial de um sistema baseado na contraposição de pareceres divergentes elaborados por *party-appointed experts*. A partir do momento em que as CPR passam a prever a possibilidade de o juiz limitar o escopo dessa prova, de determinar a indicação de apenas um *single-appointed expert*, e de orientar os *party-appointed experts* a se reunirem para identificar os pontos de concordância e discordância, soluciona-se (ou, pelo menos, ameniza-se) esse problema de natureza procedimental, relativo à forma de produção da prova, mas sem conferir ao juiz poderes instrutórios propriamente ditos.[340]

Outra consideração interessante sobre as semelhanças e diferenças entre o *case management* inglês e a *Prozessleitung* alemã diz respeito à participação das partes nesse empreendimento. Em uma primeira dimensão, as partes têm o direito de participar no exercício dos poderes judiciais de gerenciamento processual, influindo na tomada de decisões sobre a forma como o processo deve ser estruturado e conduzido, e na própria formação do convencimento judicial a respeito do direito e dos fatos. Assim, na Alemanha, o juiz tem o poder-dever de consultar as partes sobre fundamentos jurídicos que não tenham sido por elas aduzidos e sobre questões que poderia conhecer de ofício; na Inglaterra, o juiz deve levar em consideração as propostas feitas pelas partes no *fast track* e no *multi-track* na elaboração das suas direções para gerenciamento do caso. Esses são apenas dois exemplos dos muitos analisados neste capítulo.

Correlatamente a este direito de participação no gerenciamento executado pelo juiz, as partes têm o efetivo *dever* de colaborar para o exercício da atividade jurisdicional. Assim, em uma segunda dimensão,

---

339. ZUCKERMAN, Adrian. **Civil procedure**. Op. cit., p. 357-358.

340. Todavia, mesmo na doutrina inglesa há quem discorde dessa certeza de que o sistema inglês de produção de provas é suficiente para garantir a revelação da verdade dos fatos no processo. Nesse sentido, a observação de Jolowicz: "[...] *that cross-examination can discover and reveal untruth is certain; that it can actually reveal the hitherto unrevealed truth is much more doubtful*" (*in* Adversarial and Inquisitorial Models of Civil Procedure. Op. cit., p. 283).

a sua participação ocorre quando elas apresentam as suas posições de forma clara e bem explicada, cumprem com seus deveres de lealdade e veracidade, formulam pretensões fundadas, observam as orientações dadas pelo juiz e os limites fixados para o debate processual e para a produção probatória, etc.

Nesse ponto, parece-nos que, embora ambos os países em análise adotem um parâmetro cooperativo para conformar a atuação das partes, as CPR contêm mais dispositivos estabelecendo de forma específica como as partes devem cooperar *entre si* na disputa, em uma tentativa de diminuir a necessidade de intervenção judicial. É o caso, por exemplo, da determinação para que as partes tentem chegar a um acordo sobre uma proposta de direções para o gerenciamento do processo antes da realização da *case management conference* no *multi-track*. Ainda, tem-se a possibilidade de o juiz determinar que os *party-appointed experts* dialoguem e identifiquem os pontos convergentes e divergentes das suas análises técnicas.

O direito alemão, em contrapartida, aparentemente prevê alguns importantes deveres de cooperação para o juiz e para as partes, mas não traz previsões significativas estabelecendo que o juiz pode impelir as partes ao diálogo entre si sobre questões processuais e procedimentais, como é possibilitado ao juiz inglês.

A terceira dimensão da participação das partes no gerenciamento processual se dá através da previsão de mecanismos e técnicas que confere a elas a titularidade no exercício da gestão do processo. Assim, quando a ZPO estabelece, no §224 (1), que as partes podem acordar entre si a redução dos prazos, está conferindo a elas um mecanismo de gestão do processo em dimensão formal/procedimental.

No início deste capítulo, apresentamos as nossas noções preliminares a respeito do *case management* e suscitamos algumas questões relativas à dificuldade de estabelecer uma definição completa, ampla e abstrata para esse instituto. Agora, diante da análise feita acima dos ordenamentos jurídicos alemão e inglês, tentaremos sintetizar as linhas gerais sobre o *case management*, fixando, com isso, balizadores que orientarão o estudo a ser desenvolvido no terceiro capítulo deste trabalho, que tratará do ordenamento jurídico brasileiro.

Primeiro ponto: o conceito de case management pode ser entendido em acepção ampla e em acepção estrita; naquela, abarca mais do que a gestão de apenas um processo, individualmente considerado.

O *case management* pode ser definido, em uma acepção ampla, como os mecanismos e técnicas de gestão do exercício da atividade jurisdicional. Dentro desta acepção, engloba duas dimensões diferentes de gerenciamento, a saber: (a) o *case management* em sentido estrito, entendido como a gestão do processo individual; e (b) o *court management*, que engloba tanto a gestão das unidades judiciais (i.e. do trabalho cartorário dentro dos órgãos jurisdicionais) como a gestão da operação do Poder Judiciário como um todo.[341]

Essa divisão não é bem separada. Muitas vezes, a gestão de um único processo envolverá considerações relativas à gestão dos trabalhos cartorários – ou seja, à unidade judiciária na qual aquele processo está tramitando. Por esse motivo, inclusive, Zuckerman argumenta que "nenhuma quantidade de cooperação entre as partes pode, por si só, levar a um uso geral efetivo dos recursos judiciários", já que os

> [...] litigantes não estão a par dos trabalhos administrativos do sistema de justiça; eles não tem informações sobre o volume de casos em geral, ou sobre a disponibilidade de mão-de-obra, ou sobre limitações de recursos. Mesmo que eles tivessem essas informações, eles não estariam em posição de fazer bom uso delas, uma vez que o gerenciamento adequado dos recursos demanda a formulação de políticas centrais e uma implementação bem gerenciada.[342]

---

341. Na França, segundo Jeuland, o gerenciamento processual não tem muita relação com o *court management*, como ele reconhece haver na Inglaterra: "*The common law makes the connection between court administration and case management* [...]. *Court administration and the management of a particular case belong to the same category of judicial management. As a result, the English case management judge has to take into account management requirements such as efficiency, costs and reasonable time. But this idea of management, which comes from the sciences of management, was not in the minds of the French reformers in 1976.* [...] *the French managing judge (...) has very little to do with court management. The French term juge de la mise en état – or rather here in English 'case management judge' – will be used to refer to the judge who has to prepare the case to be judged.*" (*in* JEULAND, Emmanuel. Case management in France. Op. cit., p. 350-351.) Como não analisamos o ordenamento jurídico francês na atualidade com profundidade, não comentaremos essa observação de Jeuland, pertinente para demonstrar, contudo, a distinção entre essas duas faces do gerenciamento processual.

342. O texto em língua estrangeira é: "[...] *no amount of party co-operation can by itself lead to effective overall use of court resources. Litigants are not privy to the administrative workings of the court system; they have no information regarding overall case loads, or of the availability of judicial manpower, or of budgetary constraints. Even if they had such information, they would be in no position to put it to good use, because adequate manage-*

Diferentemente das partes, os juízes conseguem ter uma boa visão do quadro geral no qual o processo está inserido dentro do seu órgão jurisdicional e estabelecer a melhor forma de gerenciá-lo, tendo em mente que aquele não é o único caso submetido à apreciação judicial e que é necessário alocar os recursos da corte da melhor forma possível.[343] Nessa medida, o gerenciamento dos trabalhos da corte (*court management*) pode influenciar o próprio gerenciamento do processo (*case management* em sentido estrito).

Uma outra forma de isso ocorrer é quando a corte determina a reunião de processos – uma consideração feita a nível macro, mas que impacta cada processo individualmente considerado –, ou, ainda, quando faz uso de mecanismos de resolução de demandas repetitivas. No caso do processo civil brasileiro, por exemplo, os recursos repetitivos e o incidente de resolução de demandas repetitivas podem ser lidos como mecanismos de *case management* em sentido estrito e de *court management*, na medida em que servem tanto para melhorar a gestão dos trabalhos das cortes (sob aspecto quantitativo e qualitativo, uma vez que contribuem para a harmonização da jurisprudência), como também para promover uma resolução mais célere, eficiente e isonômica dos litígios individualmente considerados. Retornaremos a esses mecanismos no terceiro capítulo.

Ainda dentro do *court management*, podemos inserir a hipótese de cooperação jurisdicional, entre tribunais, para prática de atos processuais. No direito brasileiro, o CPC/2015 tratou de diversos atos concertados entre juízes cooperantes que, em última instância, podem ser entendidos como mecanismos que permitem a esses órgãos gerenciar com mais efetividade e economia processual o seu acervo de processos.

Por sua vez, o *case management* em sentido estrito pode ser definido como os mecanismos e técnicas de gestão do processo em dimensão procedimental e, eventualmente, também substancial, exercidos principalmente pelo juiz em cooperação com as partes e atentando às finalidades do processo.

Esse conceito confere um maior nível de definição ao instituto do que simplesmente dizer que *case management* equivale aos "poderes de

---

ment of resources necessitates central policy-making and well managed implementation". ZUCKERMAN, Adrian. **Civil procedure**. Op. cit. p. 366-367, tradução nossa.

343. Ressaltando a importância da proporcionalidade na alocação dos recursos pela corte: Idem. Litigation Management under the CPR: a poorly-used management infrastructure. Op. cit. p. 92.

gestão processual do juiz", mas mantém a margem de flexibilidade necessária para adaptá-lo às particularidades de cada ordenamento. Partindo, assim, dessa definição-base, identificamos outros balizadores importantes sobre o *case management* em sentido estrito.

Segundo ponto: o case management pode ser apenas formal/procedimental, ou englobar, também, poderes materiais/substanciais.[344]

Na doutrina brasileira, há uma parcela significativa – e de renome – de processualistas que abordam o *case management* apenas em sua dimensão de condução formal do processo, com destaque, especialmente, para os poderes judiciais de flexibilização procedimental.[345] Alguns autores chegam até a afirmar que a atribuição de poderes instrutórios ao juiz constitui algo distinto do incremento dos seus poderes de gestão formal do feito (este sim o "verdadeiro" gerenciamento processual), na medida em que fundada em finalidades diversas. Argumenta-se, nesse sentido, que enquanto o aumento dos poderes instrutórios visa o melhor "esclarecimento dos fatos para delineamento da verdade real", o aumento dos poderes de gestão formal do feito seria direcionado para celeridade e adequação.[346]

Embora concordemos que na base dessas diferentes categorias de poderes estão finalidades diversas, discordamos do entendimento de

344. Desta constatação poderia ter sido extraído um outro ponto: uma vez que o *case management* também abarca poderes materiais de direção processual, ele não deve ser entendido como um sinônimo de flexibilização procedimental. Pelo contrário. A flexibilização procedimental é que está inserida dentro do *case management* como um dos mecanismos de gestão processual em perspectiva formal.

345. Nesse sentido, ANDRADE, Érico. As novas perspectivas do gerenciamento e da "contratualização" do processo. **Revista de Processo**, v. 193, p. 167-200, mar. 2011, versão online, p. 3; CAHALI, Cláudia Elisabete Schwerz. **O gerenciamento de processos judiciais**: em busca da efetividade da prestação jurisdicional. Brasília: Gazeta Jurídica, 2013, p. 176. Cahali, na obra citada, reconhece que o recurso aos meios alternativos de solução de conflitos e a organização das questões que serão debatidas no processo são incorporados no escopo do gerenciamento processual, mas não os poderes instrutórios propriamente ditos. Silva segue a mesma linha de Cahali em um trecho do seu livro (*in* **Gerenciamento de processos judiciais**. São Paulo: Saraiva, 2010, p. 21); em outro momento, todavia, quando trata do gerenciamento de processos no direito inglês, observa que ele é também exercido "na produção de provas, para definir o tipo e o modo de produção" (Ibid. p. 44). Se os poderes do juiz de definir o tipo e o modo de produção das provas é caracterizado como atividade de gerenciamento do processo, da mesma forma deve ser considerado os poderes do juiz de *determinar* a produção de provas.

346. ANDRADE, Érico. As novas perspectivas do gerenciamento e da "contratualização" do processo. Op. cit., p. 4.

que o conceito de "gerenciamento processual", seja no direito estrangeiro (sob a denominação de *case management* ou de *Prozessleitung*), seja no direito brasileiro, concentraria apenas os mecanismos e técnicas de gestão formal do processo. Filiamo-nos, assim, à doutrina estrangeira, citada neste segundo capítulo, que reconhece que o gerenciamento processual pode ser tanto formal (*die formelle Prozessleitung*) quanto material (*die materielle Prozessleitung*).

Gerenciar o processo é conduzir o mesmo à "adequada composição da lide, com menor dispêndio de tempo e custos, exigindo do juiz uma atitude de envolvimento direto no processo".[347] Isso não limita o gerenciamento apenas a uma dimensão formal/procedimental. O juiz, quando influi substancialmente no processo, seja pela participação ativa na promoção e organização do debate processual, seja no exercício de poderes instrutórios, também está *conduzindo* o processo nos termos citados. Ocorre que nesta hipótese trata-se de uma condução com implicações substanciais que podem afetar o próprio resultado do processo (i.e. justiça substancial) e não apenas a sua forma de desenvolvimento (i.e. justiça procedimental), sendo justificada por finalidades diversas.

Assim, em dimensão meramente formal/procedimental, o *case management* comporta os mecanismos e técnicas de determinar a flexibilização procedimental, de alterar os prazos, de conduzir o processo, etc. Por sua vez, em dimensão material/substancial, o *case management* abarca os mecanismos e técnicas de definição das questões que demandam produção probatória e dos meios de prova a serem produzidos no processo, incluindo os poderes instrutórios *ex officio* do juiz. Há, ainda, uma classe "mista" referente aos poderes do magistrado de organizar o debate processual e enquadrar as questões apresentadas pelas partes; embora este possa ser inicialmente um poder meramente organizacional (formal), o juiz também irá, por meio dele, exercer uma influência substancial sobre o processo, na medida em que busca ativamente esclarecimentos das partes e complementação das informações.

A determinação dos tipos de mecanismos e técnicas de gerenciamento processual que devem ser atribuídos ao juiz e, eventualmente, às partes, é feita em função da definição do objetivo buscado com o *case management* – questão esta que variará de ordenamento para ordenamento e que compõe o nosso terceiro ponto.

---

347. BALEOTTI, Francisco Emilio. Poderes do juiz na adaptação do procedimento. **Revista de Processo**, v. 213, p. 389-408, nov. 2012, versão online, p. 8.

Terceiro ponto: o case management não tem apenas um objetivo – ele pode ser implementado de diferentes formas e através de mecanismos diversos, dependendo da finalidade para a qual será direcionado.

Da nossa análise dos ordenamentos jurídicos alemão e inglês, verificamos que o *case management* tem sido utilizado (ao menos naqueles países) para atender os seguintes objetivos: efetividade, adequação, eficiência, economia processual, duração razoável do processo, redução de custos da justiça civil e correção das decisões judiciais (justiça substancial). Dependendo da importância dada a cada uma dessas finalidades, da forma como se entende que elas podem ser atendidas, e das falhas identificadas na estrutura do processo civil vigente, cada ordenamento optará por um conjunto de mecanismos diferente.

Quarto ponto: os mecanismos e técnicas de gestão do processo não precisam ser formulados apenas sob a forma clara de poderes do juiz, mas também podem vir previstos como deveres atribuídos ao magistrado que, ao serem cumpridos, têm como um dos seus efeitos promover a gestão – procedimental ou substancial – do feito.

A ideia-chave na base deste balizador é que, a partir do momento em que adotamos como premissa que (i) o gerenciamento processual compreende o exercício da gestão pelo juiz *com a participação ativa dos demais sujeitos processuais – notadamente as partes*, e que (ii) ele é implementado de forma mais efetiva em um paradigma *cooperativo* de processo, no qual não há protagonistas dominando a condução do feito, é preciso desprender-se da noção de gerenciamento ligado exclusivamente a poderes do juiz. É perfeitamente possível – e vários dispositivos da lei alemã e da lei inglesa, notadamente o §139 da ZPO, deixam isso evidente – que o processo seja administrado através do exercício não apenas de poderes, mas também de deveres, ônus e faculdades.

Quinto ponto: embora o case management seja prioritariamente definido como o exercício dos mecanismos de gestão do processo pelo juiz (em cooperação com as partes), ele também pode conter, ocasionalmente, a previsão de certos mecanismos cuja titularidade do exercício é das próprias partes.

Afinal, em certos casos, as próprias partes poderão praticar atos que implicam a gestão do processo – em perspectiva formal e substancial.

Essa possibilidade ficará mais clara quando analisarmos o direito brasileiro, no qual as partes, a partir do CPC/2015, podem celebrar convenções processuais que impõem alterações no próprio procedimento e na repartição dos ônus, poderes, faculdades e deveres processuais das partes, sem depender da homologação judicial para produzir efeitos.

Sexto ponto: o case management pode ser utilizado em diferentes momentos processuais; para cada um deles haverá, contudo, uma dinâmica própria com mecanismos mais adequados.

Assim, podemos estabelecer uma divisão entre os mecanismos próprios (i) da fase de conhecimento e (ii) da fase de execução. Dentro da fase de conhecimento é possível, ainda, estabelecer uma subdivisão entre aqueles aplicados (i) na fase postulatória, (ii) na fase de instrução e (iii) na fase recursal. Ainda, podemos tratar, em separado, dos mecanismos de gerenciamento das custas do processo – *cost management* – que exercem um papel importante no processo civil inglês e que, por fugirem do escopo deste trabalho, não puderam ser aqui analisados. Esta foi também a situação dos mecanismos de gerenciamento da fase de execução das ordens e decisões judiciais, que, não obstante o campo fértil para estudos, tiveram que ficar de fora do trabalho.

A conclusão a ser extraída deste capítulo – e que será de grande relevância para o capítulo que se inicia a seguir – é que o *case management* é um conceito fluido que pode ser adaptado para a realidade de cada ordenamento jurídico sem perder a sua essência de proporcionar o gerenciamento ativo de processos judiciais dentro de um paradigma cooperativo que permita às partes (e aos demais sujeitos processuais) participarem ativamente da condução do processo, mesmo quando realizada pelo juiz.

Capítulo 3

GERENCIAMENTO PROCESSUAL NO DIREITO BRASILEIRO: A GESTÃO COOPERATIVA DA INSTRUÇÃO PROBATÓRIA

Conforme visto no capítulo anterior, o gerenciamento processual pode ser implementado através de mecanismos diversos, dependendo das finalidades para as quais ele é direcionado e dos problemas que busca solucionar no sistema de justiça civil.

Não obstante, independentemente da configuração que ele assumirá em cada ordenamento jurídico, o gerenciamento processual continua sendo definido, de forma ampla, como o conjunto de técnicas e mecanismos a serem aplicados no processo pelo juiz e/ou pelas partes em cooperação com os demais sujeitos processuais, voltados para a condução do processo em perspectiva procedimental e substancial.

No Brasil, partindo da constatação de que o sistema de justiça civil vigente era ineficiente e demorado, buscou-se a reestruturação do processo através da promulgação de um novo Código de Processo Civil caracterizado, dentre outros elementos, pela adoção de uma nova estrutura de processo cooperativo e pelo fortalecimento do gerenciamento processual.

No capítulo que se inicia examinaremos as previsões que concretizam o gerenciamento processual no direito brasileiro, dentro de um paradigma cooperativo de processo, focando naqueles mecanismos e técnicas voltados para a gestão da instrução probatória. Para tanto, adotaremos como parâmetros os seis balizadores fixados no capítulo dois e as categorizações feitas sobre os mecanismos de *case management*, com base nos ordenamentos jurídicos alemão e inglês, testando a sua aplicabilidade ao sistema brasileiro.

Antes de iniciarmos, é preciso fazer uma importante observação de cunho metodológico: tendo em vista que o foco deste trabalho é o estudo da gestão probatória, não analisaremos os mecanismos relativos, especificamente, (i) aos procedimentos especiais; (ii) à fase recursal; e (iii) ao cumprimento de sentença e à execução de título extrajudicial. Ainda, serão objeto apenas de *breve* revisão os mecanismos *gerais* de gerenciamento processual, incluindo aqueles incidentes na fase de conhecimento do procedimento comum e os de *court management*.[1]

3.1. O NOVO MODELO DE GERENCIAMENTO PROCESSUAL DO CÓDIGO DE PROCESSO CIVIL DE 2015

O gerenciamento processual, enquanto instituto que comporta mecanismos e técnicas para a gestão procedimental e substancial do processo, podendo assumir variados níveis de profundidade e extensão, não é uma novidade do CPC/2015.

Já no CPC/1973 eram conferidos ao juiz alguns importantes poderes de gestão formal e material do processo, tais como: art. 331, §2º (audiência preliminar); art. 125 (incumbências do juiz na direção do processo); art. 265 (hipóteses nas quais o juiz poderia determinar a suspensão do processo); as diversas disposições relativas à participação judicial na produção probatória (inclusive os poderes *ex officio*), dentre outras.

Entretanto, a configuração geral do regime anterior do processo civil brasileiro era marcada pela rigidez procedimental, com uma margem quase inexistente para o juiz ou as partes adaptarem o procedimento às necessidades do caso,[2] bem como pelo seu caráter "individualista, patrimonialista e, originalmente, com cunho eminentemente repressivo",[3] que não buscava promover a integração entre os sujeitos processuais ou, pelo menos, incentivar a cooperação das partes e do juiz.

---

1. Um mecanismo de *court management* que ainda não é adotado à extensão no Brasil, mas que vem ganhando crescente aceitação, são os protocolos. Iremos abordá-los brevemente ao final deste capítulo, quando indicarmos algumas propostas para a evolução do sistema de gerenciamento processual no Brasil. Não faremos, contudo, uma análise extensiva sobre eles; para tanto, remetemos o leitor às seguintes obras: PANTOJA, Fernanda. **Protocolos pré-processuais**... Op. cit.; MENEZES, Gustavo Quintanilha Telles de. **A fase pré-processual**: o ônus de preparação da demanda e os filtros legítimos à propositura de ações judiciais. 2011. Dissertação (Mestrado em Direito) – Faculdade de Direito, Universidade do Estado do Rio de Janeiro, Rio de Janeiro, 2011.
2. Brito nota a contradição existente no CPC/1973 "ao fixar que o procedimento é indisponível e pormenorizadamente definida [*sic*] pelo CPC, enquanto concede o juiz a direção do processo" (*in* **Gerenciamento dos processos judiciais**: estudo comparado dos poderes e atuação do juiz na Inglaterra, nos Estados Unidos e no Brasil. 2013. 150 f. Dissertação (Mestrado em Direito) – Universidade Federal de Minas Gerais, Belo Horizonte, 2013, p. 92.
3. GODINHO, Robson Renault. Reflexões sobre os poderes instrutórios do juiz: o processo não cabe no 'Leite de Procusto'. Op. cit., p. 3.

Ainda, acrescenta-se as dificuldades dos juízes em usar, à satisfação, os poderes que a lei lhes conferia, de modo que essa "direção formal e material" do processo acabava relegada apenas ao plano normativo.[4]

O Código de Processo Civil de 2015, em contrapartida, adota um *novo modelo* de gerenciamento processual que amplia os poderes do juiz *e* das partes de administrar o processo, mediante a adoção de novos e diferentes mecanismos e técnicas gerenciais, além de promover a integração na atuação destes sujeitos processuais, tendo em vista a importância da participação de todos para que o gerenciamento possa realizar-se de forma efetiva.

Não se trata, portanto, apenas de uma *expansão* do gerenciamento processual com a adoção de *mais* mecanismos e técnicas gerenciais, mas sim de uma verdadeira *mudança* na forma da sua concepção.[5]

3.1.1. Fundamentos

A pedra angular do gerenciamento processual é o modelo cooperativo de processo. Somente em uma estrutura que busca o equilíbrio na relação jurídica processual e a integração na atuação dos seus sujeitos será possível implementar o gerenciamento de forma efetiva. Afinal, o modelo adversarial, com seu juiz garantista, sequer admite a atribuição de poderes de direção que impliquem uma atuação jurisdicional proativa, e o modelo inquisitivo, com seu juiz ativista, não se preocupa com a integração das partes no desenvolvimento do processo e na tomada de decisões.

---

4. Carmona observa que "[n]ão há nada de novo na constatação de que o juiz dirige o processo", mas questiona "até que ponto tais poderes de direção do processo levaram a um resultado adequado nestas quatro décadas de vigência do Código de 1973 (CPC)" (*in* O novo Código de Processo Civil e o juiz hiperativo. In: GRINOVER, Ada Pellegrini et al. **O novo Código de Processo Civil**: questões controvertidas. São Paulo: Atlas, 2015, p. 61-75, p. 61-62). Aponta, nesta sentido, que o CPC/1973 "forneceu aos magistrados as ferramentas necessárias para uma boa gestão processual, mas não conseguiu impor aos juízes uma cultura de gestão processual", ao mesmo tempo em que "o Estado não conseguiu fornecer a estrutura adequada para que os poderes fornecidos aos juízes pudessem ser utilizados de modo adequado", razões pelas quais "o modelo processual de 1973 tornou-se um grande faz de conta" (*in* Ibid. p. 66).

5. Abreu atribui a esse novo modelo de gestão processual a denominação de "customização processual compartilhada", que, dentro de uma estrutura cooperativa de processo, "[permite] a todos os suejtios processuais a construção compartilhada de suas posições ao longo do procedimento" (*in* "Customização processual compartilhada": o sistema de adaptabilidade do novo CPC. Op. cit., p. 52). A expressão escolhida é interessante; contudo, a nosso ver, remete apenas ao aspecto de flexibilização procedimental, o qual, conforme pontuamos no capítulo dois, embora seja uma importante categoria do *case management*, não é seu sinônimo.

Participação ativa das partes em *cooperação* com um juiz (igualmente) ativo: os elementos centrais que permitem o florescimento do gerenciamento processual somente podem ser encontrados, em conjunto, em um modelo *cooperativo* de processo.

Dessa forma, o primeiro fundamento para o gerenciamento processual será *a própria estrutura de processo cooperativo*, à qual se relacionam os dispositivos do CPC/2015 que evidenciam a sua adoção no sistema brasileiro – expostos e analisados no item 1.3.5, *supra*. É o caso, por exemplo, dos artigos 5º e 6º, que trazem, respectivamente, o princípio da boa-fé objetiva e o princípio da cooperação como nortes para o comportamento dos sujeitos processuais, estruturando o processo civil brasileiro como uma comunidade de trabalho (*Arbeitsgemeinschaft*) cooperativa pautada em postulados éticos de conduta.

Outra norma fundamental do CPC/2015 que está na base do gerenciamento processual é a previsão do artigo 2º, que assim estabelece: "[o] processo começa por iniciativa da parte e se desenvolve por impulso oficial, salvo as exceções previstas em lei". Conforme visto nos capítulos anteriores, a identificação das duas facetas do princípio dispositivo (em princípio da demanda e princípio dispositivo em sentido estrito), e a constatação de que ambas podem ser excepcionadas em alguma medida sem que isso implique a adesão estrita ao princípio inquisitivo, é o passo inicial para que se possa admitir a atribuição de poderes gerenciais ao juiz sem pensar que isso implicaria uma violação à autonomia da vontade privada[6] e ao direito das partes de dispor sobre seus direitos e obrigações.

Assim, quando o art. 2º do CPC/2015 pontua que o "processo começa por iniciativa da parte", está adotando a *Dispositionsmaxime* (princípio da demanda).[7] Por sua vez, a determinação de que "o processo [...] se desenvolve por impulso oficial" estabelece uma temperança à *Verhandlungsmaxime* (princípio dispositivo em sentido estrito), ao

6. Afinal, conforme pontua Godinho, a autonomia da vontade das partes passa por uma releitura no processo civil contemporâneo, "dentro de uma perspectiva constitucional e de uma teoria dos direitos fundamentais que autoriza e ao mesmo tempo impõe limites às manifestações de vontade" (*in* Reflexões sobre os poderes instrutórios do juiz: o processo não cabe no 'Leite de Procusto'. Op. cit. p. 1).

7. O princípio da demanda também é encontrado no artigo 141, o qual estabelece que "o juiz decidirá o mérito nos limites propostos pelas partes, sendo-lhe vedado conhecer de questões não suscitadas a cujo respeito a lei exige iniciativa da parte". Engloba, assim, o poder das partes de definir o objeto do processo.

indicar que o juiz detém responsabilidade sobre a condução formal do feito.[8] Isso não representa, todavia, que o Código brasileiro tenha aderido de forma estrita à *Inquisitionsmaxime* (ou *Unterschungsmaxime*). Há que se lembrar, afinal, que as partes continuam detendo o monopólio na apresentação dos fatos, bem como a responsabilidade primária na produção das provas.

Quando falamos dos fundamentos do gerenciamento processual, inevitavelmente precisamos abordar também os *objetivos* para os quais ele é direcionado, uma vez que eles comporão a base para a definição dos mecanismos que serão adotados.

Ao final do segundo capítulo concluímos que, ao menos na Alemanha e na Inglaterra, o *case management* era voltado para atender os seguintes objetivos: efetividade, adequação, eficiência, economia processual, duração razoável do processo, redução de custos, e correção das decisões judiciais (justiça substancial).

No Brasil, uma preocupação externada pelos juristas que elaboraram o Anteprojeto do novo CPC, apresentado no Senado Federal, e que era compartilhada pelo legislador infraconstitucional, foi a questão da demora do processo civil brasileiro.[9] Correlata a ela, apontou-se, também, o grande volume de demandas pendentes perante os nossos tribunais.

Não há dúvidas, portanto, que uma das finalidades que a reforma processual brasileira buscou alcançar foi a melhoria da *eficiência* do sistema de justiça civil, como forma de atacar o problema da *demora desarrazoada do processo* e garantir, com isso, a *efetividade* da tutela jurisdicional.

---

8. O art. 2º não pode ser lido de forma dissociada dos demais dispositivos da lei processual, especialmente aqueles que constam do mesmo capítulo no qual ele está inserido – referente às normas fundamentais do processo civil. Assim, há que se conjugar a interpretação da determinação de que o "processo [...] se desenvolve por impulso oficial" com a previsão do art. 6º de que "[t]odos os sujeitos do processo devem cooperar entre si para que se obtenha, em tempo razoável, decisão de mérito justa e efetiva", de modo a não eximir as partes da sua responsabilidade no desenvolvimento do processo.

9. Em carta endereçada ao Senador José Sarney, então Presidente do Senado, por ocasião da apresentação do Anteprojeto do Código em 2010, o Ministro Luiz Fux ressaltou o objetivo da Comissão de Juristas por ele presidida de "resgatar a crença no judiciário e tornar realidade a promessa constitucional de uma justiça pronta e célere". Disponível em <https://www.senado.gov.br/senado/novocpc/pdf/Anteprojeto.pdf>. Acesso em 15 out. 2016.

Nesse sentido, a duração razoável do processo, que já era uma garantia fundamental com assento constitucional (art. 5º, inciso LXXVIII, da CRFB/88),[10] foi transcrita no diploma processual de forma direta em três dispositivos, como forma de ressaltar (ainda mais) a sua importância: o art. 4º, que prevê o direito das partes de "obter em *prazo razoável* a solução integral do mérito, incluída a atividade satisfativa"; o já citado art. 6º, que traz o dever dos sujeitos processuais de orientar a sua conduta para a obtenção de decisão de mérito "em *tempo razoável*", e o art. 139, inciso I, segundo qual incumbe ao juiz "velar pela *duração razoável do processo*".[11]

Quanto à *eficiência*, que se relaciona também com a entrega da prestação jurisdicional em tempo razoável (justiça lenta não é uma justiça eficiente),[12] encontramos a previsão do art. 8º, que traz uma determinação finalística para a atuação do juiz ao estabelecer que ele deverá, na aplicação do ordenamento jurídico, observar o comando da eficiência, dentre outros.

Um processo deixado ao alvedrio das partes corre um sério risco de incorrer em dilações desnecessárias que atrasam a sua conclusão. Tal como afirmado anteriormente neste trabalho, a eficiência nesse modelo de processo somente será possível quando ambas as partes tiverem interesse na resolução célere do litígio.

Por outro lado, um processo no qual a maior parte da responsabilidade pela sua direção recai sobre os ombros do magistrado tampouco tem

---

10. Inserida pela Emenda nº 45, de 2004, a garantia da duração razoável do processo já constava, antes disso, da Convenção Americana sobre Direitos Humanos (Pacto de São José da Costa Rica), promulgada no Brasil pelo Decreto nº 678, de 6 de novembro de 1992, e que dispunha, em seu artigo 8 (1), que "toda pessoa tem direito a ser ouvida, com as devidas garantias *e dentro de um prazo razoável*, por um juiz ou tribunal competente, independente e imparcial [...]".

11. Vale lembrar que, conforme tratado no item 1.3.5, *supra*, o art. 139 traz determinações finalísticas para a atuação judicial *e* poderes de gestão do processo, entendendo-se, nessa medida, que as determinações finalísticas devem orientar a execução desses e de outros poderes previstos ao longo do Código. Assim sendo, a previsão de que ao juiz incumbe "velar pela duração razoável do processo" está inegavelmente conectada à implementação do gerenciamento processual.

12. O tempo não é, todavia, o único elemento a ser levado em conta na avaliação da eficiência. Conforme pontuado por Didier, a atuação judicial é eficiente quando "promove os fins do processo de modo satisfatório em termos quantitativos, qualitativos e probabilísticos", relacionando-se também com os princípios da economia processual e da adequação (*in* Comentários ao artigo 8º. In: CABRAL, Antonio do Passo; CRAMER, Ronaldo. **Comentários ao novo Código de Processo Civil**. Op. cit. p. 33-34).

melhores chances de se desenvolver de forma eficiente e ser concluído em tempo razoável. Afinal, tomando por exemplo o caso brasileiro, um dos grandes problemas do nosso sistema de justiça civil é a enorme quantidade de processos pendentes no Poder Judiciário – mais de 80 milhões ao final de 2017.[13] Neste cenário, não seria factível que os juízes fossem os exclusivos responsáveis por cuidar – tanto em perspectiva formal, como em perspectiva material – de todos os processos que se encontram sob seus cuidados, sem contar com a colaboração das partes.

Por esse motivo, a reestruturação do processo civil sobre uma base de gerenciamento processual executado pelo juiz com a participação ativa das partes mostra-se a mais adequada para a consecução dos objetivos de um processo eficiente,[14] capaz de entregar uma prestação jurisdicional efetiva[15] e em tempo razoável.[16]

---

13. Conforme os dados disponibilizados pelo Conselho Nacional de Justiça (CNJ) no seu último relatório, referente ao ano de 2017. Disponível em: <http:// http://www.cnj.jus.br/files/conteudo/arquivo/2018/08/44b7368ec6f888b383f6c3de40c32167.pdf>. Acesso em: 25 mar. 2019.
14. Estabelecendo a relação entre o princípio da eficiência e a gestão do processo, Didier: "O órgão jurisdicional é, assim, visto como um administrador: *administrador de um determinado processo*. Para tanto, a lei atribui-lhe poderes de condução (gestão) do processo. Esses poderes deverão ser exercidos de modo a dar o máximo de eficiência ao processo. Trata-se, corretamente, o serviço jurisdicional como uma espécie de serviço público – submetida, pois às normas gerais do serviço público [...]. Essa é a primeira premissa: o princípio da eficiência dirige-se, sobretudo, a orientar o exercício dos poderes de gestão do processo pelo órgão jurisdicional, que deve visar à obtenção de um determinado 'estado de coisas': o processo eficiente" (*in* op. cit., nota 599, p. 33, grifo do autor). Em outro momento do mesmo texto, Didier refere-se expressamente à eficiência como "*fundamento* para que se permita a adoção, pelo órgão jurisdicional de técnicas de gestão do processo" (*in* Ibid. p. 34).
15. Sobre a diferença entre eficiência e efetividade, novamente Didier: "*Efetivo* é o processo que realiza o direito afirmado e reconhecido judicialmente. *Eficiente* é o processo que atingiu esse resultado de modo satisfatório [...]. Um processo *pode ser efetivo sem ter sido eficiente* – atingiu-se o fim 'realização do direito' de modo insatisfatório (com muitos resultados negativos colaterais e/ou excessiva demora, por exemplo). Mas *jamais poderá ser considerado eficiente sem ter sido efetivo*: a não realização de um direito reconhecido judicialmente é quanto basta para a demonstração da ineficiência do processo" (*in* Loc. cit.).
16. Segundo Mendes e Silva, "o princípio da duração razoável do processo não foi o mote direto, imediato e expresso do projeto em qualquer uma das suas versões", o qual teria, em verdade, "priorizado valores relacionados à democratização do processo judicial, buscando fortalecer o contraditório, a transparência e a necessidade de fundamentação. O texto possui um viés muito forte de democratização do processo, de ampliação do debate e da participação, fazendo com que o Poder Judiciário tenha de desenvolver a atividade jurisdicional com o fortalecimento da fundamentação, das razões de decidir

Embora a duração razoável dos processos, a efetividade e a eficiência configurem importantes finalidades do processo civil brasileiro sob a égide do CPC/2015, elas não são as únicas que orientam a interpretação e implementação do gerenciamento processual. Também a adequação – que justifica os poderes de gestão procedimental – e a preocupação com a correção das decisões judiciais – que está na base dos poderes substanciais do juiz – são importantes fundamentos para o gerenciamento processual no CPC/2015. Deixaremos, contudo, para analisa-los adiante, quando estivermos tratando dessas espécies de mecanismos.

3.1.2 Mecanismos gerais

A partir da análise do *case management* nos ordenamentos jurídicos alemão e inglês, propusemos[17] uma forma de categorização dos mecanismos e técnicas gerenciais adotados no processo civil como forma de facilitar o seu estudo. Em linhas gerais, a sistematização apresentada, e que servirá de base para o estudo do direito brasileiro, permitiu a identificação das seguintes categorias:

a) *Case management* em sentido amplo – abarcando *court management* e *case management* em sentido estrito;

b) *Court management* – subdividido em gestão das unidades judiciárias[18] e gestão do Poder Judiciário como um todo;

c) *Case management* em sentido estrito – comportando várias subclassificações, a depender do critério adotado:

  i- *Case management* procedimental (formal) e *case management* substancial (material);

(*ratio decidendi*) do julgamento" (*in* Os impactos do novo CPC na duração razoável do processo. **Revista de Processo**, v. 241, p. 15-25, mar. 2015, versão online, p. 2). Sob essa perspectiva, que foca no caráter democrático do processo civil no CPC/2015, o gerenciamento processual continua sendo adequado para a sua promoção na medida em que, conforme dito anteriormente, os poderes judiciais de gestão processual devem ser exercidos com a participação ativa das partes.

17. Para elaborar a categorização apresentada no segundo capítulo e reproduzida neste capítulo três, baseamo-nos nas referências isoladas encontradas em diversos textos a espécies de *case management* e as reunimos de forma sistematizada.

18. A expressão "gestão das unidades judiciais" é utilizada por Gajardoni *in* Comentários ao art. 12. In: ______ et al. **Teoria Geral do Processo**: Comentários ao CPC de 2015 – Parte Geral. São Paulo: Forense, 2015, p. 72.

ii- *Case management* da fase de conhecimento e *case management* da fase de execução;

iii- *Case management* da fase postulatória, *case management* da fase de instrução e *case management* da fase recursal;

iv- Mecanismos e técnicas de organização do debate processual e enquadramento das questões; de condução formal do processo; e de incentivo ao uso de meios adequados de solução de conflitos;

d) *Cost management*;

e) *Compliance powers* (poderes de cumprimento).

O CPC/2015 é rico em mecanismos e técnicas de gerenciamento processual para quase todas essas categorias, à exceção do *cost management*. Antes de adentramos no tema específico deste trabalho, referente aos mecanismos e técnicas de gestão da prova, entendemos ser pertinente para a melhor compreensão do instituto passar em revista os mecanismos e técnicas *gerais* de gerenciamento processual.[19]

Começando pelo *court management*, o novo diploma processual brasileiro trouxe uma polêmica previsão que afeta a gestão da unidade judiciária: a ordem cronológica de processos para julgamento (art. 12).

Uma das principais críticas apresentadas a este dispositivo quando da promulgação do novo Código foi que ele retiraria dos juízes a sua autonomia e liberdade para gerir os trabalhos dentro do órgão jurisdicional, engessando sobremaneira o exercício dessa atividade.[20] Entendemos que essa observação tem parcial procedência. De fato, há que se reconhecer que o art. 12 do CPC/2015, em sua redação original, ao estabelecer uma

19. Reiteramos a observação feita no início deste capítulo de que nesta análise dos mecanismos gerais optamos, por questões metodológicas, por excluir aqueles mecanismos do CPC/2015 de gestão do processo que tenham relação específica com os procedimentos especiais, com a fase recursal, e com o cumprimento de sentença e execução de título extrajudicial.

20. Cf. GAJARDONI, loc. cit., nota 605; CABRAL, Trícia Navarro Xavier. Os desafios do juiz no CPC/2015. Op. cit., p. 391 (ressalta, todavia, que "considerando que no Brasil não há uma política de gerenciamento judiciário e judicial, e, ainda, que existe uma tendência de privilegiar partes ou advogados específicos ou então de adotar como critério de gestão a menor complexidade dos processos, [...] a referida técnica legislativa pode contribuir para uma interessante mudança de cultura e de comportamento dos juízes e servidores.").

forma obrigatória[21] de organização do fluxo de trabalho do magistrado para fins de prolação de sentença ou acórdão, limitava o seu poder de gestão nesse momento processual. Contudo, seria equivocado sempre interpretar o conceito de gerenciamento processual (em sentido amplo ou estrito) como sinônimo de poder discricionário, que nunca admite a previsão legal de certos parâmetros (por vezes limitadores) para a atuação judicial.[22]

Assim sendo, embora a utilidade dessa norma para o sistema como um todo pudesse ser questionada,[23] a crítica não pode ser baseada na alegação de supressão dos poderes gerenciais do juiz apenas pela previsão legal de parâmetros para o seu exercício. Pode-se ressaltar, neste sentido, que, tendo em vista que a ordem cronológica não se refere à *tramitação* dos processos perante o órgão jurisdicional, mas apenas à ordem de julgamento *após* a sua conclusão, o juiz continuava detendo

---

21. Em artigo no qual trata da ordem cronológica de processos, Gajardoni afirma que "o CPC/2015 [...] dificulta sobremaneira a aplicação da gestão na Justiça brasileira, vedando que magistrados e servidores possam, com a liberdade necessária, gerenciar as unidades judiciais em que atuam." *in* Reflexões sobre a inconstitucional regra da ordem cronológica de julgamento dos processos no Novo CPC. In: GAJARDONI, Fernando da Fonseca. (Coord.) **Magistratura**. Salvador: Juspodivm, 2015, p. 105-113, p. 106. (Coleção repercussões do novo CPC, v. 1).

22. Almeida afirma que a diferença entre o ativismo judicial do sistema inglês e o do sistema brasileiro está na *discricionariedade*, vez que "os juízes ingleses e galeses não têm somente poderes de gestão, mas poderes adjetivados com flexibilidade, capazes de adequar o desenrolar do procedimento às particularidades do caso concreto, sem que se exija disposição expressa na lei nesse sentido" (*in* O *case management* inglês: um sistema maduro? **Revista Eletrônica de Direito Procesual**, v. VII, p. 287-335, jan./jun. 2011, p. 298). Concordamos com a observação de que especialmente os poderes judiciais de gerenciamento processual em sentido estrito comportam uma margem de discricionariedade. Contudo, especialmente no que diz respeito ao *court management* (que não era o foco da observação de Almeida, focada no *case management* em sentido estrito), o qual lida com o interesse na administração do próprio sistema judiciário, isso não quer dizer que não possam ser previstos limites pela lei que conformem o exercício dos poderes de gestão do processo.

23. Um questionamento que poderia ser feito sobre essa norma é se o estabelecimento de uma rigidez para a ordem de julgamento dos processos não poderia acabar prejudicando, por via transversa, a eficiência da atividade jurisdicional e, com isso, implicar uma demora ainda maior do sistema de justiça civil como um todo. Afinal, o rol previsto no art. 12, §2°, referente aos processos que estarão excluídos da "fila regular" para julgamento, não consegue abarcar todas as hipóteses que justificariam uma eventual inversão na ordem cronológica. Criticando o uso da cronologia como único critério para determinar a ordem de julgamento e sobre a insuficiência das exceções previstas no §2°, v. GAJARDONI, Fernando da Fonseca. Comentários ao art. 12. In: ______ et al. **Teoria Geral do Processo**... Op. cit., p. 73-75 e 77.

amplo poder de gestão para a condução dos processos individuais e para o gerenciamento dos trabalhos na unidade judiciária.

Seja como for, a irresignação com este dispositivo surtiu efeito e, por meio da lei 13.256 de 2016, que alterou o CPC/2015 ainda no período de *vacatio legis*, foi incluído o termo "preferencialmente" no texto do art. 12, *caput*, indicando que a ordem cronológica não seria mais obrigatória.

Não nos parece que o dispositivo tenha perdido toda sua utilidade prática pelo acréscimo do "preferencialmente", mas apenas sofrido uma atenuação da sua imperatividade, admitindo, com isso, que o juiz excetue a observância da ordem cronológica em outras situações excepcionais além daquelas previstas no §2º. Dessa forma, a ordem cronológica deve, *preferencialmente*, continuar sendo observada, mas fica solucionada a crítica da doutrina a respeito da insuficiência do rol das exceções do §2º. Entende-se, todavia, que o juiz deve apresentar motivação adequada sempre que um processo "furar" a fila.

Outro mecanismo de *court management*, com reflexos sobre o gerenciamento de processos individualmente considerados, é a *reunião de processos*, prevista no artigo 55 do CPC/2015. Nos termos do §1º, "os processos de ações conexas serão reunidos para decisão conjunta, salvo se um deles já houver sido sentenciado", definida a conexão pelo *caput* como "2 (duas) ou mais ações [que tenham em] comum o pedido ou a causa de pedir". Por sua vez, o §3º traz a hipótese, que não existia no Código de 1973, mas que já vinha sendo admitida pela jurisprudência do Superior Tribunal de Justiça (STJ), da reunião de processos "que possam gerar risco de prolação de decisões conflitantes ou contraditórias caso decididos separadamente, mesmo sem conexão entre eles".[24] Didier fala, ainda, em uma hipótese de reunião de processos apenas para "unificar a atividade instrutória, como forma de redução de custos, mesmo que isso não implique a necessidade de julgamento simultâneo de todas elas"[25] – ou seja, uma reunião *sui generis*, de natureza temporária, apenas para a prática conjunta de um ou mais atos.[26]

---

24. Tanto na hipótese do §1° como na do §3° "a reunião das ações propostas em separado far-se-á no juízo prevento" (art. 58), no qual ocorreu o primeiro registro ou distribuição da petição inicial (art. 59).

25. DIDIER JR., Fredie. Comentários ao art. 8°. In: CABRAL, Antonio do Passo; CRAMER, Ronaldo. **Comentários ao novo Código de Processo Civil**. Op. cit., p. 34.

26. Embora Didier identifique o fundamento para essa reunião no princípio da eficiência inscrito no art. 8°, parece-nos que ela poderia ser determinada, de forma mais específica,

A reunião de processos é justificada tanto por uma questão de economia processual (na hipótese do art. 55, §1º) como para garantir a uniformidade do sistema (art. 55, §§1º e 3º),[27] razão pela qual ela pode ser associada com o *court management*. Em ambos os casos a análise sobre a conveniência da reunião dos processos é feita olhando não apenas para *um* processo isolado, mas para um *conjunto de duas ou mais ações* propostas em separado.

Ainda dentro da importância de assegurar a integridade e a uniformidade do sistema, outros dois institutos de direito processual civil que podem ser categorizados como mecanismos de *court management* são o incidente de resolução de demandas repetitivas (artigo 976 e seguintes) e os recursos especial e extraordinário repetitivos (artigo 1.036).[28]

---

com base no art. 69, inciso II, do CPC/2015, que trata da reunião ou apensamento de processos como forma de execução de cooperação jurisdicional no âmbito nacional.

27. Cf. GALDINO, Flávio. Comentários ao art. 55. In: CABRAL, CRAMER, op. cit., nota 612, p. 103 e 105. O fato de esses dois elementos – economia processual e coerência interna do sistema – serem fundamentos para o instituto da reunião de processos é citado pelo processualista como razão pela qual, "verificando-se que estão presentes os requisitos necessários à caracterização da conexão, a reunião dessas ações no mesmo processo para julgamento conjunto [ser] *mandatória*, não havendo que se falar em conexão facultativa" (Ibid. p. 103, grifo nosso). Em sentido contrário, a jurisprudência do STJ afirmava, sob a égide do CPC/1973, que "a reunião dos processos por conexão configura *faculdade* atribuída ao julgador, sendo que o art. 105 do Código de Processo Civil concede ao magistrado certa *margem de discricionariedade* para avaliar a intensidade da conexão e o grau de risco da ocorrência de decisões contraditórias" (BRASIL. Superior Tribunal de Justiça. Recurso Especial. Medida cautelar de sequestro vinculada a ação declaratória de extinção de condomínio florestal. Efeito translativo. Instância especial. Inaplicabilidade. Prequestionamento. Ausência. Súmula nº 282/STF. Conexão reconhecida. Inexistência de obrigatoriedade de julgamento conjunto. Recurso Especial nº 1.366.921/PR. Recorrente: Serrarias Campos de Palmas S/A. Recorrido: Abílio Groff e outros. Relator: Ministro Ricardo Villas Bôas Cueva. Brasília, 24 de fevereiro de 2015. **Diário de Justiça Eletrônico**, 13 mar. 2015). Sobre o CPC/2015, Oliveira afirma que a nova redação adotada pelo art. 55 "consigna claramente se tratar de um dever judicial (diz, peremptoriamente, que os processos de ações conexas *serão* reunidos para decisão conjunta)" (*in* Comentários ao art. 55. In: WAMBIER, Teresa Arruda Alvim et al. (Coord.). **Breves Comentários ao Novo Código de Processo Civil**. São Paulo: Revista dos Tribunais, 2015, p. 222).

28. Temer coloca a uniformidade das decisões judiciais, obtida através da implementação desses mecanismos de resolução de demandas repetitivas, como um meio para alcançar a *isonomia* entre os jurisdicionados (que possuam pleitos análogos) e a *segurança jurídica* sob a forma de *previsibilidade* da forma como a questão será decidida pelo Poder Judiciário, o que "possibilita o estabelecimento de padrões de conduta confiáveis aos jurisdicionados". A processualista cita, ainda, o benefício que o incidente de resolução de demandas repetitivas (objeto principal de seu trabalho) traz para a economia processual e para a duração razoável dos processos (*in* **Incidente de Resolução de Demandas**

Por sua vez, a *cooperação judiciária*, que pode ser tanto internacional (artigos 26 a 41) como nacional (artigos 67 a 69), também comporta importantes mecanismos que promovem a integração entre diferentes órgãos jurisdicionais para melhor gerir o funcionamento do sistema de justiça civil e o exercício da jurisdição.

Dentro da noção de *court management*, é importante, por fim, mencionar os dispositivos do CPC/2015 que tratam das incumbências do escrivão, do chefe de secretaria e do oficial de justiça (artigo 150 e seguintes). Esses sujeitos, que possuem a natureza jurídica de auxiliares da Justiça, exercem um importante papel no gerenciamento dos trabalhos cartorários e, consequentemente, dos próprios processos, razão pela qual um ordenamento que se propõe a melhorar a eficiência do processo civil deve dar atenção às suas funções.

Nesse sentido, Turner assevera que "o gerenciamento processual efetivo não pode ser alcançado se [...] uma equipe altamente treinada, experiente e dotada de bons recursos não estiver disponível para um gerenciamento processual proativo bem-sucedido".[29]

Ao tratar das funções que cabem aos servidores do Poder Judiciário que trabalham junto ao magistrado, o diploma processual civil brasileiro fez sobressair a importância da atuação desses sujeitos no gerenciamento dos trabalhos cartorários enquanto peça essencial do gerenciamento processual em sentido amplo.

Passando do *court management* para o *case management* em sentido estrito, um dos mais importantes dispositivos do CPC/2015 é o art. 139, o qual, conforme já mencionado (item 1.3.5, *supra*), traz uma relação contendo determinações finalísticas para a atuação judicial e mecanismos para gestão processual. Dentre estes, encontra-se a previsão de que o juiz pode "determinar todas as medidas indutivas, coercitivas, mandamentais ou sub-rogatórias necessárias para assegurar o cumprimento de ordem judicial, inclusive nas ações que tenham por objeto prestação pecuniária" (inciso IV). Essa disposição geral, que tem por objetivo garantir a

---

Repetitivas. Salvador: Juspodivm, 2016, p. 39-41.) Essas finalidades bem apontadas por Temer deixam evidente a ligação do instituto do IRDR, bem como dos recursos repetitivos, com o *court management*.

29. O texto em língua estrangeira é: "*Effective case management cannot be achieved if* [...] *a well resourced and highly trained, experienced staff is not available for successful proactive case management*". TURNER, Robert. "Actively": The word that changed the Civil Courts. Op. cit., p. 86.

efetividade da tutela jurisdicional,[30] vem reprisada em diversos outros dispositivos específicos do Código, tal como o art. 297, *caput*;[31] o art. 536, *caput* e §1º,[32] e o art. 380, parágrafo único.[33]

Tais poderes compõem o que Zuckerman denomina de "*compliance powers*", ou poderes de cumprimento, que permitem ao juiz adotar medidas para impelir as partes a cumprir as ordens judiciais e determinações legais ou puni-las em caso de descumprimento.[34] Conforme observamos quando tratamos do direito inglês, não iremos analisar a fundo as nuances desses *compliance powers* por não estarem no escopo deste trabalho.

O art. 139 do CPC/2015 trata também do *poder de polícia* exercido pelo juiz (inciso VII), e que configura um elemento essencial para garantir a manutenção da ordem no desenvolvimento dos trabalhos judiciais, especialmente durante as audiências.[35] Nesse sentido, cumpre citar também o art. 360,[36] que exemplifica as incumbências atribuídas ao juiz para o exercício deste poder.

O último inciso do art. 139 que será mencionado nessa apresentação dos mecanismos gerais de gerenciamento processual é o inciso X, o qual, em verdade, tem mais relação com o *court management* do que com o

30. GAJARDONI, Fernando da Fonseca. Comentários ao art. 139. In: CABRAL, Antonio do Passo; CRAMER, Ronaldo. Op. cit. p. 257-278.

31. CPC/2015, art. 297, *caput*: "O juiz poderá determinar as medidas que considerar adequadas para efetivação da tutela provisória".

32. CPC/2015, art. 536: "No cumprimento de sentença que reconheça a exigibilidade de obrigação de fazer ou de não fazer, o juiz poderá, de ofício ou a requerimento, para a efetivação da tutela específica ou a obtenção de tutela pelo resultado prático equivalente, determinar as medidas necessárias à satisfação do exequente. §1º Para atender ao disposto no caput, o juiz poderá determinar, entre outras medidas, a imposição de multa, a busca e apreensão, a remoção de pessoas e coisas, o desfazimento de obras e o impedimento de atividade nociva, podendo, caso necessário, requisitar o auxílio de força policial".

33. CPC/2015, art. 380: "Incumbe ao terceiro, em relação a qualquer causa: [...] Parágrafo único. Poderá o juiz, em caso de descumprimento, determinar, além da imposição de multa, outras medidas indutivas, coercitivas, mandamentais ou sub-rogatórias".

34. ZUCKERMAN, Adrian. **Civil procedure**. Op. cit., p. 350.

35. FREIRE, Alexandre. Comentários ao art. 360. In: CABRAL, Antonio do Passo; CRAMER, Ronaldo. Op. cit. p. 567.

36. CPC/2015, art. 360: "O juiz exerce o poder de polícia, incumbindo-lhe: I - manter a ordem e o decoro na audiência; II - ordenar que se retirem da sala de audiência os que se comportarem inconvenientemente; III - requisitar, quando necessário, força policial; IV - tratar com urbanidade as partes, os advogados, os membros do Ministério Público e da Defensoria Pública e qualquer pessoa que participe do processo; V - registrar em ata, com exatidão, todos os requerimentos apresentados em audiência".

case management em sentido estrito. Referido dispositivo estabelece que "quando se deparar com diversas demandas individuais repetitivas, [incumbe ao juiz] oficiar o Ministério Público, a Defensoria Pública e, na medida do possível, outros legitimados a que se referem o art. 5º da Lei no 7.347, de 24 de julho de 1985, e o art. 82 da Lei no 8.078, de 11 de setembro de 1990, para, se for o caso, promover a propositura da ação coletiva respectiva".

O art. 139, inciso X, remete-nos ao art. 333, constante do texto legal aprovado pelo Congresso e vetado pela Presidente da República, que previa a possibilidade de conversão da ação individual em coletiva. Uma das fortes críticas que se faziam a esse dispositivo pautava-se na violação à liberdade e à autonomia das partes dentro do seu processo individual. No que é pertinente para este trabalho, observamos que o art. 333 podia ser classificado como um mecanismo de *case management* em sentido estrito, na medida em que permitia ao juiz alterar a natureza da ação com significativas implicações procedimentais e substanciais.

Em contrapartida, o citado inciso X do art. 139, não afeta diretamente os processos individuais, mas guarda relação com o exercício da atividade jurisdicional de forma ampla, contribuindo para a economia processual e a efetividade na proteção de direitos individuais homogêneos.[37] Observa-se, neste ponto, que o art. 333 estabelecia no §2º que a conversão da ação individual em coletiva não era possível para a hipótese de tutela de direitos individuais homogêneos – escopo do art. 139, X – o que já diferenciava os dois dispositivos.

3.1.2.1. Organização e promoção do debate processual

Trataremos, agora, de uma importante categoria do gerenciamento processual que engloba técnicas e mecanismos de natureza procedimental e de natureza substancial, impactando, portanto, não apenas na forma de desenvolvimento do feito, mas também no próprio conteúdo que será debatido no processo.

37. "A tutela coletiva de direitos individuais homogêneos é de interesse do sistema, vez que permite, por meio de um único processo, a prolação de decisão que pode vir a beneficiar milhares de pessoas, poupando o Judiciário, consequentemente, do processamento dessas demandas individuais (vide art. 103 e parágrafos do CDC). Por isso, é dever do juiz comunicar os legitimados coletivos para agirem". GAJARDONI, Fernando da Fonseca. Comentários ao art. 139. In: CABRAL, Antonio do Passo; CRAMER, Ronaldo. Op. cit. p. 263.

O primeiro dispositivo do CPC/2015 que pode ser enquadrado nesta categoria é o artigo 10, que impõe ao magistrado um *dever de consulta*, cujo fundamento é o próprio princípio da cooperação (item 1.3.3, *supra*). Embora esta previsão costume ser lida exclusivamente como fonte de um *dever* para o juiz, na medida em que este não poderá proferir decisões com base em fundamentos sobre os quais não tenha dado às partes a oportunidade de se manifestar,[38] o art. 10 também deve ser entendido como um *mecanismo de promoção do debate no processo*, vez que através dele o magistrado poderá incentivar a discussão das questões pertinentes para a tomada de decisões.

Há que se lembrar, nessa medida, que um dos balizadores do *case management* identificados no capítulo dois estabelece que o gerenciamento se realiza não somente através da atribuição de *poderes* ao juiz, mas também pela previsão de *deveres* (em sentido estrito) que possuam uma faceta gerencial.

Assim, quando o juiz cumpre o dever de consulta do art. 10 e provoca a manifestação das partes sobre um fundamento que não tenha sido por elas debatido, ele estará promovendo e conduzindo o debate processual com a indicação das questões que entende ser relevantes para a decisão de mérito.

Nessa linha, outro dever correlato à cooperação e que pode ser inserido nessa categoria é o *dever de prevenção* previsto no art. 321, *caput* e parágrafo único. Tal dispositivo estabelece que o juiz deve determinar ao autor que corrija os vícios (na forma dos arts. 319 e 320), defeitos e irregularidades da sua petição inicial, mediante uma emenda ou complementação, antes de indeferi-la.

Observa-se que o legislador brasileiro tratou de prever expressamente que o juiz deve "[indicar] com precisão o que deve ser corrigido ou completado", evitando, assim, parte da dúvida presente no direito alemão quanto ao nível de detalhamento a que deve chegar o magistrado no exercício desse dever de prevenção (item 2.2.3.1, *supra*).[39]

---

38. Correlato ao dever de consulta está o direito das partes de serem consultadas sobre um fundamento que não tenha sido por elas ventilada no processo, ou sobre uma interpretação diversa atribuída pelo juiz a uma questão de direito que foi por elas debatida, antes de tal fundamento ou de tal interpretação variados serem aplicados na formulação da decisão judicial. Trata-se do *direito de consideração*, na denominação dada por Cabral (*in* **Nulidades no processo moderno**... Op. cit. p. 144 *et seq.*), e que foi analisado no item 1.3.3, *supra*.

39. O art. 321 é bastante generoso com as partes do processo. Afinal, vimos que autores como Stadler defendem que nem sempre o juiz deve ser detalhista e preciso na identificação

Falamos que apenas "parte" do problema foi evitado porque, embora o art. 321, *caput*, determine que o juiz deva precisar o ponto da petição inicial que demanda correção ou complementação, ele não deixa claro se o juiz também deve orientar a parte sobre a *forma* de corrigir ou completar a sua postulação.

A nosso ver, o juiz deve adotar uma postura cautelosa para não acabar sendo demasiadamente assistencialista e violar o seu dever de imparcialidade no feito. Quando as partes estiverem assistidas por advogado e não houver um manifesto desequilíbrio (econômico e/ou de representação técnica) entre elas, entendemos que o juiz deve se ater aos limites estritos do referido dispositivo legal e indicar apenas o ponto defeituoso da petição inicial que demanda correção ou complementação, abstendo-se, contudo, de apontar como o vício, defeito ou irregularidade deveria ser consertado.

Naquelas situações em que o autor está atuando em juízo sem a representação de um advogado, o dever de prevenção pode trasmudar-se em um *dever de auxílio*, permitindo que o juiz auxilie o autor – desprovido de conhecimentos jurídicos – a cumprir esse ônus que, caso contrário, levaria ao indeferimento da sua petição inicial. O mesmo entendimento valeria para quando houvesse uma situação de desigualdade entre as partes que demandasse uma atuação judicial ativa para restaurar a isonomia, garantindo a paridade de armas.

Uma segunda observação – também feita à luz do direito alemão – é que a indicação feita pelo juiz, seja apenas para indicar o ponto que demanda correção/complementação, seja para também indicar a forma pela qual isso deve ser feito, não pode alterar o objeto daquela ação.[40]

Nessa medida, a determinação do art. 321, *caput*, prevendo que o juiz tem o dever de alertar o autor quando a sua petição inicial apresentar "defeitos e irregularidades *capazes de dificultar o julgamento de mérito*", deve ser lida em conjunto com o art. 141, segundo o qual "o juiz decidirá o mérito *nos limites propostos pelas partes*", representando a adoção

---

do defeito que demanda correção – dependerá da forma como a questão foi apresentada pela parte. Assim, quando a parte for generalista na apresentação das suas alegações, o juiz também deve ser generalista na formulação da advertência sobre a necessidade de correção/esclarecimento. Não foi esse caminho que escolheu o legislador brasileiro. No CPC/2015, pela letra do art. 321, o juiz deverá *sempre* indicar com precisão o ponto a ser corrigido ou esclarecido, independentemente do nível de precisão da própria parte.

40. OBERHAMMER, Paul; DOMEJ, Tanja. Powers of the Judge: Germany, Switzerland and Austria. Op. cit. p. 302. V. item 2.2.3.1, *supra*.

do princípio da demanda na definição do objeto do processo. Assim, a atuação do juiz com base no art. 321, *caput*, não pode implicar uma violação a essa dimensão do princípio dispositivo, gerando alteração do próprio objeto do processo.

O dever de prevenção também pode ser encontrado no inciso IX do art. 139, na forma de dever do magistrado de "determinar o suprimento de pressupostos processuais e o saneamento de outros vícios processuais". Este dispositivo assemelha-se bastante à previsão do citado art. 321, *caput*; a diferença entre eles é que, enquanto o art. 321, *caput*, refere-se apenas à ausência de requisitos, defeito ou irregularidade *da petição inicial*, o art. 139, IX, possui um escopo mais amplo.

Outrossim, o art. 352 trata do dever de prevenção com relação à contestação, estabelecendo que "verificando a existência de irregularidades ou de vícios sanáveis, o juiz determinará sua correção em prazo nunca superior a 30 (trinta) dias".

Outros incisos do art. 139 relevantes para a categoria de organização e promoção do debate processual são o inciso III, segunda parte – referente à incumbência do juiz de "[...] indeferir postulações meramente protelatórias" – e o inciso VIII – que traz um *dever de esclarecimento* consubstanciado na possibilidade de "determinar, a qualquer tempo, o comparecimento pessoal das partes, *para inquiri-las sobre os fatos da causa*, hipótese em que não incidirá a pena de confesso" (grifo nosso).

Referido inciso VIII não se confunde com o depoimento pessoal da parte, previsto nos artigos 385 e seguintes, e que pode ser requerido pela outra parte ou ordenado de ofício pelo juiz. Este configura um *meio de prova* e faz incidir a pena de confesso quando a parte "não comparecer ou, comparecendo, se recusar a depor" (art. 385, §1º). No caso do art. 139, inciso VIII, o comparecimento da parte e a sua inquirição pelo juiz ocorrem com fundamento no princípio da cooperação, permitindo que o juiz esclareça junto à parte questões fáticas que porventura tenham ficado obscuras em suas manifestações escritas.

Tanto a hipótese de inquirição judicial das partes como a de depoimento pessoal estavam presentes no Código de 1973; contudo, eram tratadas de forma assistemática. Isso porque o art. 342 do CPC/1973, inserido na "Seção IV – Do Depoimento Pessoal", previa que o juiz poderia, em qualquer momento do processo, determinar de ofício o comparecimento pessoal das partes para interroga-las sobre fatos da causa, ao passo que o art. 343 estabelecia que, quando o juiz assim não o fizesse, competiria "a cada parte requerer o depoimento pessoal da outra, a fim de interrogá-la na audiência de instrução e julgamento". A doutrina identificava no art. 342 a figura do interrogatório judicial e no art. 343 o depoimento pessoal como meio de prova.[41]

Em boa hora o CPC/2015 deu um tratamento mais sistemático a essas figuras, colocando o interrogatório judicial no rol de poderes do juiz do art. 139 e o depoimento pessoal entre os meios de prova. Quanto a este, o art. 385, *caput*, determina que o juiz também poderá ordenar a realização do depoimento pessoal em audiência *de ofício*. O magistrado possui, assim, dois mecanismos para inquirir as partes: um que se pauta no princípio da cooperação e outro que constitui um meio de prova.

Por fim, cumpre fazer nota da possibilidade do juiz solicitar ou admitir, de ofício ou a requerimento das partes, a participação de terceiros como *amici curiae*, na forma do art. 138 do CPC/2015. A intervenção de terceiro nessa modalidade contribui para o esclarecimento e complementação das questões que compõem diretamente o objeto do processo e daquelas que dizem respeito ao impacto que uma decisão judicial naquele processo poderá ter para além da relação jurídica *inter partes*. Trabalhando com a ideia de mecanismos de gerenciamento processual que afetam o debate processual, não há dúvidas de que o art. 138 traz mais um instrumento para essa categoria.[42]

3.1.2.2. *Condução formal do processo e flexibilização procedimental*

Iniciaremos a apresentação da categoria de mecanismos e técnicas de condução *formal* do processo por aquela que é uma das mais importantes formas de gestão processual: o controle sobre o seu *tempo* de desenvolvimento.[43]

---

41. GAJARDONI, Fernando da Fonseca. O modelo presidencial cooperativista e os poderes e deveres do juiz do novo CPC. In: GRINOVER, Ada Pellegrini et al. **O novo Código de Processo Civil**: questões controvertidas. São Paulo: Atlas, 2015, p. 135-154, p. 150.

42. Além de ser ele próprio um mecanismo de gerenciamento processual na modalidade de promoção do debate processual, o art. 138 traz, também, previsão para o exercício do poder de gestão pelo juiz na definição dos poderes do *amicus curiae*, uma vez admitido ou convocado (art. 138, §2º).

43. GAJARDONI, Fernando da Fonseca. **Flexibilização procedimental**: um novo enfoque para o estudo do procedimento em matéria processual – de acordo com as recentes reformas do CPC. São Paulo: Atlas, 2008, p. 208. O processualista observa que o desen-

Sob a égide do CPC/1973, a maior parte dos prazos processuais eram considerados "peremptórios pela doutrina e jurisprudência, ou seja, sem possibilidade de flexibilização judicial",[44] formando um sistema de excessiva rigidez. Mesmo a possibilidade de as partes flexibilizarem os prazos de comum acordo, nos termos do art. 181 do CPC/1973, era limitada pelos seguintes requisitos: (i) somente prazos considerados *dilatórios* poderiam ser alterados pela vontade das partes;[45] (ii) a convenção deveria ser apresentada *antes* do vencimento do prazo e (iii) deveria se fundar em motivo legítimo; e (iv) caberia ao juiz fixar o dia do vencimento do prazo da prorrogação, nos termos do §1º do art. 181.

Aliado à previsão de um sistema rígido de fixação de prazos, que somente admitia a flexibilização em raríssimas situações, o CPC/1973 trazia um sistema igualmente rígido de *preclusões temporais*, estabelecendo, no art. 183, *caput*, que "decorrido o prazo, extingue-se, independentemente de declaração judicial, o direito de praticar o ato, ficando salvo, porém, à parte provar que não o realizou por justa causa". O conceito de justa causa era definido pelo §1º do art. 183 como "o evento imprevisto, alheio à vontade da parte, e que a impediu de praticar o ato por si ou por mandatário".

Antes mesmo do início do processo de elaboração do novo CPC, Gajardoni já recomendava a adoção de um sistema que permitisse a flexibilização *judicial* dos prazos, sob o argumento de que "potencializa[ria] o alcance dos princípios do contraditório e da ampla defesa", ao permitir que o litigante obtivesse "tempo suficiente para levantamento das provas e preparação da defesa ideal".[46] Com efeito, uma vez que cada caso possui um nível próprio de dificuldade, não seria razoável ou adequado atribuir aos litigantes de um caso extremamente complexo o mesmo prazo para

---

volvimento do processo nessa perspectiva é controlado por uma combinação de *prazos* fixados para a prática dos atos e de *regras de preclusão* para o caso de inobservância dos prazos.

44. Ibid. p. 209.

45. Reforçando a vedação à prorrogação ou redução dos prazos peremptórios, v. a previsão do art. 182, *caput*, do CPC/1973. Na segunda parte deste dispositivo é prevista a única hipótese de prorrogação de prazos peremptórios: quando se tratasse de comarca de difícil transporte, situação na qual o juiz poderia prorrogar quaisquer prazos por um período máximo de 60 (sessenta) dias.

46. GAJARDONI, Fernando da Fonseca. **Flexibilização procedimental...** Op. cit., p. 211. Afirmando que as preclusões temporais devem "ser interpretadas restritivamente e em caráter excepcional, preservando o contraditório e a ampla defesa", CABRAL, Antonio do Passo. **Nulidades no processo moderno**... Op. cit., p. 259.

preparar as suas manifestações que os litigantes de casos relativamente simples possuem.

Nessa medida, conceder ao juiz e/ou às partes, de comum acordo, o poder para alterar os prazos que se afiguram insuficientes para a prática de atos importantes para o processo é medida que contribui para a melhor resolução do litígio, e, principalmente, que concretiza a garantia do processo *justo*.[47]

Nesse contexto, os parâmetros elaborados pela doutrina, sob a égide do diploma anterior, para orientar a flexibilização dos prazos processuais e, correlatamente, das preclusões temporais eram (i) o contraditório e a ampla defesa; (ii) a manutenção da ordem no processo, de modo que a prorrogação do prazo ou a autorização para a prática do ato de forma extemporânea não implicasse um retrocesso da marcha processual; (iii) o devido processo legal, exigindo o respeito à segurança jurídica e à previsibilidade, mas sem incorrer em formalismos excessivos; e (iv) a imparcialidade do juiz.[48]

Seguindo a linha da flexibilização temporal, o CPC/2015 atribuiu tanto ao juiz como às partes, de comum acordo, poderes significativos para controlar o tempo de desenvolvimento do processo, adaptando, quando e no que fosse necessário, a fixação apriorística da lei.

Assim, o art. 139, inciso VI, estabelece o poder do juiz de "dilatar os prazos processuais [...] adequando-os às necessidades do conflito de modo a conferir maior efetividade à tutela do direito".[49]

---

47. Greco pontua que "o poder [do juiz] de, sem prejuízo da [...] celeridade [do processo], dosar os prazos de acordo com as necessidades defensivas das partes, que variam em função das circunstâncias da causa e as imposições do próprio direito material" tem fundamento no processo justo. O processualista faz referência, neste ponto, à hipótese de prorrogação ou devolução do prazo quando a parte deixa de praticar o ato por motivo alheio à sua vontade, interpretando, contudo, que ela deve valer "independentemente da imprevisibilidade ou imprevisão do fato impeditivo" – limitação imposta pelo art. 183, §1º, do CPC/1973 (*in* O princípio do contraditório. **Revista Dialética de Direito Processual**, n. 24, p. 71-79, mar. 2005, p. 76).

48. Tais parâmetros podem ser encontrados, combinadamente, em GAJARDONI, op. cit., nota 633, p. 214, e CABRAL, op. cit., nota 633, p. 260. Com base neles, tanto Gajardoni como Cabral estabelecem como marco para a determinação da flexibilização da preclusão temporal a fase em que o processo se encontra: se o processo ainda não tiver avançado de fase e, portanto, não implicar retrocesso, o ato pode ser praticado pela parte.

49. A omissão feita no trecho citado do inciso IV refere-se ao poder do juiz de "alterar a ordem de produção dos meios de prova". Este trecho será analisado adiante, quando tratarmos da gestão da instrução probatória.

O parágrafo único ressalva, todavia, que essa dilação "somente pode ser determinada *antes de encerrado o prazo regular*" (grifo nosso). Tal ressalva justifica-se em virtude da disposição do art. 223, que mantém a preclusão temporal após o transcurso *in albis* do prazo, excetuada a hipótese de a parte comprovar que deixou de praticar o ato por justa causa. A diferença neste dispositivo com relação ao sistema do Código de 73 fica por conta da definição de "justa causa", que agora abrange todos os eventos alheios à vontade da parte, mesmo aqueles previsíveis.[50]

O poder do juiz de prorrogar os prazos por até dois meses nas comarcas, seções ou subseções judiciárias onde fosse difícil o transporte ou em caso de calamidade pública foi mantido pelo CPC/2015, no art. 222, *caput*.

O juiz tem, ainda, nos termos do art. 221, *caput*, o poder de suspender o curso do prazo quando verificar a ocorrência de obstáculo em detrimento da parte ou de uma das situações do art. 313 (hipóteses que dão azo à suspensão do processo), com restituição do prazo por tempo igual ao que faltava para sua complementação.

Inobstante a importância dessas novas determinações que conferem um poder de flexibilização dos prazos ao juiz, talvez a maior novidade do CPC/2015 em termos de controle do tempo do processo seja o art. 191, que introduz em nosso ordenamento a figura do *calendário processual*.

Nos termos do *caput* deste artigo, "de comum acordo, o juiz e as partes podem fixar calendário para a prática dos atos processuais, quando for o caso", estando vinculados aos prazos nele previstos, os quais "somente serão modificados em casos excepcionais, devidamente justificados" (§1º). A elaboração do calendário dispensa, ainda, "a intimação das partes para a prática de ato processual ou a realização de audiência cujas datas tiverem sido [nele] designadas" (§2º).

A calendarização processual é uma técnica que muito contribui para o gerenciamento de cada processo individual, uma vez que ela permite distribuir melhor os prazos para a prática dos atos; evitar os "tempos mortos" do processo – apontados por boa parte da doutrina como a real causa do problema da demora da justiça; e conferir previsibilidade às partes e a eventuais terceiros interessados naquele feito sobre a sucessão de eventos. Ademais, com um calendário fixado previamente, as partes podem programar melhor os seus tempos individuais para a prática dos atos, evitando, assim, a ocorrência de preclusões.

---

50. Seguindo, portanto, a observação de Greco – nota 634, *supra*.

Em outra medida, a calendarização processual também pode ser entendida como uma técnica de *court management*, na medida em que também contribui para que o juiz possa gerenciar os trabalhos dentro da sua unidade judicial e organizar a fixação dos prazos e agendamento das audiências dos diferentes processos que estão sob seus cuidados, distribuindo o tempo alocado para cada processo de forma equânime e proporcional.

Pela letra do artigo 191, *caput*, que fala na fixação de "calendário para a prática dos atos processuais" (e não para *todo* o processo), parece-nos que o legislador houve por bem admitir a elaboração de calendários que cubram apenas *etapas* do processo, deixando as demais para seguir os regimes de prazos do Código.

Carmona levanta a possível contradição que pode haver entre a fixação do calendário para um processo individual e a determinação do art. 12, referente à ordem cronológica para julgamento, já que como "o estabelecimento do calendário processual não está inserido nas exceções à regra [...] não parece possível que o cronograma (de cuja elaboração o juiz participará) possa permitir o julgamento da causa com a ruptura da ordem cronológica de conclusão".[51]

De fato, entendimento em sentido contrário implicaria uma violação à isonomia, razão pela qual a melhor intepretação para este caso é aquela que conjuga as duas disposições para vedar a fixação de uma data no calendário para a prolação de sentença no processo, permitindo apenas que se regule o tempo da realização dos atos até a conclusão.

Feitas essas considerações sobre o controle do *tempo* do processo, vamos adiante para o exame das disposições relativas ao controle da sua *estrutura formal*.

A par das controvérsias existentes quanto à precisa conceituação de *processo*, a doutrina costuma definir, de forma pacífica, o *procedimento* como uma *sequência de atos* que constitui o "meio extrínseco pelo qual o processo é instaurado e desenvolvido" – i.e. o "elemento visível do processo".[52]

---

51. CARMONA, Carlos Alberto. O novo Código de Processo Civil e o juiz hiperativo. Op. cit. p. 72.

52. PINHO, Humberto Dalla Bernardina de. **Direito Processual Civil Contemporâneo**: Teoria Geral do Processo. 6. ed. São Paulo: Saraiva, 2015, p. 368. Nas páginas 369 a 380 da obra citada, Pinho apresenta as diversas teorias sobre a natureza jurídica do *processo*.

Uma questão que sempre suscitou intensos debates doutrinários nessa seara diz respeito ao nível de rigidez que deveria ser atribuído ao procedimento fixado por força de lei. Correlatamente, indaga-se qual margem de flexibilização poderia ser permitida às partes e ao juiz para adequar o procedimento às circunstâncias do caso concreto.

A observância de um procedimento previamente previsto é tida como um dos componentes do devido processo legal – garantia insculpida no artigo 5º, inciso LIV, da CRFB/88, que atende a diversas finalidades, a saber: *limitação do poder estatal*, na medida em que o juiz deve, via de regra, seguir as etapas do iter procedimental, não podendo alterá-lo de forma arbitrária; *segurança jurídica*, sob a forma de previsibilidade que permite ao jurisdicionado saber o que lhe espera no processo; e *legitimação da atividade jurisdicional*, ressaltando, contudo, quanto a esta, a necessidade de respeito aos demais direitos e garantias fundamentais do processo.[53]

Ocorre que, conforme observa Gajardoni, a flexibilização do procedimento não gera, necessariamente, o arbítrio judicial, a insegurança jurídica, ou a perda de legitimação da atividade jurisdicional. Colocando a questão sobre outro prisma: a promoção desses valores no processo não está ligada, exclusivamente, à rigidez procedimental.[54] Além disso, em determinados casos, a efetiva proteção do direito material – i.e. a justiça substancial – somente poderá ser alcançada mediante a adaptação do procedimento previamente previsto na lei às necessidades do caso concreto.

Nesse sentido, Rodrigues pontua que na base da flexibilização procedimental está a tensão entre a segurança jurídica e a efetividade.[55] A esses princípios acrescentaríamos, ainda, o princípio da autonomia da vontade das partes, para as flexibilizações que são realizadas por ato das partes (como no caso das convenções processuais, a serem analisadas adiante), e o princípio da adequação, que guarda relação, também, com a efetividade.

De modo geral, a doutrina distingue entre *adaptação* – que cuidaria da "variação do rito por opção legislativa" – e *adaptabilidade* – referente "à flexibilização procedimental por atuação jurisdicional,

---

53. RODRIGUES, Marco Antonio dos Santos. **A modificação do pedido e da causa de pedir no processo civil**. Op. cit., p. 147-148.
54. GAJARDONI, Fernando da Fonseca. **Flexibilização procedimental**... Op. cit., p. 85.
55. RODRIGUES, op. cit., nota 640, p. 150.

permitindo ao magistrado que concretamente adeque o procedimento às peculiaridades da demanda".[56] Partindo dessa distinção, a adaptação pode ser realizada (i) pelo legislador, mediante a previsão (em abstrato e *a priori*) no diploma processual de ritos alternativos ao principal; (ii) pelo julgador, mediante a implementação de alterações que levam em consideração as particularidades do caso concreto, quando os procedimentos previstos na lei não se adequam a ele; ou (iii) pelas partes, nos mesmos termos do julgador.[57]

Fazendo referência à corrente do formalismo-valorativo (item 1.2.4, *supra*), há que se lembrar que as formalidades legais do processo – incluindo a sua forma de estruturação – não devem ser protegidas exclusivamente como um fim em si mesmas. As formas no processo, não obstante serem elas próprias um valor do ordenamento, representam, principalmente, um meio para a promoção de outros valores fundamentais, servindo, assim, para "assegurar estruturalmente as interações subjetivas que compõem o contraditório".[58]

Dessa constatação extraem-se duas conclusões complementares: primeiro, que as formas não podem ser totalmente abandonadas sob o argumento de que elas seriam "meros instrumentos" para a consecução de um fim; afinal, ignorar as formas por completo implicaria também uma violação de garantias fundamentais.[59] Segundo, que quando for necessário para a promoção dos valores reconhecidos como essenciais para permitir o adequado exercício da atividade jurisdicional e para a proteção do direito material postulado em juízo, as formalidades legais podem ser *flexibilizadas* (e não *eliminadas*) para esse fim.

---

56. Ibid. p. 153.
57. BODART, Bruno Vinícius da Rós. Simplificação e adaptabilidade no anteprojeto do novo CPC brasileiro. In: FUX, Luiz (Coord.). **O novo processo civil brasileiro** – direito em expectativa (reflexões acerca do projeto de novo Código de Processo Civil). Rio de Janeiro: Forense, 2011, p. 71-104, p. 75. Bodart acrescenta a observação de que a possibilidade de flexibilização à luz do caso concreto (pelo juiz ou pelas partes) é necessária porque "o legislador [...] não é capaz de antever todas as causas que podem ser apresentadas ao Judiciário".
58. CABRAL, Antonio do Passo. **Nulidades no Processo Moderno...** Op. cit., p. 179.
59. "É que a mera previsão de um único rito, de uma única sequência de atos processuais com vistas ao exercício da jurisdição, não é suficiente para assegurar, devidamente, o respeito às garantias de um processo justo em todos os casos. Em contrapartida, a ausência de qualquer regramento legal do procedimento favorece o arbítrio. Ainda, se a lei dispõe de uma infinidade de procedimentos, a complexidade do processo pode ser inimiga da sua efetividade". BODART, op. cit., nota 644, p. 73.

Nesse contexto, os parâmetros apontados por doutrina abalizada[60] para orientar a realização da flexibilização judicial, evitando o arbítrio estatal, são: (i) a *predeterminação* da flexibilização à sua implementação, de modo que os litigantes tenham ciência do procedimento que será adotado no processo, garantindo a previsibilidade e, consequentemente, a segurança jurídica; (ii) a observância do *contraditório participativo*, pelo que não basta que o juiz dê ciência às partes do procedimento alternativo que será adotado, mas efetivamente debata com elas a pertinência da flexibilização e a forma como ela deve ser realizada;[61] (iii) a *finalidade* que se busca alcançar com a flexibilização, vez que, por se tratar de medida excepcional, deve haver uma razão – ligada à promoção dos valores do ordenamento – que a justifique; e, por fim, (iv) a *motivação* da decisão judicial que determina a flexibilização, permitindo o seu controle pelas partes e, eventualmente, em grau recursal.

No sistema do Código de 1973, adotava-se um sistema tendente à *rigidez* do procedimento, no qual a adequação era realizada aprioristicamente pelo legislador, que estabelecia um procedimento comum (subdividido em procedimento ordinário e procedimento sumário) e procedimentos especiais, inteiramente regulados pelo diploma processual. Ao juiz e às partes eram concedidas limitadíssimas possibilidades de alterar a estrutura formal fixada legislativamente.

Embora o CPC/2015 traga mudanças significativas nessa seara, o legislador brasileiro (a nosso ver equivocadamente) privilegiou a ampliação considerável dos poderes das *partes* de flexibilização do procedimento, mantendo o juiz (ao menos no plano normativo) bastante limitado às amarras legislativas para determinar a alteração da estrutura formal do processo.

No Anteprojeto do novo Código, previa-se que o juiz poderia "adequar as fases e os atos processuais às especificações do conflito, de modo a conferir maior efetividade à tutela do bem jurídico, respeitando sempre o contraditório e a ampla defesa" (art. 107, inciso V, do Anteprojeto). Na redação final, esse dispositivo assumiu a forma do art. 139, inciso VI,

---

60. GAJARDONI, Fernando da Fonseca. **Flexibilização procedimental**... Op. cit., p. 85-95.
61. Sobre a necessidade de observância do contraditório na flexibilização, v. também RODRIGUES, Marco Antonio dos Santos. **A modificação do pedido e da causa de pedir no processo civil**. Op. cit., p. 154.

e foi limitado apenas à possibilidade de dilatar os prazos processuais e alterar a ordem de produção das provas.

A razão para essa limitação foram as intensas críticas elaboradas à redação inicialmente proposta sob o fundamento de que representaria a "ampliação dos poderes do juiz na condução do procedimento; com o risco de que, operacionalizada a flexibilização, perdesse-se o controle do curso processual (da previsibilidade)".[62]

Em contrapartida, as partes receberam amplos poderes para determinar, em comum acordo, a flexibilização do procedimento, através, principalmente, da *cláusula de convenções processuais atípicas* (art. 190 do CPC/2015). Este dispositivo, além de permitir que as partes do processo sobre direitos que admitam autocomposição estipulem *mudanças no procedimento para ajustá-lo às especificidades da causa* – configurando uma clara hipótese de flexibilização procedimental voluntária –, também as autoriza a convencionar sobre seus ônus, poderes, faculdades e deveres processuais, antes ou durante o processo.

Os negócios jurídicos processuais, enquanto categoria,[63] não são exatamente uma novidade do novo diploma. O CPC/1973 já trazia a previsão de diversos negócios jurídicos processuais (uni e plurilaterais) típicos; muitos dos quais, inclusive, mantidos pelo CPC/2015. É o caso, por exemplo, da convenção sobre distribuição diversa do ônus da prova, objeto do art. 333, parágrafo único, do CPC/1973, e reproduzida no art. 373, §3º, do CPC/2015, e da cláusula de eleição de foro, tratada pelo art. 111 do CPC/1973, e pelo art. 63 do CPC/2015.

Tanto na hipótese de distribuição do ônus da prova como na de eleição de foro (além de outras espalhadas pelo código), a produção dos efeitos pretendidos pelas partes dá-se *independentemente da concordância*

---

62. GAJARDONI, Fernando da Fonseca. Comentários ao art. 139. In: CABRAL, Antonio do Passo; CRAMER, Ronaldo. (Coord.) **Comentários ao novo Código de Processo Civil**. Op. cit., p. 259.

63. Conforme pontuado por Cabral, "a *convenção processual* [...] insere-se no gênero dos negócios jurídicos processuais plurilaterais" (grifo do autor). Sendo negócios jurídicos processuais definidos como "ato[s] que produz[em] ou pode[m] produzir efeitos no processo escolhidos em função da vontade do sujeito que o pratica", podendo ser unilaterais ou plurilaterais, a particularidade das *convenções processuais*, enquanto espécie deste gênero, fica por conta da sua capacidade de criar, modificar e extinguir situações jurídicas processuais, ou alterar o procedimento, "*sem necessidade da intermediação* de nenhum outro sujeito" (grifo nosso). (*in* **Convenções processuais**. Salvador: Juspodivm, 2016, p. 48 *et seq.*).

de terceiros, dispensando, por isso, a necessidade de homologação judicial. A única hipótese que se abre ao magistrado é de controlar, *a posteriori*, a sua *validade*, quando poderá declarar nulas essas convenções.[64]

Nessa linha, a grande novidade do CPC/2015 ficou por conta da citada previsão do art. 190, prevendo a possibilidade de as partes celebrarem convenções processuais *atípicas*, englobando tanto aspectos procedimentais como situações jurídicas processuais.[65] Nos termos do parágrafo único, o juiz apenas pode controlar tais convenções processuais *a posteriori*, mediante a verificação da sua validade, "recusando-lhes aplicação somente nos casos de nulidade ou de inserção abusiva em contrato de adesão ou em que alguma parte se encontre em manifesta situação de vulnerabilidade".

Por escapar do escopo deste trabalho, não adentraremos nas muitas questões polêmicas que podem ser levantadas a respeito das convenções processuais no novo CPC.[66] Constatamos, apenas, que o art. 190 pode ser

---

64. A dispensa da intermediação de terceiros (como o juiz) para integrar o acordo de vontades e permitir que a convenção processual produza seus efeitos, sem necessidade de homologação, é apontada por Cabral como o elemento distintivo entre as convenções processuais e os *atos conjuntos*. Estes são por ele definidos como "*atos estimulantes* (postulativos ou indutivos), que não atingem por si só uma situação processual e que têm seus efeitos produzidos somente após a decisão judicial." (*in* Ibid. p. 69.) Semelhante distinção foi trabalhada por Barbosa Moreira, que atribuiu, contudo, à figura dos atos praticados pelas partes que demandam deferimento do juiz para produzir efeitos de "declarações concordantes das partes", observando que elas "não são dirigidas por uma parte à outra, nem se fundem num ato uno [mas] há sempre dois atos distintos e unilaterais, dirigidos ao órgão judicial." (*in* Convenções das partes sobre matéria processual. **Revista de Processo**, v. 33, p. 182-192, jan./mar. 1984, versão online, p. 2).

65. Alguns autores argumentam que as convenções processuais atípicas já podiam ser celebradas sob a égide do CPC/1973, tendo como fundamento o art. 158, que assim dispunha: "Os atos das partes, consistentes em declarações unilaterais ou bilaterais de vontade, produzem imediatamente a constituição, a modificação ou a extinção de direitos processuais". Nesse sentido, Barbosa Moreira *in* Ibid. p. 4-5. O art. 158 do CPC/1973 tem correspondência no art. 200 do CPC/2015, que possui essencialmente a mesma redação: "Os atos das partes consistentes em declarações unilaterais ou bilaterais de vontade produzem imediatamente a constituição, modificação ou extinção de direitos processuais". Contudo, em virtude das controvérsias que existiam na doutrina para admitir no regime anterior a possibilidade de celebração de convenções processuais atípicas com fundamento no citado dispositivo, a previsão do art. 190 deve ser considerada uma novidade por ter, pelo menos, pacificado essa questão.

66. Para tanto, fazemos remissão aos muitos trabalhos de qualidade que vem sendo produzidos pela doutrina brasileira para analisar, especificamente, o instituto das convenções processuais no novo CPC, tais como: ALMEIDA, Diogo Assumpção Rezende de. **A contratualização do processo**: das convenções processuais no processo civil – de acordo

considerado, sem sombra de dúvidas, um *mecanismo de gerenciamento processual* na medida em que proporciona às partes a oportunidade de interferir no desenvolvimento e na estrutura formal do processo.

Vale lembrar, como embasamento para essa constatação, a observação já feita neste trabalho de que o gerenciamento processual é um instituto que comporta mecanismos e técnicas de gestão que são exercidas, *prioritariamente*, pelo juiz, em cooperação com as partes. Assim, não escapa da definição reconhecer que as partes podem eventualmente "trocar de papel" com o juiz e assumir o "papel principal" no exercício de determinados mecanismos de gestão processual, atribuindo ao juiz a posição de supervisor da regularidade do seu exercício.

Fato é que as convenções processuais aparecem no processo civil brasileiro como um importante mecanismo que permite às partes adaptar o procedimento às necessidades do caso concreto, conferindo maior efetividade ao processo de resolução do conflito. Contudo, parece-nos que melhor teria andado o legislador pátrio se também houvesse conferido expressamente poderes dessa gama ao juiz.

Entendemos, nesse ponto, que o risco de arbitrariedade e de violação da segurança jurídica (sob a forma de perda da previsibilidade) somente ocorreria caso o magistrado exercesse seus poderes de flexibilização sem atentar às garantias fundamentais do processo, notadamente o *contraditório participativo* e a *proporcionalidade* na determinação da adaptação do procedimento.

Assim sendo, quando fossem observados os parâmetros indicados anteriormente e as normas fundamentais constantes do próprio Código de Processo Civil (além da Constituição Federal), seria pouco provável que a flexibilização procedimental judicial incorresse em violações a garantias do processo justo. Além disso, na remota hipótese de sua ocorrência, as partes poderiam recorrer ao tribunal para pedir a revisão da determinação judicial abusiva.

Observa-se, por outra parte, que em um modelo *cooperativo* de processo não se afigura razoável que o juiz seja excluído da tomada de

---

com o novo CPC. São Paulo: LTr, 2015; VIDAL, Ludmilla Camacho Duarte. Convenções Processuais: premissas operacionais e os escopos da jurisdição contemporânea. In: CARNEIRO, Paulo Cezar Pinheiro; GRECO, Leonardo; PINHO, Humberto Dalla Bernardina de. (Coord.) **Inovações do Código de Processo Civil de 2015**. Rio de Janeiro: GZ, 2016, p. 89-117; NOGUEIRA, Pedro Henrique Pedrosa. **Negócios jurídicos processuais**. Salvador: Juspodivm, 2016.

decisão sobre a estruturação formal do procedimento. Vale lembrar que, conforme apontado acima, as partes podem celebrar convenções processuais *sem a anuência do juiz*, que somente interferirá quando houver uma situação de invalidade do acordo.

Diante da ausência de previsão legal expressa a conferir ao magistrado poderes de *flexibilização procedimental*, tentamos extrair uma solução *de lege lata* que, baseada em uma interpretação conjugada de outros dispositivos gerais do CPC/2015, permite a ele *alguma* participação nesse sentido.[67]

Assim, entendemos que o juiz poderia, ao final da audiência de conciliação ou mediação (art. 334) em que ele participasse, ou em uma segunda audiência especialmente fixada, ou, ainda, na audiência de saneamento do art. 357, §3º (item 3.2.2.2.3, *infra*), *debater com as partes a necessidade e a pertinência de realizar certas adaptações no procedimento que o tornassem mais adequado para aquela disputa.*

Embora tal hipótese não se encontre prevista nesses termos no art. 334, nem no art. 357, ela decorre, em primeiro lugar, do art. 2º, que aplica o princípio do impulso oficial para o desenvolvimento do processo, concedendo ao juiz a responsabilidade pela sua gestão formal, e, em segundo lugar, do art. 6º, referente ao princípio da cooperação.

Entretanto, a ausência de previsão legal expressa conferindo-lhe esses poderes significa que o juiz *não poderia* determinar a flexibilização do procedimento *sem que as partes concordassem com a sua realização*, ainda que fosse realizado o contraditório prévio. É dizer: o juiz deveria (i) suscitar a hipótese de adaptação, indicando os termos nos quais entende que ela deve ser realizada; (ii) debater com as partes; e, ao final, (iii) caso elas concordassem, implementar as alterações procedimentais naquele processo. Não afiguramos possível, todavia, que o juiz cumpra

---

67. Para Gajardoni, a flexibilização judicial seria sempre possível, mesmo à míngua de previsão legal, na medida em que "competiria ao juiz, com base nas vaiantes do caso em concreto (objetivas e subjetivas), e com fundamento no princípio constitucional do devido processo legal (que impõe que o procedimento se adapte às garantias constitucionais do processo, modelar o procedimento para a obtenção de adequada tutela, elegendo quais os atos processuais que se praticarão na série, bem como sua forma e o modo." (*in* Comentários ao art. 139. In: CABRAL, Antonio do Passo; CRAMER, Ronaldo. **Comentários ao novo Código de Processo Civil**. Op. cit., p. 259). Em sentido contrário, Rodrigues entende que a lei tem que ter conferido ao juiz poderes para flexibilizar o procedimento (*in* **A modificação do pedido e da causa de pedir no processo civil**. Op. cit. p. 154).

as duas primeiras etapas, e, ao final, determine a realização da adaptação *mesmo sem a concordância das partes.* A nosso ver, trata-se de limite necessário para que a interpretação sugerida não se converta em uma hipótese *de lege ferenda.*

Além da flexibilização procedimental, o CPC/2015 também trouxe outros importantes mecanismos e técnicas para condução da marcha processual *sem alterar o procedimento fixado pela lei.*

Nessa medida, podemos citar, primeiramente, o poder do juiz de *limitar o litisconsórcio facultativo* quando verificar que o número de litigantes reunidos em um mesmo processo pode "comprometer a rápida solução do litígio ou dificultar a defesa ou o cumprimento da sentença" (art. 113, §1º).

Vê-se que o exercício deste poder é orientado por três finalidades alternativas: duração razoável do processo, ampla defesa, ou efetividade. A determinação sobre a necessidade de limitação do litisconsórcio deverá, portanto, ser feita no caso concreto, mediante a verificação do risco que o número de litigantes traz para esses três valores *naquele processo em específico.* Não é possível, nessa linha, estabelecer aprioristicamente um número máximo de litigantes que deveria figurar em cada polo processual sem comprometer a celeridade, o exercício do direito de defesa, e o cumprimento das decisões judiciais.

Outro poder do juiz de gestão formal do processo que não se confunde com a flexibilização procedimental é o de determinar a *suspensão do processo.*

As hipóteses nas quais ela se opera estão tratadas principalmente no artigo 313. Nem todas, contudo, estão relacionadas ao exercício da função judicial de gestão do processo. Algumas, como é o caso do inciso I (morte ou perda da capacidade processual de qualquer das partes, de seu representante legal ou de seu procurador), do inciso III (arguição de impedimento ou de suspeição), e do inciso IV (admissão de incidente de resolução de demandas repetitivas), operam-se pela simples ocorrência dos fatos que lhes dão causa. Ainda, excetua-se o inciso II, que traz a hipótese da suspensão determinada por convenção das partes, sem necessidade de homologação pelo juiz – tratando-se, portanto, de um mecanismo de gerenciamento processual exercido *pelas partes.*

Assim sendo, apenas nas hipóteses dos incisos V (relação de prejudicialidade externa – alínea "a" – e verificação de fato ou produção de prova em outro processo – alínea "b"), VI (motivo de força maior), e

VII (envolver questão decorrente de acidentes e fatos da navegação de competência do Tribunal Marítimo), o juiz estará exercendo propriamente um poder de gestão formal do processo, no qual ele irá, à luz das circunstâncias de cada caso concreto, determinar se a suspensão do processo é medida necessária.

Outra hipótese de suspensão a ser determinada pelo juiz é trazida pelo artigo 315, que trata da necessidade de verificação da existência de fato delituoso pela justiça criminal.

Finalizando o exame da categoria de mecanismos de condução formal do processo e flexibilização procedimental, cumpre indagar sobre a possibilidade de se vislumbrar no direito brasileiro a atribuição de um *poder-dever genérico* ao juiz para conduzir formalmente o feito que lhe permita adotar medidas atípicas, não previstas no Código, no exercício dessa função.

Já analisamos, acima, a possibilidade de o juiz promover de forma ampla a flexibilização procedimental mesmo sem haver autorização legal para tanto.

A hipótese que queremos investigar agora não se limita apenas à flexibilização procedimental, mas à adoção de *quaisquer* medidas voltadas para a gestão formal/procedimental do feito.

Um exemplo nesse ponto é dado por Didier, que admite, com base no princípio da eficiência, "que o órgão jurisdicional organize os autos do processo, dividindo-os, por exemplo, em autor com a prova documental e autos com a postulações e decisões", medida esta que, "a depender do volume da documentação, [...] pode ser imprescindível para a *condução* eficiente de um processo".[68]

Essa medida já pode ser encontrada sendo implementada em algumas unidades judiciais. Hoje, quando é apresentada uma grande quantidade de prova documental no processo, alguns juízes já determinam a sua juntada em autos apensados aos principais, para não causar confusão no processo.

O fundamento normativo para determinações dessa natureza, que se relacionem com a organização e condução formal do processo, pode ser apontado não apenas no art. 8º (princípio da eficiência), usado por Didier, mas também no já mencionado art. 2º, que estabelece o dever do juiz de zelar pelo desenvolvimento adequado do processo.

---

68. DIDIER JR., Fredie. Comentários ao art. 8°. In: CABRAL, Antonio do Passo; CRAMER, Ronaldo. **Comentários ao novo Código de Processo Civil.** Op. cit., p. 34.

3.1.2.3. Meios alternativos de solução de conflitos

Além de ter buscado promover o recurso aos meios alternativos[69] (arbitragem, mediação e conciliação) na via extrajudicial, especialmente pela edição da nova Lei da Mediação (Lei no 13.140/2015), como forma de reduzir o número de casos no Poder Judiciário, o legislador brasileiro também se preocupou em incentivar a autocomposição *dentro* do processo, no bojo da já iniciada ação judicial.

Há pelo menos dois princípios fundamentais do processo que estão na base dessa valorização do uso dos meios alternativos de solução de conflitos pelo CPC/2015: adequação e celeridade.

Conforme já visto quando tratamos dos mecanismos de gestão formal do processo e, especificamente, da flexibilização procedimental, a compreensão atual do devido processo legal e da garantia do acesso à justiça engloba não apenas a observância de um procedimento previamente fixado pela lei e a possibilidade de levar a sua demanda ao Poder Judiciário, mas também a disponibilidade de mecanismos que sejam *adequados* para resolver da melhor forma aquela disputa. Se, por um lado, esse elemento justifica a flexibilização procedimental no contexto do processo judicial, por outro ele promove a busca de formas *alternativas* de solução de conflitos que se mostrem mais adequadas do que a adjudicação.

Por outro lado, o incentivo à autocomposição também contribui para dar uma resolução mais célere ao litígio. Sob este aspecto, a duração razoável dos processos enquanto garantia do sistema é igualmente prestigiada na medida em que o alcance da autocomposição entre as partes reduz o volume de processos judiciais pendentes e que precisarão ser julgados.

Com esse pano de fundo, o CPC/2015 traz em diversos dispositivos a previsão do poder-dever do Estado-juiz de estimular o recurso à mediação e à conciliação, tentando alcançar a solução consensual do conflito entre as partes, inclusive no decorrer do processo judicial (art. 3º, §§2º e 3º). O art. 139, inciso V, reforça essa previsão ao determinar que é incumbência do juiz, na direção do processo, "promover, a qualquer

---

69. Entendemos que a doutrina brasileira vem optando, acertadamente, pelo uso da terminologia "meios *adequados* de solução de conflitos", ao invés da clássica "meios *alternativos* de solução de conflitos". Para o tópico que se inicia escolhemos o termo "meios *alternativos*" porque estamos tratando, efetivamente, dos *outros* meios que não a adjudicação.

tempo, a autocomposição, preferencialmente com auxílio de conciliadores e mediadores judiciais".

Outrossim, estabelece o art. 359, de forma específica, que o juiz deverá, na audiência de instrução e julgamento, tentar conciliar as partes, "independentemente do emprego anterior de outros métodos de solução consensual de conflitos, como a mediação e a arbitragem".

Ainda no exercício da função gerencial, o Estado-juiz pode suspender os prazos processuais "durante a execução de programa instituído pelo Poder Judiciário para promover a autocomposição, incumbindo aos tribunais especificar, com antecedência, a duração dos trabalhos" (art. 221, parágrafo único, do CPC/2015).

Os dispositivos apontados dão base para que o juiz promova o recurso aos meios alternativos de solução de controvérsias em caráter incidental ao processo como um mecanismo de gestão processual. Adicionalmente, é possível analisar o emprego desta técnica – i.e. uso da mediação, da conciliação e da arbitragem – pela ótica das partes. Quando estas optam pelo uso de um destes meios alternativos – seja em caráter antecedente ou incidental à instauração do processo judicial – elas também estão exercendo uma função gerencial do seu próprio conflito, determinando a forma que entendem ser mais adequada para resolvê-lo.[70]

3.2. A GESTÃO COOPERATIVA DA PROVA: TENTATIVA DE INTEGRAÇÃO DA ATUAÇÃO DOS SUJEITOS PROCESSUAIS

3.2.1. Os poderes instrutórios do juiz no processo civil brasileiro

3.2.1.1. Considerações preliminares

Nos dois primeiros capítulos observamos, no plano da principiologia e no plano da análise normativa do direito estrangeiro, que embora a atribuição de poderes de condução formal do processo ao juiz venha encontrando crescente aceitação, inclusive em países de tradição eminentemente adversarial e privatista de processo, a iniciativa probatória do magistrado ainda é encarada com desconfiança.

---

70. Há muitos estudos desenvolvidos em sede doutrinária, especialmente estrangeira, sobre o gerenciamento dos processos de negociação, de mediação e de arbitragem. Por fugir do escopo desse trabalho, não entraremos nessa questão.

Nessa medida, já foi demonstrado, em defesa dos poderes instrutórios do juiz, que o reconhecimento das duas dimensões do princípio dispositivo – separado em princípio da demanda e princípio dispositivo (em sentido estrito) – afasta a alegação de que a previsão de poderes judiciais para determinar a produção de provas de ofício violaria a autonomia da vontade das partes e a liberdade privada.

As partes continuam detendo, com fundamento no princípio da demanda, o monopólio sobre a decisão de dar início ao processo, bem como sobre a delimitação do seu objeto, salvo (poucas) exceções legalmente previstas. Ainda, tratando-se de direito *transacionável*,[71] elas conservam a sua liberdade e autonomia para dispor sobre o direito material, podendo transacionar, reconhecer o pedido, desistir da ação, ou renunciar ao direito em que se funda a ação.[72] Entretanto, caso decidam continuar litigando, as partes devem aceitar que o Estado-juiz pode adotar as medidas necessárias para a correta resolução da controvérsia. Afinal, é no exercício da sua vontade livre e autônoma que elas submetem o seu litígio à jurisdição estatal.

Além do princípio dispositivo, há pelo menos *dois* outros princípios que costumam ser citados para atacar os poderes instrutórios do juiz, mas que, em verdade, militam em seu favor. É caso do princípio da *igualdade* e do princípio da *imparcialidade* do juiz.

71. Tradicionalmente falava-se apenas em direitos *disponíveis* e direitos *indisponíveis*, entendendo-se que apenas os primeiros poderiam ser objeto de transação entre as partes. Uma verdadeira revolução neste ponto veio pela nova lei da mediação que estipulou, em seu art. 3°, que "pode ser objeto de mediação o conflito que verse sobre *direitos disponíveis* ou sobre *direitos indisponíveis que admitam transação*". Com base neste dispositivo, vem-se afirmando a existência de três classes: direitos disponíveis, direitos indisponíveis transacionáveis e direitos indisponíveis não-transacionáveis. Apenas quanto ao terceiro grupo não haveria livre disposição. Observa-se, contudo, que a lei de arbitragem (Lei n° 9.307/96), com redação dada pela Lei n° 13.129/2015, continua falando em direitos patrimoniais disponíveis. Assim o artigo 1°, *caput* ("As pessoas capazes de contratar poderão valer-se da arbitragem para dirimir litígios relativos a *direitos patrimoniais disponíveis*") e §1° ("A administração pública direta e indireta poderá utilizar-se da arbitragem para dirimir conflitos relativos a direitos patrimoniais disponíveis").

72. Em artigo publicado no site Consultor Jurídico, Pinho e Mazzola fazem uma interpretação teleológica e sistemática do art. 485, §4°, do CPC/2015, para relativizar o entendimento de que sempre que o autor desistisse da ação antes de oferecida a contestação haveria a extinção do processo sem necessidade de manifestação do réu (*in* Desistência anterior à contestação não obriga a extinção do processo. **Consultor Jurídico**, 19 de outubro de 2016. Disponível em <http://www.conjur.com.br/2016-out-19/desistencia-anterior-contestacao-nao-obriga-extincao-processo>. Acesso em 25 out. 2016).

Há muito se superou no direito brasileiro a concepção da igualdade em perspectiva meramente formal em favor da igualdade *material*, para a qual devem ser levadas em consideração as diferenças entre os sujeitos da relação jurídica na busca do *real* equilíbrio entre eles. No processo, e, mais especificamente, na etapa de produção probatória, isso significa não se contentar com "a mera oferta de oportunidade", devendo-se "garantir também o aproveitamento delas por todos, independentemente das desigualdades econômicas ou sociais" entre as partes do processo.[73]

Com base nessa acepção da igualdade, justifica-se a adoção de um comportamento ativo por parte do juiz que "lhe possibilita corrigir as desigualdades econômicas presentes na relação processual"; afinal, "[a] real igualdade das partes no processo somente se verifica quando a solução encontrada não resultar da superioridade econômica ou da astúcia de uma delas".[74]

Desta feita, a igualdade material será prestigiada pela atribuição de poderes instrutórios ao juiz, a lhe permitir, *em caráter suplementar*, suprir a (falta de) iniciativa das partes nessa fase processual.

Não se sustenta, portanto, o argumento de que, quando determina a produção de uma prova de ofício, o juiz estaria violando a sua imparcialidade e gerando uma situação de desigualdade no processo ao "privilegiar" a parte a quem a prova aproveitará e que não havia requerido a sua produção.

Nessa linha, Barbosa Moreira observa, com precisão, que o juiz não tem como saber, quando determina a produção da prova, qual será o seu resultado e qual parte beneficiará.[75] Ressalta, ainda, que a *não* determinação da prova também poderia ser lida como uma quebra de imparcialidade e isonomia, na medida em que a *falta* da prova poderá acarretar o julgamento em desfavor da parte que se beneficiaria do seu resultado, favorecendo, assim, seu adversário.[76]

---

73. BEDAQUE, José Roberto dos Santos. **Poderes instrutórios do juiz**. 7. ed. rev., atual. e ampl. São Paulo: Revista dos Tribunais, 2013, p. 114.

74. Ibid. p. 107 e 109.

75. Criticando esse argumento, Marinoni e Arenhart alegam que "o juiz sabe que o resultado da produção de uma prova, em alguns casos, apenas poderá beneficiar uma das partes" (*in* **Prova e convicção**: de acordo com o CPC de 2015. 3. ed. rev., atual. e ampl. São Paulo: Revista dos Tribunais, 2015, p. 839).

76. BARBOSA MOREIRA, José Carlos. Os poderes do juiz na direção e na instrução do processo. In: **Temas de direito processual** (quarta série). São Paulo: Saraiva, 1989, p. 48. Nesse sentido, v. também BEDAQUE, op. cit., nota 660, p. 119/120, pontuando a maior

Nesse contexto, Bedaque pontua quais deveriam ser os parâmetros e requisitos para o exercício dos poderes instrutórios do juiz, de modo a minimizar o risco de autoritarismo e de quebra da imparcialidade.[77]-[78] São eles, sistematizados:

a) submeter o seu entendimento inicial sobre a necessidade de produção de uma determinada prova ao contraditório, permitindo que a manifestação das partes *influencie a formação do seu convencimento final*;[79]

b) permitir, quando possível, a participação das partes na *produção* da prova;[80]

c) permitir que as partes se manifestem, novamente em contraditório, sobre o *resultado* da prova;

d) respeitar os elementos objetivos da demanda, como consequência do princípio da correlação (o juiz está adstrito ao pedido e à causa de pedir, não podendo julgar além deles);

e) determinar a necessidade da prova com base *apenas* nos elementos dos autos;

---

gravidade da situação na qual o juiz, ciente da obscuridade do fato, deixa de determinar a produção da prova para seu esclarecimento, uma vez que isso poderia acabar "beneficiando a parte que não tem razão". Outrossim, lembra que, embora o juiz deva ser indiferente à pessoa que se consagrará como vencedor da causa, é "fundamental [que] seja a vitória atribuída àquele que efetivamente tenha razão, isto é, àquele cuja situação da vida esteja protegida pela norma de direito material".

77. Bedaque também separa o conceito de imparcialidade da atividade de produção da prova ao afirmar: "Juiz imparcial é aquele que aplica a norma de direito material a fatos efetivamente verificados, sem que se deixe influenciar por outros fatores que não seus conhecimentos jurídicos. [...] Importa, sim, que o provimento jurisdicional não sofra influência de outros elementos". (*in* **Poderes instrutórios do juiz**. Op. cit., p. 124).

78. Ramos propõe que para alcançar um maior grau de imparcialidade do juiz adotasse-se no processo civil brasileiro um "sistema de enjuizamento escalonado ou procedimento judicial funcionalmente escalonado", caracterizado por ter "um juiz para a *urgência*, um, para a *instrução* e um, para a *sentença*, que deve atuar na respectiva etapa de competência" (*in* Repensando a prova de ofício. **Revista de processo**, v. 190, p. 315-337, dez. 2010, versão online, p. 2).

79. De nada adiantaria se o juiz provocasse a manifestação das partes sobre a necessidade de produção de determinadas provas apenas para validar formalmente o entendimento sobre o qual ele já estava convencido. O contraditório deve ser respeitado em sua dimensão substancial, como direito de influência.

80 Falamos "quando possível" porque o novo Código de Processo Civil brasileiro admite a "prova emprestada", produzida em outro processo, cabendo ao juiz atribuir-lhe "o valor que considerar adequado, observado o contraditório" (art. 372). Trataremos da prova emprestada no CPC/2015 adiante.

f) atentar para a garantia da duração razoável, de modo que a prova em questão deva trazer um ganho para o processo, especialmente levando em consideração o tempo e o custo que sua produção demandarão; e

g) motivar adequadamente a decisão que determina a produção de prova *ex officio*, permitindo não apenas que as partes avaliem as pertinências das suas razões, mas também o eventual controle, em sede recursal, de um abuso no exercício deste poder.[81]

Os poderes instrutórios do juiz, conforme já vimos, são um dos instrumentos de gerenciamento do processo em perspectiva substancial. Também observamos que a definição das espécies de mecanismos de *case management* que serão adotados em cada ordenamento será guiada pelas finalidades atribuídas ao processo como um todo e aos objetivos específicos que se busca alcançar pelo gerenciamento processual. Dessa forma, a decisão de restringir ou ampliar os poderes instrutórios do juiz no processo repousa em uma avaliação de cunho político relacionada "exclusivamente à concepção de processo e do escopo desse método estatal de solução de controvérsias".[82]

Na esteira desse comentário, é interessante observar, como fizemos quando analisamos o direito alemão e o direito inglês, que a forma como a doutrina brasileira defende os poderes instrutórios do juiz e os argumentos utilizados para esse fim muito revelam sobre as preocupações a respeito da efetividade da função exercida pelo processo enquanto instituição social. Identificamos, assim, que a doutrina brasileira manifesta significativa preocupação com a *correção das decisões judiciais* e, nessa medida, com que o juiz tenha à sua disposição todos os elementos necessários para julgar o caso. Demonstra, ainda, um desconforto com a situação na qual o juiz prolata a sentença com base em um material probatório insuficiente.

Correlata a essas preocupações está aquela com os impactos que a desigualdade socioeconômica existente em nosso país pode ter sobre o

81. BEDAQUE, José Roberto dos Santos. **Poderes instrutórios do juiz**. Op. cit., p. 121, 125, 165 e 169.

82. BEDAQUE, José Roberto dos Santos. **Poderes instrutórios do juiz**. Op. cit., p. 10. Embora a definição dos objetivos do *case management* não esteja dissociada das finalidades do processo, é recomendada cautela com o termo "exclusivamente", utilizado no trecho citado de Bedaque.

processo, especialmente sobre a instrução probatória[83] – o que, de certo modo, acaba por conferir ao juiz um papel de agente de promoção da igualdade social.

3.2.1.2. *O paradigma cooperativo de gestão da prova no Código de Processo Civil de 2015*

Partindo dessas notas preliminares a respeito dos poderes instrutórios do juiz no processo civil, chegamos à análise da forma como o CPC/2015 tratou a matéria da gestão processual da prova.

Antes de verificar os dispositivos pertinentes do diploma legal, cumpre fazer, contudo, mais uma (breve) observação.

Quando analisamos os mecanismos gerais do gerenciamento processual neste capítulo, ressaltamos, repetidas vezes, o seu caráter eminentemente *cooperativo*, que, por um lado, orienta a que os poderes do juiz de direção formal e material sejam exercidos *em cooperação* com as partes, e, por outro lado, confere às próprias partes diversos instrumentos para exercerem, elas mesmas, a gestão do processo (como é o caso, por exemplo, das convenções processuais).

A fase instrutória não escapa a essa regra. Como o próprio título deste tópico indica, o CPC/2015 adotou um paradigma *cooperativo* também para a gestão da prova (não apenas do processo de modo geral), que busca promover a *integração* na atuação dos sujeitos processuais. Nesse cenário, o juiz deve exercer seus poderes instrutórios – de natureza procedimental (organização e condução formal da prova) e de natureza substancial (delimitação das questões de fato que são objeto de prova e determinação da produção de provas de ofício) – em cooperação com as partes, incentivando a sua participação ativa em todas as etapas do iter instrutório.[84]

---

83. No trabalho-referência de Bedaque isso fica evidenciado, por exemplo, pela sua afirmação, incluída no tópico sobre o princípio da igualdade, de que "[a] desigualdade social no Brasil constitui fenômeno inexorável" (*in* Ibid. p. 117).

84. Nas palavras de Lanes e Pozatti, temos, no CPC/2015, um "*ativismo probatório equilibrado*, compreendido, objetivamente, pelos poderes instrutórios do julgador, de modo calibrado, no sentido de que seja pró-ativo na busca da verdade, sem, porém, invadir o papel das partes, aquilatando a cooperação no processo, que tem como norte a realização da justiça" (*in* O juiz como o único destinatário da prova(?). In: JOBIM, Marco Félix; FERREIRA, William Santos (Coord.) **Direito probatório** – Coleção Grandes Temas do novo CPC, vol. 5. Salvador: Juspodivm, 2015, p. 91-105, p. 101, grifo dos autores).

A nossa análise do gerenciamento da instrução probatória levará em conta esse paradigma cooperativo de integração dos poderes e deveres dos sujeitos processuais. Não obstante, é inevitável adotar um foco para esse tema que adote a perspectiva do juiz. Essa escolha não é arbitrária; há uma razão para isso.

As partes têm direito à prova. Isso é indisputável. Elas podem não apenas requerer a produção dos meios de prova que entenderem necessários para comprovar as suas alegações, senão têm o efetivo direito à sua produção, dado que não sejam diligência inúteis ou meramente protelatórias.[85]

Em contrapartida, a principal controvérsia quando tratamos de gerenciamento da produção de provas diz respeito aos poderes instrutórios do juiz: possibilidade de atribuição para exercício de ofício e limites da sua atuação. Por esse motivo, o exame do instituto do gerenciamento nessa fase do processo inevitavelmente terá que voltar seus olhos para os poderes do juiz, sem esquecer, contudo, que estes devem ser exercidos dentro de uma comunidade de trabalho com os demais sujeitos do processo, notadamente as partes.[86]

Feita esta consideração, passemos ao exame da regulamentação dos poderes instrutórios do juiz no CPC/2015 e que evidenciam a opção legislativa por um modelo mais integrativo do que havia sob a égide do CPC/1973.

O dispositivo nuclear dos poderes instrutórios do juiz no novo Código é o artigo 370, que, repetindo a redação do diploma anterior, estabelece, no *caput*, que "caberá ao juiz, de ofício ou a requerimento da parte, determinar as provas necessárias ao julgamento do mérito", e,

---

85. Cf. arts. 396 e 370 do CPC/2015. Com fulcro no art. 369, a doutrina brasileira defende que o Código buscou deixar claro que a concepção do juiz como *único* destinatário da prova não se sustenta, reforçando o seu caráter de verdadeiro direito das partes, mediante o qual elas podem exercer o seu direito de *influência* na formação do convencimento judicial. Nesse sentido: FERREIRA, William Santos. Comentários ao art. 370. In: WAMBIER, Teresa Arruda Alvim et al. (Coord.) **Breves Comentários ao Novo Código de Processo Civil**. Op. cit., p. 885-996.

86. Godinho observa que durante muito tempo o estudo do processo civil, inclusive no Brasil, ficou marcado pela "crença na hipertrofia dos poderes do juiz para tutelar processualmente a conduta das partes, mas contraditoriamente alijando-as efetivamente da participação no processo" (*in* Reflexões sobre os poderes instrutórios do juiz... Op. cit., p. 3). O gerenciamento processual cooperativo busca, justamente, evitar essa situação, mantendo os poderes instrutórios do magistrado, mas promovendo uma participação mais ativa das partes.

no parágrafo único, que ele "indeferirá, em decisão fundamentada, as diligências inúteis ou meramente protelatórias".[87]

Pelo *caput* do art. 370, a produção de uma prova determinada justifica-se, portanto, quando o seu *resultado* for *necessário* para que o juiz possa formar seu convencimento e julgar o mérito; ou seja, quando os elementos fático-probatórios disponíveis nos autos não forem suficientes.[88]

Pertinente observar, neste ponto, que, embora adote uma linguagem diferente, este dispositivo apresenta uma certa semelhança com a *Rule* 32.1 (2), das CPR inglesas, referente ao poder do juiz de determinar a exclusão de provas que seriam *a priori* admissíveis (dado que legais e legítimas) no processo.

Conforme visto no item 2.2.3.3, *supra*, a *Rule* 32.1 (2) vem sendo interpretada e aplicada pelas cortes inglesas como uma limitação à produção de provas sobre questões que já estão esclarecidas e/ou para as quais já foi apresentada uma quantidade suficiente de provas. Dito de outro modo, situações nas quais não há *necessidade* de produção de outras provas – na linha do que estabelece o art. 370, *caput*, do CPC/2015.

Um exemplo, válido para o direito brasileiro, de ausência de necessidade de produção probatória seria o rol do art. 374 do CPC/2015, pontuando quais fatos não dependem de prova, a saber: "I - notórios; II - afirmados por uma parte e confessados pela parte contrária; III - admitidos no processo como incontroversos; IV - em cujo favor milita presunção legal de existência ou de veracidade". Provas requeridas visando a comprovação de um desses fatos podem ser, assim, indeferidas com base no art. 370, *caput*, em virtude da desnecessidade da sua produção.

Além do resultado da prova ter que ser necessário para o esclarecimento dos fatos, o parágrafo único do art. 370 estabelece que quando a *diligência* para produção da prova *não for útil*, vez que "seus resultados não teriam potencialidade para a solução da questão fática", ou for meramente *protelatória*, causando retardo ao processo sem que seu resultado

87. Ferreira comenta que a previsão do *caput* do art. 370 coloca a determinação da prova – de ofício ou a requerimento da parte – como *regra* no processo, tratando o seu indeferimento como *hipótese excepcional*, razão pela qual deve dar-se por meio de decisão *fundamentada* (*in* Comentários ao art. 370. In: WAMBIER, Teresa Arruda Alvim et al. (Coord.). **Breves Comentários ao Novo Código de Processo Civil**. Op. cit., p. 997).

88. Ibid. p. 998.

contribua para o esclarecimento dos fatos, ela deverá ser *indeferida* pelo juiz por meio de decisão fundamentada.[89]

A referência do parágrafo único do art. 370 ao *indeferimento* da diligência leva-nos a concluir que este dispositivo é direcionado para a situação de requerimento formulado pelas partes, uma vez que o juiz não teria como *indeferir* uma diligência determinada por ele próprio de ofício. Dessa forma, indagamos se a avaliação sobre a utilidade da diligência e a sua potencialidade de retardar o processo sem acréscimo substancial ao material probatório (substrato da vedação às diligências meramente protelatórias) também se aplica como parâmetro para o juiz quando ele decide determinar de ofício a realização de certas diligências probatórias.

A única resposta possível que podemos vislumbrar, por questão lógico-sistemática, é que "sim", o juiz deve atentar à aptidão da diligência deferida *ex officio* para produzir os resultados necessários para dirimir as questões fáticas (i.e. ser útil) e não acarretar uma demora desarrazoada ao processo, sem trazer contribuição substancial para o esclarecimento dos fatos.

Neste ponto, fazemos referência aos parâmetros indicados por Bedaque para o exercício dos poderes instrutórios do juiz, analisados no item 3.2.1, *supra*, para lembrar que o juiz tem o dever de consultar as partes sobre a necessidade de determinação de produção de provas *antes* de formar seu convencimento em caráter definitivo e proferir uma decisão neste sentido, possibilitando, assim, o exercício do contraditório participativo.

Ainda com relação aos requisitos do art. 370, não seria razoável admitir que apenas a decisão do juiz que indefere o requerimento probatório formulada pelas partes deve ser *fundamentada*. Lembramos, afinal, que outro requisito para o exercício dos poderes instrutórios do juiz, que se justifica pelo seu caráter suplementar e excepcional, é a necessidade de motivação adequada da decisão que determina a produção de prova de ofício, como forma de permitir o controle de eventuais abusos. Por esse motivo, e ainda que o *caput* do art. 370 não estabeleça de forma expressa, também a decisão judicial que determina de ofício a produção de prova deve ser fundamentada.[90]

---

89. FERREIRA, William Santos. Comentários ao art. 370. In: WAMBIER, Teresa Arruda Alvim et al. (Coord.). **Breves Comentários ao Novo Código de Processo Civil**. Op. cit., p. 998.

90. A exigência de fundamentação das decisões nesse sentido decorre não apenas de uma interpretação lógico-sistemática do art. 370 (*caput* e parágrafo único), mas também

Um terceiro ponto a ser debatido é se seria possível adotar um parâmetro de *proporcionalidade* na determinação dos meios de prova a serem produzidos no processo e das diligências a serem realizadas para esse fim. Seria possível, por exemplo, que o juiz indeferisse a produção de uma prova necessária, mediante a realização de uma diligência útil e que não foi requerida com objetivos protelatórios, em virtude de a sua contribuição para o processo ser manifestamente desproporcional ao custo e tempo empregados na sua produção? Uma questão correlata é se o juiz e as partes estariam obrigados a cogitar todos os meios e diligências possíveis para obter aquele mesmo resultado com um menor dispêndio de tempo e recursos.

No direito inglês, a preocupação com o tempo e com o custo do processo foram notas marcantes da elaboração das CPR e implicaram a fixação da *proporcionalidade* como parâmetro também para a produção das provas. No direito brasileiro, a preocupação com a duração razoável do processo também está manifestamente presente – seja pela previsão constitucional (art. 5º, inciso LXXVIII, da CRFB/88), seja pelas diversas normas infraconstitucionais processuais. Por sua vez, a preocupação com o *custo* do processo, ainda que não seja muito debatida na seara do direito processual civil, mas sim como questão atinente à administração pública, também deve ser levada em consideração na tomada de decisões sobre a alocação de recursos no processo.

Por outro lado, as partes têm o direito constitucionalmente assegurado (enquanto aspecto essencial do direito à ampla defesa – art. 5º, inciso LV, da CRFB/88) de provar as alegações fáticas que embasam as suas posições. Dessa forma, embora o juiz e as partes devam buscar a produção da prova através de meios menos custosos e mais céleres, conquanto capazes de produzir os mesmos resultados,[91] não seria admissível no direito brasileiro que o juiz simplesmente indeferisse uma diligência ou a produção de *qualquer* prova sob o argumento de que a contribuição que ela trará para o esclarecimento dos fatos, ainda que existente, é desproporcional ao tempo e recursos que serão gastos na sua produção.

---

das determinações gerais do art. 11 e do art. 489, §1°, que estabelecem a exigência de fundamentação analítica para *todas* as decisões judiciais.

91. Vale lembrar que, conforme prevê a norma fundamental do art. 8° do CPC/2015, a proporcionalidade é objetivo a ser observado pelo juiz na aplicação do ordenamento jurídico – o que inclui as demais normas processuais do Código.

Vale lembrar que, mesmo no direito inglês, o juiz não poderia vedar, com base no princípio da proporcionalidade e na citada *Rule* 32.1 (2), que as partes produzissem *alguma* prova para comprovar suas alegações, mas apenas limitar o exercício desse direito ao que fosse necessário.

Seguindo adiante, o aspecto cooperativo do sistema de produção de provas do novo CPC fica por conta, primeiramente, do já citado dever do juiz de integrar as partes no exercício dos seus poderes instrutórios de ofício, intimando-as a se manifestar sobre o seu entendimento a respeito da necessidade de produção de provas que não tenham sido requeridas. Tal dever é extraído de uma leitura do art. 370, *caput*, à luz dos artigos 9º e 10.

Outro dispositivo revelador desse caráter cooperativo é o artigo 369, que, ao estabelecer que as partes têm o *direito* de produzir provas para comprovar as alegações fáticas nas quais se funda o seu pedido ou a sua defesa, com aptidão para influir na formação do convencimento judicial, afasta a antiga (e equivocada) percepção que tinha o juiz como único destinatário da prova. Tal entendimento serviu de base para que durante muito tempo os tribunais brasileiro, sob a égide do CPC/73, chancelassem o indeferimento de requerimentos de produção de provas sob a alegação de que o magistrado já estava convencido da veracidade daquele fato.[92]

Ao assim proceder, além de inverter o que deveria ser a ordem natural do processo (primeiro produzem-se as provas, depois o juiz procede à valoração e formação do seu convencimento), violava-se um direito fundamental das partes de defender as suas posições jurídicas mediante a produção das provas aptas a comprovar suas alegações fáticas – tanto perante o juízo de primeira instância (de regra o responsável primário pela determinação da prova), como também em eventual sede recursal.

Por esse motivo, tendo em vista a importância que o procedimento probatório possui para legitimação do processo e da própria decisão judicial, na medida em que parte integrante do direito à ampla defesa, entendemos também que o art. 369 deve ser interpretado de modo a não apenas abarcar o direito das partes de ter seus requerimentos de prova deferidos, mas também para alcançar o seu direito de participar ativamente do processo de produção – em perspectiva procedimental/

92. LANES, Júlio Cesar Goulart; POZATTI, Fabrício Costa. O juiz como o único destinatário da prova(?). Op. cit., p. 98.

formal e substancial/material – formando, efetivamente, uma comunidade integrativa de atuação.

3.2.2. Técnicas e mecanismos de gestão da instrução probatória no novo Código de Processo Civil brasileiro

Dentro do contexto acima exposto, o CPC/2015 trouxe diversas técnicas e mecanismos de gestão da instrução probatória a ser implementados pelo juiz e pelas partes de forma cooperativa. Analisaremos, a seguir, cada um delas separadamente.

Antes, contudo, cabe fazer uma ressalva: tendo em vista a temática dessa dissertação, não pretendemos esgotar todas as questões relativas a cada um dos pontos que serão aqui examinados. O nosso foco será, atendo ao escopo do trabalho, as disposições e problemáticas relativas à *gestão* da prova. Apenas quando pertinente para a compreensão do tema faremos sucintas considerações sobre outras questões.

3.2.2.1. Condução formal da produção probatória

Dentre os mecanismos que analisaremos nesta parte do trabalho, encontraremos alguns que dizem respeito apenas à organização da *forma* de produção das provas, com implicações meramente procedimentais, e outros que afetam substancialmente o processo, interferindo no *objeto da prova* e no *conteúdo do material probatório* que servirá de base para a formação do convencimento judicial e prolação da decisão de mérito.

Começando pelo exame dos mecanismos de condução formal, o primeiro a ser citado é o inciso VI do art. 139, no que estabelece a incumbência do juiz para "[...] alterar a ordem de produção dos meios de prova", de forma adequada às necessidades do conflito, conferindo maior efetividade à tutela do direito.

À primeira leitura, este dispositivo parece atribuir um significativo poder de flexibilização procedimental ao magistrado em matéria probatória. Contudo, uma perquirição mais cuidadosa levou à seguinte pergunta: qual a eficácia prática dessa previsão?

Explica-se: o CPC/2015 apenas estabelece uma ordem para a produção das provas *orais* durante a *audiência de instrução e julgamento*, conforme o art. 361. Nesses termos, via de regra, deverão ser ouvidos primeiro o perito e os assistentes técnicos; depois o autor e o réu, prestando depoimentos pessoais, e, por fim, as testemunhas.[93] Ocorre que o art. 361 já estabelece, em seu *caput*, que a ordem nele fixada deve ser seguida "*preferencialmente*", denotando a autorização para que o juiz a altere.[94] Dessa feita, havendo previsão específica, não haveria necessidade da previsão geral do art. 139, inciso VI, para essa hipótese.[95]

No que tange aos demais meios de provas produzidos *fora* da audiência de instrução e julgamento, como é o caso da prova pericial, da prova documental, e da inspeção judicial, o CPC/2015 não estabelece uma ordem para a sua produção.[96] A única "regra" neste sentido, por assim dizer, parece ser que tais provas soem ser produzidas *após* a fase postulatória (quando não forem apresentadas junto com as próprias manifestações das partes – como é o caso da prova documental) e *antes* da audiência de instrução e julgamento (quando não são realizadas na própria audiência).

Diante dessa observação, não parece que haja muita utilidade prática na disposição do art. 139, inciso VI, do CPC/2015, senão para fortalecer a interpretação de que a ordem de produção de provas na audiência de instrução e julgamento pode ser alterada – o que já decorreria do uso do termo "preferencialmente" no art. 361, *caput*.

Sobre a alteração da ordem de produção das provas na audiência, uma indagação a ser feita é se apenas o juiz pode determina-la ou se

---

93. CPC/2015, art. 361: "As provas orais serão produzidas em audiência, ouvindo-se nesta ordem, preferencialmente: I - o perito e os assistentes técnicos, que responderão aos quesitos de esclarecimentos requeridos no prazo e na forma do art. 477, caso não respondidos anteriormente por escrito; II - o autor e, em seguida, o réu, que prestarão depoimentos pessoais; III - as testemunhas arroladas pelo autor e pelo réu, que serão inquiridas."

94. Em sentido contrário, Freire afirma que "[é] imperativa a ordem de produção das provas. Assim, uma vez não provada a inobservância da regra do *caput* do art. 348 (sic), desde que demonstrado o prejuízo, a audiência será invalidada" (*in* FREIRE, Alexandre. Comentários ao art. 361. In: CABRAL, Antonio do Passo; CRAMER, Ronaldo (Coord.). **Comentários ao novo Código de Processo Civil**. Op. cit. p. 568). Não podemos concordar com essa posição, uma vez que o uso do termo "preferencialmente" denota claramente que essa ordem não é absoluta. Assim, embora o fato de ser preferencial possa exigir do juiz uma ônus argumentativo para determinar a alteração da ordem, não nos parece que haja uma vinculação à ordem fixada. Adiciona-se a esse ponto a previsão do art. 139, inciso VI, reforçando a possibilidade de alteração.

95. GAJARDONI, Fernando da Fonseca. Comentários ao art. 139. In: CABRAL, CRAMER, ibid., p. 259-260.

96. No caso da inspeção judicial, por exemplo, o art. 481 estabelece que ela pode ser realizada "em qualquer fase do processo".

também às partes é aberta essa possibilidade, como decorrência do art. 361, *caput*, combinado com art. 190 (convenções processuais). Uma vez que a alteração convencionada pelas partes não impõe uma limitação substancial ao processo, mas apenas interfere na forma da sua disposição, tendemos a aceitar essa possibilidade; ressaltamos, todavia, que o escopo dessa dissertação não é analisar as convenções processuais e os seus limites.

Não obstante eventuais poderes gerenciais que sejam admitidos às partes nessa seara, a responsabilidade pela condução formal dos trabalhos em audiência ainda é do magistrado. Nesse contexto, ele detém outros importantes poderes,[97] além da citada alteração da ordem de produção das provas.

O juiz pode, a seu critério,[98] (i) conceder a prorrogação do prazo, por mais dez minutos, para o autor, o réu, e, eventualmente, o Ministério Público manifestarem-se após o fim da instrução, em adição aos vinte minutos já concedidos pelo art. 364, *caput*; (ii) substituir o debate oral pela apresentação de razões finais escritas, "quando a causa apresentar questões complexas de fato ou de direito" (art. 364, §2º); e (iii) determinar o prosseguimento da audiência em outra data próxima, quando não for possível realizar a instrução, o debate e o julgamento do caso no mesmo dia (art. 365, parágrafo único).[99]

Outros mecanismos de gerenciamento da produção probatória de natureza formal serão analisados nos tópicos seguintes por guardarem relação com certas etapas do processo ou meios de prova específicos.

---

97. Embora alguns desses poderes não tenham relação direta com a produção de provas, entendemos pertinente menciona-los aqui para manter a consistência sistemática.

98. Estabelecer que o exercício desses poderes fica "a critério do juiz" não significa, por evidente, autorizar uma atuação completamente discricionária. Em última instância, o juiz está vinculado à verificação das circunstâncias do caso concreto que porventura justificam a prorrogação do prazo para alegações finais, a substituição do debate oral por razões escritas, e o fracionamento da audiência. Além disso, tal análise deve ser orientada pelas demais garantias fundamentais processuais, tais como a duração razoável do processo e a efetividade, além da adequação. Quando pertinente, também deverá permitir que as partes, na audiência, apresentem suas razões pelas quais entendem que a medida pretendida não é a mais adequada, devendo leva-las em consideração.

99. O CPC/2015 adotou como regra a unidade da audiência, nos termos do art. 365, somente admitindo a fragmentação, em caráter excepcional e de forma justificada, em caso de ausência de perito ou de testemunha, desde que haja concordância das partes, ou quando não for possível completar todas as etapas da audiência na mesma data.

3.2.2.2. Saneamento e organização do processo

A seguir o iter delineado pelo CPC/2015 para o procedimento comum, transcorrido o prazo para a apresentação de contestação pelo réu (art. 347), adotadas as providências preliminares pertinentes dos artigos 348 a 353,[100] e não sendo o caso de extinção do processo (com fulcro nos artigos 485 e 487, II e III[101]) ou de julgamento antecipado (total ou parcial) do mérito, o juiz deverá promover o *saneamento* do feito, de modo a preparar o caso para a etapa de instrução e julgamento.[102]

O objetivo do saneamento é, conforme afirmado no próprio art. 357, *caput*, tornar o processo hígido (i.e. sanea-lo em sentido estrito) e *organiza-lo*, mediante a solução das questões processuais pendentes (inciso I); o delineamento do escopo e da forma de realização da prova (inciso II), incluindo a distribuição do seu ônus (inciso III); a delimitação das questões de direito que serão relevantes para a decisão do mérito

---

100. Os artigos 348 e 349 tratam da verificação da não-incidência dos efeitos da revelia (o que ocorre nas hipóteses previstas no art. 345), estabelecendo que o juiz ordenará ao autor que especifique as provas que pretende produzir, se ainda não o tiver feito (art. 348), e que o réu revel pode produzir provas para contrapor às alegações do autor, desde que apareça nos autos tempestivamente para a prática desses atos (art. 349). Por sua vez, os artigos 350 e 351 tratam das hipóteses nas quais o juiz deverá intimar o autor em réplica, respectivamente: quando o réu alegar fato impeditivo, modificativo ou extintivo do direito do autor (defesa de mérito), e quando alegar uma das matérias do art. 337 (questões preliminares – v.g. incompetência, litispendência, falta de interesse, ilegitimidade, etc.). O art. 352 traz um dever de prevenção do juiz de determinar a correção das irregularidades ou dos vícios sanáveis porventura existentes na contestação – um mecanismo de gerenciamento processual semelhante aos artigos 321 e 139, IX. Neste ponto, remetemos o leitor às observações feitas no item 3.1.2.1, *supra*.

101. O artigo 485 traz as situações nas quais o juiz profere sentença que extingue o processo *sem* resolver o mérito. O art. 487, por sua vez, trata dos casos de julgamento *com* resolução do mérito. Apenas as hipóteses dos incisos II (reconhecendo a ocorrência de prescrição ou decadência) e III (homologando o reconhecimento do pedido, a transação ou a renúncia à pretensão) são referidas no art. 354 porque a hipótese do inciso I do art. 487 (acolhimento ou rejeição do pedido) está abarcada pelo art. 355 (julgamento antecipado do mérito).

102. "Quando a hipótese for de julgamento *parcial* (art. 356), o processo comportará saneamento e organização naquilo que ainda *não foi julgado*. Somente no que foi objeto de julgamento *parcial* é que não tem sentido tratar o processo para os fins a que se refere o dispositivo ora em exame". BUENO, Cassio Scarpinella. Comentários ao art. 357. In: CABRAL, Antonio do Passo; CRAMER, Ronaldo (Coord.) **Comentários ao novo Código de Processo Civil**. Op. cit., p. 563.

(inciso IV), e a designação da audiência de instrução e julgamento, caso vislumbre necessidade (inciso V).[103]

À exceção do inciso I, o qual representa um instrumento que permite ao juiz *sanear* os últimos vícios que porventura ainda se encontrem no processo,[104] declarando-o por saneado como resultado dessa atividade, o saneamento do art. 357 figura como uma verdadeira *técnica de gerenciamento processual*[105] *que comporta instrumentos de organização do debate processual (inciso IV), de condução formal do processo (inciso V), e de gestão da produção probatória (incisos II e III). Tem-se, portanto, três grupos de medidas a serem adotadas para permitir que o processo continue transcorrendo de forma organizada, célere e efetiva, rumo ao julgamento final de mérito.*

Quando o juiz, nos termos do inciso IV, delimita as questões de direito relevantes para a decisão do mérito, ele indica para as partes os pontos

103. O art. 331, §2°, do CPC/1973, previa que caso não fosse obtida a conciliação na audiência preliminar, o juiz deveria o juiz fixar os pontos controvertidos, decidir as questões processuais pendentes e determinar as provas a serem produzidas, designando audiência de instrução e julgamento, se necessário. Não era muito diferente, portanto, do CPC/2015. Vemos como vantajosa, todavia, a linguagem adotada pelo novo Código de que o juiz deverá *delimitar* as questões de fato sobre as quais *deve recair a atividade probatória* – uma orientação mais precisa do que aquela para fixação dos pontos controvertidos.

104. Os defeitos, irregularidades e vícios sanáveis do processo preferencialmente deveriam ser corrigidos nos termos dos artigos 321 (quando o juiz recebe a petição inicial) e 352 (quando o juiz analisa a contestação do réu). Já os vícios que *não podem ser sanáveis* e dão azo à extinção do processo deveriam ser reconhecidos no momento processual do artigo 354, antes de chegar ao saneamento. Contudo, caso, por algum motivo, persista alguma questão processual pendente que deve ser sanada ou que justifica a extinção do processo, ela deve ser resolvida para que o processo possa ser tido por saneado e o juiz possa passar à organização do feito para a fase instrutória. Cumpre ressaltar que, embora pela previsão do art. 139, IX, o juiz possa, a qualquer momento do processo, determinar o suprimento de pressupostos processuais e o saneamento de outros vícios, em virtude da importância de otimizar o exercício da atividade jurisdicional e evitar a situação em que o juiz somente verifica a existência de questões processuais pendentes depois de o processo já ter avançado, bem fez o legislador em "chamar (novamente) a atenção" do juiz para a importância de atentar a essas questões antes de ser dado início à fase instrutória.

105. "O principal objetivo do art. 357, assim, é o de, reconhecendo que o processo está isento de nulidade – porque as eventualmente ocorrentes foram saneadas –, prepara-lo para a fase instrutória, após o que será proferida sentença. É como o próprio dispositivo enuncia – e isso merece ser evidenciado –, não só de sanear o processo (leia-se: declará-lo saneado), mas também, e principalmente, de *organizá-lo* para a fase seguinte, a fase instrutória". BUENO, Cassio Scarpinella. Comentários ao art. 357. In: WAMBIER, Teresa Arruda Alvim et al. (Coord.) **Breves Comentários ao Novo Código de Processo Civil**. Op. cit., p. 563.

que devem ser por elas debatidos e esclarecidos (caso isso ainda não tenha sido feito à satisfação nas postulações iniciais), tendo em vista que serão objeto da decisão judicial final. Com isso, *organiza* o debate processual, evitando que seja gasta energia (i.e. tempo e recursos) com a discussão de questões não-relevantes para o mérito, e *promove* o contraditório participativo, vez que as partes serão impelidas a se manifestarem sobre tais questões.

Por esse motivo, referido dispositivo deve ser lido em conjunto com a previsão do art. 10, segundo o qual o juiz não pode decidir com base em fundamento sobre o qual não tenha dado às partes a oportunidade de se manifestar. A partir dessa interpretação conjunta, o inciso IV impõe ao juiz não somente o dever de delimitar quais questões de direito apresentadas pelas partes são relevantes para a decisão de mérito, mas também de indicar no saneamento quaisquer fundamentos jurídicos que não tenham sido debatidos pelas partes até então e que o magistrado entenda guardarem pertinência com o caso.

O art. 357, inciso IV, deve ser também elogiado pelo seu potencial de contribuir para a melhora na qualidade das motivações das decisões judiciais. Isso porque, nos termos do art. 489, §1º, inciso IV, do CPC/2015, a decisão judicial (interlocutória, sentença ou acórdão) somente será considerada fundamentada quando enfrentar *todos* os argumentos deduzidos no processo capazes de, em tese, infirmar a conclusão adotada pelo julgador. Um dos problemas apontados na aplicação deste dispositivo diz respeito à dificuldade de identificação sobre o que são "argumentos [...] capazes de, em tese, infirmar a conclusão" do julgador, e como, na prática, as partes conseguirão comprovar a violação desse dispositivo. Nesse ponto, sobressai a serventia do art. 357, IV: no momento em que o juiz delimita, na decisão de saneamento, as questões de direito que são, a seu ver, relevantes para o mérito, *ele se vincula a ter que enfrentar pelo menos essas questões na sentença*, nos termos do art. 489, §1º, IV.

Vale ressaltar, nessa medida, que o §1º do art. 357 confere às partes o direito de "pedir esclarecimentos ou solicitar ajustes" após ter sido proferida a decisão de saneamento. Nessa ocasião, elas poderão indicar outras questões de direito que entendam ser relevantes. Ao assim proceder, o juiz e as partes estarão não apenas organizando e promovendo o debate processual, mas também dando um contorno *mínimo* para a futura decisão de mérito.

Ressalta-se nosso entendimento de que a decisão saneadora não opera uma preclusão para que o juiz baseie a sua futura decisão de mérito em outras questões de direito que não tenham sido indicadas no momento do saneamento. A decisão saneadora, a nosso ver, não estabelece um limite *máximo* para a sentença, mas apenas um limite *mínimo* dos argumentos que devem ser enfrentados pelo julgador. Apenas ressaltamos, quanto às questões de direito não indicadas no saneamento, que persiste o dever do juiz de garantir, primeiro, que tenha havido sobre elas um debate em contraditório com as partes, em respeito aos artigos 9º e 10.

Antes de analisarmos, em separado, as previsões dos incisos II e III do art. 357, relativos à produção probatória propriamente dita, cumpre fazer referência ao inciso V, que traz um mecanismo de *condução formal do processo*, ao determinar que cabe ao juiz, no saneamento, "designar, se necessário, audiência de instrução e julgamento".

Cabe aqui uma observação: conforme notado por Bueno, os incisos II a V são voltados para "preparar adequadamente o processo para a fase instrutória", pois, caso não houvesse necessidade de produção de provas, "a hipótese seria de julgamento antecipado (ainda que parcial) do mérito".[106] Assim sendo, sempre que o juiz sanear o processo é porque haverá instrução.

Isso não significa, todavia, que sempre ocorrerá audiência de instrução e julgamento – razão pela qual o citado inciso V fala na sua designação "se necessário". Com efeito, a audiência principal somente se afigurará necessária quando houver sido determinada produção de prova oral (esclarecimento por peritos e/ou assistentes técnicos, depoimento pessoal das partes, e/ou inquirição de testemunhas), ou, ainda, quando o juiz entender que seria produtivo designar audiência para que as partes apresentem oralmente seus argumentos (nos termos do art. 364) ou para tentar a conciliação uma última vez (conforme art. 359).

3.2.2.2.1. Delimitação das questões de fato e definição dos meios de prova

Pela regra do CPC/2015, o momento processual para as partes indicarem as provas que pretendem produzir no processo é, para o autor, com relação aos fatos constitutivos do seu direito, a petição inicial (art.

106. BUENO, Cassio Scarpinella. Comentários ao art. 357. In: WAMBIER, Teresa Arruda Alvim et al. (Coord.). **Breves Comentários ao Novo Código de Processo Civil**. Op. cit., p. 563. Essa assertiva é corroborada pela determinação do art. 355, I, de que o julgamento antecipado do mérito terá lugar quando "não houver necessidade de produção de outras provas".

319, inciso VI), e, para o réu, a contestação (art. 336). O Código abre, contudo, em adição a essas previsões, as possibilidades de (i) o autor especificar as provas que pretende produzir, se ainda não o tiver feito, após o transcurso *in albis* do prazo para o réu contestar, quando o juiz verificar a não-ocorrência dos efeitos da revelia (art. 348); (ii) o réu revel produzir provas, desde que ainda não tenha sido encerrada a fase de instrução (art. 349); e (iii) o autor requerer a produção de provas *adicionais* quando se manifestar em réplica sobre fatos impeditivos, modificativos ou extintivos do seu direito, ou sobre questões preliminares, que tenham sido suscitados pelo réu (arts. 350 e 351).

Sob a égide do CPC/1973, cujo sistema não diferia significativamente do novo diploma, era praxe entre os juízes brasileiros proferir um despacho, após encerrada a fase postulatória, intimando as partes a especificar os meios de prova que pretendiam produzir no processo.[107] Passado o prazo concedido para essas manifestações das partes, o juiz deferia/indeferia as provas que eventualmente houvessem sido requeridas, e/ou determinava de ofício a produção de prova.

No CPC/2015, não fica claro se, fora das hipóteses citadas nas quais é admitida expressamente a especificação de provas fora da petição inicial e da contestação, as partes podem formular um requerimento extemporâneo.[108] Ainda, não é estabelecido se o juiz poderia/deveria intimar as partes, *antes de proferir a decisão de saneamento,* dando-lhes a oportunidade de especificar as provas que pretendem produzir, caso ainda não o tenham feito, ou caso tenham identificado a necessidade de produzir outras provas, em virtude da ocorrência de um fato superveniente ou em reação a uma afirmação da parte contrária. Além disso,

107. Segundo observa Pinho, com referência ao sistema do CPC/1973, a especificação de provas "ocorre quando o juiz entende que as provas pedidas pelo autor ou pelo réu são genéricas. Por exemplo: na petição inicial, o autor coloca: 'protesto pela produção de todas as provas em direito admitidas, especialmente prova documental e testemunhal'. Quais documentos o autor irá apresentar? Quais testemunhas quer convocar? O autor deverá esclarecer quais serão suas provas, para o juiz decidir se irá ou não deferi-las. *De acordo com o CPC, a especificação de provas deveria ocorrer em apenas determinadas situações, mas hoje os juízes de varas cíveis acabam aplicando-a indistintamente*" (*in* **Direito Processual Civil Contemporâneo**: processo de conhecimento, cautelar, execução e procedimentos especiais, vol. 2. São Paulo: Saraiva, 2012, p. 177-178, grifo nosso).

108. A perquirição feita aqui leva em consideração apenar o texto normativo do novo diploma processual. É altamente provável que a prática judiciária de determinar, após a fase postulatória, a intimação das partes para especificar as provas que pretendem produzir, será mantida sob a égide do novo Código.

tampouco fica evidente, pela letra do dispositivo em análise, se as partes podem formular requerimentos probatórios adicionais *após* a decisão de saneamento.

Antes de tentar responder essas questões, há que se observar que o inciso II do art. 357 estabelece duas determinações a serem fixadas pelo juiz no saneamento: (i) as *questões de fato* sobre as quais deve recair a atividade probatória e (ii) os *meios de prova* admitidos.

O primeiro ponto, à evidência, não engloba *todas* as questões de fato suscitadas pelas partes no processo, mas apenas aquelas que demandam produção de prova para sua comprovação. Deixa de fora, com isso, aqueles fatos que não dependem de prova (art. 374), bem como as questões de fato que já foram provadas e resolvidas por ocasião de julgamento antecipado parcial de mérito, na forma do art. 356.[109]

Assim, o objetivo do art. 357, inciso II, primeira parte, é permitir que o juiz aponte as questões de fato que (i) são objeto de controvérsia entre as partes, (ii) não são abarcadas pelo art. 374, (iii) são relevantes para o julgamento do mérito, e (iv) ainda não foram provadas no processo.

Através dessa atividade, o juiz delineia qual deve ser o escopo da atividade probatória. Com base nessa delimitação, ele poderá avaliar se as provas cuja produção foram requeridas pelas partes são necessárias, bem como verificar se cabe determinar de ofício a produção de outros meios de prova.

No CPC/1973, o art. 331, §2º, que tratava da audiência preliminar para saneamento do processo, era previsto que o juiz deveria nela *fixar os pontos controvertidos*. Por sua vez, o art. 451 previa que no início da audiência de instrução e julgamento o juiz deveria fixar os pontos controvertidos *sobre os quais recairia a produção probatória*. Além de confusa, a forma como o Código tratava essa matéria era muito criticada pela doutrina pela sua ineficiência. Nesse sentido, conforme observa Carmona, para que a atividade de definição dos pontos que serão objeto da prova "tenha alguma utilidade prática, precisa ser realizada bem

109. Por força da previsão do art. 355 do CPC/2015, quando não houvesse a necessidade de produção de outras provas no processo, deveria haver o julgamento antecipado do mérito, de modo que o processo sequer teria chegado à fase de saneamento. Por seu turno, quando um dos pedidos formulados ou parcela deles tampouco demandar a produção de outras provas, será o caso de julgamento antecipado *parcial* do mérito (art. 356). Dessa feita, quaisquer questões de fato que não tenham sido resolvidas nas providências preliminares em tese ainda demandam dilação probatória.

antes da audiência, de modo que as partes possam se preparar, inclusive montando sua estratégia, exatamente por conta dos fatos que devem ser provados".[110] Acertada, portanto, a mudança implementada pelo novo diploma legal neste ponto.

A segunda parte do inciso II do art. 357 do CPC/2015 fala na especificação dos "meios de prova admitidos" para comprovar as questão de fato delimitadas pelo juiz.

Indaga-se, nesse ponto, se tal especificação deve ser feita de forma determinativa (i.e. o juiz já determina a produção da prova, com base nos requerimentos formulados pelas partes e/ou de ofício), ou se ela é uma indicação para que as partes, com base na delimitação das questões de fato e na especificação dos meios de prova que o juiz entende aptos a prova-las, possam manifestar-se sobre aqueles meios apontados cuja produção não havia sido requerida previamente por elas.

A dúvida aparece apenas quando o juiz vislumbrar a necessidade de produção de um meio de prova que *não* tenha sido requerido pelas partes. Isso porque, caso contrário, o magistrado irá simplesmente *deferir*, na decisão de saneamento, as provas requeridas pelas partes que ele julgar necessárias e suficientes, indeferindo as inúteis ou meramente protelatórias.

Contudo, se o juiz identificar, no momento do saneamento, a necessidade de determinação de produção de prova *de ofício*, ele deverá, na decisão, delimitar as questões de fato que demandam prova, deferir (ou indeferir) os meios de prova que já tenham sido requeridos pelas partes, e *intimá-las a se manifestar sobre a necessidade de produção de outros meios de prova por ele especificados que não tenham sido requeridos.* Com isso, garante-se o contraditório antes do exercício de tal poder instrutório *ex officio* – o que, conforme visto, é um requisito essencial para legitimar esse poder judicial e evitar abusos.

Feita essa análise interpretativa do art. 357, II, retornamos ao questionamento inicial sobre a possibilidade de formulação de requerimentos extemporâneos de produção probatória pelas partes.

Não há dúvida, nesse sentido, de que existe no processo civil, em termos de requerimento de produção de provas, preclusão *para as partes.*

---

110. CARMONA, Carlos Alberto. O novo Código de Processo Civil e o juiz hiperativo. Op. cit., p. 65.

A dúvida está em saber *como* ela se opera, em que *momento*, e quais hipóteses a *excepcionam* eventualmente.

Segundo Barbosa Moreira, tratando do CPC/1973,

> [...] o autor tem o ônus de indicar na petição inicial [...], enumerando-os [...], os meios de prova que quer se utilizar, sob pena de, caso não suprida a omissão [...], ser indeferida a inicial [...]. Ainda se lhe concede, numa hipótese [...], a possibilidade de especificar, se não o houver feito na própria inicial, as provas que pretender produzir *em audiência*.

Para o réu, observa o ilustre processualista que "[se abre] uma única oportunidade para indicar as provas cuja produção lhe interessa: a da contestação".[111]

À luz das previsões dos arts. 319, VI, e 336, do CPC/2015, o cerne do entendimento de Barbosa Moreira continuaria sendo *a priori* aplicável ao regime probatório do novo Código.[112]

Dessa forma, a preclusão *para as partes*[113] *em matéria probatória deveria ser a regra, somente sendo admitida a formulação de requerimento de produção de prova fora dos momentos indicados quando houvesse exceção prevista na lei processual.*[114] *A razão de ser dessa preclusão é evitar que o processo ande em círculos, nunca caminhando para frente com a formulação de inúmeros requerimentos extemporâneos que já poderiam ter sido feito.*[115]

---

111. BARBOSA MOREIRA, José Carlos. **O novo processo civil brasileiro**. 28. ed. rev. e atual. Rio de Janeiro: Forense, 2010, p. 56.
112. À exceção da observação sobre o antigo art. 324 do CPC/1973, referente à limitação de que o autor, que não fez a especificação das provas na petição inicial, somente poderia especificar provas que pretende produzir *em audiência*. O art. 348 do CPC/2015 não incorporou essa limitação.
113. Barbosa Moreira assevera que para o juiz não ocorre preclusão, ainda que ele "tenha anteriormente indeferido o requerimento da parte" (*in* loc. cit., nota 698). Sobre a relação entre os poderes instrutórios do juiz e a preclusão em matéria probatória, v. BEDAQUE, José Roberto dos Santos. **Poderes instrutórios do juiz**. Op. cit., p. 21 *et seq*.
114. BARBOSA MOREIRA, loc. cit.
115. "Se a marcha procedimental estivesse constantemente sujeita ao contratempo de retornar, sem qualquer restrição, às fases anteriores, o processo teria dificuldade de encontrar um fim adequado, especialmente à luz do mandamento constitucional que impõe sua duração razoável. Nesse contexto, vê-se que o procedimento deve ter sua tramitação regulada porque a sucessão de atos processuais deve possuir não apenas um

Não se aventa oportuno, contudo, atribuir a essa regra de preclusão uma rigidez excessiva,[116] *até mesmo em razão do princípio da primazia da resolução do mérito, presente no CPC/2015 (v.g. artigos 4º e 6º).*

Assim, entendemos, primeiramente, que quando o réu faz afirmativas em sua contestação para contrapor às alegações do autor, mesmo sem suscitar fatos impeditivos, modificativos ou extintivos do direito do demandante, nem as hipóteses do art. 337, o autor deveria poder complementar a especificação das provas feita na petição inicial, caso afigurasse necessário.

Na mesma linha, quando surgir um fato superveniente durante o processo (v.g. art. 342, inciso I), dever-se-ia abrir às partes a oportunidade de especificar novos meios de prova incidentes sobre este fato que se mostrem necessárias.[117]

Ainda, as partes deveriam ter a oportunidade de, *após a prolação da decisão de saneamento*, requerer a produção de outros meios de prova quando o juiz identificasse, na referida decisão, que certa questão de fato deve ser objeto da atividade probatória, mas não tivesse sido requerida prova sobre ela e o juiz não tivesse indicado sua intenção de determiná-la de ofício. Neste caso, e tendo em vista que os poderes instrutórios do juiz caracterizam-se como poderes-deveres voltados para garantir a busca da verdade e a correção das decisões judiciais sob o aspecto fático, o seu exercício não pode dar-se de forma discricionária e aleatória, especialmente quando o próprio juiz identifica a necessidade de produção de prova sobre essa questão.

---

encadeamento lógico, mas também um ritmo cronológico. A preclusão contribui, por conseguinte, para o transcurso e solução do processo de maneira ordenada e eficiente". CABRAL, Antonio do Passo. **Coisa julgada e preclusões dinâmicas**: entre continuidade, mudança e transição de posições processuais estáveis. 2. ed. Salvador: Juspodivm, 2014, p. 120).

116. Segundo Bedaque, "as regras sobre preclusão em matéria probatória devem ser interpretada restritivamente" (*in* **Poderes instrutórios do juiz**. Op. cit., p. 22).

117. Sobre a aplicação do art. 342, I, ao autor, Sica: "O direito ou fato superveniente podem ser benéficos tanto para o autor quanto pra o réu, conforme reconhece textualmente o art. 493 [...]. Nesse passo, é de rigor reconhecer a aplicação do art. 342, I, *mutatis mutandis*, também para o autor. Tal operação é cercada de maior complexidade, pois é preciso analisar a compatibilidade desse dispositivo com as regras que determinam a estabilização do objeto litigioso após a citação do réu. [...] A tendência, portanto, é a de que o STJ continue a limitar a observância do direito subjetivo ou fato superveniente a favor do autor apenas às hipóteses em que não implicar alteração do pedido ou da causa de pedir [...]." (*in* SICA, Heitor Vitor Mendonça. Comentários ao art. 342. In: WAMBIER, Teresa Arruda Alvim et al. (Coord.) **Breves Comentários ao Novo Código de Processo Civil**. Op. cit., p. 922).

Fazendo o contraponto a essas três situações excepcionais apontadas, ressaltamos que, embora a preclusão deva ser interpretada restritivamente e o princípio da primazia da resolução do mérito deva orientar o juiz a não adotar formalidades excessivas, os requerimentos de prova extemporâneos (incluindo os supracitados) somente devem ser admitidos no processo quando justificado para o atendimento de uma finalidade essencial do processo. É preciso, todavia, ter cautela para que esses requerimentos não se proliferem no processo de forma indiscriminada, prejudicando o seu bom andamento e servindo de arma para as partes empregarem táticas protelatórias.

Em última nota a respeito desse ponto, pontua-se a semelhança que o art. 357, II, guarda com a *Rule* 32.1 (1) das CPR inglesas, referente ao poder da corte de controlar a prova através de direções quanto (i) às questões que requerem produção de provas, (ii) à natureza da prova requerida para decidir essas questões, e (iii) à forma como a prova deve ser trazida para o processo. A diferença entre os dois sistemas fica por conta da possibilidade que se abre para o juiz caso as partes não formulem o requerimento probatório nos termos indicado: enquanto que o juiz brasileiro pode (e deve) determinar a produção da prova que ele entender necessária de ofício, o juiz inglês não tem poderes instrutórios para tanto.

3.2.2.2.2. Distribuição do ônus da prova

Tradicionalmente, o ônus da prova no processo civil soe recair sobre o autor, para o fato constitutivo do seu direito, e sobre o réu, para os fatos impeditivos, modificativos ou extintivos do direito do autor (art. 373, incisos I e II do CPC/2015).[118]

No Código de 73, já se admitia a distribuição diversa do ônus da prova por *convenção das partes*, ao dispor no art. 333, parágrafo único, que seria nula a convenção que assim o fizesse quando o objeto do processo

118. É em virtude da vedação ao *non liquet* – isto é, à "possibilidade de não entregar aos litigantes uma solução definitiva para o caso, independentemente do grau de complexidade da lide e do nível de certeza por ele obtido acerca dos fatos" – que se justifica a imposição de regras que distribuem o encargo de provar os fatos alegados entre as partes. Pela teoria *estática* do ônus da prova, faz-se uso de uma ficção jurídica que assume para estabelecer de forma apriorística a quem incumbe o encargo, tal como se vê no citado art. 373, I e II, do CPC/2015 (*in* RODRIGUES, Roberto de Aragão Ribeiro. A dinamização do ônus da prova. **Revista de Processo**, v. 240, p. 41-58, fev. 2015, versão online, p. 1-2).

fosse direito indisponível ou quando tal redistribuição tornasse excessivamente difícil a uma parte o exercício do direito. *A contrario sensu*, entendia-se que as convenções seriam admissíveis fora dessas hipóteses.

No CPC/2015, a hipótese de convenção das partes sobre a distribuição do ônus da prova vem prevista no art. 373, §3º, que afirma, positivamente, ser possível a sua celebração, salvo nas mesmas situações de direito indisponível[119] e de dificuldade excessiva gerada para o exercício do direito.

Acrescenta o §4º que tal convenção pode ser celebrada em caráter prévio ou incidental ao processo. Todavia, a convenção deve ser nele apresentada *antes de o feito ser saneado*, vez que, conforme veremos adiante, o saneamento é o momento adequado para o juiz definir a distribuição do ônus da prova, esclarecendo se seguirá a regra geral do art. 373, I e II, ou se será distribuído de forma diversa.

Nesse sentido, e tendo em vista que o §1º do art. 357 estabelece que a decisão de saneamento, após o prazo de cinco dias para manifestações das partes, torna-se *estável* para juiz e partes, a apresentação de uma convenção processual incidental dispondo diversamente sobre o ônus da prova *após* ter sido realizado o saneamento poderia prejudicar o bom desenvolvimento do processo, além de tornar impossível ou extremamente difícil para a parte que assumiu o ônus desincumbir-se dele, tendo em vista que a atividade instrutória já terá sido organizada e estará em andamento.[120]

Não havendo previsão de exigência de homologação desta convenção pelo juiz, entende-se que ela o vincula, somente abrindo-se a hipótese de controle da sua validade.

No Código de 73 não havia previsão que autorizasse *o próprio juiz* a inverter o ônus da prova no processo civil em geral. Essa possibilidade

---

119. "[...] *a previsão não impede a inversão convencional nos processos que tratam de direitos indisponíveis, mas tão somente a inversão nestes casos contra o titular do direito em questão*. Em outros termos: se a inversão por convenção for feita em processo que se litiga sobre direito indisponível em favor do titular do direito, então não há que se falar de nulidade". MACÊDO, Lucas Buril de; PEIXOTO, Ravi de Medeiros. Negócio processual acerca da distribuição do ônus da prova. **Revista de Processo**, v. 241, p. 463-487, mar. 2015, versão online, p. 7.

120. Ibid. p. 8. Embora os autores não falem em saneamento como o marco temporal para a apresentação da convenção, mas sim em "abertura da fase de instrução probatória", interpretamos as referências como equivalentes, uma vez que é com o saneamento que se abre a fase de instrução probatória.

somente se abria nos casos relativos a direito do consumidor, por força da disposição expressa do art. 6º, inciso VIII, da Lei no 8.078/90 (Código de Defesa do Consumidor - CDC), segundo o qual o juiz pode, em benefício do consumidor, determinar a inversão do ônus da prova em caso de verossimilhança da alegação autoral ou hipossuficiência, "segundo as regras ordinárias de experiência".

Assim, salvo esta exceção específica, e a hipótese da convenção das partes, adotava-se, no processo civil brasileiro, a regra *estática* da distribuição do ônus da prova.

O CPC/2015, de forma acertada, amplia a possibilidade de dinamização ao conceder ao juiz no processo civil, nos termos do art. 373, §1º, o poder de "atribuir o ônus da prova de modo diverso"[121] nas seguintes hipóteses: (i) quando houvesse previsão legal específica ou (ii) quando, pelas particularidade do caso concreto, fosse verificada (a) a impossibilidade de cumprimento do encargo, (b) a sua excessiva dificuldade imposta à parte, *ou* (c) a maior facilidade de obtenção da prova do fato contrário.

Estabelece-se, ainda, como requisitos para o exercício desse poder (i) que o juiz fundamente a sua decisão de distribuição diversa do ônus, (ii) que seja dada à parte a oportunidade de se desincumbir do ônus que lhe está sendo atribuído, e (iii) que tampouco seja impossível ou excessivamente difícil para a parte a quem se pretende atribuir o ônus se desincumbir do encargo (quanto a este último, v. art. 373, §2º).

Acrescenta-se que tanto a decisão judicial como a convenção das partes que distribua diversamente o ônus da prova deve estabelecer de forma clara os fatos específicos cujo ônus de comprovação está sendo atribuído a sujeito diverso do determinado pela lei.[122]

---

121. Para Puoli, o juiz não pode determinar de ofício a distribuição diversa do ônus da prova, mas somente diante de requerimento da parte interessada, uma vez que ela se assenta nas hipóteses de impossibilidade ou dificuldade na realização da prova, o que somente poderia ser suscitado pela própria parte que enfrenta esses obstáculos na obtenção da prova cuja produção lhe interessa. Dessa feita, o juiz não poderia "imiscuir-se no caso concreto e desde logo realizar uma distribuição dinâmica se nem mesmo o interessado na prova vislumbra a 'dificuldade' de obtê-la" (*in* O ônus da prova e sua distribuição dinâmica no novo Código de Processo Civil. In: GRINOVER, Ada Pellegrini et al. **O novo Código de Processo Civil**: questões controvertidas. São Paulo: Atlas, 2015, p. 231-251, p. 238).

122. MACÊDO, Lucas Buril de; PEIXOTO, Ravi de Medeiros. Negócio processual acerca da distribuição do ônus da prova. Op. cit., p. 8.

No caso da distribuição determinada por decisão judicial, soa razoável também que o juiz, antes de determina-la, verifique a plausibilidade das alegações fáticas que são objeto da prova cujo ônus pretende-se inverter. Embora esse requisito não conste de forma expressa do art. 373, não parece justo ou isonômico que o juiz determine a inversão do ônus probatório quando as alegações da parte que requereu a distribuição diversa não são minimamente verossímeis. Não se trata, evidentemente, de exigir um nível elevado de convicção, ou mesmo de probabilidade, mas apenas que as alegações tenham alguma substância e não aparentem ser totalmente descabidas.[123]

Nos termos do art. 357, inciso III, a definição da distribuição diversa do ônus da prova deve ser realizada pelo juiz *no momento do saneamento*. Uma das razões de fundo dessa determinação[124] é a mudança na forma de concepção do ônus da prova, antes entendido apenas como regra de julgamento, e que passa a ser considerado também regra de instrução.[125]

---

123. PUOLI, op. cit., nota 708, p. 239-240.

124. Outra razão para se determinar que a distribuição diversa do ônus da prova deve ser estabelecida no saneamento é para evitar que a parte seja pega de surpresa, sem possibilidade de atuar para se desincumbir do ônus, o que representaria uma franca violação ao princípio do contraditório e ao princípio da ampla defesa. Nesse sentido, Cambi: "O mecanismo de inversão do ônus da prova não deve servir para o prejulgamento da causa. A garantia constitucional do contraditório deve ser, plenamente, observada, evitando decisões surpresas. A teoria da distribuição dinâmica do ônus da prova e as técnicas de inversão do ônus da prova devem estar assentadas nos valores da solidariedade e da boa-fé processuais. (...) Quando a distribuição dinâmica ou a inversão do ônus da prova não se realizam apenas na sentença, dá-se amplas oportunidades para que a parte que tem o ônus distribuído ou invertido conheça o objeto da prova, delimitado judicialmente, e comporte-se de acordo com ele ou possa impugná-lo (...). O momento da inversão do ônus da prova (anterior à sentença) constitui fator de maior segurança para as partes, porque dissemina, nos litigantes, maior consciência dos riscos que correm, caso não venham a desincumbi-lo, bem como dá maior grau de legitimação às decisões judiciais" (*in* Teoria das cargas probatórias dinâmicas (distribuição dinâmica do ônus da prova) - Exegese do art. 373, §§ 1° e 2° do NCPC. **Revista de Processo**, v. 246, p. 85-111, ago. 2015, versão online, p. 7).

125. A acepção clássica tem o ônus da prova "como uma 'regra de julgamento', a ser utilizada quando, após a produção das provas pelas partes e após a determinação de ofício pelo juiz (art. 370 do Novo CPC), permanecesse estado chamado pela doutrina de 'dúvida', ou de 'inesclarecibilidade'"; situação na qual "o juiz utilizar-se-ia da 'regra de julgamento' (aspecto objetivo do ônus da prova) para decidir quem ganha e quem perde a demanda" (RAMOS, Vitor de Paula. **Ônus da prova no processo civil**: do ônus ao dever de provar. São Paulo: Revista dos Tribunais, 2015, p. 48). A acepção do ônus da prova como "regra de instrução" ou "regra de atividade" decorre, segundo Ferreira, não do ônus considerado de forma estática (segundo a previsão do *caput* do art. 370), mas sim da sua dinamização, já que "quando houver a modificação esta terá uma carga fortíssima de estímulo ao

Nessa dimensão, a partir do momento em que a distribuição do ônus da prova é tida por regra a orientar o exercício da atividade instrutória, incentivando as partes a trazer as provas para o processo, ela pode ser lida como um *mecanismo de gestão da produção probatória*, que muito contribui para organizar e administrar melhor tal atividade.[126] Tal compreensão vale tanto para a distribuição determinada pelo juiz, nos termos do art. 373, §§1º e 2º, como para a distribuição convencionada, prevista no art. 373, §§3º e 4º.[127]

3.2.2.2.3. Saneamento consensual e saneamento compartilhado

Vistos os pontos que devem ser objeto da decisão de saneamento, cumpre agora analisar a *forma* pela qual ele deve ser realizado.

O art. 357 traz *três* formas para a realização do saneamento, em função do papel que os sujeitos processuais assumem na sua elaboração. A primeira é a do saneamento realizado através de *decisão* proferida pelo *juiz*, com relação à qual as partes têm o direito de pedir esclarecimentos ou solicitar ajustes, no prazo comum de 5 (cinco) dias, nos termos do §1º do art. 357. Ao final deste prazo, estabelece o dispositivo em questão que a decisão torna-se estável.

A segunda forma, prevista no §2º do art. 357, é quando as partes apresentam ao juiz, *para homologação*, a *delimitação consensual* das questões de fato e de direito referidas nos incisos II e IV. Uma vez

---

esclarecimento da questão fática por aquele que originariamente não tinha o ônus" (*in* FERREIRA, William Santos. Comentários ao art. 373. In: WAMBIER, Teresa Arruda Alvim et al. (Coord.). **Breves Comentários ao Novo Código de Processo Civil**. Op. cit., p. 1009).

126. Ferreira qualifica a distribuição dinâmica do ônus da prova como "*técnica de execução indireta*, de coerção" (*in* loc. cit., grifo do autor).

127. A distribuição dinâmica do ônus da prova determinada pelo juiz justifica-se para promover a produção da prova quando o ônus fixado pela lei não se mostrava adequado à situação concreta. Com isso, prestigia o princípio da adequação e contribui para um melhor esclarecimento dos fatos. Em contrapartida, Macêdo e Peixoto que a distribuição dinâmica realizada por meio de convenção das partes não terá, necessariamente, essa finalidade como razão de fundo: "Realmente, a convenção é uma estipulação que visa garantir vantagem a um dos sujeitos. A razão de sua estipulação é variável e não pode ser limitada à regulação adequada da situação material. Basta, ao negócio, a vontade de redistribuir o ônus da prova e o respeito aos limites impostos pelo ordenamento jurídico, independentemente das razões que ensejaram a celebração da convenção, que pode, por exemplo, ser estipulado mediante pagamento de quantia – é dizer, o sujeito trocará eventual situação processual por vantagem econômica" (*in* Negócio processual acerca da distribuição do ônus da prova. Op. cit., p. 5).

homologada, há vinculação para as partes e para o juiz. A essa hipótese vem-se dando o nome de "saneamento consensual". Algumas observações devem ser feitas sobre ele.

A razão para a exclusão dos incisos I, III e V do escopo do saneamento consensual é de fácil compreensão: os incisos I e V são incumbências exclusivas do órgão jurisdicional enquanto questões de ordem pública, não podendo ser alvo de disposição das partes. Afinal, no que tange ao inciso I, eventuais vícios, defeitos ou irregularidades presentes nas postulações das partes devem ser corrigidos (quando sanáveis) ou dar ensejo à extinção do processo – não se abre uma possibilidade de as partes acordarem um tratamento diverso do que derivaria da aplicação da lei pelo juiz.

Por seu turno, no caso do inciso V, as partes não podem convencionar a dispensa da audiência de instrução e julgamento, cabendo ao juiz decidir pela necessidade ou não da sua realização. Parece-nos, entretanto, que as partes poderiam, no saneamento consensual submetido à homologação do juiz, sugerir a este uma data para a realização da audiência. Tal sugestão afigura-se possível à luz, inclusive, do art. 191, já que o calendário processual fixado pelas partes e pelo juiz pode trazer a designação de data para audiência. Não vemos prejuízo, assim, que, no saneamento, as partes façam uma proposta neste sentido; até mesmo porque o juiz poderá, quando da homologação, acatar ou não a sugestão de data, ou, até mesmo, entender pela desnecessidade de realização de audiência naquele caso.

Já o inciso III não é abarcado pelo saneamento consensual porque a possibilidade de convenção sobre a distribuição do ônus da prova entre as partes vem prevista no art. 373, §3º, e não se submete à homologação do juiz.

Todavia, por questão de economia processual, se as partes porventura celebrarem uma convenção sobre a distribuição do ônus da prova na oportunidade em que se reuniram para delimitar as questões de fato e de direito, elas podem apresentar a convenção processual e o saneamento consensual na mesma petição, ressalvando, contudo, que a homologação somente é exigida para o segundo.

Outra questão relativa ao saneamento consensual diz respeito ao escopo do inciso II que pode ser por ele abarcado. Conforme já visto, referido inciso comporta a delimitação das questões de fato *e a especificação dos meios de prova admitidos pelo juiz*. O §2º, por sua vez, ao tratar do saneamento consensual, apenas faz referência à delimitação das questões de fato. Neste quesito, cabe às partes identificar aqueles pontos sobre as quais há concordância entre elas e aqueles que, sendo controversos, demandam produção probatória.

Com relação aos *meios de prova*, entende-se que, embora o §2º assim não estabeleça expressamente, as partes poderiam também apresentar uma proposta para o juiz dos meios de prova que elas *concordam* ser aptos e necessários para comprovar os fatos delimitados. Soa razoável que caso elas logrem, por meio de um debate cooperativo, concordar quais meios de prova deveriam ser produzidos, elas possam submeter um requerimento conjunto ao juiz.

O juiz poderá, evidentemente, acatar ou não a sugestão, deferindo ou indeferindo as provas com cuja necessidade e utilidade ele concorda e, ainda, determinando de ofício a produção de outras.

Por fim, o juiz não está limitado a apenas homologar ou não o que lhe foi submetido pelas partes. Tendo em vista o seu poder para sanear e organizar o processo por meio de decisão própria, nos termos do art. 357, *caput*, ele poderá homologar *parcialmente* o que foi submetido pelas partes e, até mesmo, adicionar outras questões de fato e de direito que não tenham sido por elas delimitadas, mas que entende serem relevantes para o julgamento.

Nesse sentido, fazemos referência à previsão do direito inglês de que o juiz, caso opte por não adotar as propostas submetidas pelas partes de direções para o *case management*, deverá levar em consideração, na elaboração das suas próprias diretrizes, o que foi apresentado pelas partes. Não obstante a ausência de previsão expressa similar no CPC/2015, decorre do princípio da cooperação e do contraditório o dever do juiz de, caso opte por não homologar o saneamento realizado pelas partes, fundamentar analiticamente a sua decisão, indicando por que entende que a proposta das partes não é adequada, e levar em consideração o que foi discutido e delimitado pelas partes na elaboração da decisão de saneamento.

A terceira forma para a realização do saneamento e organização do processo é o denominado "saneamento compartilhado", feito em *cooperação* pelo juiz e pelas partes em uma audiência designada para esse fim. O §3º do art. 357, que prevê essa hipótese, determina que o saneamento compartilhado se justifica quando "a causa apresentar complexidade em matéria de fato ou de direito". Durante a audiência de saneamento, além de enfrentar os pontos do art. 357, incisos I a V, para organização do processo, o magistrado pode também convidar "as partes a integrar ou esclarecer suas alegações", exercendo, assim, o seu dever de esclarecimento que promove a completude do debate processual.

A audiência de saneamento assemelha-se sobremaneira ao *case management conference* do direito inglês, inclusive pela previsão de realização em casos de complexidade fática e jurídica. Pontua-se, nesse sentido, deixando evidente a similaridade com a audiência de saneamento, que a *case management conference*

> [...] não é apenas uma audiência para dar direções às partes, mas tem como objetivo garantir que as reais questões entre as partes serão identificadas. Questões laterais serão resolvidas seja através de um acordo entre as partes com o devido incentivo do juiz, seja por meio de um julgamento antecipado sumário ou por determinações de indeferimento logo no início.[128]

Ao permitir que as partes e o juiz compartilhem de forma oral e imediata as suas impressões sobre o caso (v.g. quais são as questões relevantes e controversas, como o ônus probatório deve ser melhor distribuído, se é necessária ou não a realização de audiência, etc.), a audiência do direito brasileiro, da mesma forma que a do inglês, contribui para uma melhor organização do processo, garante que todas os pontos serão adequadamente abordados, e promove a economia processual e a celeridade, uma vez que, por se tratar de caso complexo, caso o saneamento fosse realizado por meio de atos escritos, certamente haveria uma infinita troca de petições e decisões até se chegar ao resultado ideal.[129]

---

128. O texto em língua estrangeira é: "[...] are not simply directions hearings, but are intended to ensure that the real issues between the parties are identified. Side issues will be dispensed with either by agreement between the parties with due encouragement from the judge, or by means of summary judgment or striking-out determinations at an early stage." SIME, Stuart. **A practical approach to Civil Procedure.** 14th. ed. Oxford: Oxford University Press, 2011, p. 369.

129. Nessa linha, Carmona elogia o saneamento compartilhado (ou "saneamento em cooperação", como ele o denomina), afirmando que "o encontro que o magistrado e os advogados impedirá longos e desnecessários arrazoados, normalmente desfocados em relação à organização dos atos processuais, obrigando os defensores a tomar posições coerentes frente ao julgador que os provocará adequadamente e os chamará às falas para evitar procrastinações, discutindo de forma franca a necessidade e a utilidade dos meios de prova que os litigantes pretendem desenvolver e a sequência mais adequada para o encadeamento do procedimento", além de facilitar o acordo entre as partes para

O saneamento compartilhado também constitui uma eficaz ferramenta para a realização do contraditório participativo, conferindo, com isso, maior legitimidade à decisão dele resultante. Mais ainda: na medida em que o saneamento pavimenta o caminho para a decisão final de mérito, a própria irresignação da parte com um julgamento desfavorável pode ser reduzida quando ela verifica que todas as questões que ela própria entendia relevantes foram enfrentadas de forma analítica.

Não obstante as vantagens vislumbradas no saneamento compartilhado, ele somente deve ser determinado quando se tratar, de fato, de uma causa complexa. Afinal, a realização de qualquer audiência consome tempo e recursos da corte e das partes, não se justificando quando se tratar de uma causa simples que pode ser organizada à satisfação por meio de uma decisão de saneamento ou pelo saneamento consensual.

Pontua-se, ainda, a importância de as partes e o juiz se prepararem adequadamente para a realização da audiência, estudando o caso e identificando previamente os pontos que eles entendem ser relevantes para a discussão. Somente dessa forma será garantido que a audiência transcorrerá de forma eficiente e alcançará a sua finalidade. Caso contrário, será apenas um desperdício de tempo e recursos.[130]

A escolha da forma como o processo será organizado – dentre as três possíveis – implica, ela própria, uma decisão gerencial feita pelo juiz e pelas partes quanto à melhor forma de organizar o processo, levando em conta as circunstâncias do caso concreto.

Dessa forma, embora não haja previsão expressa nesse sentido, entendemos que o juiz poderia, à luz do art. 6º (princípio da cooperação), antes de proferir uma decisão de saneamento nos termos do art. 357, *caput*, intimar as partes a, em um prazo adequado por ele fixado, tentarem delimitar as questões de fato e de direito que entendem ser relevantes, nos termos do art. 357, §2º. O "atraso" mínimo que poderia ser gerado por essa medida no processo seria compensado caso as partes pudessem realizar uma identificação que ajudasse a reduzir o trabalho a ser feito pelo juiz.

---

delimitação das questões de fato e de direito que devem ser discutidas, bem como a atribuição do ônus de prova (*in* O novo Código de Processo Civil e o juiz hiperativo. Op. cit., p. 68).

130. Ibid. p. 69.

Ainda nessa linha, o juiz poderia, na linha do que existe no direito inglês, intimar as partes a se reunir previamente à realização da audiência de saneamento para tentarem identificar as questões de fato controvertidas e de direito relevantes para o julgamento do mérito, bem como os meios de prova que entendem necessários para esclarecer os fatos. Havendo um consenso, elas submeteriam a sua proposta de saneamento consensual à apreciação do magistrado *antes* da audiência, contribuindo para uma melhor preparação dos trabalhos.

3.2.2.3. Prova emprestada

A prova emprestada é definida como "aquela produzida em outro processo, trazida para ser utilizada em processo em que surge interesse em seu uso, a fim de que auxilie no convencimento do juiz", tendo por finalidade evitar "a repetição inútil dos atos processuais", contribuindo, assim, para a economia processual. Ocasionalmente, a prova emprestada também pode encontrar justificativa na impossibilidade de novo recolhimento daquela prova.[131]

No CPC/1973, pela ausência de previsão legal, controvertia-se sobre a admissibilidade do seu uso e, em caso afirmativo, sobre os parâmetros que deveriam ser observados. No CPC/2015, o legislador fez por bem trazer a previsão expressa, no art. 372, de que "o juiz poderá admitir a utilização de prova produzida em outro processo, atribuindo-lhe o valor que considerar adequado, observado o contraditório".

Segundo Lucon, quando no processo de origem da prova emprestada litigavam as mesmas partes do processo de destino, não haveria maiores questões para o empréstimo, uma vez que o contraditório teria sido observado na sua produção. Por outro lado, o problema surgiria quando as partes do processo de destino *não* fossem as mesmas do processo onde a prova foi produzida.[132] Nessa medida, poder-se-ia questionar se não haveria uma violação ao contraditório pelo empréstimo da prova, vez que as partes – ou uma delas – não teriam participado da sua produção.

131. PINHO, Humberto Dalla Bernardina de. **Direito Processual Civil Contemporâneo**: processo de conhecimento... Op. cit., p. 229.

132. LUCON, Paulo Henrique dos Santos. Comentários ao art. 372. In: CABRAL, Antonio do Passo; CRAMER, Ronaldo. (Coord.) **Comentários ao novo Código de Processo Civil**. Op. cit., p. 577.

Refutando a interpretação de que o requisito de observância do contraditório preconizado no art. 372 é satisfeito com a possibilidade de manifestação sobre a prova emprestada no processo de destino (no qual ela é juntada), Ferreira assevera que

> [u]ma parte não pode ser atingida negativamente por uma prova emprestada sem que tenha oportunidade de participar de sua 'constituição', especificamente se se tratar de oitiva de testemunhas, depoimentos, prova pericial e inspeção judicial, cuja forma de produção *em contraditório* está prevista no CPC e representa um direito das partes.[133]

Os mecanismos de gerenciamento processual – como é o caso do art. 372 – visam a atender a certas finalidades do processo. No caso da prova emprestada, ela tem o potencial de contribuir para a economia processual e para a celeridade, bem como para a busca da verdade, quando a prova não poderia ser reproduzida.

Contudo, a sua implementação não pode dar-se em violação a outras garantias fundamentais e finalidades do processo – especialmente, o direito das partes ao contraditório efetivo e ao correlato direito de participar da produção das provas. Pondera-se, entretanto, que caso as ambas partes concordem com o empréstimo da prova produzida em outro processo sem a sua participação, não haveria por que se prender a um formalismo que visava, justamente, a proteção delas.

Por esse motivo, com mais razão quando a prova emprestada advém de um processo no qual as partes não eram as mesmas, o juiz deve consulta-las *antes* de decidir sobre a sua admissão – ressaltando, com isso, a importância da participação das partes no exercício desse poder gerencial.

3.2.2.4. Prova testemunhal

As técnicas e mecanismos analisados até agora voltavam-se para a organização e estruturação da produção probatória, comportando a definição das questões de fato que serão objeto da prova e da sua forma de produção, incluindo a eventual distribuição diversa do ônus probatório,

133. FERREIRA, William Santos. Comentários ao art. 372. In: WAMBIER, Teresa Arruda Alvim et al. (Coord.) **Breves Comentários ao Novo Código de Processo Civil**. Op. cit. p. 1003.

com vista às finalidades do processo e aos objetivos do gerenciamento processual no direito brasileiro.

Deste ponto em diante, analisaremos os mecanismos de gerenciamento processual previstos para a gestão das provas em espécie. Nesse contexto, reiteramos que serão examinados os aspectos relativos à condução formal e organização da produção da prova, bem como aos poderes instrutórios do juiz e das partes.

Começamos, assim, pela prova testemunhal.[134]

Quando tratamos de gerenciamento processual da prova testemunhal, as três questões mais controversas certamente são (i) os limites dos poderes do juiz na sua determinação, incluindo se ele pode ordenar *ex officio* a oitiva de uma testemunha e se pode limitar o número de testemunhas que as partes pretendem sejam ouvidas; (ii) a responsabilidade primária pela condução da inquirição na audiência – se das partes ou do juiz; e (iii) a forma da produção da prova testemunhal – se ela poderia ser realizada por meio da apresentação de declarações escritas, ao invés do tradicional depoimento oral em audiência.

No estudo do direito estrangeiro vimos que mesmo na Alemanha, onde se conferem alguns poderes instrutórios para o juiz, *não se admite que este determine de ofício que seja ouvida uma testemunha sem que as partes tenham-no requerido*. Na Inglaterra tampouco há essa possibilidade. Em contrapartida, em ambos os países aceita-se que o juiz limite o número de testemunhas a serem ouvidas, enquanto um poder de gestão formal desta prova, destinado a evitar que a audiência se prolongue excessivamente com a oitiva de testemunhas que nada teriam a acrescentar para o esclarecimento dos fatos, garantindo assim a celeridade.

Por sua vez, a definição sobre a quem incumbe a responsabilidade primária na condução da inquirição das testemunhas foi, por muito tempo, um dos principais pontos que distinguia os países de *common law* dos de *civil law* em sede de prova testemunhal. Ao passo que países como Inglaterra e Estados Unidos não aceitavam que o juiz participasse da inquirição das testemunhas, cabendo às partes formular as perguntas diretamente, em muitos países da Europa continental, bem como no Brasil, era o juiz quem assumia as rédeas na produção dessa prova. As partes,

134. Paulus observa que embora a prova testemunhal (*Zeugenbeweis*) seja o protótipo de prova (*Prototyp der Beweismittel*), ela é na prática considerada incerta e pouco confiável (*in* PAULUS, Christoph G. **Zivilprozessrecht**... Op. cit., p. 134).

mesmo no processo civil, somente poderiam inquirir as testemunhas de forma *indireta*, por intermédio do juiz, que dirigiria as perguntas às testemunhas.

Curiosamente, este é o ponto que talvez melhor represente a aproximação que vem ocorrendo entre os países de *common law* e de *civil law*. Enquanto que na Inglaterra, com o advento das CPR, passou a se admitir que o juiz formulasse, em caráter suplementar e apenas quando necessário, perguntas para esclarecer determinados pontos, na Alemanha (e no Brasil, como veremos adiante), as partes passaram a poder formular diretamente as perguntas às testemunhas.[135]

Com relação à forma de produção da prova testemunhal, tradicionalmente oral, observa-se que na Alemanha o juiz detém poderes para determinar a apresentação de declaração *escrita*, ressalvada a possibilidade de a testemunha ser posteriormente convocada para prestar esclarecimentos (§377 (3) da ZPO). Na Inglaterra, a *regra* é que as partes deverão, antes do *trial,* trocar declarações escritas (*written statements*) com o conteúdo do testemunho, limitando o depoimento oral à realização do *cross-examination*, quando uma parte inquire as testemunhas do seu adversário tomando por base as declarações escritas.

Feitas estas observações para relembrar como a gestão da prova testemunhal está regulamentada no direito estrangeiro, voltamos nossa atenção para o direito brasileiro.

O primeiro poder de gestão desta prova que o CPC/2015 concede ao juiz tem relação com os seus limites. Nessa medida, segundo o art. 443, "o juiz indeferirá a inquirição de testemunhas sobre fatos: I – já provados por documento ou confissão da parte; II – que só por documento ou por exame pericial puderem ser provados".[136]

---

135. No direito alemão a ZPO prevê no §397 (2) que o juiz presidindo a audiência pode autorizar as partes e seus advogados a formularem as perguntas diretamente às testemunhas: *"Der Vorsitzende kann den Parteien gestatten und hat ihren Anwälten auf Verlangen zu gestatten, an den Zeugen unmittelbar Fragen zu richten"*.

136. O inciso II do art. 443 é contrabalanceado por duas outras disposições, a saber: art. 444 ("Nos casos em que a lei exigir prova escrita da obrigação, é admissível a prova testemunhal quando houver começo de prova por escrito, emanado da parte contra a qual se pretende produzir a prova") e art. 445 ("Também se admite a prova testemunhal quando o credor não pode ou não podia, moral ou materialmente, obter a prova escrita da obrigação, em casos como o de parentesco, de depósito necessário ou de hospedagem em hotel ou em razão das práticas comerciais do local onde contraída a obrigação").

O inciso I pode ser relacionado ao art. 357, II, primeira parte, vez que, na delimitação das questões de fato que devem ser objeto de atividade probatória, espera-se que o juiz identifique aquelas que já foram provadas por documentos – embora não tenham dado ensejo ao julgamento antecipado parcial de mérito[137] – e os fatos que não dependem de prova, nos termos do art. 374. Tal delimitação servirá de base para o juiz avaliar a necessidade de realização da prova testemunhal.

Com relação ao trecho do inciso I do art. 443 que fala nos fatos "já provados [...] por *confissão* da parte", entende-se que ele deve ser interpretado para abarcar todas as hipóteses do art. 374 que não dependem de prova, a saber: os fatos notórios, os fatos admitidos no processo como incontroversos, e os fatos em cujo favor milita presunção legal de existência ou de veracidade. Afinal, se o objetivo da previsão do art. 443 é racionalizar o uso da prova testemunhal, de modo que ela não seja produzida desnecessariamente quando o fato-alvo não depende de prova,[138] não há por que limitar a sua aplicação apenas aos fatos confessados.

Fora dessas hipóteses, todavia, sendo determinada a produção de prova testemunhal no saneamento, o juiz deverá fixar prazo comum não superior a quinze dias[139] para que as partes apresentem rol de testemunhas, conforme dispõe o art. 357, §4º, do CPC/2015.[140]

---

137. Para Marinoni e Arenhart, o juiz pode, no saneamento, ao delimitar as questões de direito e de fato relevantes e que demandam atividade probatória, respectivamente, identificar com maior precisão se parte do pedido ou se um dos pedidos cumulados não é controvertido, e, portanto, proferir o julgamento antecipado parcial do mérito. Ressaltam, ainda, que "em particular na audiência de saneamento (art. 357, §3°, do CPC/2015), não obtida a conciliação, o juiz deverá passar a fixar, por meio de diálogo com as partes, os pontos controvertidos, o que torna o momento adequado para a definição da não contestação, para o acolhimento do reconhecimento jurídico do pedido ou para a conclusão de que parcela daquilo que é postulado pelo autor não é mais controvertido" (*in* **Prova e convicção**... Op. cit., p. 819).

138. "[...] existindo a confissão e, portanto, não sendo mais controverso o fato, não há razão para se alongar desnecessariamente o tempo do processo, principalmente quando se sabe que todos têm o direito constitucional a uma resposta jurisdicional em tempo razoável." MARINONI, Luiz Guilherme; ARENHART, Sérgio Cruz. **Prova e convicção**... Op. cit., p. 792.

139. O juiz pode, entretanto, quando entender que há necessidade, fixar um prazo *superior* a quinze dias (*in* Ibid. p. 822). Essa possibilidade pode ser extraída do próprio art. 139, inciso VI, do CPC/2015, ao estabelecer o poder geral do juiz de dilatar os prazos processuais.

140. O §5° estabelece que quando for realizada audiência de saneamento, nos termos do §3°, "as partes devem levar, para a audiência prevista o respectivo rol de testemunhas".

A leitura deste dispositivo suscita dúvida se ao falar em ter "sido *determinada* a produção de prova testemunhal", o referido §4º autorizaria o juiz a determinar *de ofício* a sua produção, mesmo quando não houvesse nos autos qualquer indício de que haveria testemunhas para comprovar as alegações fáticas naquele caso.

A dúvida é complementada pelo art. 461, inciso I, que prevê o poder do juiz para "ordenar, *de ofício* ou a requerimento da parte, a inquirição de testemunhas referidas nas declarações das partes ou das testemunhas". Com relação a este dispositivo, questiona-se se essa determinação pelo juiz somente pode ser feita quando a produção de prova testemunhal já foi deferida (a requerimento das partes, portanto) e o juiz identifica que nas petições são mencionadas outras pessoas que teriam conhecimento sobre os fatos e não foram arroladas como testemunhas. A hipótese alternativa é que o juiz poderia determinar de ofício, inclusive no próprio saneamento, a produção de prova testemunhal com base nas menções feitas pelas partes a pessoas que teriam conhecimentos sobre os fatos, *ainda que elas não tenham sequer requerido a produção deste meio de prova.*

A interpretação que nos afigura mais razoável é aquela que, reconhecendo a existência de poderes instrutórios do juiz em sede de prova testemunhal,[141] prestigia a integração da atuação judicial e das partes, com base no diálogo em contraditório, e não assume que os poderes judiciais se exercem em uma posição isolada.

Dessa feita, poder-se-ia aceitar que, mesmo quando as partes não formularam o requerimento para produção de prova testemunhal, o juiz acenasse para elas, no saneamento, com o seu entendimento de que, naquele caso, a produção de prova testemunhal afigurar-se-ia útil para o esclarecimento dos fatos, convidando-as a se manifestar sobre esse ponto de vista e informar se possuem alguma testemunha a indicar.

Caso já houvesse, nas petições das partes, referências a pessoas que tenham conhecimento sobre os fatos do processo, o juiz poderia também consultar as partes sobre a utilidade de convocar tais pessoas para prestar depoimento como testemunhas.

Cumpre lembrar que o exercício dos poderes instrutórios do juiz *ex officio* deve ser *sempre* precedido do contraditório prévio que possibilite a

141. Afirmando que o juiz pode requerer a oitiva de testemunhas de ofício, "no uso de seus poderes instrutórios", tanto em casos que tenham por objeto direitos *indisponíveis*, como naqueles referentes a direitos *disponíveis*: MARINONI, Luiz Guilherme; ARENHART, Sérgio Cruz. **Prova e convicção**... Op. cit., p. 821-822.

participação das partes na formação do convencimento sobre a necessidade da prova e do meio visado. Por esse motivo, não apenas na hipótese de o juiz entender em tese ser necessária a produção de prova testemunhal naquele caso (sem que as partes tenham feito referência a quaisquer nomes em suas postulações), senão também quando ele exercer o poder do art. 461, inciso I, o juiz deverá ouvir as partes antes de determinar a produção da prova de ofício.

Assim sendo, o trecho do art. 357, §4º, que fala em ter "sido determinada a produção de prova testemunhal" deve ser interpretado para abarcar (i) o deferimento da prova requerida pelas partes, com a intimação para que elas apresentem o rol de testemunhas (caso já não o tenham feito), (ii) a *indicação* pelo juiz do seu entendimento acerca da necessidade de produção desta prova, questionando as partes sobre a existência de alguma potencial testemunha, e (iii) a *indicação* pelo juiz da sua intenção de determinar de ofício a produção desta prova para inquirição das testemunhas referidas nas declarações das partes.

No que tange ao número de testemunhas a serem arroladas pelas partes, o §6º do art. 357 estabelece um limite máximo de dez no total e de três para a prova *de cada fato*. Adicionalmente, o §7º prevê que "[o] juiz poderá limitar o número de testemunhas levando em conta a complexidade da causa e dos fatos individualmente considerados".

Trata-se de importante mecanismo de gestão formal da prova testemunhal, que evita a inquirição de um número excessivo de testemunhas depondo sobre o mesmo fato *quando o juiz já está convencido sobre ele*. Prestigia, com isso, o princípio da proporcionalidade e a economia processual.

Em contrapartida, quando mesmo depois de ouvir três testemunhas (para cada litigante) a respeito de um fato o juiz não é capaz de formar um convencimento conclusivo acerca dele, ele poderia "ouvir mais de três testemunhas em relação a cada fato".[142]

Diferentemente do CPC/1973, o CPC/2015 atribui ao advogado da parte o dever de "informar ou intimar a testemunha por ele arrolada do dia, da hora e do local da audiência designada, dispensando-se a intimação do juízo" (art. 455, *caput*). Segundo o §1º deste artigo, "[a] intimação deverá ser realizada por carta com aviso de recebimento", que devem ser juntados aos autos pelo advogado com antecedência de pelo

142. MARINONI, Luiz Guilherme; ARENHART, Sérgio Cruz. **Prova e convicção**... Op. cit., p. 825.

menos três dias da data da audiência. Alternativamente, "[a] parte pode comprometer-se a levar a testemunha à audiência", sem realizar a intimação. Nesta hipótese, caso a testemunha não comparecer, presume-se "que a parte desistiu da sua inquirição" (art. 455, §2º).[143]

A realização da intimação por meio de carta com aviso de recebimento confere, portanto, maior segurança e garantia à parte de que, caso a testemunha, por qualquer motivo, recuse-se a ir no dia da audiência, a parte poderá requerer a sua condução forçada, nos termos do art. 455, §5º – hipótese que somente é possível quando realizada a intimação da testemunha pelo advogado da parte, na forma do §1º, ou pela via judicial, nos termos excepcionais do §4º.[144]

Sobre a forma de produção da prova testemunhal, a regra pelo art. 453 do CPC/2015 é que as testemunhas prestam depoimento *oral*, na audiência de instrução e julgamento, perante o juiz da causa, com exceção de duas hipóteses: quando o depoimento é prestado antecipadamente (inciso I) ou quando as testemunhas são inquiridas por carta (inciso II).

Com relação à hipótese da testemunha que reside em comarca, seção ou subseção judiciária diversa daquela onde tramita o processo, o §1º acrescenta a possibilidade da sua inquirição "ser realizada por meio de videoconferência ou outro recurso tecnológico de transmissão e recepção de sons e imagens em tempo real, o que poderá ocorrer, inclusive, durante a audiência de instrução e julgamento". Tal hipótese é possível pela evolução tecnológica que facilita a comunicação em tempo real, permitindo, de forma altamente benéfica para o processo, que o juiz da causa possa realizar, *em cooperação com o juízo no qual resida a testemunha*, a inquirição. Garante-se, com isso, a proximidade imediata que é a nota essencial da prova testemunhal e, consequentemente, uma melhor valoração da prova, na medida em que o juiz poderá acompanhar

---

143. Há quem admita que "se devidamente justificada a impossibilidade da testemunha comparecer, mesmo nessa hipótese [do §2º], pode o juiz autorizar o advogado a providenciar nova intimação da testemunha ou, nos termos do inciso I dos §§4º e 5º desse dispositivo, a testemunha poderá ser intimada judicialmente" (*in* FERREIRA, Ivan Nunes. Comentários ao art. 455. In: CABRAL, Antonio do Passo; CRAMER, Ronaldo. (Coord.) **Comentários ao novo Código de Processo Civil**. Op. cit., p. 651). Parece-nos, todavia, que essa hipótese somente poderia ser admitida caso o juiz entendesse ser necessário ouvir esta testemunha, uma vez que causaria um inevitável atraso no processo ao implicar a postergação da conclusão da audiência.

144. MARINONI, ARENHART, op. cit., nota 729, p. 831.

não apenas o que é dito pela testemunha, mas também a forma como ela se expressa durante o depoimento.

Ainda com relação à forma de produção desta prova, o CPC/2015, na contramão do que se encontra em outros ordenamentos, não trouxe a possibilidade de ser determinada a apresentação do depoimento *por escrito*.[145]

Embora o CPC/2015 consagre a atipicidade dos meios de prova, permitindo que as partes empreguem não apenas os meios legais, mas também os moralmente legítimos para provar as suas alegações fáticas (art. 369), parcela da doutrina argumenta que essa autorização está condicionada a que o Código não tenha fixado um determinado *meio* para obtenção da prova de uma *fonte*. Dessa forma, sendo estabelecido que o conhecimento de pessoas (fonte da prova) a respeito dos fatos é trazido ao processo através do depoimento pessoal (para as partes) ou da prova testemunhal (para os demais sujeitos não-interessados),[146] e dado que esses meios de prova são produzidos sob forma *oral*,[147] não seria possível que a produção se desse por outros meios atípicos – v.g. por declarações escritas.

Entendemos que neste ponto andou mal o legislador brasileiro ao não conceder ao juiz o poder de determinar a apresentação de depoimentos escritos em substituição à oitiva das testemunhas em audiência. Tal medida poderia contribuir para um melhor gerenciamento da prova,

---

145. Vimos que essa hipótese é admitida, de forma casuística, na Alemanha, e, como regra, na Inglaterra. Rodrigues menciona, ainda, a existência dos depoimentos escritos no direito português, que assim prevê do art. 639 do seu Código de Processo Civil: "quando se verificar impossibilidade ou grave dificuldade de comparência no tribunal, pode o juiz autorizar havendo acordo das partes, que o depoimento da testemunha seja prestado através de documento escrito, datado e assinado pelo seu autor, do qual conste relação discriminada dos factos a que assistiu ou que verificou pessoalmente e das razoes de ciência invocadas" (*in* RODRIGUES, Marcelo Abelha. Comentários ao art. 453. In: WAMBIER, Teresa Arruda Alvim et al. **Breves comentários ao novo Código de Processo Civil**. Op. cit., p. 1152).

146. DIDIER JR., Fredie. **Curso de direito processual civil**: teoria da prova, direito probatório, ações probatórias, decisão, precedente, coisa julgada e antecipação de tutela, vol. 2. 8. ed. rev., ampl. e atual. Salvador: Juspodivm, 2013, p. 209.

147. O art. 459 do CPC/2015 traz a regra geral de que "[s]alvo disposição especial em contrário, as testemunhas devem ser *ouvidas* na sede do juízo", indicando a adoção do princípio da oralidade como regra para produção desta prova. Sobre este dispositivo, Marinoni e Arenhart pontuam que dele "decorre a intenção de que o processo seja marcado pelos benefícios da imediatidade do contato do juiz com as partas e da concentração dos atos processuais" (*in* **Prova e convicção**... Op. cit., p. 843).

tendo em vista que, se nem o juiz nem a parte adversária entendessem necessário solicitar esclarecimentos orais ou inquirir a testemunha sobre o que consta da sua declaração escrita, economizar-se-ia um tempo considerável, podendo até ser dispensada a realização da audiência.

Nesse sentido, menciona-se o estudo empírico realizado por Fernhout e seus alunos na Holanda, analisando a eficiência da produção da prova testemunhal em casos empresariais. (Vale ressaltar que no processo civil holandês a inquirição das testemunhas é feita pelo juiz com limitada participação das partes e em audiência oral.) O relatório apresentado por Fernhout et al. informa que

> [...] o tempo médio de duração usado para a inquirição de uma testemunha individual em casos empresariais holandeses é de 36 minutos, dos quais 51% são usados para a sua efetiva interrogação. O tempo restante é usado para elaborar a transcrição do depoimento das testemunhas, que na Holanda, tal como em muitas outras jurisdições, é feito por meio de um resumo ditado pelo juiz para o assessor da corte.[148]

Os autores do estudo empírico holandês concluem que o procedimento seguido naquele país é de boa qualidade e que o tempo dispendido na elaboração do resumo do depoimento das testemunhas é bem gasto.

Respeitando as conclusões que certamente se encaixam na realidade cultural daquele país, e dado que não há, pelo menos no que é de nosso conhecimento, estudos empíricos semelhantes indicando como essa repartição de tempo ocorre no Brasil, não nos soa razoável que se leve quase metade do tempo na inquirição das testemunhas em audiência para reduzir a termo seu depoimento. Essa tarefa poderia ser implementada *a priori*, mediante declarações escritas apresentadas pelas testemunhas através das partes, com base nas quais elas poderiam ser posteriormente questionadas.

Os mecanismos de flexibilização das formas no processo justificam-se pela sua aptidão a otimizar o exercício da atividade jurisdicional, tendo como contraponto a segurança e previsibilidade do procedimento.

---

148. FERNHOUT, Fokke et al. Witness testimony in Dutch civil procedure: facts, figures and statistical relations. In: VAN RHEE, C. H.; UZELAC, Alan. (Ed.) **Evidence in contemporary civil procedure**: fundamental issues in a comparative perspective. Cambridge: Intersentia, 2015, p. 175-192.

Estabelecer que o depoimento das testemunhas se dê pela forma escrita, em função das circunstâncias do caso concreto, traria ganhos significativos para o processo brasileiro em termos de economia de tempo e recursos processuais, *sem* implicar prejuízos relativos à previsibilidade e à segurança jurídica.

Ainda, teria o benefício adicional de potencialmente contribuir para um melhor esclarecimento dos fatos na medida em que as partes, junto a seus advogados, poderiam elaborar melhores perguntas para serem feitas às testemunhas na audiência com base nas declarações escritas – razão esta que, conforme vimos no item 2.2.4.4, *supra*, motivou a adoção dos *written statements* no direito inglês.

Contudo, o CPC/2015 – lastimavelmente, a nosso ver – trouxe apenas a previsão de produção da prova testemunhal como prova oral.

Sobre a ordem de inquirição das testemunhas na audiência de instrução e julgamento, a regra continua sendo que primeiro serão inquiridas as testemunhas do *autor* e, em seguida, as do *réu*, devendo o juiz providenciar para que uma não ouça o depoimento das outras (art. 456, *caput*, do CPC/2015, reproduzindo o que dizia o art. 411 do CPC/1973). Contudo, no novo Código é facultado ao juiz "alterar a ordem estabelecida no *caput* se as partes concordarem" (parágrafo único do art. 456) – configurando um mecanismo de organização formal da produção desta prova.

Embora seja benéfica esta previsão específica, ressaltamos que, ainda que o parágrafo único do art. 456 não existisse, o juiz poderia alterar a ordem da inquirição com fulcro no art. 139, inciso VI, já analisado neste trabalho.[149]

No que tange à responsabilidade pela realização da inquirição, o CPC/2015 deu um giro de 180o em relação ao sistema anterior: agora, ao invés de as perguntas formuladas pelas partes serem enunciadas pelo juiz, a quem cabia interrogar as testemunhas no Código de 73, as partes passam a poder, nos termos do art. 459, *caput*, do novo diploma legal, formular as perguntas diretamente às testemunhas.[150]

---

149. O fato do art. 456, parágrafo único, existir é, todavia, mais um elemento que reforça a aparente falta de utilidade prática do art. 139, VI.

150. "Embora o art. 459 aluda à 'parte' que a arrolou, é certo que, diante da possibilidade de a testemunha ser arrolada pela parte, pelo terceiro interveniente, pelo Ministério Público ou mesmo pelo juiz, a precedência no interrogatório deve-se dar a partir daquele sujeito que indicou a oitiva da testemunha. [...] Terminadas as perguntas do sujeito que

O juiz ainda detém, todavia, o poder para indeferir as perguntas que, no seu entender, (i) poderiam induzir a resposta, (ii) não tiverem relação com as questões de fato que são objeto da atividade probatória, ou (iii) importarem repetição de outra pergunta já respondida por aquela testemunha. Além disso, ele poderá formular as suas próprias perguntas às testemunhas – antes ou depois da inquirição feita pelas partes (art. 459, §1º).[151]

Em adição à possibilidade já discutida de o juiz ordenar a oitiva de testemunha referida nas declarações das partes ou das testemunhas, o magistrado pode determinar, de ofício ou a requerimento da parte, a *acareação* de duas ou mais testemunhas, ou de alguma delas com a parte, "quando, sobre fato determinado que possa influir na decisão da causa, divergirem as suas declarações" (art. 461, inciso II).

Tal previsão já constava do CPC/1973. O CPC/2015 tratou, todavia, de acrescentar duas determinações adicionais que visam a melhorar a forma de realização da acareação. A primeira, trazida pelo §1º, estabelece que "[o]s acareados serão reperguntados para que expliquem os pontos de divergência, reduzindo-se a termo o ato de acareação". A vantagem dessa previsão "foi dar real utilidade e eficiência ao procedimento de 'acareação', evitando simples e formalmente que os acareados 'ratificassem o seu depoimento anterior'", exigindo, a partir de agora, que os depoentes efetivamente esclareçam os pontos que são alvo de divergência.[152]

A segunda determinação, presente no §2º, autoriza a realização da acareação por videoconferência, ou por outro recurso tecnológico de

---

arrolou a testemunha, passa-se a autorizar as perguntas dos outros sujeitos [...] do polo a que pertence aquele que arrolou a testemunha, depois os sujeitos do polo contrário, depois o Ministério Público". MARINONI, Luiz Guilherme; ARENHART, Sergio. **Prova e convicção**... p. 835.

151. As perguntas formuladas pelo juiz não podem, contudo, fazer referência a "fato que, na audiência preliminar, não foi fixado como controvertido"; caso contrário, o juiz "estaria novamente plantando a controvérsia em torno de fato que o próprio processo sepultou para dar mais objetividade à atividade das partes e ao seu próprio trabalho" (*in* Ibid. p. 835). Nesse ponto, tanto para a elaboração das suas perguntas, como para eventualmente indeferir as perguntas formuladas pelas partes, o juiz deve-se guiar pelas questões de fato delimitadas no saneamento como objeto da atividade probatória. Afinal, tal tarefa tinha, justamente, como finalidade "torna[r] mais objetivo o trabalho do juiz, contribuindo para aprimorar a qualidade da prestação jurisdicional" e evitando a produção de provas desnecessárias (*in* Ibid. p. 818).

152. RODRIGUES, Marcelo Abelha. Comentários ao art. 461. In: WAMBIER, Teresa Arruda Alvim et al. **Breves comentários ao novo Código de Processo Civil**. Op. cit. p. 1164.

transmissão de sons e imagens em tempo real, facilitando a sua execução quando uma das testemunhas reside em comarca, seção ou subseção diversa daquela onde tramita o processo.

3.2.2.5. *Prova pericial*

O art. 375 do CPC/2015 manteve a previsão de que "[o] juiz aplicará as regras de experiência comum subministradas pela observação do que ordinariamente acontece e, ainda, as regras de experiência técnica, ressalvado, quanto a estas, o exame pericial". O art. 156 determina, em complementação, que "[o] juiz será assistido por perito quando a prova do fato depender de conhecimento técnico ou científico".

A perícia tem lugar, portanto, quando o esclarecimento de um determinado fato no processo depender da aplicação de conhecimentos técnicos ou científicos[153] que uma pessoa ordinária, como o juiz, via de regra, não tem.

Nesse sentido, a determinação da *necessidade* e da *utilidade* na realização da prova pericial em um determinado processo deve ser feita levando em consideração o objeto da perícia – ou seja, o fato a ser provado – e não a pessoa que irá decidir sobre aquele fato – ou seja, o juiz da causa.

Identificado que o fato é controverso, que a sua prova demanda conhecimentos técnicos ou científicos, e que não há, nos autos, prova suficiente capaz de esclarecê-lo,[154] o juiz *deverá* determinar a realização da prova pericial, ainda que ele porventura tenha expertise técnica e/ou científica naquela área do conhecimento (aprofundaremos este ponto mais adiante).

---

153. "Considera-se conhecimento científico todo aquele produzido de acordo com alguma ciência, observando os seus métodos e aplicando as concepções geralmente aceitar naquela área do saber. Por sua vez, o conhecimento técnico é aquele que resulta de regras destinadas ao exercício de determinada atividade prática". BODART, Bruno Vinícius da Rós. Ensaio sobre a prova pericial no Código de Processo Civil de 2015. **Revista de Processo**, v. 244, p. 33-57, jun. 2015, versão online, p. 2.

154. O art. 464, §1º, estabelece que o juiz indeferirá a perícia quando: I – a prova do fato não depender de conhecimento especial técnico; II – for desnecessária em vista de outras provas produzidas; ou III – a verificação for impraticável. Embora o dispositivo fale apenas em indeferimento, esses parâmetros também devem ser aplicados para orientar o juiz na decisão de determinar a realização da perícia de ofício.

Assim sendo, delimitada, no saneamento, questão de fato que demandaria a produção de prova pericial, o juiz determinará a sua realização, de ofício ou a requerimento da parte. No mesmo ato, consoante o art. 357, §8º, c/c art. 465, *caput*, o juiz irá (i) nomear perito especializado no objeto da perícia, e (ii) fixar de imediato o prazo para a entrega do laudo, podendo estabelecer um *calendário* para a sua realização.

Pelo art. 465, §1º, as partes terão um prazo de quinze dias, contados da intimação do despacho[155] de nomeação do perito, para (i) arguir o seu impedimento ou suspeição, se for o caso; (ii) indicar assistente técnico; e (iii) apresentar quesitos.

Com relação à determinação do art. 357, §5º, para que as partes levem na audiência de saneamento o seu respectivo rol de testemunhas, entendemos que esta disposição não pode ser estendida para a prova pericial. Não se poderia exigir que as partes já levassem na audiência de saneamento o nome do seu assistente técnico e os quesitos para a perícia, tendo em vista que as partes somente poderão definir quem será o seu assistente técnico e quais quesitos devem ser formulados quando for definido o escopo preciso da perícia e as questões de fato que serão objeto desse meio de prova.

Quando o juiz optar por nomear um *órgão técnico ou científico* – i.e. uma pessoa jurídica, novidade possibilidade pelo novo CPC – o prazo para arguição do impedimento ou suspeição deve contar da data em que as partes forem cientificadas do nome do perito (pessoa física) que o órgão indicar para executar a função, bem como das suas qualificações profissionais e acadêmicas.[156] Somente a partir deste momento as partes poderão averiguar se o profissional que irá realizar a perícia tem as qualificações necessárias e não se encontra impedido ou suspeito.

O prazo para indicação de assistente técnico e apresentação de quesito, contudo, continuará sendo contado da data de intimação da decisão que nomeou o órgão.

O impedimento ou suspeição do perito pode ser arguido com base nas mesmas razões que geram impedimento ou suspeição do juiz, previstas

155. "Ao contrário do que sugere o art. 465, §1º, do CPC/2015, o ato do juiz que nomeia o perito é caracterizado como decisão interlocutória, nos termos do art. 203, §2º, do mesmo diploma, e não como despacho, considerando a inegável carga decisória do provimento". BODART, op. cit., nota 740, p. 4.

156. BODART, Bruno Vinícius da Rós. Ensaio sobre a prova pericial no Código de Processo Civil de 2015. Op. cit., p. 4.

nos artigos 144 e 145 do CPC/2015. Adicionalmente, à luz da previsão do art. 468 de que o perito poderá ser substituído quando lhe faltar o conhecimento técnico ou científico necessário para realizar a perícia, as partes também podem recusar o perito com este fundamento. Cabe ao juiz decidir sobre a impugnação apresentada e nomear um novo perito (art. 467, parágrafo único).

Ao perito é concedido prazo de cinco dias contados da data de intimação da decisão que o nomeou ("ciente da nomeação [...]" – art. 465, §2º) para apresentar (i) proposta de honorários, (ii) currículo, com comprovação de especialização, e (iii) contatos profissionais, em especial o endereço eletrônico, para onde serão dirigidas as intimações pessoais. Entende-se que também a escusa do perito nos termos do art. 467, *caput*, pautada em motivo legítimo,[157] deve ser apresentada neste prazo.

Embora o art. 465, §2º, não deixe claro, entendemos que a intimação do perito da sua nomeação para os fins supracitados deveria se dar *após* transcorrido o prazo do art. 465, §1º, para a manifestação das partes. Há duas razões para isso. A primeira é que, uma vez que as partes podem arguir o impedimento ou a suspeição do perito nomeado, dando causa à sua substituição, seria melhor ter a confirmação da nomeação antes de provocar o perito a analisar os autos do processo, elaborar uma proposta, e apresentar os documentos e informações requeridas.

A segunda razão que recomenda a adoção desta ordem é que, para poder elaborar uma proposta de honorários justa e proporcional ao trabalho que será realizado, o perito precisa saber *quantos* quesitos serão apresentados pelas partes e *qual o seu nível de complexidade*. Caso contrário, o perito poderia elaborar uma proposta de valor reduzido – que levasse em consideração apenas o que está nos autos – e se deparar posteriormente com um número considerável de quesitos que demandarão muito mais trabalho para responder do que havia sido estimado.

Uma vez admitido esse entendimento sobre a ordem de manifestações dos §§1º e 2º do art. 465, deve-se facultar às partes a possibilidade

157. CPC/2015, art. 467: "o perito pode escusar-se ou ser recusado por impedimento ou suspeição". Sobre a escusa do perito, Bodart pontua que "o perito nomeado tem o *dever* de cumprir o encargo, sendo possível a escusa apenas quando o juiz reconhecer a existência de 'motivo legítimo' (art. 157, *caput*, do CPC/2015)". A escusa pode se fundar (i) na existência de impedimento ou suspeição; (ii) na falta de conhecimento técnico ou científico; (iii) nas causas de escusa das testemunhas do art. 448; e (iv) no acúmulo de serviço do profissional que se encontra designado para atuar em várias causas. (*in* Ibid. p. 6).

excepcional de arguir o impedimento ou a suspeição do perito após a apresentação das informações e documentos pelo perito nomeado, caso sobressaia algum fato do qual elas não tinham (e não poderiam ter) conhecimento que justifique a recusa.

Ato contínuo à apresentação do currículo, dos dados de contato e da proposta de honorários pelo perito, as partes serão intimadas para, querendo, manifestarem-se no prazo comum de cinco dias. Findo este prazo, o juiz arbitrará o valor da perícia, intimando as partes para o depósito dos honorários periciais (art. 465, §3º, c/c art. 95). O juiz poderá, ainda, nos termos do art. 465, §4º, "autorizar o pagamento de até cinquenta por cento dos honorários arbitrados a favor do perito no início dos trabalhos, devendo o remanescente ser pago apenas ao final, depois de entregue o laudo e prestados todos os esclarecimentos necessários"; ressalvando a possibilidade de reduzir a remuneração inicialmente arbitrada caso o resultado da perícia seja inconclusivo ou deficiente (art. 465, §5º).

Sobre o pagamento dos honorários periciais, estipula o art. 95 que eles deverão ser adiantados "pela parte que houver requerido a perícia ou rateada quando a perícia for determinada de ofício ou requerida por ambas as partes". A determinação da segunda parte é mais justa do que havia no Código de 1973, segundo o qual, quando a perícia houvesse sido determinada de ofício ou requerida por ambas as partes, o adiantamento caberia ao autor exclusivamente.

Embora ao final do processo a parte vencedora seja ressarcida pelas despesas que adiantou (art. 82, §2º, do CPC/2015), a depender do valor dos honorários periciais o seu adiantamento pode impor um ônus considerável para a parte, não afigurando justo que o réu fosse escusado de compartilhar esse ônus quando ele também manifestou interesse na realização da prova ou quando esta foi determinada de ofício pelo juiz.

3.2.2.5.1. Escolha do perito e a perícia consensual

O processo civil brasileiro, na linha dos países da Europa continental em geral, adota *como regra* o sistema de perito único escolhido pelo juiz (*court-appointed expert*). Dizemos "como regra" porque o art. 472 do CPC/2015, reprisando o art. 427 do CPC/1973, prevê a possibilidade de dispensa da prova pericial quando as partes trouxerem aos autos pareceres técnicos ou documentos capazes de elucidar de forma satisfatória a questão de fato (v. item 3.2.2.5.5, *infra*). Ainda, uma das novidades do novo CPC, que será vista adiante neste tópico, é a previsão da "perícia consensual", consistente na escolha pelas partes, em comum acordo, do perito.

Inobstante essas hipóteses especiais, a regra no processo civil sempre foi (e, muito provavelmente, continuará sendo) que cabe ao juiz escolher e nomear o perito. Na execução dessa tarefa ele deverá, todavia, atentar para alguns requisitos fixados pelo CPC/2015.

O primeiro deles é que perito deverá ser escolhido pelo juiz "entre os profissionais legalmente habilitados e os órgãos técnicos ou científicos devidamente inscritos em cadastro mantido pelo tribunal ao qual o juiz está vinculado" (art. 156, §1º). O cadastro de peritos é uma novidade do novo CPC que não existia no regime anterior e pode contribuir para facilitar a identificação de *experts* por área do conhecimento, evitando que os juízes tenham que gastar tempo buscando nomes de profissionais capazes de exercer o múnus.[158]

Na medida em que contribui para a otimização da atividade jurisdicional e para a economia processual, bem como para garantir a capacidade dos peritos nomeados,[159] o cadastro centralizado de profissionais e órgãos técnicos ou científicos deste dispositivo aparece como um importante *mecanismo de court management*.

É ressalvado no §5º do art. 156 que quando não houver, na localidade da vara, profissional inscrito no cadastro disponibilizado pelo tribunal, o juiz terá liberdade[160] para nomear o perito, devendo, contudo, escolher um "profissional ou órgão técnico ou científico *comprovadamente detentor do conhecimento necessário à realização da perícia*" (grifo nosso).

O art. 156, §5º, não trata da situação em que o objeto da perícia em um processo recai sobre um ramo específico da área do conhecimento técnico ou científico para a qual tampouco há profissional ou órgão técnico/científico inscrito no cadastro. Nesse sentido, deve-se admitir uma interpretação lógico-sistemática que aplica por analogia o §5º do art. 156 à hipótese ora aventada.

---

158. A forma de elaboração e atualização do cadastro vem tratada nos §§2º e 3º do art. 156.

159. Sobre as vantagens no uso de um rol de peritos selecionados pelo tribunal, v. ALMEIDA, Diogo Assumpção Rezende de. **A prova pericial no processo civil**: o controle da ciência e a escolha do perito. Rio de Janeiro: Renovar, 2011, p. 160-162.

160. A liberdade não é absoluta, já que o juiz ainda está adstrito a observar a exigência legal de que o profissional designado deve ser legalmente habilitado e ter comprovado expertise na área da perícia. Nesse sentido, BODART, Bruno Vinícius da Rós. Ensaio sobre a prova pericial no Código de Processo Civil de 2015. Op. cit., p. 3.

Tendo em vista que o objetivo primordial da perícia é esclarecer da melhor forma possível os fatos técnicos, o juiz deve buscar nomear um profissional que tenha os conhecimentos *específicos* exigidos para aquele caso, e não apenas conhecimento na área técnica ou científica geral. É dizer: o perito nomeado deve ser, na medida do possível, um *especialista*.[161]

Assim, por exemplo, dentro do amplo campo da engenharia há vários ramos que envolvem conhecimentos particulares – engenharia mecânica, engenharia de produção, engenharia química, engenharia elétrica, engenharia de telecomunicações, engenharia de alimentos, engenharia de petróleo, etc. Ainda, dentro de cada um desses ramos, há uma grande quantidade de matérias específicas, para as quais diferentes profissionais especializam-se.

Dessa forma, embora, em tese, para alguns casos possa ser indiferente se o perito será um engenheiro mecânico ou um engenheiro de produção, para outros essa distinção pode ser importante. Ademais, pode ser que determinadas questões de fato envolvam um nicho tão específico de um determinado ramo que somente um profissional deveras especializado naquele ponto seria capaz de esclarecer à satisfação a questão. Não será, dito de outro modo, qualquer engenheiro mecânico com formação geral capaz de esclarecer a questão técnica.

Nesses casos, ainda que dê mais trabalho buscar o nome de um especialista, ao invés de se ater à lista do tribunal, o juiz deve empreender esse esforço, *contando com a colaboração das partes*, para encontrar o profissional ou órgão técnico ou científico melhor capacitado para aquele caso.

O cadastro do tribunal traz uma relação inicial de todos os profissionais e órgãos técnicos e científicos que estão habilitados – pelo seu conhecimento, experiência e diligência – a realizar perícias. À medida que os juízes vão trabalhando com os diferentes peritos indicados pelo tribunal, é possível que haja uma identificação maior com alguns peritos específicos, decorrente da dinâmica própria de trabalho de cada indivíduo. Tendo isso em vista, o art. 157, §2º, estabelece que "[s]erá organizada

---

161. "[O juiz deverá] verificar a sorte de especialidade, de que seja ele [o perito] conhecedor [...]. Deve haver, assim, uma correlação entre a especialidade do perito e o tipo especial de conhecimento desejado. Isto é, há de verificar se o perito é um especialista, considerando-o agora já dentro do seu âmbito de conhecimento científico". ARRUDA ALVIM NETTO, José Manoel de. Apontamentos sobre a perícia. **Revista de Processo**, v. 23, p. 9-35, jul./set. 1981, versão online, p. 2.

lista de peritos na vara ou na secretaria, com disponibilização dos documentos exigidos para habilitação à consulta de interessados, para que a nomeação seja distribuída de modo equitativo, observadas a capacidade técnica e a área de conhecimento".[162]

Outra novidade do CPC/2015 que limita o poder do juiz na gestão da prova pericial é a figura da "perícia consensual", prevista no art. 471 e que confere *às partes* um mecanismo de gerenciamento deste meio de prova, permitindo-lhes escolher, em comum acordo, o nome do perito para o caso.

Os requisitos para a celebração desta convenção processual são os mesmos requisitos genéricos do art. 190: as partes devem ser plenamente capazes e a causa deve poder ser resolvida por autocomposição.[163]

Em virtude da sua configuração como típica convenção processual, a escolha do perito pelas partes não se submete à homologação judicial, mas está apenas sujeita ao controle da sua validade.

A perícia consensual guarda semelhança com a figura do *single joint expert* do direito inglês: um perito que tem um dever para com a corte de auxiliar no esclarecimento das questões técnicas ou científicas, mas que é indicado pelas partes, em comum acordo. A diferença é que, pelo §1º do art. 471 do CPC/2015, as partes conservam o seu direito, na perícia consensual, de indicar assistentes técnicos para acompanhar a realização da perícia, ao passo que na Inglaterra a figura do *single joint expert* vem a preferencialmente substituir os *party-appointed experts*. Apenas excepcionalmente, e desde que não implique custos desproporcionais, o

---

162. Bodart aponta o conflito aparente entre a regra do art. 157, §2º, e a existência do cadastro do tribunal, previsto no art. 156, §1º, propondo, para harmonizar essas duas regras, a seguinte interpretação: "[...] a vara ou secretaria deve manter uma lista dos peritos que já foram nomeados naquele juízo, disponibilizando a outros profissionais interessados, informações sobre os requisitos necessários para habilitação no cadastro mantido pelo tribunal. Assim, permite-se um controle público do dever de distribuição das nomeações de modo equitativo entre os peritos cadastrados, evitando a criação de um nicho de mercado para a atuação de alguns poucos profissionais" (*in* Ensaio sobre a prova pericial no Código de Processo Civil de 2015. Op. cit. p. 4).

163. "[...] não há sentido em impedir a eleição consensual do perito nas hipóteses em que a causa não possa ser resolvida por autocomposição. Trata-se de restrição absolutamente incompatível com o intuito do Código de prestigiar as convenções processuais entre as partes. A vedação a que os envolvidos transacionem sobre o direito em disputa não obsta a convenção entre eles para a adaptabilidade do procedimento". Ibid. p. 9. Embora não faça menção a isso, o raciocínio de Bodart assenta-se na separação das duas dimensões do princípio dispositivo, já tratada nesta dissertação.

parecer do *single joint expert* poderá sem complementado por pareceres de *party-appointed experts.*

O art. 471, §3º, deixa claro que a perícia consensual opera efetivamente como uma *substituição* da "perícia normal" realizada por perito nomeado pelo juiz. Este conserva, todavia, o poder de fixar o prazo para entrega do laudo pericial e dos pareceres dos assistentes técnicos das partes, podendo, ademais, determinar "a realização de nova perícia caso entenda insuficiente o laudo produzido pelo perito consensualmente escolhido, na forma do art. 480 do CPC/2015".[164]

Entretanto, referido poder deve ser exercido *com moderação* pelo magistrado, limitado à verificação *objetiva* de insuficiência do laudo. Não pode se fundar, assim, em um juízo de valor subjetivo que leva apenas em consideração uma imotivada desconfiança no perito (qualificado) nomeado pelas partes sem a sua participação.

A perícia consensual não deve ser entendida como uma "usurpação" de um poder do juiz, nem como uma privatização do processo civil. O juiz ainda detém o controle da validade desse acordo celebrado entre as partes.[165] Além disso, a valoração do laudo pericial e a decisão final continuam na esfera de competência exclusiva do juiz – observado o requisito da motivação adequada.

Há que se ter em mente que o contexto geral do CPC/2015 é de valorização da consensualidade e da cooperação entre as partes, reduzindo a necessidade de provocação do juízo para resolver questões que elas, em comum acordo, podem tratar adequadamente. Afinal, pelo seu melhor conhecimento do caso, as partes podem ter mais facilidade do que o juiz para identificar um profissional que tenha a qualificação indicada para realizar o trabalho pericial.

---

164. BODART, Bruno Vinícius da Rós. Ensaio sobre a prova pericial no Código de Processo Civil de 2015. Op. cit. p. 9.

165. O valor dos honorários do perito escolhido pelas partes é por elas fixado e deve ser informado quando apresentada a convenção da perícia consensual em juízo. Segundo Bodart, "[a] matéria é totalmente remetida à livre manifestação de vontade das partes", sendo-lhes permitido dispor da forma que melhor entenderem a respeito da responsabilidade pelo adiantamento dos honorários periciais e, inclusive, sobre a forma de ressarcimento ao final do processo. Neste sentido, é possível, por exemplo, que as partes "ajustem o pagamento dos honorários por um dos contendores, sem a possibilidade de reaver o valor ao final do processo, ainda que saia vencedor aquele que adiantou a verba do perito" (*in* Ibid. p. 9.)

A previsão do cadastro do tribunal e da perícia consensual representam uma quebra de paradigma e mudança da arcaica concepção, presente no processo civil brasileiro, que colocava a determinação da realização da perícia no âmbito da discricionariedade judicial, sobrevalorizando a ideia de que o perito deveria ser da confiança do magistrado e, portanto, somente a ele caberia o poder de escolha.[166]

Tal construção assentava-se na natureza jurídica do perito, que, no CPC/1973, era qualificado pelo art. 139 como auxiliar *do juízo*. Alguns autores utilizavam essa natureza jurídica como fundamento para afastar a configuração da prova pericial como meio de prova[167] e para afirmar que a realização da perícia não seria obrigatória sempre que houvesse questões de fato que demandassem conhecimentos técnicos para serem esclarecidas, vez que "quando o juiz os [tivesse], não seria acertado exigir seu assessoramento por outrem, quando ele mesmo o entendesse dispensável". Barbi acrescenta que

> [n]esse caso, a perícia seria inútil formalismo, porque o juiz não acolheria os seus resultados, se em desacordo com sua convicção. E se fossem em harmonia com esta, seriam sem utilidade, porque o juiz nem precisaria de se referir ao laudo, limitando-se aos seus próprios motivos.[168]

Não concordamos com esta posição sustentada sob o regime do Código de 1973; com mais razão, entendemos que ela é refutada pela sistemática do Código de 2015.

Pontua-se, antes de mais nada, a mudança sutil feita pelo CPC/2015 ao se referir ao perito como auxiliar da *Justiça* (art. 149). Com isso, afasta-se a leitura do perito como um auxiliar *do juiz da causa* ("do juízo") para prestigiar uma interpretação que coloca o perito como auxiliar da

---

166. Entendemos, assim, que a assertiva de Arruda Alvim Netto de que a decisão do juiz sobre as questões de fato de caráter técnico ou científico repousaria na confiança depositada pelo magistrado na pessoa do perito (*in* Apontamentos sobre a perícia. **Revista de Processo**, v. 23, p. 9-35, jul./set. 1981, versão online, p. 1) somente pode ser admitida se o conceito de "confiança" for entendido em uma acepção objetiva – enquanto confiança do juiz nas capacidades e no conhecimento que o perito detém sobre aquela matéria – e não em uma acepção subjetiva – como confiança do juiz na *pessoa* do perito.

167. Nesse sentido, por todos, BARBI, Celso Agrícola. **Comentários ao Código de Processo Civil**, vol. I (arts. 1° a 163). 14. ed. Rio de Janeiro: Forense, 2010, p. 460.

168. Ibid. p. 461.

própria Justiça, i.e. do exercício da atividade jurisdicional segundo os ditames constitucionais e legais.

Nessa perspectiva, atribuir ao perito a natureza jurídica de auxiliar da Justiça serve não para dar um caráter de discricionariedade à determinação de realização da prova pericial, senão para reforçar o dever que ele tem para com a corte no exercício do múnus que lhe foi confiado, atuando com ética e compromisso com a verdade.[169]

Além disso, todo o sistema de produção probatória do novo diploma legal assenta-se na concepção da prova como *direito* das partes (componente essencial do direito à ampla defesa) que deve ser produzida em *contraditório*,[170] dentro de uma *comunidade de trabalho* que conta com a ampla participação de todos os sujeitos processuais. O destinatário da prova não é o juiz, mas sim *o processo*, pelo que não se pode mais defender que o juiz é o único interessado na sua produção.

Incorporando esse ideal cooperativo, a regulamentação específica da prova pericial evidencia a opção do legislador de se afastar dessa ideia arcaica que colocava a perícia como "discricionariedade" do juiz (seja na decisão de determinar a sua realização, seja na escolha do perito e condução da sua produção). Cita-se, a título exemplificativo, a vinculação do magistrado ao cadastro do tribunal; a possibilidade de as partes escolherem o perito em comum acordo, vinculando o juiz; o reforço do dever do magistrado de fundamentar analiticamente a sentença de mérito que aplique ou deixe de considerar as conclusões do laudo pericial (art. 479); e a garantia de participação dos assistentes técnicos das partes nas diligências e exames realizados pelo perito (art. 466, §2º).

O juiz continua tendo amplos poderes instrutórios – substanciais e procedimentais – para gestão da prova pericial. Contudo, ele agora é limitado por mais regras do CPC e pelos mecanismos e técnicas de gestão da prova pericial conferidos às próprias partes.

---

169. CPC/2015, art. 466, *caput*: "O perito cumprirá escrupulosamente o encargo que lhe foi cometido, independentemente de termo de compromisso".

170. Conforme bem observado por Almeida, "a perícia tem natureza não só de auxílio ao julgador, mas também de meio disponibilizado às partes para a prova da veracidade das alegações de fato", pelo que afirma o processualista entender, na linha de Marinoni e Arenhart, que "há violação do princípio do contraditório quando o juiz dispensa a realização da perícia para se valer de seus conhecimentos técnicos particulares" (*in* **A prova pericial no processo civil**... Op. cit., p. 63).

Refuta-se, portanto, a interpretação adotada por Barbi, dentre outros,[171] segundo a qual, por se tratar o perito de um auxiliar do juiz da causa, quando este tivesse os conhecimentos especializados necessários para apreciar as questões fáticas de natureza técnica ou científica trazidas pelas partes, ele poderia optar, à sua discricionariedade, por não determinar a realização da prova pericial.

A prova, vale lembrar, é produzida para o processo – que poderá eventualmente chegar a grau recursal, onde os julgadores podem não ter os mesmos conhecimentos técnicos/científicos – e não para o juiz isoladamente considerado.[172]

Ademais, ainda que o juiz possa vir a deixar de considerar as conclusões do laudo na sentença (possibilidade prevista pelo art. 479 do CPC/2015, analisada adiante), a prova pericial exerce um importante papel para o esclarecimento das questões técnicas ou científicas, e, neste contexto, de legitimadora do debate processual e da decisão dele resultante.[173]

Antes de seguir adiante para outros temas relevantes da gestão processual da prova pericial, cumpre fazer uma breve nota à figura dos assistentes técnicos das partes – semelhantes, guardadas as devidas proporções, aos *party-appointed experts* do direito inglês.

Os assistentes técnicos são indicados pelas partes para acompanhar os trabalhos periciais, podendo, ao final, apresentar seu próprio parecer em resposta ao laudo do perito (corroborando ou rebatendo, a depender das conclusões do laudo).

Pelo art. 466, §1º, os assistentes técnicos são de confiança da parte e não estão sujeitos a impedimento ou suspeição – uma decorrência lógica da sua natureza intrinsecamente parcial.

---

171. V. também ARRUDA ALVIM NETTO, José Manoel de. Apontamentos sobre a perícia. Op. cit., p. 2: "[...] o juízo, de índole discricionária, realizável pelo juiz, de necessidade ou de desnecessidade de perícia [...]".

172. MARINONI, Luiz Guilherme; ARENHART, Sérgio Cruz. **Prova e convicção**... Op. cit., p. 850.

173. "[...] quando o juiz realiza ele mesmo a tradução do fato técnico, não permite às partes a apresentação de quesitos nem possibilita a solicitação de esclarecimentos e a impugnação anterior à sentença. Ele simplesmente verifica a existência do fato e apresenta o caminho que percorreu para chegar à sua conclusão na fundamentação da sentença, sem que as partes possam atacar previamente eventual utilização de método científico inapropriado ou, até mesmo, falta de aplicação do método a fato ventilado na causa". ALMEIDA, Diogo Assumpção Rezende de. **A prova pericial no processo civil**... Op. cit., p. 63-64.

Uma questão interessante surge, todavia, nessa seara: embora as partes não possam impugnar a nomeação dos assistentes técnicos de seus adversários, elas poderiam questionar o *valor* a eles pago? A resposta dada de forma instintiva seria que não; contudo, uma investigação mais profunda do tema suscita, no mínimo, dúvidas.

Ocorre que o artigo 82, §2º, estipula o dever do vencido de ressarcir o vencedor pelas despesas adiantadas no processo. O art. 84, a seu turno, esclarece que o conceito de "despesas" abrange "as custas dos atos do processo, a indenização de viagem, a *remuneração do assistente técnico* e a diária de testemunha" (grifo nosso).

Ora, se o vencido deverá ressarcir o vencedor pelas suas despesas com a *remuneração do assistente técnico*, parece razoável que lhe fosse facultada a possibilidade de discutir, em alguma medida, a razoabilidade do valor dispendido.

Lembra-se que no direito inglês o uso de *party-appointed experts* é condicionado à autorização judicial, que zelará para que não seja indicado um número elevado e desnecessário de *experts*, capaz de encarecer demasiadamente o custo do processo. A parte que providenciar um *expert* parcial sem a autorização da corte fica sujeita a não ver suas custas ressarcidas ao final do processo. Ainda, nos termos da *Rule* 35.4 (4), a corte tem o poder de restringir o valor que uma parte pode recuperar do seu adversário dos gastos com honorários e despesas do *expert*.

No direito brasileiro não há previsão que autorize uma parte a questionar os valores pagos pela parte adversária com os honorários do seu assistente técnico. Tampouco é conferido ao juiz o poder de controlar tais honorários, ou mesmo o número de assistentes técnicos que serão utilizados por cada parte. Embora o art. 475, quando trata da perícia complexa, preveja que as partes, nesta hipótese, podem indicar mais de um assistente técnico para cada área do conhecimento especializado, não há uma previsão dizendo que nos demais casos as partes *não* poderiam indicar mais de um assistente técnico.[174]

---

174. Bodart observa que uma interpretação do art. 475 do CPC/2015 que limite apenas à hipótese de perícia complexa a possibilidade de a parte indicar mais de um assistente técnico é "indevida, pois tolhe injustificadamente o direito constitucional à ampla defesa (art. 5º, LV, da CF/1988), que inclui o direito de defender-se provando. A única interpretação compatível com a Carta Magna é a que admite como regra a indicação de mais de um assistente técnico por cada parte, conferindo ao juiz a possibilidade de indeferir, motivadamente, uma ou mais das indicações sobressalentes, se verificar a ocorrência

Na ausência de previsão legal, devemos buscar uma interpretação que, respeitando a integridade do sistema, não limite o direito das partes e a sua liberdade na indicação do assistente técnico, mas que tampouco sujeite o vencido a ter que ressarcir o vencedor em um valor desarrazoado relativo aos honorários do assistente técnico.

Nessa linha, a interpretação que adotamos é que quaisquer das partes pode, no início da perícia, requerer que a outra parte revele o valor que será pago a seu(s) assistente(s) técnico(s). Ainda que o juiz não possa impor uma redução do valor que se afigure excessivamente elevado, ele poderia, de pronto ou no cumprimento de sentença, estabelecer um limite para o valor que seria ressarcido – semelhante, portanto, à disposição do direito inglês.

Dessa forma, o direito da parte de indicar o seu assistente técnico e remunerá-lo no valor que lhe aprouver fica resguardado, bem como o direito da parte eventualmente vencida de não pagar um valor desarrazoado e desproporcional ao tamanho da perícia.

3.2.2.5.2. Prova técnica simplificada e perícia complexa: adequação da perícia às necessidades do caso

Pelo art. 464, §2º, o juiz poderá, de ofício ou a requerimento das partes, "determinar a produção de *prova técnica simplificada*, quando o ponto controvertido for de menor complexidade".

Quando o dispositivo citado fala que a prova técnica simplificada será realizada "em substituição à perícia", há que se entender que essa determinação aplica-se apenas ao ponto controvertido que será objeto dessa prova. Ela não afasta, assim, a realização da perícia no processo sobre *outro ponto controvertido* que eventualmente demande a produção de prova pericial pela sua maior complexidade.

É possível vislumbrar, inclusive, uma hipótese em que uma mesma questão de fato controversa possa ser cindida em dois (ou mais) aspectos: um deles, pela sua menor complexidade, pode ser objeto da perícia técnica simplificada, e o outro, mais complexo, provoca a realização de prova pericial.[175]

---

de tumulto processual". (*in* Ensaio sobre a prova pericial no Código de Processo Civil de 2015. Op. cit. p. 8.)

175. Citamos, como exemplo, as ações de infração de patentes de invenção, nas quais o juiz poderia, com o auxílio de um especialista sob a forma de prova técnica simplificada,

A prova técnica simplificada é essencialmente um mecanismo de gerenciamento processual que permite ao juiz adequar o procedimento de produção da prova às necessidades do caso, evitando, assim, a utilização de um procedimento muito mais complexo do que seria necessário.[176]

A produção desta prova ocorre na forma de inquirição de um especialista pelo juiz sobre o "ponto controvertido da causa que demande especial conhecimento científico ou técnico" (art. 464, §3º). Infere-se que tal inquirição ocorrerá sob a forma oral. O Código não estabelece de forma expressa que as partes devam ser intimadas a participar desta inquirição; todavia, a necessidade de intimação para participação decorre dos princípios da publicidade e do contraditório, os quais orientam a que a inquirição seja feita em uma audiência e que as partes possam dela participar, de modo a acompanhar a explicação apresentada pelo especialista e, eventualmente, formular perguntas buscando o esclarecimento.[177]

O art. 464, §4º, mantém a exigência de que o especialista tenha formação acadêmica específica na área objeto do seu depoimento (tal como o perito), além de estabelecer que ele pode utilizar qualquer recurso tecnológico de transmissão de sons e imagens capaz de auxiliar na explicação e esclarecimento dos pontos controvertidos que motivaram sua convocação.

Outra figura relevante é a *perícia complexa*, que trata dos casos que abrangem mais de uma área de conhecimento especializado. Nestes "o juiz poderá nomear mais de um perito" (art. 475) – um para cada área do conhecimento envolvida na perícia. Correlatamente, as partes

---

definir qual o escopo da proteção patentária, delimitando os seus elementos essenciais, para, em um segundo momento, o perito proceder à avaliação da ocorrência da infração, cotejando o produto alegadamente infrator com a patente, à luz do delineamento feito na etapa anterior. Hipótese similar (guardadas as devidas proporções) já existe no direito norte-americano sob a forma de *Markman hearings* (ou *claim construction hearings* – audiências para construção de reivindicações), nas quais o juiz determina o preciso significado das palavras nas reivindicações das patentes de invenção e, com isso, delimita o escopo de proteção. Tais audiências tornaram-se prática nos Estados Unidos a partir do caso *Markman v. Westview Instruments, Inc.*, decidido pela Suprema Corte norte-americana em 1996.

176. A noção de simplicidade abarca, portanto, o procedimento adotado e a facilidade de verificação da questão, mas não a qualificação do expert que, conforme bem pontuado por Marinoni e Arenhart, "deverá ter conhecimento *aprofundado* – e não *superficial* – do fato" (*in* **Prova e convicção**... Op. cit. p. 806, grifo dos autores).

177. Bodart afirmar que o perito da prova técnica simplificada deveria ser ouvido na audiência de instrução e julgamento (*in* Ensaio sobre a prova pericial no Código de Processo Civil de 2015. Op. cit. p. 3).

podem indicar mais de um assistente técnico – hipótese que, conforme já aventamos, não se restringe à perícia complexa.

3.2.2.5.3. Formulação de quesitos pelas partes e pelo juiz: possibilidade e limites da impugnação

No processo civil brasileiro, além das partes, também o juiz pode "formular os quesitos que entender necessários ao esclarecimento da causa" (art. 470, inciso II). Tal possibilidade confere ao magistrado uma participação ativa na produção da prova pericial, complementada pelo seu poder de "indeferir quesitos impertinentes" (art. 470, inciso I).

Marinoni e Arenhart trazem três hipóteses de quesitos impertinentes: (i) os que dizem respeito a fato incontroverso; (ii) os que dizem respeito a fato que sequer compõe a causa de pedir; e (iii) os que concernem matéria que não é da especialidade do perito.[178]

Referido poder judicial deve ser, contudo, exercido de forma cautelosa, para que não implique uma violação do direito das partes à ampla defesa. Somente quando o juiz perceber que alguns quesitos apresentados pela parte não guardam pertinência com o objeto da perícia[179] – por qualquer dos motivos citados no parágrafo anterior – poderá ocorrer o indeferimento. Ainda, deve ser possibilitado à parte que formulou o quesito tido por impertinente tentar defender a sua manutenção de forma prévia ao indeferimento, em respeito ao princípio do contraditório.

Alternativamente, a parte pode também optar por reformular o quesito para adequá-lo ao escopo da perícia. Nesse sentido, o dever de prevenção orienta para que, na decisão que intima a parte a se manifestar sobre a detectada impertinência do seu quesito, o juiz, sendo possível, acene para a parte com a opção de reformulação do quesito.

Inobstante a ausência de previsão legal nesse sentido, as partes também podem impugnar os quesitos apresentados pela parte adversária. Essa hipótese justifica-se na medida em que elas têm tanto interesse quanto o juiz em que a perícia se desenvolva de forma adequada, com a análise focada nas questões de fato delimitadas no saneamento, sem

---

178. MARINONI, Luiz Guilherme; ARENHART, Sérgio Cruz. **Prova e convicção**... Op. cit. p. 867.
179. Lembramos que o objeto da perícia é delineado no momento do saneamento, com a identificação das questões de fato que serão objeto da atividade probatória e, de forma mais específica, daquelas que serão objeto da perícia.

perder tempo com a resposta a quesitos impertinentes para o esclarecimento desses fatos.

Outra questão importante relacionada aos quesitos é o momento da sua apresentação. Pelo já analisado art. 465, §1º, III, cabe às partes apresentar seus quesitos no prazo de quinze dias após a intimação da decisão que nomeou o perito. Dúvida pertinente é se, passado esse prazo, opera-se preclusão.

A jurisprudência do STJ, desde o CPC/1973, "não considera preclusivo o prazo estabelecido no art. 421, § 1º, do CPC e permite que a parte adversa indique assistente técnico, formulando quesitos a qualquer tempo, *desde que, como única ressalva, não se tenham iniciado os trabalhos da prova pericial*".[180]

Bodart critica (em parte) esse entendimento sob o argumento de que "o próprio art. 469 do CPC/2015 (equivalente ao art. 425 do CPC/1973) admite a apresentação de 'quesitos suplementares durante a diligência', ou seja, após iniciados os trabalhos periciais".[181]

Optamos por adotar uma posição que não se baseia em um regime de preclusão rígida para a apresentação de quesitos, e tampouco torna irrestrita a possibilidade de sua ocorrência extemporânea, com potencial dano ao bom desenvolvimento da prova pericial.

Dessa feita, *antes* de ser dado início aos trabalhos periciais, alinhamo-nos ao entendimento do STJ de que é possível a apresentação de quesitos iniciais (na hipótese da parte não o haver feito no prazo do art. 465, §1º, do CPC/2015) e de quesitos suplementares.[182]

Contudo, *após* o início dos trabalhos periciais, a apresentação de quesitos deve ter um caráter propriamente *suplementar*, conforme previsão do art. 469, sendo admissível quando a parte verificar, no curso da perícia, que há uma lacuna no seu rol de quesitos, tendo deixado de abordar algum ponto relevante, ou quando identificar a necessidade

---

180. BRASIL. Superior Tribunal de Justiça. Prazo. Quesitos. Assistente técnico. Informativo de Jurisprudência nº 430. Período de 12 a 16 de abril de 2010. Relator: Ministro Fernando Gonçalves. Quarta Turma. Disponível em <https://ww2.stj.jus.br/jurisprudencia/externo/informativo/>. Acesso em 24 out. 2010.

181. BODART, Bruno Vinícius da Rós. Ensaio sobre a prova pericial no Código de Processo Civil de 2015. Op. cit. p. 8.

182. Marinoni e Arenhart condicionam a apresentação de quesitos e indicação de assistente técnico fora do prazo à alegação de justa causa, nos termos do art. 223 do CPC/2015 (*in* **Prova e convicção**... Op. cit. p. 858-859).

de complementação ou de esclarecimento de um ou mais quesitos que tenham ficado obscuros, suscitando dúvidas.

O que se afigura inadmissível é que a hipótese do art. 469 seja usada como autorização irrestrita para que as partes apresentem, de forma completamente intempestiva, um rol extenso de quesitos que nada têm de "suplementares" e que podem prejudicar o andamento da perícia, atrasando a sua conclusão. Além disso, isso seria premiar a conduta da parte que não observou o prazo do art. 465, §1º, do CPC/2015, deixando de apresentar seus quesitos para somente vir a fazê-lo muito tempo depois – após, inclusive, o início dos trabalhos periciais.

Assim sendo, na situação em que a parte não apresenta, no momento oportuno, os seus quesitos iniciais, deve-lhe ser facultada a hipótese de, após iniciados os trabalhos periciais, apresentar quesitos que *suplementem* os quesitos que já estão nos autos – apresentados pela parte adversária,[183] pelo juiz ou pelo órgão do Ministério Público – mas que não configurem um rol inteiramente novo.[184]

Os quesitos suplementares apresentados pelas partes durante a diligência podem ser respondidos no próprio laudo pericial, ou, quando este já tiver sido apresentado, em um laudo complementar, ou, ainda, na audiência de instrução e julgamento (art. 469, *caput*). Em respeito ao princípio do contraditório, o parágrafo único deste artigo estabelece que o escrivão deve dar ciência à parte contrária da juntada dos quesitos aos autos. Extrai-se também dessa disposição que os quesitos suplementares devem ser *juntados aos autos*, e não apresentados diretamente ao perito.

3.2.2.5.4. O laudo pericial e a possibilidade de realização de nova perícia

Dentro do objetivo geral do CPC/2015 de conferir maior objetividade à prova pericial, uma das inovações trazidas foi a previsão de requisitos mínimos para o laudo pericial. Este deverá conter, segundo o art. 473, a exposição do objeto da perícia (inciso I); a análise técnica ou científica realizada pelo perito (inciso II); a indicação do método

---

183. Isso não significa dizer, evidentemente, que a parte somente poderá apresentar quesitos suplementares que sigam a mesma linha argumentativa dos quesitos do seu adversário.

184. Corroborando o entendimento de que no decorrer da diligência a parte que não apresentou "quesitos principais" pode apresentar quesitos *suplementares* aos quesitos do outro litigante: MARINONI, ARENHART, op. cit., nota 769, p. 858.

utilizado, esclarecendo-o e demonstrando ser predominantemente aceito pelos especialistas da área do conhecimento do qual se originou (inciso III); e a resposta conclusiva a todos os quesitos apresentados pelo juiz, pelas partes e pelo órgão do Ministério Público (inciso IV).

Através desta disposição, buscou-se evitar a situação muito comum na prática judiciária sob o regime anterior na qual os peritos apresentavam laudos parcos que continham apenas as respostas aos quesitos dos sujeitos do processo, uma conclusão, e, quando muito, uma breve explicação sobre os trabalhos periciais de natureza meramente formal.

Nesse contexto, proliferavam-se sentenças de mérito nas quais os juízes limitavam-se a adotar a conclusão do perito sobre a veracidade, ou não, das questões de fato submetidas à sua apreciação, sem verificar, contudo, se o iter percorrido pelo *expert* fora lógico e coerente com a sua conclusão.[185]

O CPC/2015 reforça o dever do magistrado de fundamentação das decisões judiciais (art. 489, §1º), estipulando, especificamente com relação à prova pericial, que o juiz deverá indicar na sentença os motivos que o levaram a considerar ou a deixar de considerar as conclusões do laudo, levando em conta o método utilizado pelo perito (art. 479).

Percebe-se que o ônus argumentativo imposto ao magistrado não é apenas para a hipótese em que ele não segue o laudo, mas também quando julga com base no laudo. Trata-se de importante determinação do CPC/2015 que contribui para evitar àquelas situações nas quais o juiz simplesmente fazia remissão ao laudo (muitas vezes copiando extensos trechos deste nas suas razões de decidir) e sequer avaliava os demais elementos probatórios porventura acarreados aos autos (como, por exemplo, os pareceres dos assistentes técnicos das partes).

Para que o juiz possa cumprir com esse dever de fundamentação analítica, é preciso, todavia, que o laudo pericial de fato explique e

---

185. A razão dessa prática era não tanto a profundidade dos laudos periciais, senão uma decorrência do formato de nomeação dos peritos, que dava um peso considerável para a confiança que os juízes tinham nos profissionais nomeados para o múnus. Diante disso, "[criava-se] a presunção de que [o perito] é sempre profissional imparcial e idôneo. [...] essa presunção leva o juiz a deixar de exercer o controle adequado sobre o resultado da perícia e de investigar se a aparente capacitação técnica do perito de fato existe. A conclusão do laudo é transposta para a fundamentação da sentença sem maiores reflexões". (ALMEIDA, Diogo Assumpção Rezende de. **A prova pericial no processo civil**... Op. cit., p. 76-77). Como decorrência, os juízes, em muitos casos, não exerciam um controle rígido para exigir um laudo analítico e explicativo.

esclareça a questão de fato examinada, e não apenas reporte sumariamente a opinião do perito.

Por outra parte, a previsão do art. 473 permite que os demais sujeitos processuais que participaram da perícia possam conferir o resultado dos trabalhos periciais e, eventualmente, apontar equívocos no método adotado pelo perito, na análise realizada, ou nas conclusões alcançadas.

O art. 473 pontua, ainda, em seu §1º, que o perito deve adotar uma linguagem *simples* – capaz de explicar uma questão técnica ou científica complexa a uma pessoa não versada no assunto – e com coerência lógica – que permita ao seu interlocutor acompanhar o raciocínio –, indicando, com isso, o caminho percorrido até chegar às conclusões.

O §2º do art. 473 ressalta que o perito não pode ultrapassar os limites da sua designação, nem emitir opiniões pessoais que excedam o exame técnico ou científico do objeto da perícia. Caso ele assim o faça, o juiz deve *desconsiderar* qualquer afirmação constante do laudo nesse sentido. Não entendemos ser causa, contudo, para declarar uma nulidade total do laudo pericial, sob pena de causar um prejuízo desproporcional ao processo por exigir que a perícia seja refeita.

A exceção, é claro, ocorre quando não for possível separar o que é opinião pessoal do perito de exposição objetiva. Nesse caso, o juiz poderia ordenar ao perito que refizesse o laudo, respeitando os limites fixados para a perícia e se abstendo de emitir suas opiniões pessoais, ou, alternativamente, determinar a realização de uma nova perícia, com outro perito.

Na linha do que é previsto para a prova técnica simplificada (art. 464, §4º),[186] o art. 473, §3º, parte final, estabelece que o perito pode instruir o laudo com planilhas, mapas, plantas, desenhos, fotografias ou outros elementos necessários ao esclarecimento do objeto da perícia.

A primeira parte do art. 473, §3º, estipula que, na execução dos trabalhos periciais, o perito e os assistentes técnicos podem valer-se de todos os meios necessários para buscar a elucidação da questão de fato técnica ou científica que é objeto da perícia. A título exemplificativo, esse

186. Embora o Código assim não o estabeleça, parece-nos ser possível que quando a parte requerer a prestação de esclarecimentos pelo perito e/ou pelo assistente técnico do seu adversário, eles também poderiam, na audiência de instrução e julgamento, caso vislumbrassem necessidade e utilidade, fazer uso dos recursos tecnológicos audiovisuais previstos no art. 464, §4º, através dos seus próprios assistentes técnicos, com vista a melhor esclarecer a questão.

dispositivo afirma que eles podem ouvir testemunhas, obter informações, e solicitar documentos que estejam em poder da parte, de terceiros ou em repartições públicas.

Quanto aos documentos que estejam em poder da parte, caso esta se recuse a exibi-lo, o perito pode informar ao juiz para que este determine a exibição, na forma dos artigos 396 e seguintes, analisados no item 3.2.2.6, *infra*, quando tratarmos da exibição de documento ou coisa e da prova documental.

O juiz, em cooperação com as partes, tem controle sobre o tempo da realização da prova pericial, fixando, desde o início, um prazo para a entrega do laudo e, eventualmente, um calendário para a perícia. Caso, por motivo justificado, o perito não possa apresentar o laudo no prazo fixado, o juiz tem, também, o poder para conceder-lhe, por uma vez, a prorrogação pela metade do prazo originalmente fixado.

Entretanto, deve atentar para o limite máximo estipulado pelo art. 477, segundo o qual o laudo deve ser protocolado em juízo pelo perito com pelo menos vinte dias de antecedência à data da audiência de instrução e julgamento. Excepcionalmente, a audiência poderia ser adiada, caso a prorrogação do prazo para entrega do laudo o exigisse. Trata-se, contudo, de hipótese que deve ser evitada na medida do possível, de modo a não atrasar o processo.

Uma vez protocolado o laudo pericial, as partes serão intimadas para, querendo, manifestar-se sobre ele no prazo comum de quinze dias; neste prazo comum, os seus assistentes técnicos podem também apresentar os seus próprios pareceres (art. 477, §1º).

Na eventualidade de (i) as partes, o juiz ou o órgão do Ministério Público apresentarem divergências ou dúvidas quanto ao laudo, ou de (ii) ser apresentada divergência no parecer de assistente técnico, o perito terá o dever de esclarecer o ponto divergente ou questionado no prazo de quinze dias (art. 477, §2º).

Acrescenta o §3º que persistindo a dúvida ou a divergência, a parte poderá requerer a intimação do perito ou do assistente técnico a comparecer à audiência de instrução e julgamento, formulando, desde logo, as perguntas, sob forma de quesitos. Quando este dispositivo fala no requerimento da parte para a intimação do assistente técnico, há que se entender, por óbvio, que está se referindo ao assistente técnico *da parte contrária*. A parte pode, contudo, à sua escolha, optar por levar o seu assistente técnico na audiência para auxiliá-la na formulação das perguntas ao perito ou ao assistente técnico da parte contrária.

Outra observação que se faz quanto a esse parágrafo é que, uma vez deferida pelo juiz a intimação do perito ou do assistente técnico, a parte adversária da que formulou o requerimento deve ser intimada para, querendo, formular suas próprias perguntas.

Ainda, entende-se que durante a audiência quaisquer das partes ou o juiz podem formular outras perguntas, além daquelas elaboradas previamente. Não haveria sentido em deferir a realização de um esclarecimento oral se os sujeitos processuais não pudessem formular novas perguntas à medida que as dúvidas surgissem, com vista a esclarecer a questão.

Um ponto que salta aos olhos na leitura do art. 477 é a regulamentação dada ao tempo mínimo fixado entre a apresentação do laudo em juízo e a data de realização da audiência à luz dessas previsões. Consoante o *caput* deste artigo, o perito deve apresentar o laudo com *20 dias* de antecedência à audiência. Ocorre que caso as partes apresentem suas manifestações e pareceres de assistentes técnicos em resposta ao laudo (no prazo de *15 dias*), sejam suscitadas divergências e dúvidas sobre as quais o perito deverá se manifestar (no prazo de *15 dias*), e a parte requeira a intimação do perito a comparecer na audiência, o que deve ser feito com pelo menos *10 dias* de antecedência à audiência (art. 477, §4º), somar-se-ão *40 dias* (sem contar o lapso dispendido entre cada um desses atos para que o juiz adote as providências necessárias e as intimações sejam efetivadas) – o que supera, e muito, os *20 dias* previstos pelo Código entre a apresentação do laudo e a data da audiência.

O que fazer neste caso? O prazo de 15 dias do art. 477, §1º, para a manifestação das partes sobre o laudo não ultrapassa o lapso de 20 dias fixado no *caput*. Assim sendo, somente na eventualidade de uma das partes, do juiz ou do órgão do Ministério Público suscitar divergências ou dúvidas quanto ao laudo neste prazo haverá um inevitável atraso para a realização da audiência. Assim, quando receber as manifestações das partes e os pareceres dos assistentes técnicos, e verificar a ocorrência da hipótese do art. 477, §2º, o juiz deverá desde logo determinar o *adiamento da audiência de instrução e julgamento* para data que permita o cumprimento de todas as diligências.

Quando o laudo pericial e as demais diligências adotadas voltadas para o esclarecimento da questão de fato não forem capazes de atingir tal finalidade, o juiz determinará, de ofício ou a requerimento da parte, a realização de nova perícia (art. 480, *caput*). Esta terá por objeto os mesmos fatos sobre os quais recaiu a primeira e destina-se a corrigir eventual omissão ou inexatidão dos resultados a que esta conduziu (§1º). É importante ressaltar que *não há* uma substituição da primeira perícia pela segunda, razão pela qual o juiz deverá apreciar motivadamente o valor das duas (§3º).

A determinação da segunda perícia (com um *novo* perito) possui um caráter excepcional, razão pela qual ela somente deveria ser determinada subsidiariamente à adoção das demais providências voltadas para o esclarecimento de pontos obscuros, contraditórios ou questionáveis do laudo pericial. Apenas quando estas tentativas provarem-se infrutíferas o juiz deveria determinar a realização de uma segunda perícia, *complementar* à primeira.[187]

3.2.2.5.5. Pareceres técnicos unilaterais

Um ponto que observamos no tópico anterior é que, ao proceder à avaliação e valoração das provas, o juiz não poderá simplesmente adotar o laudo pericial como base para sua decisão sobre os fatos. Nessa medida, ele deverá, inclusive, realizar o cotejo desta prova com as demais produzidas no processo.

Sendo a prova um direito das partes, e havendo um dever para que o juiz enfrente todos os argumentos de fato e de direito por elas apresentados, *o magistrado tampouco pode se negar a avaliar e valorar todos os meios de prova produzidos no processo, sejam aqueles cuja produção ele determinou de ofício, sejam aqueles que foram requeridos/apresentados pelas partes.*

A constatação acima inclui, evidentemente, as provas documentais técnicas eventualmente trazidas aos autos pelas partes por meio de pareceres unilaterais.

Dentro desta categoria incluímos, primeiramente, os pareceres dos assistentes técnicos, e, em segundo lugar, outros pareceres de cunho

---

187. Não se trata de um requisito propriamente dito – i.e. o juiz não está obrigado a requerer esclarecimentos do primeiro perito antes de determinar a realização da segunda perícia – mas de uma recomendação que atende os comandos da economia processual, duração razoável do processo, racionalidade no dispêndio de recursos, e atenção para os custos do processo. Cf. MARINONI, Luiz Guilherme; ARENHART, Sérgio Cruz. **Prova e convicção**... Op. cit., p. 881.

técnico preparados por especialistas à solicitação da parte. Como exemplo podemos citar pareceres que o demandante prepara antes do ajuizamento da ação para embasar um pedido de tutela provisória.

Nessa dimensão, o art. 472 do CPC/2015, reprisando *ipsis litteris* o art. 427 do CPC/1973, estipula que o juiz poderá dispensar prova pericial quando as partes, na inicial e na contestação, apresentarem, sobre as questões de fato, pareceres técnicos ou documentos elucidativos que considerar suficientes.

Inobstante as vantagens que essa disposição pode trazer para o processo, gerando economia de tempo e recursos que seriam gastos com uma perícia para dizer apenas aquilo que já constava dos pareceres e documentos apresentados pelas partes, essa possibilidade tem sido pouco usada pelos juízes brasileiro, que tradicionalmente preferiam optar pela realização da perícia técnica com a indicação de um perito do juízo da sua confiança.[188]

Diante da mudança de paradigma do novo Código, que limita a liberdade do juiz na escolha do perito, inclusive com a possibilidade da sua indicação ser feita pelas partes, e, por outro lado, reforça o dever de motivação, pode ser que a opção do art. 472 encontre terreno mais fértil para seu crescimento.

Nessa medida, uma possibilidade interessante pode surgir da conjugação do art. 472 com o art. 464, §§2º a 4º, referente à prova técnica simplificada. A grande dificuldade para o juiz na aplicação do art. 472 é conseguir comparar os pareceres técnicos divergentes das partes e extrair conclusões a respeito dos fatos. A prova técnica simplificada poderia ser, portanto, utilizada para *complementar* a análise dos pareceres técnicos parciais, permitindo que o juiz contasse com o auxílio de um especialista para esclarecer eventuais dúvidas pontuais que surgissem a partir do estudo dos pareceres, seguindo, dessa forma, um procedimento mais simples.

3.2.2.6. Exibição de documentos ou coisas e prova documental

O direito brasileiro não adota um modelo de *disclosure* ou de *discovery* para a produção de prova documental. Em contrapartida, o sistema do CPC/2015 conferiu um tratamento à matéria que busca incentivar

188. Nesse sentido, Almeida: "A experiência forense demonstra que os juízes só confiam naqueles por ele nomeados, não sendo rara a hipótese em que vários são os pareceres técnicos acostados aos autos do processo e, ainda assim, é determinada a realização de perícia" (*in* **A prova pericial no processo civil**... Op. cit., p. 55).

a produção da prova documental ou dar uma solução à falta de um documento necessário, dentro de um paradigma de gestão probatória.

Pelo art. 396, o juiz pode ordenar que a parte exiba documento ou coisa[189] que se encontre em seu poder.[190] Tal determinação pode ser realizada de ofício, não dependendo de requerimento da parte. Nesse caso, todavia, questiona-se a forma como a ordem judicial deve ser formulada – se de forma genérica ou se especificando o documento a ser apresentado, tal como deve ser feito pelas partes quando requerem a exibição de um documento em posse do seu adversário ou de terceiro (art. 397).

Não nos parece que a determinação possa ser emitida sob a forma (extremamente genérica) de uma ordem judicial para que a parte apresente todos os documentos que estiverem em seu poder e que guardem relevância com o mérito da causa, sob pena de instaurar um sistema muito semelhante ao da *discovery/disclosure*, capaz, ainda, de tumultuar o feito.

Por outro lado, e dando um enquadramento semelhante ao que demos para os poderes instrutórios do juiz no âmbito da prova testemunhal, afigura-se factível que o juiz (i) intime as partes a informar e, eventualmente, apresentar quaisquer documentos que tenham relação com *determinadas questões de fato, apontadas pelo juiz*, ou, ainda, que (ii) ordene a apresentação de documento ao qual tenha sido feita referência nas petições de uma parte, mas que não tenha sido apresentado nos autos. Adicionalmente, sendo possível tal identificação, o juiz poderia fazer referência a *classes* de documentos que devem ser apresentados.[191]

A exceção aos poderes instrutórios *ex officio* do juiz na prova documental está no art. 420, segundo o qual o juiz pode ordenar, *somente a requerimento da parte*, a exibição integral dos livros empresariais e dos

189. Na observação precisa de Marinoni e Arenhart, "em sentido lato, também uma coisa (enquanto meio de prova) não deixa de ser, na maioria das vezes, um documento. Asim não há sentido em se tratar da figura fora do campo específico em que a lei processual tratou da produção da prova documental (art. 434 e ss.)" (*in* **Prova e convicção**... Op. cit., p. 552). Nessa linha, a partir deste ponto iremos fazer referência apenas a "documento", estando implícito a abrangência de "coisas".

190. A exibição de documento, conforme lecionam Marinoni e Arenhart, "não se preocupa, propriamente, com um meio de prova, mas sim com uma tramitação processual, que se presta para oferecer ao magistrado o meio de prova propriamente dito (o documento ou a coisa, para inspeção)" (*in* Ibid. p. 551).

191. Vale lembrar que a jurisprudência do STJ afirma que a parte no requerimento de exibição de documento não precisa fazer uma perfeita individuação – basta que ela forneça uma descrição suficiente com base na qual o documento pode ser identificado. O mesmo deve valer para orientar a determinação feita de ofício pelo juiz.

documentos do arquivo na liquidação de sociedade, na sucessão por morte de sócio, e em outras situações determinadas pela lei. Entretanto, o juiz pode determinar de ofício a exibição *parcial* dos livros e documentos com a extração de uma suma que interessar ao litígio, bem como reproduções autenticadas (art. 421).

Quando for formulado requerimento pela parte para apresentação de documento ou coisa pela parte contrária, este deverá conter, conforme estipulado pelo art. 397: a *individuação*, tão completa quanto possível, do documento (inciso I); a *finalidade* da prova, indicando os fatos que se relacionam com o documento (inciso II); e as circunstâncias em que se funda o requerente para afirmar que o documento ou a coisa existe e se acha em poder da parte contrária (inciso III).

A razão de ser para esses requisitos é, em primeiro lugar, evitar que o mecanismo de exibição de documento seja usado pela parte requerente com o único intuito de causar transtornos ao seu adversário, em postura de evidente má-fé; em segundo lugar, servem para garantir que não será dispendida energia desnecessária com uma prova inútil ou desnecessária para o processo, que não tenha relação com os fatos em disputa; e, em terceiro lugar, facilitam a sua identificação pela parte requerida.[192]

Diante do requerimento da parte, é essencial que o juiz pondere as razões apresentadas, a necessidade do documento para o esclarecimento dos fatos no processo, o ônus que será imputado à parte contrária, e se já há outras provas juntadas aos autos para o mesmo fato. Somente quando for *proporcional* a adoção da medida, enquanto *adequada* ao caso concreto, deverá o juiz deferi-la.

Intimado, o requerido deve-se manifestar no prazo de cinco dias, podendo escusar-se da exibição nas hipóteses previstas no art. 404. O art. 399, por outro lado, trata das hipóteses nas quais a recusa da exibição não será aceita pelo juiz.

No próximo item analisaremos os mecanismos dos quais o juiz dispõe para garantir a exibição no documento diante da recusa da parte,

---

192. "A individuação, tão completa quanto possível do documento ou da coisa, decorre de duas exigências: permitir ao requerido do incidente saber de que coisa ou documento está tratando o requerente e, no caso de busca e apreensão, indicar ao oficial de justiça." (NEVES, Daniel Amorim Assumpção. Comentários ao art. 397. In: CABRAL, Antonio do Passo; CRAMER, Ronaldo. (Coord.) **Comentários ao novo Código de Processo Civil**. Op. cit. p. 609).

e da solução dada pelo Código quando, mesmo após a adoção dessas medidas, o documento ou a coisa não forem trazidos ao processo.

Antes, faremos duas breve notas sobre a exibição de documento *que esteja em poder de terceiro*, e os mecanismos gerenciais da prova documental.

Pelo art. 401, o juiz pode ordenar a citação de terceiro em cujo poder esteja o documento a ser exibido no processo.[193] O prazo para apresentação de resposta é de quinze dias. Caso o terceiro se negue a exibir ou afirme não ter em seu poder o documento ou a coisa, o juiz designará audiência para tomar o depoimento do terceiro, das partes, e de eventuais testemunhas, para, em seguida, proferir decisão (art. 402).

Novamente, ressaltamos que o juiz deve avaliar a necessidade, a utilidade e a proporcionalidade na adoção dessas medidas para obter o documento.

Sobre a prova documental, de modo geral, algumas disposições relativas aos mecanismos de gestão da sua produção devem ser mencionadas, dentro do escopo desta dissertação. É o caso do art. 437, §2º, que prevê o poder do juiz de, a requerimento da parte, dilatar o prazo para manifestação sobre a prova documental produzida, levando em consideração a quantidade e a complexidade dos documentos acostados pelo seu adversário. Este mecanismo garante a adequação do prazo às circunstâncias da hipótese, dentro do exercício dos poderes do juiz de conduzir formalmente o processo, controlando o seu tempo de desenvolvimento e prazos.

Já o art. 438 estabelece que o juiz requisitará às repartições públicas, em qualquer tempo ou grau de jurisdição, as certidões necessárias à prova das alegações das partes (inciso I) ou os procedimentos administrativos nas causas em que forem interessados a União, os Estados, o Distrito Federal, os Municípios ou entidades da administração indireta (inciso II).

O inciso I, em específico, representa uma concretização, no âmbito do processo, do direito fundamental à obtenção de certidões em repartições públicas, para defesa de direitos e esclarecimento de situações de interesse pessoal (art. 5º, inciso XXXIV, alínea "b", da CRFB/88).

---

193. O dever do terceiro de exibir a coisa ou documento que esteja em seu poder, bem como de informar ao juiz os fatos e as circunstâncias que sejam do seu conhecimento, é reforçado pela previsão do art. 380 do CPC/2015.

Por seu turno, o inciso II está inserido no escopo do direito fundamental de acesso à informação (art. 5º, inciso XXXIII, da CRFB/88, e Lei no 12.527/11 – Lei de Acesso à Informação). Embora o texto legal aluda apenas à possibilidade de determinação da apresentação do processo administrativo nas causas em que participarem entes da administração pública (direta ou indireta), havendo a comprovada necessidade da sua exibição em outros casos, ela deveria ser deferida.

3.2.2.6.1. Medidas adotadas em caso de recusa de exibição de documento ou coisa

Na Alemanha, onde o juiz também detém poderes para determinar de ofício a exibição de documento, a única possibilidade que se abre no processo civil em caso de recusa da parte requerida é a presunção de veracidade com relação aos fatos que se pretendia provar com aquele documento. Não se admite, portanto, a imposição de multa ou a determinação de diligência de busca e apreensão do documento.

No direito brasileiro, o CPC/1973 impunha que quando o requerido não efetuasse a exibição nem fizesse a declaração prevista no art. 357 de que o documento ou a coisa não se encontrava em sua posse, e a recusa fosse havida por ilegítima, o juiz admitiria como verdadeiros os fatos que a parte requerente pretendia prova por meio do documento. Essa previsão veio repetida no art. 400 do CPC/2015 (com referência ao art. 398 para a declaração a respeito da posse do documento).

Entretanto, admitia-se, no processo civil brasileiro, que diante da recusa ilegítima da parte em exibir o documento, fosse determinada realização de diligência de busca e apreensão como uma medida anterior à presunção de veracidade, a qual nem sempre atenderia aos objetivos da parte com aquela prova e tampouco a finalidade do processo de busca da verdade e esclarecimento dos fatos. A presunção de veracidade somente serviria para não prejudicar demasiadamente a parte requerente pela recusa injusta da parte requerida em colaborar.

Ocorre que mesmo a busca e apreensão não tinha garantia de sucesso. A parte requerida de má-fé poderia, por exemplo, esconder o documento em local que não seria a ela associado, evitando que fosse encontrado e apreendido.

Contudo, a hipótese de cominação de multa que seria capaz, efetivamente, de incentivar a parte requerida a apresentar o documento em juízo não era aceita pela jurisprudência, tendo sido, inclusive, objeto do

Enunciado nº 372 da Súmula do STJ: "Na ação de exibição de documentos, não cabe a aplicação de multa cominatória". O argumento que estava na base desse entendimento era que, em caso de recusa da parte, o juiz já podia determinar a realização da busca e apreensão – medida tida por adequada para o caso –, não havendo razão para a imposição de multa.

O CPC/2015 deu à matéria um tratamento em sentido contrário ao que era o entendimento já pacificado da jurisprudência. Assim, estabelece o art. 400, parágrafo único, que o juiz poderá adotar as medidas indutivas, coercitivas, mandamentais ou sub-rogatórias necessárias para que o documento seja exibido, englobando tanto a busca e apreensão como a cominação de multa e outras medidas atípicas. Nesse caso, caberá ao magistrado verificar qual medida se mostra mais adequada à situação concreta.

Outro ponto interessante do regime da exibição de documento no CPC/2015 é que também para a hipótese de exibição por terceiro o Código traz uma ampla lista de poderes sancionatórios que podem ser exercidos pelo juiz para impelir o cumprimento da ordem de exibição, quando tida por imotivada a recusa.

Nessa linha, estabelece o parágrafo único do art. 403 que o juiz poderá expedir mandado de apreensão, requisitando, se necessário força policial, sem prejuízo da responsabilidade por crime de desobediência, pagamento de multa e outras medidas indutivas, coercitivas, mandamentais ou sub-rogatórias necessárias para assegurar a efetivação da decisão.

3.2.2.7. Inspeção judicial

A inspeção judicial é um importante instrumento que está à disposição do juiz permitindo que ele busque diretamente o esclarecimentos dos fatos que interessam à decisão de mérito, inspecionando pessoas ou coisas (art. 481, *caput*, do CPC/2015). A inspeção pode-se realizar na sede do juízo ou fora dele – por exemplo, no local onde ocorreu o fato (art. 483).

O art. 379, inciso II, estabelece que, preservado o direito de não produzir prova contra si própria, a parte tem o dever de colaborar com o juízo na realização de inspeção judicial que for considerada necessária. Em contrapartida, as partes têm também o direito a assistir à inspeção, prestando esclarecimentos e fazendo observações que considerem de interesse para a causa (art. 483, parágrafo único).

O juiz poderá, na realização da inspeção, ser assistido por um ou mais peritos, quando a expertise dele for necessária para esclarecer dúvidas que surjam no decorrer da inspeção (art. 482). Não se deve confundir, contudo, a inspeção – na qual o juiz participa diretamente da verificação dos fatos – com a prova pericial – na qual o perito produz a prova e o juiz avalia o seu resultado trazido ao processo.

A inspeção judicial é, portanto, o ponto alto da participação do juiz na produção probatória, pois traz o seu envolvimento direto na verificação dos fatos.

3.3. O FUTURO DO GERENCIAMENTO PROCESSUAL NO DIREITO BRASILEIRO: PROPOSTAS E POSSIBILIDADES PARA A EVOLUÇÃO DO SISTEMA

Um dos pontos positivos da reforma do processo civil brasileiro foi ter construído em cima do sistema anterior, buscando manter aquilo que dava certo, consertar o que dava errado, e acrescentar novos institutos capazes de contribuir para a evolução do sistema. Esses elementos ficam evidentes quando analisamos o gerenciamento processual de forma ampla e, mais especificamente, o gerenciamento da instrução probatória.

De modo geral, o modelo de gerenciamento processual adotado pelo CPC/2015 é muito semelhante ao que vem sendo construído no direito estrangeiro. Mediante o estudo realizado neste capítulo pudemos, assim, comprovar que os balizadores extraídos a partir na análise do direito alemão e do direito inglês *também se aplicam ao direito brasileiro em seu novo regime processual civil.*

É dizer: o Brasil também incorpora, na linha daqueles países, mecanismos e técnicas de gestão do processo, em dimensão procedimental (formal) e substancial (material), que permitem ao juiz e as partes, atuando de forma integrativa, conduzir o feito de forma adequada rumo à prolação de uma decisão final de mérito.

O gerenciamento processual brasileiro não é apenas formal, vez que não se limita à previsão de mecanismos de flexibilização do procedimental ou de controle da marcha processual. Nessa medida, o CPC/2015 traz importantes mecanismos que permitem a organização e a promoção do debate processual, bem como a determinação e a organização das provas a serem produzidas.

Os poderes de gestão processual atribuídos ao juiz devem, cada vez mais, ser exercidos em uma comunidade de trabalho com as partes que permita a sua participação no exercício da atividade jurisdicional. Correlatamente, o CPC/2015 conferiu significativos poderes de gestão processual *às próprias partes*.

Tem-se, assim, um gerenciamento processual que, ao menos no plano normativo, é sólido e capaz de promover a realização das finalidades do processo.

Não obstante, ainda há espaço para crescimento e desenvolvimento desse sistema pela adoção de outros mecanismos e técnicas que tiveram sucesso em outros países e poderiam ser importados *de forma adequada e adaptada* ao ordenamento jurídico brasileiro. Além disso, é importante que essa evolução normativa seja acompanhada da implementação das medidas adequadas para estruturar o Poder Judiciário.

Nessa dimensão, há duas categorias de *case management* em sentido amplo que merecem mais atenção no processo civil brasileiro: o *court management* e o *cost management*.

Em termos de *court management*, um mecanismo que vem sendo considerado pela doutrina brasileira e que vem experimentando uma implementação, ainda tímida, por alguns órgãos são os *protocolos*, que podem ter caráter pré-processual ou incidental.

Vimos no capítulo dois que os *pre-action protocols* do direito inglês foram uma importante inovação trazida pelas CPR, permitindo que fosse estabelecida uma fase pré-processual regulamentada, consistente na troca de informações e documentos entre as partes sobre os pontos principais que elas enxergam na disputa. Os *pre-action protocols* têm por objetivo, em primeiro lugar, facilitar as discussões para a tentativa de uma autocomposição entre as partes,[194] e, em segundo lugar, na eventualidade de o acordo não ser alcançado, adiantar a preparação do caso e troca de informações e documentos.

Além dos benefícios que os protocolos podem trazer para a fase pré-processual, contribuindo para uma resolução mais célere e eficiente dos litígios,[195] também vislumbramos um grande potencial para os

---

194. SIME, Stuart. **A practical approach to Civil Procedure**. Op. cit., p. 60 *et seq*.

195. Para uma análise compreensiva e propositiva dos protocolos pré-processuais, incluindo sua possível aplicação no direito brasileiro, v. PANTOJA, Fernanda. **Protocolos pré-processuais**... Op. cit.

protocolos institucionais, celebrados entre instituições e voltados para regulamentar e uniformizar certos aspectos do próprio processo judicial (i.e. em caráter incidental).

Um exemplo que pode ser citado nessa dimensão – e lembrando que não foi objetivo desta dissertação analisar a fundo os protocolos institucionais – são os protocolos institucionais que vêm sendo celebrados na França entre certas cortes superiores e cortes de apelação, e as associações de advogados (*le barreau*), conforme reporta Jeuland:

> Eles [os protocolos] tendem a impor uma estrutura padronizada às petições iniciais. Uma petição deve abranger, segundo estes protocolos, primeiramente, questões processuais, então, se necessário, questões de admissibilidade, e, por fim, quaisquer argumentos de mérito. Todos os argumentos deveriam ser apresentados de forma concentrada e resumidos na petição. Essas petições deveriam ser submetidas tempestivamente (ver, por exemplo, o protocolo de 13 de dezembro de 2011 entre a Corte de Apelação de Paris e as associações de advogados. Esses tipos de protocolos organizam uma fase preparatória formal e padronizada. Eles não são formalmente compulsórios, mas são as melhores práticas. Eles existem também para procedimentos orais.[196]

Gajardoni observa, de forma acertada, que sem um investimento em gestão judicial – entendida na acepção de administração dos trabalhos judiciais, não limitada aos processos individualmente considerados – e em uma estruturação adequada do aparelho judiciário estatal, quaisquer previsões modernas e inovadoras em termos de gerenciamento processual tornar-se-ão inócuas.[197]

---

196. O texto em língua estrangeira é: "*They tend to impose a normalised structure to the statements of case. A statement should encompass, according to these protocols, primarily procedural questions, then, if needed, admissibility questions and lastly any arguments on the merits. All the claims should be brought forward in a concentrated manner and summed up in the statement. These statements should be submitted within a reasonable time (see, for example, the protocol of 13 December 2011 between the Paris Court of Appeal and the bars). These kinds of protocols organise a standardised and formal preparatory phase. They are not formally compulsory, but they are best practices. They exist for oral proceedings as well*". JEULAND, Emmanuel. Case management in France. Op. Cit., p. 354, tradução nossa.

197. GAJARDONI, Fernando da Fonseca. Reflexões sobre a inconstitucional regra da ordem cronológica de julgamento dos processos no Novo CPC. Op. cit., p. 105-106. V. também CARMONA, Carlos Alberto. O novo Código de Processo Civil e o juiz hiperativo. Op. cit.

Basta ver, neste sentido, que os mecanismos de gestão voltados para a promoção do uso de meios adequados de solução de conflitos e incentivo à conciliação têm recebido tímida aceitação na prática judiciária brasileira. Nos primeiros seis meses de vigência do novo Código, já se proliferam as decisões que, ao arrepio da letra fria da lei, dispensam a realização da audiência de mediação e conciliação obrigatória sob o fundamento (verdadeiro, infelizmente) de que os tribunais não têm estrutura ou pessoal capacitado para realizar tais audiências.

Isso para citar apenas um exemplo. Certamente a audiência de saneamento compartilhado também encontrará resistência e dificuldade para sua aceitação, pautada menos na desconfiança da efetividade do instituto e mais na falta de tempo e recursos para sua realização em todos os casos em que se afiguraria útil e necessária.

Em termos de *cost management* – que tampouco foi objeto de análise detida neste trabalho, por opção metodológica – o legislador brasileiro também poderia ter dado um passo além. Afinal, uma estrutura cooperativa de processo civil tem, como elemento essencial da sua configuração, os padrões leais de conduta dos sujeitos processuais. Nessa medida, o juiz deveria poder, ao final do processo, ter uma maior liberdade para alocação das custas processuais em vista da forma como as partes comportaram-se ao longo do processo, e não apenas em função de quem foi o vencedor. Afinal, uma vez que o processo cooperativo baseia-se na ideia de que não é dado à parte comportar-se de forma desleal e antiética para vencer, não há por que continuarmos presos a esse parâmetro.

Retornando ao gerenciamento processual "em sentido estrito", relativo aos mecanismos e técnicas para gestão dos processos individualmente considerados, não vislumbramos, *além das proposições já feitas ao longo deste capítulo*, quando da análise de cada mecanismo, outras sugestões de caráter geral para a evolução do sistema vigente. Isso não significa, por evidente, que temos um sistema perfeito. Contudo, é um bom sinal de que, dentro do quadro normativo e da realidade judiciária atual no Brasil, são poucos pontos que deveriam ser ajustados para afinar, principalmente, o sistema de produção probatória.

Talvez, dentro do quadro geral, a principal carência que o diploma processual tenha, a nosso ver, seja de mecanismos específicos através dos quais o juiz poderia incentivar mais as partes a cooperarem e debaterem entre si para facilitar a identificação das questões de fato e de direito controversas, e reduzir o número de postulações que precisam ser levadas ao conhecimento e decisão judicial. Lembra-se, como fortalecimento do caráter democrático dessa possibilidade, que na Inglaterra, um país de tradição adversarial no processo civil, as CPR de 1999 trouxeram diversos mecanismos que permitem ao juiz impelir as partes ao debate cooperativo.

A estrutura do processo civil cooperativo no direito brasileiro vai-se construindo aos poucos. As fundações desse empreendimento são dadas pelo novo diploma legal que prestigia a cooperação entre os sujeitos processuais, a promoção do diálogo e da consensualidade no processo, a integração na atuação dos sujeitos processuais, a adequação do rito procedimental às necessidades do caso concreto (não apenas do direito material), dentre muitos outros elementos. A construção que será erigida sobre essas bases dependerá, contudo, em larga escala, da aceitação que o novo Código de Processo Civil brasileiro encontrará junto à comunidade jurídica brasileira e, principalmente, na forma como seus preceitos serão aplicados na prática judiciária. De todo modo, e por mais demorado que este processo de mudança da mentalidade seja, cada pedra acrescentada contribui para a solidificação de um novo processo civil contemporâneo no qual o gerenciamento processual é a pedra fundamental.

CONCLUSÃO

O histórico de evolução do processo civil – no Brasil e alhures – pode-se colocar como um pêndulo, que ora oscila para uma configuração mais privatista, ora para uma publicista. Tudo depende, neste contexto, da forma como um sistema jurídico enxerga, em um dado período histórico, qual modelo melhor se alinharia às suas necessidades naquele momento.

A tendência, contudo, é que o pêndulo eventualmente retorne para sua posição de repouso, equidistante dos dois extremos. Não sendo realizados estímulos adicionais para que ele volte a oscilar, o pêndulo manter-se-á nesta posição.

Recentemente, identificamos que em diversos países ao redor do mundo – de culturas e tradições jurídicas diferentes – tem-se buscado uma estruturação para o processo civil que alcance um equilíbrio entre o privatismo e o publicismo. Parte-se da constatação de que se um processo que investe muitos poderes no juiz corre o risco do autoritarismo, por outro lado, um processo que é submetido ao controle das partes, sem supervisão efetiva por um ente imparcial, corre o risco de desvio das suas finalidades.

Dentro da metáfora utilizada, o que se busca, assim, é colocar o pêndulo na sua posição de repouso – entre os dois extremos dos modelos clássicos de processo (adversarial e inquisitorial). Caso venha a se confirmar o sucesso dessa estruturação, não haveria razão para voltar a impulsionar o pêndulo rumo a um ou outro extremo. Ou seja, a tendência é que o novo modelo de processo civil "*equilibrado*" torne-se estável.

Nesta dissertação apresentamos algumas características fundamentais que representam este modelo, ao qual se convencionou denominar "*cooperativo*". Talvez a principal e mais significativa delas seja a sua configuração como uma comunidade de trabalho (*Arbeitsgemeinschaft*) na qual os sujeitos processuais devem atuar em *cooperação* na busca daquele que é o objetivo primordial da atividade jurisdicional: a obtenção de uma decisão final de mérito justa, tempestiva e efetiva, capaz de entregar a prestação jurisdicional a quem tem direito.

Neste contexto, o fato de os sujeitos processuais – especialmente as partes em posições opostas e o juiz – representarem *interesses* diversos (e geralmente conflitantes) não impede que sua atuação em juízo seja conformada a uma determinação finalística. O modelo cooperativo de processo civil torna-se possível a partir do momento em que se aceita que a atividade jurisdicional estatal é um serviço público que consome recursos do Estado e atende, também, a uma função social (*Sozialfunktion*) perante toda a sociedade.

Dessa forma, para o processo civil cooperativo não basta que as funções processuais sejam repartidas de forma equânime entre os seus sujeitos, alcançando o equilíbrio; deve-se buscar, também, que haja uma *integração* entre eles no exercício dos seus poderes, deveres, ônus e faculdades. Isso é especialmente importante quando tratamos dos poderes judiciais, para cujo exercício é *imprescindível* (ou seja, não é apenas um requisito *formal*) a participação ativa das partes em contraditório. Somente assim o processo judicial, bem como a decisão dele resultante, serão legitimados democraticamente.

A forma ideal de condução do processo dentro deste paradigma é, conforme demonstramos, a do *gerenciamento processual* (*case management*), conceituado, em uma acepção estrita, como os mecanismos e técnicas voltados para a gestão do processo em perspectiva formal e, eventualmente, substancial, que são exercidos, prioritariamente, pelo juiz em cooperação com as partes, e, ocasionalmente, pelas próprias partes.

Gerenciamento processual caminha, portanto, de mãos dadas com a cooperação. Tal como constatado, acertadamente, pela doutrina inglesa, de nada adiantaria atribuir ao juiz poderes de gestão do processo direcionados ao alcance de certas finalidades tidas como caras pelo ordenamento se não fosse correlatamente estabelecido que as partes também *devem* exercer o seu papel na promoção desses valores fundamentais do sistema.

É dizer: abandonando uma posição paternalista do Estado e adequando o processo civil aos conceitos de democracia participativa e democracia deliberativa, as partes têm não apenas o direito, senão também o efetivo dever de participar no desenvolvimento do processo e na construção da decisão final de mérito.

É curioso notar, nessa linha, que países de culturas e tradições jurídicas tão distintas, que classicamente adotavam modelos de processo essencialmente diferentes, vinham demonstrando insatisfação com os seus sistemas de justiça civil (ainda que por razões distintas), e, como resposta aos seus próprios problemas, adotaram o gerenciamento processual e o princípio da cooperação como novas pedras angulares do processo civil.

Entretanto, cada país vem incorporando mecanismos e técnicas diferentes de *case management*, o qual assume profundidade e extensão variada *a depender dos objetivos que se atribua a esse instituto*. Tais objetivos estão estreitamente conectados às próprias finalidades atribuídas naquele ordenamento ao processo e aos problemas identificados no sistema vigente.

A conclusões acima foram extraídas de uma análise sistemática dos direitos alemão e inglês, e testadas quando do exame do processo civil brasileiro.

No Brasil, mediante a reforma que resultou no novel Código de Processo Civil de 2015, buscou-se reforçar a importância do gerenciamento processual não enquanto a simples atribuição de poderes de direção ao magistrado, mas sim pela adoção de mecanismos e técnicas que valorizam a atuação integrativa e cooperativa dos sujeitos processuais (v.g., principalmente, juiz e partes).

A origem dessas inovações está, primeiramente, na constatação de que o sistema de justiça civil era (em verdade, ainda é) demorado e ineficiente. Em um cenário no qual, desde 2014, tramitam anualmente cerca de 100 milhões de processos judiciais perante os tribunais brasileiros, não é difícil visualizar o porquê da incapacidade do sistema em lidar com os processos de forma célere e eficiente.

Assim, uma das preocupações que marcou a reforma processual foi tornar realidade a garantia da duração razoável do processo e da efetividade.

Em segundo lugar, contudo, há também a reformulação do conceito de acesso à justiça, tão caro ao nosso direito processual civil, que passou de uma compreensão de acesso *ao Poder Judiciário* para chegar à ideia de *adequação* do meio adotado para a resolução dos conflitos. Nessa medida, sobressaem, por um lado, os mecanismos voltados para a promoção da mediação, da conciliação e da arbitragem, e, por outro, os mecanismos que permitem às partes e ao juiz adaptar o procedimento às necessidades do caso concreto, investindo-os de verdadeiros poderes de gestão *procedimental*.

Em terceiro lugar, há que se mencionar a sempre presente preocupação no processo civil brasileiro com a justiça substancial, consubstanciada na correção das decisões de mérito quanto à aplicação do direito e quanto à verificação dos fatos.

Correlato a este ponto, não podíamos deixar de mencionar, ainda, a questão da *igualdade material* no processo civil. Em um país com tamanhas disparidades socioeconômicas, os juízes devem buscar assegurar para que, pelo menos no processo, tais diferenças não tenham um impacto significativo sobre a forma do seu desenvolvimento e sobre o seu resultado. É dizer: a decisão de mérito, proferida ao final do processo judicial, deve refletir uma correta verificação dos fatos e interpretação e aplicação do direito, *e não o poderio econômico de uma das partes.*

Neste ponto, sobressai a forma como a gestão da prova foi tratada no novo Código de Processo Civil brasileiro, especialmente os poderes instrutórios do juiz. Dentro do paradigma de processo cooperativo e de gerenciamento processual integrativo, o juiz *deve* promover o diálogo com as partes de modo a permitir a sua participação ativa no processo de produção probatória.

A observação feita é importante porque no CPC/1973 o juiz (ativista) já possuía consideráveis poderes instrutórios tanto para determinar a produção de provas de ofício como para orientar a forma da sua produção. Embora não se possa dizer que o processo civil do regime anterior fosse autoritário, fato é que uma grande reclamação dos usuários do sistema judiciário, principalmente dos advogados, era quanto à limitada possibilidade de influenciar o processo de formação das decisões judiciais quanto às provas. Dessa forma, o novo Código buscou conferir às partes e seus advogados mais oportunidades para contribuir ativamente na gestão processual.

A mudança no novo CPC fica, portanto, por conta da previsão de novos mecanismos e técnicas, bem como da reformulação de antigos institutos, que resgatam a importância da participação das partes nesta etapa do processo.

Se o direito à ampla defesa comporta, em seu núcleo essencial, o direito de se defender provando, nunca nos soou adequada a concepção que tinha o juiz como *único* destinatário da prova, praticamente submetendo a decisão sobre a necessidade ou não da sua produção a um juízo discricionário. Nessa medida, quanto mais transparência é conferida ao processo de tomada de decisões sobre a necessidade de produção probatória (v.g. mediante a determinação para que o juiz delineie as questões de fato que devem ser objeto desta atividade *antes do início da fase instrutória*), e quanto mais diálogo há entre o juiz e as partes no decorrer deste processo, mais legítimo ele será e maior confiança haverá no sistema de justiça civil.

De modo geral, constatamos que o legislador brasileiro conseguiu dar um tratamento à matéria bastante satisfatório, equilibrando os poderes das partes e do juiz para assegurar uma efetiva gestão da instrução probatória, ponderando os valores e princípios envolvidos nessa tarefa. Propusemos, neste contexto, algumas soluções *de lege late* e outras *de lege ferenda* capazes de contribuir para uma afinação do sistema.

Em contrapartida, outros aspectos do gerenciamento processual *em sentido amplo* não receberam a atenção devida pelo CPC/2015. Há que se lembrar, nessa dimensão, que a efetividade do gerenciamento processual somente pode ser alcançada em um sistema no qual, além dos poderes normativos, os sujeitos processuais *também* possam contar com uma estrutura judiciária bem aparelhada e que funcione de forma adequada.

Embora o CPC/2015 tenha dado um passo além do seu antecessor na integração do próprio sistema judiciário, através de mecanismos que promovem a uniformidade e harmonização do sistema, e de outros tantos que incentivam a cooperação entre juízos, ainda há muito que se fazer em termos de *court management*.

Ainda, em uma estrutura de processo civil cujo funcionamento pressupõe, como elemento fundamental, a conduta proba e leal dos sujeitos processuais (principalmente das partes), atribuindo considerável importância à *forma* como o processo se desenvolve, não se afigura mais razoável que o parâmetro da "vitória" seja o único adotado, de forma apriorística pela lei, para a fixação das custas ao final do processo. Assim, também em termos de *cost management* há muito espaço para o ordenamento jurídico brasileiro se desenvolver.

Subjacente a todas essas transformações e propostas para o sistema está a necessidade de *mudança na cultura do litígio*. Caso os atores do processo – e aqui incluímos os juízes, os serventuários, os auxiliares da Justiça, as partes, os terceiros, os advogados, e todos aqueles que participam de forma direta ou indireta – não consigam enxergar efetivamente a comunidade de trabalho no processo, e não busquem a maior consensualidade e cooperação na sua atuação em juízo, os benefícios preconizados no CPC/2015 não encontraram reprodução na prática e o novo diploma processual ficará sendo, apenas, um bom texto normativo.

REFERÊNCIAS

ABREU, Rafael Sirangelo. "Customização processual compartilhada": o sistema de adaptabilidade do novo CPC. **Revista de Processo**, v. 257, p. 51-76, jul. 2016.

ALMEIDA, Diogo Assumpção Rezende de. **A contratualização do processo**: das convenções processuais no processo civil - de acordo com o novo CPC. São Paulo: LTr, 2015.

______. **A prova pericial no processo civil**: o controle da ciência e a escolha do perito. Rio de Janeiro: Renovar, 2011.

______. O *case management* ingles: um sistema maduro? **Revista Eletrônica de Direito Procesual**, v. VII, p. 287-335, jan./jun. 2011.

ALVARO DE OLIVEIRA, Carlos Alberto. Poderes do juiz e visão cooperativa do processo. **Academia Brasileira de Direito Processual Civil**. Seção Artigos. Disponível em: <http://www.abdpc.org.br/abdpc/artigos/Carlos%20A%20A%20de%20Oliveira%20(8)%20-formatado.pdf>. Acesso em: 17 jul. 2016.

______. **Do formalismo no processo civil**: proposta de um formalismo-valorativo. 4. ed. São Paulo: Saraiva, 2010.

AMARAL, Guilherme Rizzo. **Cumprimento e execução de sentença sob a ótica do formalismo-valorativo.** Porto Alegre: Livraria do Advogado, 2008.

ANDRADE, Érico. As novas perspectivas do gerenciamento e da "contratualização" do processo. **Revista de Processo**, v. 193, p. 167-200, mar. 2011, versão online.

ANDREWS, Neil. A new civil procedure code for England: party-control "going, going, gone". **Civil Justice Quarterly**, v. 19, p.19-38, Jan. 2000.

______. **English Civil Procedure**: Fundamentals of the New Civil Justice System. New York: Oxford University Press, 2003.

______. **The Modern Civil Process**: Judicial and Alternative Forms of Dispute Resolution in England. Tübingen: Mohr Siebeck, 2008.

ARAÚJO CINTRA, Antonio Carlos de; GRINOVER, Ada Pellegrini; DINAMARCO, Cândido Rangel. **Teoria Geral do Processo**. 26. ed. São Paulo: Ed. Malheiros, 2010.

ARRUDA ALVIM NETTO, José Manoel de. Apontamentos sobre a perícia. **Revista de Processo**, v. 23, p. 9-35, jul./set. 1981, versão online.

BALEOTTI, Francisco Emilio. Poderes do juiz na adaptação do procedimento. **Revista de Processo**, v. 213, p. 389-408, nov. 2012, versão online.

BARBI, Celso Agrícola. **Comentários ao Código de Processo Civil**, vol. I (arts. 1º a 163). 14. ed. Rio de Janeiro: Forense, 2010.

BARBOSA MOREIRA, José Carlos. **O novo processo civil brasileiro**. 28. ed. rev. e atual. Rio de Janeiro: Forense, 2010.

______. El neoprivatismo en el proceso civil. In: MONTERO AROCA, Juan. (Coord.) **Proceso Civil e Ideología**: Un prefacio, una sentencia, dos cartas y quince ensayos. Valencia: Tirant lo Blanch, 2006, p. 199-215.

______. Convenções das partes sobre matéria processual. **Revista de Processo**, v. 33, p. 182-192, jan./mar. 1984, versão online.

______. Os poderes do juiz na direção e na instrução do processo. In: ______. **Temas de direito processual**. São Paulo: Saraiva, 1989, 4a série.

______. O problema da "divisão do trabalho" entre juiz e partes: aspectos terminológicos. In: ______. **Temas de direito processual civil**. São Paulo: Saraiva, 1989, 4a série.

BEDAQUE, José Roberto dos Santos. **Poderes instrutórios do juiz**. 7. ed. rev., atual. e ampl. São Paulo: Revista dos Tribunais, 2013.

BEIER, Jürgen. The Woolf Report and German Civil Procedure. **The Liverpool Law Review**, v. 19, n. 1, p. 67-88, 1997.

BODART, Bruno Vinícius da Rós. Simplificação e adaptabilidade no anteprojeto do novo CPC brasileiro. In: FUX, Luiz. (Coord.) **O novo processo civil brasileiro** – direito em expectativa (reflexões acerca do projeto de novo Código de Processo Civil). Rio de Janeiro: Forense, 2011, p. 71-104.

______. O processo civil participativo: a efetividade constitucional e o projeto do novo CPC. In: FUX, Luiz. (Coord.) **Processo Constitucional**. Rio de Janeiro: Forense, 2013, p. 897-908.

______. Ensaio sobre a prova pericial no Código de Processo Civil de 2015. **Revista de Processo**, v. 244, p. 33-57, jun. 2015, versão online.

BRASIL. Superior Tribunal de Justiça. Prazo. Quesitos. Assistente técnico. Informativo de Jurisprudência nº 430. Período de 12 a 16 de abril de

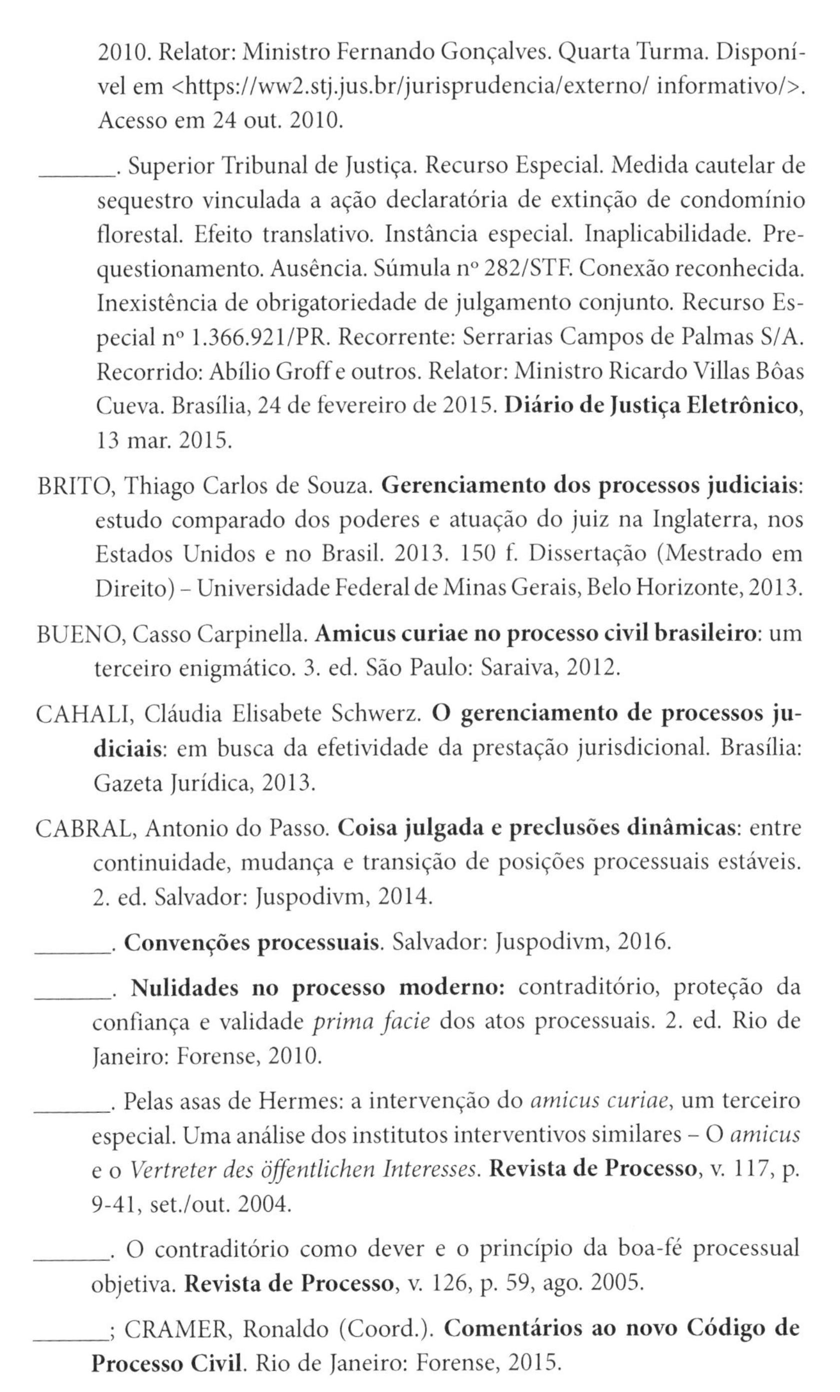

2010. Relator: Ministro Fernando Gonçalves. Quarta Turma. Disponível em <https://ww2.stj.jus.br/jurisprudencia/externo/ informativo/>. Acesso em 24 out. 2010.

______. Superior Tribunal de Justiça. Recurso Especial. Medida cautelar de sequestro vinculada a ação declaratória de extinção de condomínio florestal. Efeito translativo. Instância especial. Inaplicabilidade. Prequestionamento. Ausência. Súmula nº 282/STF. Conexão reconhecida. Inexistência de obrigatoriedade de julgamento conjunto. Recurso Especial nº 1.366.921/PR. Recorrente: Serrarias Campos de Palmas S/A. Recorrido: Abílio Groff e outros. Relator: Ministro Ricardo Villas Bôas Cueva. Brasília, 24 de fevereiro de 2015. **Diário de Justiça Eletrônico**, 13 mar. 2015.

BRITO, Thiago Carlos de Souza. **Gerenciamento dos processos judiciais**: estudo comparado dos poderes e atuação do juiz na Inglaterra, nos Estados Unidos e no Brasil. 2013. 150 f. Dissertação (Mestrado em Direito) - Universidade Federal de Minas Gerais, Belo Horizonte, 2013.

BUENO, Casso Carpinella. **Amicus curiae no processo civil brasileiro**: um terceiro enigmático. 3. ed. São Paulo: Saraiva, 2012.

CAHALI, Cláudia Elisabete Schwerz. **O gerenciamento de processos judiciais**: em busca da efetividade da prestação jurisdicional. Brasília: Gazeta Jurídica, 2013.

CABRAL, Antonio do Passo. **Coisa julgada e preclusões dinâmicas**: entre continuidade, mudança e transição de posições processuais estáveis. 2. ed. Salvador: Juspodivm, 2014.

______. **Convenções processuais**. Salvador: Juspodivm, 2016.

______. **Nulidades no processo moderno:** contraditório, proteção da confiança e validade *prima facie* dos atos processuais. 2. ed. Rio de Janeiro: Forense, 2010.

______. Pelas asas de Hermes: a intervenção do *amicus curiae*, um terceiro especial. Uma análise dos institutos interventivos similares – O *amicus* e o *Vertreter des öffentlichen Interesses*. **Revista de Processo**, v. 117, p. 9-41, set./out. 2004.

______. O contraditório como dever e o princípio da boa-fé processual objetiva. **Revista de Processo**, v. 126, p. 59, ago. 2005.

______; CRAMER, Ronaldo (Coord.). **Comentários ao novo Código de Processo Civil**. Rio de Janeiro: Forense, 2015.

CABRAL, Trícia Navarro Xavier. Os desafios do juiz no CPC/2015. In: GAJARDONI, Fernando da Fonseca. (Coord.). **Magistratura**. Salvador: Juspodivm, 2015, p. 383-402. (Coleção repercussões do novo CPC, v. 1).

CAMBI, Eduardo. Teoria das cargas probatórias dinâmicas (distribuição dinâmica do ônus da prova) - Exegese do art. 373, §§ 1º e 2º do NCPC. **Revista de Processo**, v. 246, p. 85-111, ago. 2015, versão online.

CAPPELLETTI, Mauro; GARTH, Bryant G. Introduction – Policies, Trends and Ideas in Civil Procedure. In: ______. (Ed.) **International Encyclopedia of Comparative Law**: Civil Procedure. Tübingen: Mohr Siebeck, 1987, v. XVI, chapter 1.

CARMONA, Carlos Alberto. O novo Código de Processo Civil e o juiz hiperativo. In: GRINOVER, Ada Pellegrini et al. **O novo Código de Processo Civil**: questões controvertidas. São Paulo: Atlas, 2015, p. 61-75.

CHASE, Oscar. **Law, Culture, and Rituals**: disputing systems in cross-cultural context. New York: New York University Press, 2005.

______. Some Observations on the Cultural Dimension in Civil Procedural Reform. **The American Journal of Comparative Law**, v. 45, p. 861-869, Fall 1997.

______. American "Exceptionalism" and Comparative Procedure. **The American Journal of Comparative Law**, v. 50, p. 277-296, Spring 2002.

______. Culture and Disputing. **Tulane Journal of International and Comparative Law**, v. 7, p. 81-87, Spring 1999.

______ et al. **Civil Litigation in Comparative Context**. St. Paul: Thomson/West, 2007.

CLARKE, Anthony. The Woolf Reforms: a singular event or an ongoing process? In: DWYER, Déirdre. (Ed.) **The Civil Procedure Rules Ten Years On**. Oxford: Oxford University Press, 2009, p. 33-49.

DAMASKA, Mirjan. **The Faces of Justice and State Authority**: A Comparative Approach to the Legal Process. New Haven: Yale University Press, 1986.

DIDIER JR., Fredie. **Curso de direito processual civil**: introdução ao direito processual civil e processo de conhecimento. 15. ed. rev., ampl. e atual. Salvador: Juspodivm, 2013, v. 1.

______. **Curso de direito processual civil**: teoria da prova, direito probatório, ações probatórias, decisão, precedente, coisa julgada e antecipação de tutela. 8. ed. rev., ampl. e atual. Salvador: Juspodivm, 2013, v. 2.

______. **Fundamentos do Princípio da Cooperação no Direito Processual Civil Português**. Coimbra: Coimbra Editora, 2010.

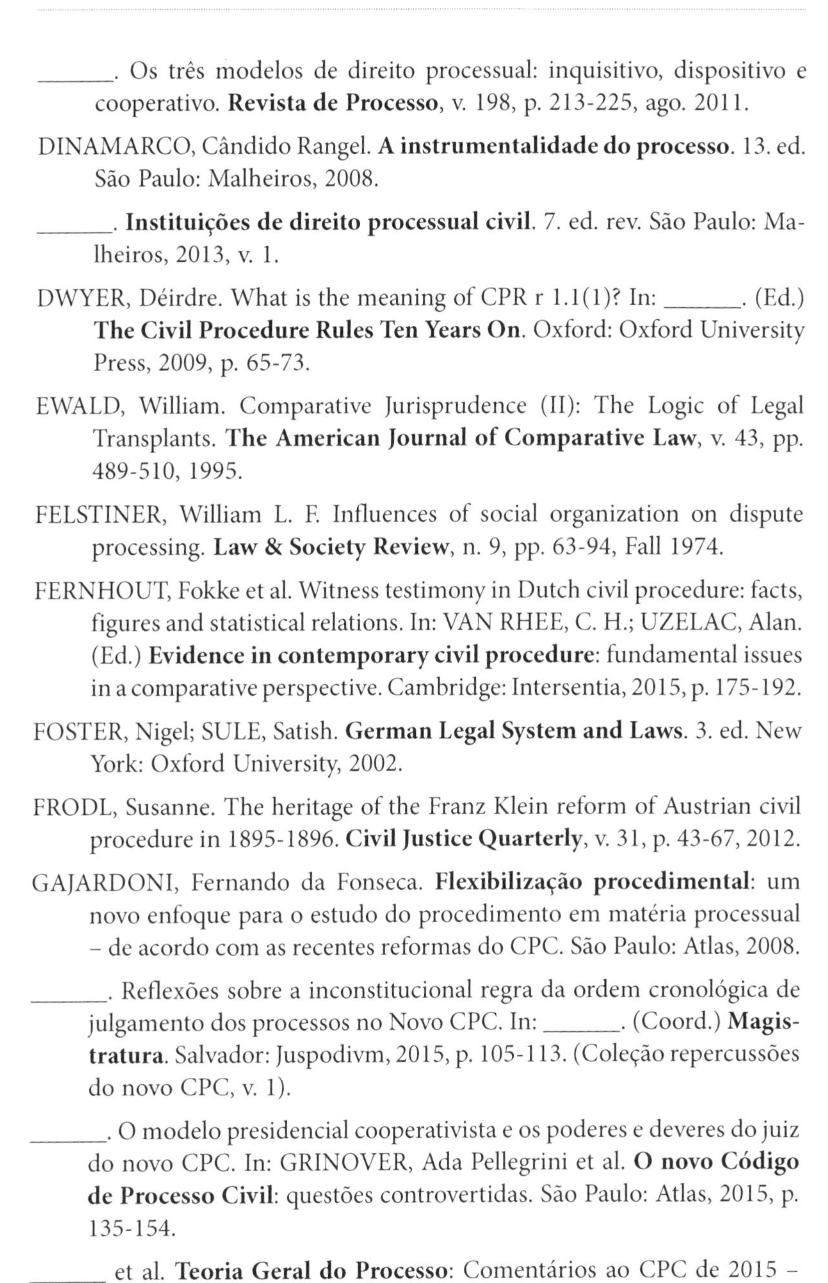

______. Os três modelos de direito processual: inquisitivo, dispositivo e cooperativo. **Revista de Processo**, v. 198, p. 213-225, ago. 2011.

DINAMARCO, Cândido Rangel. **A instrumentalidade do processo**. 13. ed. São Paulo: Malheiros, 2008.

______. **Instituições de direito processual civil**. 7. ed. rev. São Paulo: Malheiros, 2013, v. 1.

DWYER, Déirdre. What is the meaning of CPR r 1.1(1)? In: ______. (Ed.) **The Civil Procedure Rules Ten Years On**. Oxford: Oxford University Press, 2009, p. 65-73.

EWALD, William. Comparative Jurisprudence (II): The Logic of Legal Transplants. **The American Journal of Comparative Law**, v. 43, pp. 489-510, 1995.

FELSTINER, William L. F. Influences of social organization on dispute processing. **Law & Society Review**, n. 9, pp. 63-94, Fall 1974.

FERNHOUT, Fokke et al. Witness testimony in Dutch civil procedure: facts, figures and statistical relations. In: VAN RHEE, C. H.; UZELAC, Alan. (Ed.) **Evidence in contemporary civil procedure**: fundamental issues in a comparative perspective. Cambridge: Intersentia, 2015, p. 175-192.

FOSTER, Nigel; SULE, Satish. **German Legal System and Laws**. 3. ed. New York: Oxford University, 2002.

FRODL, Susanne. The heritage of the Franz Klein reform of Austrian civil procedure in 1895-1896. **Civil Justice Quarterly**, v. 31, p. 43-67, 2012.

GAJARDONI, Fernando da Fonseca. **Flexibilização procedimental**: um novo enfoque para o estudo do procedimento em matéria processual – de acordo com as recentes reformas do CPC. São Paulo: Atlas, 2008.

______. Reflexões sobre a inconstitucional regra da ordem cronológica de julgamento dos processos no Novo CPC. In: ______. (Coord.) **Magistratura**. Salvador: Juspodivm, 2015, p. 105-113. (Coleção repercussões do novo CPC, v. 1).

______. O modelo presidencial cooperativista e os poderes e deveres do juiz do novo CPC. In: GRINOVER, Ada Pellegrini et al. **O novo Código de Processo Civil**: questões controvertidas. São Paulo: Atlas, 2015, p. 135-154.

______ et al. **Teoria Geral do Processo**: Comentários ao CPC de 2015 – Parte Geral. São Paulo: Forense, 2015.

GERTZ, Clifford. **The interpretation of cultures**: selected essays. New York: Basic Books, 1973.

GODINHO, Robson Renault. Reflexões sobre os poderes instrutórios do juiz: o processo não cabe no 'Leite de Procusto'. **Revista de Processo**, v. 235, p. 85, set. 2014, versão online.

GOTTWALD, Peter. Civil Justice Reform: Access, Cost, and Expedition. The German Perspective. In: ZUCKERMAN, Adrian A. S. **Civil Justice in Crisis**. Oxford: Oxford University Press, 1999, p. 207-234.

______. Civil Procedure in Germany after the Reform Act of 2001. **Civil Justice Quarterly**, v. 23, p. 338-353, Oct. 2004.

GOUVEIA, Lúcio Grassi de. A função legitimadora da cooperação intersubjetiva no processo civil brasileiro. **Revista de Processo**, v. 172, p. 32-53, jun. 2009, versão online.

GRECO, Leonardo. **Instituições de Direito Processual Civil**: Introdução ao Direito Processual Civil. 5. ed. rev., atual. e ampl. Rio de Janeiro: Forense, 2015, v. I.

______. O princípio do contraditório. **Revista Dialética de Direito Processual**, n. 24, p. 71-79, mar. 2005.

GREVLING, Katharine. CPR R 32.1(2): Case management tool or broad exclusionary power? In: DWYER, Déirdre. (Ed.) **The Civil Procedure Rules Ten Years On**. Oxford: Oxford University Press, 2009, p. 249-269.

GRISS, Irmgard. The Austrian Model of Cooperation Between the Judges and the Parties. In: VAN RHEE, C. H.; YULIN, Fu. (Ed.) **Civil Litigation in China and Europe**. Dordrecht: Springer, 2014, p. 179-184.

HARTMANN, Guilherme Kronemberg. Amplitude do dever de colaboração processual. In: MACEDO, Elaine Harzheim; STAFFEN, Márcio Ricardo (Coord.). **Jurisdição e processo**: tributo ao constitucionalismo. Belo Horizonte: Arraes Editores, 2012, p. 281.

HURST, Peter. Costs Orders as a Case Management Tool. In: DWYER, Déirdre. (Ed.) **The Civil Procedure Rules Ten Years On**. Oxford: Oxford University Press, 2009, p. 171-181.

JACOB, Robin. Experts and Woolf: Have things got better? In: DWYER, Déirdre. (Ed.) **The Civil Procedure Rules Ten Years On**. Oxford: Oxford University Press, 2009, p. 293-297.

JEULAND, Emmanuel. Case management in France. In: VAN RHEE, C. H.; YULIN, Fu. (Ed.) **Civil Litigation in China and Europe**. Dordrecht: Springer, 2014, p. 349-358.

JOBIM, Marco Félix. **Cultura, Escolas e Fases Metodológicas do Processo**. 3. ed. rev. atual. Porto Alegre: Livraria do Advogado, 2016.

JOLOWICZ, J. A. The Woolf Report and the adversary system. **Civil Justice Quarterly**, v. 15, p. 198-210, Jul. 1996.

______. Adversarial and Inquisitorial Models of Civil Procedure. **International and Comparative Law Quarterly**, v. 52, p. 281-295, 2003.

______. **On Civil Procedure**. Cambridge: Cambridge University Press, 2000.

KOCH, Harald; DRIEDRICH, Frank. **Civil Procedure in Germany**. Hague: Kluwer, 1998.

KOLLER, Christian. Civil Justice in Austrian-German Tradition: The Franz Klein Heritage and Beyond. In: UZELAC, Alan. **Goals of Civil Justice and Civil Procedure in Contemporary Judicial Systems.** Cham: Springer, 2014, p. 35-59.

KÖTZ, Hein. Civil Justice Systems in Europe and the United States. **Duke Journal of Comparative and International Law**, v. 13, p. 61-77, 2003.

LAMY, Eduardo de Avelar; RODRIGUES, Horácio Wanderlei. **Curso de Processo Civil**: Teoria Geral do Processo. Florianópolis: Conceito, 2013.

LANES, Júlio Cesar Goulart; POZATTI, Fabrício Costa. O juiz como o único destinatário da prova(?). In: JOBIM, Marco Félix; FERREIRA, William Santos (Coord.). **Direito probatório** – Coleção Grandes Temas do novo CPC, vol. 5. Salvador: Juspodivm, 2015, p. 91-105.

LUCON, Paulo Henrique dos Santos. Tutela do contraditório no novo Código de Processo Civil: vedação à decisão-surpresa; requisitos para extensão dos limites objetivos da coisa julgada; identificação das decisões imotivadas. **Revista Eletrônica de Direito Processual – REDP**, v. 17, n. 1, p. 164-192, jan./jun. 2016.

MACÊDO, Lucas Buril de; PEIXOTO, Ravi de Medeiros. Negócio processual acerca da distribuição do ônus da prova. **Revista de Processo**, v. 241, p. 463-487, mar. 2015, versão online.

MALEK, Hodge M. Proportionality and suitability of the disclosure regime under the CPR. In: DWYER, Déirdre. (Ed.) **The Civil Procedure Rules Ten Years On**. Oxford: Oxford University Press, 2009, p. 283-292.

MARINONI, Luiz Guilherme; ARENHART, Sérgio Cruz. **Prova e convicção**: de acordo com o CPC de 2015. 3. ed. rev., atual. e ampl. São Paulo: Revista dos Tribunais, 2015.

MARTINS-COSTA, Judith. **A boa-fé no direito privado**: sistema e tópica no processo obrigacional. São Paulo: Revista dos Tribunais, 2000.

MENDES, Aluisio Gonçalves de Castro; SILVA, Larissa Clare Pochmann da. Os impactos do novo CPC na duração razoável do processo. **Revista de Processo**, v. 241, p. 15-25, mar. 2015, versão online.

MENEZES, Gustavo Quintanilha Telles de. **A fase pré-processual**: o ônus de preparação da demanda e os filtros legítimos à propositura de ações judiciais. 2011. Dissertação (Mestrado em Direito) – Faculdade de Direito, Universidade do Estado do Rio de Janeiro, Rio de Janeiro, 2011.

______. A atuação do juiz na direção do processo. In: FUX, Luiz (Coord.). **O novo processo civil brasileiro** – direito em expectativa (reflexões acerca do projeto de novo Código de Processo Civil). Rio de Janeiro: Forense, 2011, p. 179-229.

MILMAN, Fabio. **Improbidade processual**. 2. ed. Rio de Janeiro: Forense, 2009.

MITIDIERO, Daniel. **Colaboração no processo civil:** Pressupostos sociais, lógicos e éticos. 3. ed. rev., atual. e ampl. São Paulo: Revista dos Tribunais, 2015.

______. Processo e Cultura: Praxismo, Processualismo e Formalismo em Direito Processual Civil. **Revista de Direito Processual Civil**, Curitiba, v. 33, p. 484-510, 2004.

MNOOKIN, Robert H. Why negotiations fail: an exploration of barriers to the resolution of conflict. **The Ohio State Journal on Dispute Resolution**, v. 8, nº 2, pp. 235-249, 1993.

MONTELEONE, Girolamo. Principios e ideologías del proceso civil. In: MONTERO AROCA, Juan. (Coord.) **Proceso Civil e Ideología**: Un prefacio, una sentencia, dos cartas y quince ensayos. Valencia: Tirant lo Blanch, 2006.

MONTERO AROCA, Juan. Prólogo. In: ______. (Coord.) **Proceso Civil e Ideología**: Un prefacio, una sentencia, dos cartas y quince ensayos. Valencia: Tirant lo Blanch, 2006, p. 15-28.

MONTESQUIEU, Baron de. **The Spirit of the Laws**. New York: Hafner, 1965.

MURRAY, Peter L.; STÜRNER, Rolf. **German Civil Justice**. Durham: Carolina Academic Press, 2004.

NOGUEIRA, Pedro Henrique Pedrosa. **Negócios jurídicos processuais**. Salvador: Juspodivm, 2016.

NUNES, Dierle José Coelho. **Processo jurisdicional democrático**: uma análise crítica das reformas processuais. 1. ed. Curitiba: Juruá, 2012

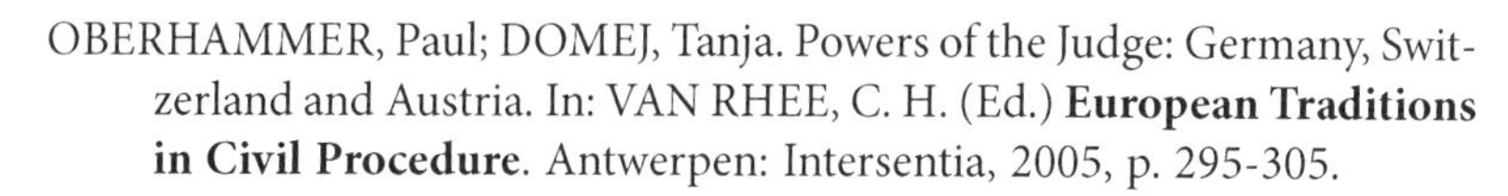

OBERHAMMER, Paul; DOMEJ, Tanja. Powers of the Judge: Germany, Switzerland and Austria. In: VAN RHEE, C. H. (Ed.) **European Traditions in Civil Procedure**. Antwerpen: Intersentia, 2005, p. 295-305.

______; ______. Germany, Switzerland and Austria (CA. 1800-2005). In: VAN RHEE, C. H. (Ed.) **European Traditions in Civil Procedure**. Antwerpen: Intersentia, 2005, p. 103-128.

OST, François. Júpiter, Hércules, Hermes: tres modelos de juez. **Revista sobre Enseñanza del Derecho**, año 4, n. 8, p. 101-130, 2007.

PANTOJA, Fernanda. **Protocolos pré-processuais**: fundamentos para a construção de uma fase prévia ao processo no direito brasileiro. 2016. 254 f. Tese (Doutorado em Direito) - Faculdade de Direito, Universidade do Estado do Rio de Janeiro, Rio de Janeiro, 2016.

PARKES, Tim. The Civil Procedure Rules Ten Years On: The Practitioners' Perspective. In: DWYER, Déirdre. (Ed.) **The Civil Procedure Rules Ten Years On**. Oxford: Oxford University Press, 2009, p. 435-451.

PARRATT, David R. "Something old, something new, something borrowed..." Civil dispute resolution in Scotland - a continuing story. In: VAN RHEE, C. H. (Ed.) **Judicial case management and efficiency in civil litigation**. Antwerpen: Intersentia, 2007, p. 163-176.

PAULUS, Christoph G. **Zivilprozessrecht**: Erkenntnisverfahren und Zwangsvollstreckung. Dritte, überarbeitete und aktualisierte 3. Aufl. Berlin: Springer, 2004.

PEREIRA, Caio Mário da Silva. **Instituições de Direito Civil**. 13. ed. Rio de Janeiro: Ed. Forense, 2009, v. III, p. 19.

PICÓ I JUNOY, Joan. El derecho procesal entre el garantismo y la eficacia. In: MONTERO AROCA, Juan. (Coord.) **Proceso Civil e Ideología**: Un prefacio, una sentencia, dos cartas y quince ensayos. Valencia: Tirant lo Blanch, 2006.

PINHO, Humberto Dalla Bernardina de. **Direito Processual Civil Contemporâneo**: Teoria Geral do Processo. 6. ed. São Paulo: Saraiva, 2015, vol. I.

______. **Direito Processual Civil Contemporâneo**: processo de conhecimento, cautelar, execução e procedimentos especiais. São Paulo: Saraiva, 2012, vol. II.

______; MAZZOLA, Marcelo. Desistência anterior à contestação não obriga a extinção do processo. **Consultor Jurídico**, 19 de outubro de 2016. Disponível em <http://www.conjur.com.br/2016-out-19/desistencia--anterior-contestacao-nao-obriga-extincao-processo>. Acesso em 25 out. 2016.

______; ALVES, Tatiana Machado. A cooperação e a principiologia no processo civil brasileiro. Uma proposta de sistematização. **Revista Eletrônica de Direito Processual**, v. 12, n. 12, p. 289-315, jul./dez. 2013.

______; ______. A cooperação no Código de Processo Civil: desafios concretos para sua implementação. **Revista Eletrônica de Direito Processual**, v. 15, n. 15, p. 240-267, jan./jun. 2015.

______; ______. A relevância da negociação com princípios na discussão das cláusulas de convenção processual: aplicação concreta dos postulados da advocacia colaborativa. **Revista de Processo**, v. 258, p. 123-152, ago. 2016.

PUOLI, José Carlos Baptista. O ônus da prova e sua distribuição dinâmica no novo Código de Processo Civil. In: GRINOVER, Ada Pellegrini et al. **O novo Código de Processo Civil**: questões controvertidas. São Paulo: Atlas, 2015, p. 231-251.

QUINTAS, Fábio Lima. Para que um novo Código de Processo Civil? Uma reflexão sobre os novos contornos da função jurisdicional. **Revista de Processo**, v. 256, p. 295-316, jun. 2016.

RAMOS, Glauco Gumerato. Repensando a prova de ofício. **Revista de processo**, v. 190, p. 315-337, dez. 2010, versão online.

RAMOS, Vitor de Paula. **Ônus da prova no processo civil**: do ônus ao dever de provar. São Paulo: Revista dos Tribunais, 2015.

REALE, Miguel. **Paradigmas da cultura contemporânea**. 2. ed. rev. e aum. São Paulo: Saraiva, 2005.

RESNIK, Judith. Managerial Judges. **Harvard Law Review**, v. 96, p. 374-448, Dec. 1982.

ROBBERS, Gerhard. **Einführung in das deutsche Recht**. 4. ed. Baden-Baden: Nomos, 2006.

RODRIGUES, Marco Antonio dos Santos. **A modificação do pedido e da causa de pedir no processo civil.** Rio de Janeiro: GZ Editora, 2014.

RODRIGUES, Roberto de Aragão Ribeiro. A dinamização do ônus da prova. **Revista de Processo**, v. 240, p. 41-58, fev. 2015, versão online.

ROSENBERG, Leo; SCHWAB, Karl Heinz; GOTTWALD, Peter. **Zivilprozessrecht**. 15. Aufl. München: Beck, 1993.

______; ______; ______. ______. 17. Aufl. München: Beck, 2010.

SICA, Heitor Vitor Mendonça. **O direito de defesa no processo civil brasileiro**: um estudo sobre a posição do réu. São Paulo: Atlas, 2011.

SILVA, Paulo Eduardo Alves da. **Gerenciamento de processos judiciais**. São Paulo: Saraiva, 2010.

______. As normas fundamentais do novo Código de Processo Civil (ou "as doze tábuas do processo civil brasileiro"?). In: GRINOVER, Ada Pellegrini et al. **O novo Código de Processo Civil**: questões controvertidas. São Paulo: Atlas, 2015, p. 296-323.

SIME, Stuart. **A practical approach to Civil Procedure.** 14th. ed. Oxford: Oxford University Press, 2011.

STADLER, Astrid. The Multiple Roles of Judges and Attorneys in Modern Civil Litigation. **Hastings International and Comparative Law Review**, v. 27, p. 55-76, Fall 2003.

STRECK, Lenio; DELFINO, Lúcio; BARBA, Rafael Giorgio Dalla; LOPES, Ziel Ferreira. Aposta na bondade – a cooperação processual do novo CPC é incompatível com a Constituição. **Consultor Jurídico**, 23 dez. 2014. Disponível em <http://www.conjur.com.br/2014-dez-23/cooperacaoprocessual-cpc-incompativel-constituicao>. Acesso em 23 set. 2016.

______; MOTTA, Francisco José Borges. Um debate com (e sobre) o formalismo-valorativo de Daniel Mitidiero, ou "Colaboração no processo civil" é um princípio? **Revista de Processo**, v. 37, p. 13-34, nov. 2012.

TAMANAHA, Brian. **A general jurisprudence of law and society**. New York: Oxford University Press, 2001.

TARUFFO, Michele. Observações sobre os modelos processuais de *civil law* e de *common law*. Tradução de José Carlos Barbosa Moreira. **Revista de Processo**, v. 110, p. 141-158, abr./jun. 2003.

______. Abuso dos direitos processuais: padrões comparativos de lealdade processual (relatório geral). **Revista de Processo**, São Paulo, v. 34, n. 177, p. 153-183, nov. 2009.

TEPEDINO, Gustavo; BARBOZA, Heloisa Helena; MORAES, Maria Celina Bodin de. **Código Civil interpretado conforme a Constituição da República**, vol. II. 2. ed. Rio de Janeiro: Renovar, 2007.

TEMER, Sofia. **Incidente de Resolução de Demandas Repetitivas**. Salvador: Juspodivm, 2016.

THEODORO JÚNIOR, Humberto; NUNES, Dierle; BAHIA, Alexandre Melo Franco; PEDRON, Flávio Quinaud. **Novo CPC - Fundamentos e Sistematização**. 2. ed. rev., atual. e ampl. Rio de Janeiro: Forense, 2015.

TURNER, Robert. "Actively": The word that changed the Civil Courts. In: DWYER, Déirdre. (Ed.) **The Civil Procedure Rules Ten Years On**. Oxford: Oxford University Press, 2009, p. 77-88.

UZELAC, Alan. Evidence and the principle of proportionality. In: VAN RHEE, C. H.; ______. (Ed.) **Evidence in contemporary civil procedure**: fundamental issues in a comparative perspective. Cambridge: Intersentia, 2015, p. 17-32.

VAN CAENEGEM, Raoul C. History of European Civil Procedure. In: CAPPELLETTI, Mauro. (Ed.) **International Encyclopedia of Comparative Law**: Civil Procedure. Tübingen: Mohr Siebeck, 1987, v. XVI, chapter 2.

VAN RHEE, C. H. Introduction. In: ______. (Ed.) **European Traditions in Civil Procedure**. Antwerpen: Intersentia, 2005.

______. Civil Litigation in Twentieth Century Europe. **Tijdschrift voor Rechtsgeschiedenis**, v. 75, p. 307-319, 2007.

______; UZELAC, Alan. Introduction. In: ______; ______. (Ed.) **Evidence in contemporary civil procedure**: fundamental issues in a comparative perspective. Cambridge: Intersentia, 2015, p. 3-13.

VERDE, Giovanni. Las ideologías del proceso en un reciente ensayo. In: MONTERO AROCA, Juan. (Coord.) **Proceso Civil e Ideología**: Un prefacio, una sentencia, dos cartas y quince ensayos. Valencia: Tirant lo Blanch, 2006.

VERKERK, Rijk Remme. Powers of the Judge: England and Wales. In: VAN RHEE, C. H. (Ed.) Ed.) **European Traditions in Civil Procedure**. Antwerpen: Intersentia, 2005, p. 307-316.

______. **Fact-finding in civil litigation**: a comparative perspective. Antwerp: Intersentia, 2010.

VIDAL, Ludmilla Camacho Duarte. Convenções Processuais: premissas operacionais e os escopos da jurisdição contemporânea. In: CARNEIRO, Paulo Cezar Pinheiro; GRECO, Leonardo; PINHO, Humberto Dalla Bernardina de. (Coord.) **Inovações do Código de Processo Civil de 2015**. Rio de Janeiro: GZ, 2016, p. 89-117.

VINCENZI, Brunela Vieira de. **A boa-fé no processo civil**. São Paulo: Atlas, 2003.

VOGENAUER, Stefan. Sources of Law and Legal Method in Comparative Law, p. 875. In: REIMANN, Mathias; ZIMMERMANN, Reinhard (Org.). **The Oxford handbook of comparative law**. New York: Oxford University Press, 2008, p. 869-897.

WAMBIER, Teresa Arruda Alvim et al. (Coord.). **Breves Comentários ao Novo Código de Processo Civil**. São Paulo: Revista dos Tribunais, 2015.

WATANABE, Kazuo. **Da cognição no processo civil**. 4. ed. rev. e atual. São Paulo: Saraiva, 2012.

WATSON, Alan. **The evolution of Western private law**. Expanded ed. Baltimore: The John Hopkins University Press, 2001.

WATSON, Joel. **Strategy**: An Introduction To Game Theory. 3rd. ed. New York: W. W. Norton & Company, 2002.

WAXSE, David. Cooperation – what is it and why do it? **Richmond Journal of Law & Technology**, v. XVIII, n. 3, 2012. Disponível em: <http://jolt.richmond.edu/v18i3/article8.pdf>. Acesso em: 13 jan. 2016.

WIJFFELS, A. French Civil Procedure (1806-1975). In: VAN RHEE, C. H. (Ed.) **European Traditions in Civil Procedure**. Antwerpen: Intersentia, 2005, p. 25-47.

WOOLF, Lorde. **Access to Justice Interim Report**; **Access to Justice Final Report.** Disponível em: <http://webarchive.nationalarchives.gov.uk/+/http://www.dca.gov.uk/civil/ reportfr.htm>. Acesso em: 04 out. 2016.

ZEKOLL, Joachim. Comparative Civil Procedure. In: REIMANN, Mathias; ZIMMERMANN, Reinhard (Eds.). **The Oxford Handbook of Comparative Law**. New York: Oxford University Press, 2006, p. 1327-1362.

ZUCKERMAN, Adrian A. S.; COESTER-WALTJEN, Dagmar. The role of lawyers in German civil litigation. **Civil Justice Quarterly**, v. 18, p. 291-310, Oct. 1999.

______. No justice without lawyers – the myth of an inquisitorial solution. **Civil Justice Quarterly**, v. 33, n. 4, p. 355-374, 2014.

______. **Civil Procedure**. London: Lexis Nexis UK, 2003.

______. Litigation Management under the CPR: a poorly-used management infrastructure. In: DWYER, Déirdre. **The Civil Procedure Rules Ten Years On**. Oxford: Oxford University Press, 2009, p. 89-107.

______. **Zuckerman on Civil Procedure**: Principles of Practice. 2nd. ed. London: Sweet & Maxwell, 2006.

EDITORA
JusPODIVM
www.editorajuspodivm.com.br